學術思想叢刊

「明體達用」之學
——宋學裂變與錢穆清學史新詮

許惠琪　著

蔡序

惠琪將修改完成的博士論文正式出版，要我來為新書寫篇序言。我與惠琪誼屬同門，她的博士論文初稿，我既先讀為快；取得博士學位後，對論文修改的細節，我亦知之甚詳；同時亦鼓勵她將自己的研究所得，行諸於世，以接受學界公評。那麼，當惠琪囑我作序書前時，實在沒有拒絕的理由。

我與惠琪皆受業夏師長樸門下，癡長惠琪幾屆。惠琪在夏師悉心指導下，完成了碩、博士論文。碩士論文題目是《劉師培論清代學術及其相關問題研究》，雖在學習階段，但已提出了許多重要的觀察，值得吾人做進一步的探索。例如在討論考據學的來源方面，惠琪指出劉師培認為考據學並非來自對陽明的反動，反而是承自陽明而來。一方面，陽明以鄭玄所作的《大學古本》，攻訐朱子《大學章句》疑經改經之謬，其回復漢人舊說，以「復見聖人之心」的作法，給予清儒極大的啟發，因而劉師培認定陽明為「治漢學者之導師」。另外，陽明寓「上達」於「下學」，主張於人倫日用當中求得天理，以矯朱熹離卻人倫日用，專在讀書主敬中求「道」的弊端，劉師培以為這種「求之於實際」的精神，啟導清儒究心實際的經史之學。證諸清初學者對陽明的評價，可以發現劉師培的看法有其合理性。另外，在常州今文學相關問題上，劉師培認為常州今文學並非考據學衰頹後的反動力量。相反地，其萌芽於考據學鼎盛之時，其起因也非救時局之弊，而是欲憑恃南方「合文章經訓為一途」的傳統，向以戴震為主的考據學爭正統地位。與梁啟超相較，梁氏把常州今文學的起因生硬地歸為考據學衰頹後，因應經世要求而出現的「援經論政」的學派，其觀察

實不如劉師培到位。在戴震學術的討論上，劉師培指出戴震學術得力於北方地域環境的孕育，較諸胡適歸本於「格物致知」的「科學家窮理的精神」，更為平實確切。與章太炎以民族主義論斷戴學來源的說法相較，劉師培對學術更能保持公允冷靜的立場，不為民族意識汩沒激盪。觀其碩論，文字典重，思路清晰，儼然廈門菁英，令人期待。

惠琪的博士論文題目是《「明體達用之學」──「宋學」裂變與錢穆清學史新詮》。此次出版，乃惠琪在完成學業之後，仍不斷精進所學，對博士論文做大幅度修改後，呈現的全新風貌。本書問題意識明確，蓋以今日學科分域，各有專門的情況下，學科疆界劃分得越清晰，各學門邊陲交會地帶，往往為人忽略。故期望回歸錢先生「政學合一」、「學為體，政為用」的角度，依循其不廢「專精求真」，更重「會通求善」的脈絡，補充現有研究未及注意處。並且在研究方法上，以文獻的歸納薈萃與分析論證為主。其故在於對錢先生清學史的研究，現有成果多囿限在《中國近三百年學術史》一書，惠琪則盡覽《錢賓四先生全集》，期能擴充研究視域，對相關主題有整體性的把握。換言之，惠琪關於錢先生清學之論述，乃是綜觀錢先生著作而歸納演繹之，自然視域開闊，層次豐富。

全書分為上中下三編。上編由晚清民初學術、政治裂變的背景，綜論錢先生評析清學的視角。惠琪以為，錢先生確實以「宋學」為判準，進退清儒，但其所謂「宋學」之意涵，已離開清中葉的漢宋門戶之爭，探問的是：宋代進一步形塑的「天人合一」、「政學不二」的大傳統，如何回應西方宗教改革後，政教分離原則下，知識獨立、道德與政治脫鉤的格局？並由宋儒所標榜的「明體達用之學」，梳理知識、道德與政治在傳統學術體系的聯繫。再由宋代以來「盛德」與「大業」體用不二的理想，省思當時西方傳入的三權分立的憲政主義（Constitutionalism），把政治化為權力制衡（check and balance）、分配、運作的特殊場域，其利弊得失所在。惠琪在中編以宏觀角度，探

究錢先生對清學流派的詮釋，並指出：錢先生之所以批判考據學，不獨是清代漢宋門戶的偏見，他關懷的時代議題是：以「求善」為訴求的人文「學科」（field of studyies），能否化為「求真求是」的人文「科學」（Humanities science）？至於錢先生對於常州學術的批評，除了欲對疑古辨偽思潮，作拔本塞源之舉外，惠琪更是廣覽錢先生著作，發現「古經」與「時政」在其著作中，重見迭出，代表「經義其體」與「時務其用」，也就是將政治的基石繫諸於士人之道德本體，此不同於西方「凱撒之事歸凱撒管，上帝之事歸上帝管」，將道德與政治，分別劃入宗教與法律領域。但惠琪也如實指出錢先生以晚清百年晦暗之世運，追究常州學派之責，忽略各階段歷史自有其「主體性」，或有違錢先生素持「歷史主義」的立場。是故惠琪運用其法學素養，引用海耶克（Hayek）「立法」與「法律」的差異，對龔、魏的變法思想，試作評論。下編共四章，相較於中編的宏觀立論，惠琪轉向「微觀」的察考，以錢先生對個別清儒的細部論述為討論核心。依據錢先生「反義對舉」的方式，逐一呈現其筆下的清儒學術風貌，並由此透露錢先生自身「為學論政」之觀點。在清初，錢先生以黃宗羲之「以經史證性命」，對比顧炎武之「經學即理學」，省思知識可否離開「成德」的追求，以科學化的研究為本身目的。於清中葉，錢先生以戴震與章學誠並峙。現有研究成果，對錢先生特論章學誠之因，多歸於其藉章氏抨擊戴氏學術無力經世。但惠琪認為，錢先生論戴、章之視角，應深化到西潮東漸後，「義理學」「知識化」的歷程。至於晚清學術，錢先生以「清學中興名臣」曾國藩與「清學輓歌」康有為對舉。惠琪離開西方政治學（political）這一學科所指涉的範疇，回歸傳統「經濟之學在義理之內」／「義理學」、「經濟學」體用不二的學術結構做考察，因此見到錢先生抑揚曾、康的標尺，在於「法政實用」之前，應否先以「經義」發明道德本體？至於錢先生《中國近三百年學術史》為陳澧特闢專章討論，多數研究認為陳澧調和漢宋，故

得錢先生青眼相看。然錢先生已明言點出，陳氏治經不脫漢學立場，實未調和漢宋。惠琪重尋錢先生推崇陳澧之因，在於其「經術、心術、政術」綰合為一的學術體系，契合知識、道德、政治合一的「明體達用之學」。

惠琪從錢先生「天人合一」的終極關懷建構其宋學意涵，並以此為評價清學之判準。超脫漢宋門戶的立場，置於更廣大的文化關懷，重尋錢先生論清學背後的孤詣苦心：西方經歷科學革命、宗教改革之後，人與上帝間的「偉大的存有之鍊」（"the great chain of being"）斷裂，近似東方那種終極性、創造性的絕對精神實體（近似於「天理」、「天道」）被機械式宇宙觀取代，伴隨而來的，是知識的「對象化」（objectify），不再體現「神意」、「天理」。且人間政治的「合法性」與宗教境界的「神聖性」脫鉤。而傳統學術（尤其宋代以後）以「天理」、「天道」為最高奧義，貫通知識、道德、政治，統合經術、心術、政術的「明體達用之學」，應否揚棄之，而代以當時西方天人分裂、政教分離的型態為範式？這正是錢先生持宋學評價清學的用意所在。惠琪也如實指出：秉持這樣「後設式」的標尺抑揚清學，當然有失之主觀之處。但惠琪的用意，在將錢先生清學詮釋背後的價值預設，從表象的「漢宋之爭」，深抉至時代危機意識的層次，且盼能收拋磚引玉之效。

個人鑽研清代學術有年，於錢先生著作，每多借重。客觀來說，惠琪關於錢先生的研究，至少就錢先生討論清代學術這一區塊，可說是目前所見，最為系統、深入而全面的研究成果，實已掌握了錢先生的論述脈絡與價值意識。在惠琪看來，包括《中國近三百年學術史》在內的其他著作，都有錢先生回應西潮的影子。所以她關注的是錢先生在西潮衝擊下，對傳統學術現代化歷程的思考，作為其詮釋清學的視角，同時指出錢先生將清代考據學視為近代人文學「科學化」的起點，並把康有為等人，視為近代政治全盤西化的濫觴。故其論述乃就

西潮衝擊下，在傳統學術現代化的歷程中，闡述錢先生的清學史建構及其意義。並企圖在漢宋門戶之見外，建立錢先生論清學史的時代意識。

猶憶當年受業　夏師門下，老師勉以博士論文當以著作格局撰寫之。其時識解生澀，學業荒疏，實未能理解博士論文與著作之間，有何不同。但是能理解的是，在老師指導下，博士論文是無法粗製濫造，草草寫就的。衷心感謝老師的提點，在學術累積的過程中，漸漸理解了博士論文與著作之間，究竟有何不同。從閱讀惠琪博士論文的過程中，再度感受到了當年老師的諄諄教誨之意。所以，惠琪這部大作，讀者也當用著作的格局看待之，而不只是學習過程的紀錄而已。相信以惠琪的才情學識，繼續堅持學術研究，必能走出自己的學術道路，為學界增添光彩。基於個人對惠琪學術歷程的認識，以及對其著作的拜讀理解，略作陳述如上。是為序

庚子菊月，

中央研究院中國文哲研究所研究員蔡長林誌於西來齋

自序

　　義大利史學家Benedetto Croce說：「一切歷史都是當代史。」歷史敘述常與時代議題交感共振。學術史的建構，往往欲在繼承當中超越，在回顧當中走出。錢穆先生《中國近三百年學術史》面對政、學大幅西化，以宋學傳統為判準，回溯清學，探求「一家之言」以指引世變時局。作為前代學術的清學，身為民初學人的錢穆，對清學的表述立場、評騭判準，以及對於集傳統文化之大成的宋學之評析，這既是學術史的建構，也是當代思想、學術、世風的反思。

　　《老子》曰：「玄之又玄，眾妙之門。」錢穆以「玄」與「眾妙」指稱「會通式」的傳統學術，以及「分科式」的現代學術。傳統政學一體的學術架構下，知識的意義在涵育完美的人格，個人「聞道」修身的目的，在開啟天下有「道」的政治境界。但民初以降所出現的爭議是：人文學能否化為「科學」，成為西方知識分域下所謂的「人文科」？也就是以科學的方式，將真善美作為「外部研究」的對象，而不企求「內化」、「變化」氣質？這個爭議在清學已開濫觴，清儒即便不能比擬為西方「為知識而知識」的哲人，但相較宋儒，已逐漸消解《六經》的宗教意涵，朝向科學化的「文獻學」方向邁進。而宋儒大力張揚的「修齊」、「治平」體用不二的政治觀念，進入清代，「治法」的制度層面更被著重，「治人」的道德感召力有時被淡化。當代政治思想中，道德「神聖性」與政治「合法性」斷裂，這不獨是西方政教分離脈絡的影響，清學自身已漸趨此一傾向。晚清以來的西潮東漸，帶來的不是西方中世紀以前，人與上帝維繫著「偉大的存有之鍊」（"the great chain of being"），而是「除魅」之後，價值從事實

中抽離，知識的追求即其本身意義，不再體現任何神意。在政治思想上，中世紀以前「完善主義」（perfectionism）裂解，政治的意義不再是如宗教般，指導人過著良善的生活。在中國也有類似的發展趨勢，從宋代入清代，「理」的超越性意義被取消，義理學「文獻化」、「科學化」，在宋儒「經義其體」之外，另有「時務其用」的法政思想。「理型觀」的裂解，不全來自西方，清學便有這種態勢。錢穆一方面在建構清學，另一方面其以宋學評騭清學，不獨是門戶偏見，更遠大的格局，在回應宗教改革之後的西方文化。

西方所謂的"disciplinary"（學科）並不能用以完全剖分傳統學術門類，宋儒「融事功於義理」即統攝西方人所謂的「道德哲學」、「政治哲學」。清代龔自珍、魏源以今文學申言西方民權，乃迄晚清康有為更以《公羊》經說添附西方憲政。西方政治思想與傳統「修齊治平」的政治觀之異同取捨，是錢穆一生念茲在茲者，更是錢穆自言「畢生從事學問」的立基點。畢竟作為傳統儒生，經世濟民乃其朝夕莫忘的使命。為對西方政治思想、制度有更深入的理解，筆者於就讀臺大中文系博士班其間，自學法律，考上東吳大學專研西方憲政的公法組碩士班，並於一〇七年六月畢業。畢業後參加東吳大學「法律與宗教研究中心」，深入理解西方「世俗化」後的憲政制度與宗教文化的互動。由此回溯錢穆先生所說帶有濃厚宗教色彩的宋學，與較為「世俗化」的清學，兩者之異同。跨領域研究，帶給筆者前所未有的開闊視域。

拙作由博士論文改寫而成，感謝指導教授夏長樸先生從碩士至博士班期間的提點勖勉，每一章節均詳細討論，並審慎修訂。口考委員胡楚生先生、何澤恒先生、蔣秋華先生、蔡長林先生，諸位先生非但學術成就淵深，更是提攜後進，於口考時不吝糾謬，詳細指正。筆者於此基礎上，再次沈思校正，於此敬致謝忱。

最後要感謝的，是我的父母——許銀塗先生、石淑珍女士，他們

給我的，不僅是形軀生命，更是精神志氣。紮實的跨領域研究，所須時間、所付出成本，極其龐大。他們省吃儉用，只為給我最好的教育資源與學習環境，時時以「日就月將，學有緝熙於光明。」相勉，讓我能不畏跨域研究的艱難，走大道、向光明！

二〇二〇年九月　許惠琪謹撰

目次

下編　錢穆論清代「學者」

導論

從錢穆最後的遺言談起

　　陳寅恪在〈馮友蘭《中國哲學史》審查報告〉中說：「著者有意無意之間，往往依其自身所遭際之時代，所居處之環境，所薰染之學說，以推測解釋古人之意志。」[1]一個學術史議題，之所以能觸動當代心靈，古今之間必然有某種程度的共振頻率，而學者持以抑揚既往學術的判尺，往往源自「所遭際之時代」、「所居處之環境」、「所薰染之學說」等因素，綜合而成個人最切要的時代關懷，而後進入過往學術的建構當中，與古人形成一種互為主體的對話、詮解模式。錢穆身處「三千年未有之變局」的大時代，薰染古今中西學說，其最終關懷何在？

　　依據錢夫人胡美琦女士的記述，錢穆晚年對自己一生學術的總結是「天人合一之學」，[2]他認為「天人合一」四個字，是中國學術思想之本源，也是中華文化對人類未來可能之貢獻，故以此作為對國人最後的贈言。[3]錢穆說：「天地本質，即可說是一種神或靈；萬物各賦得此神與靈之一部分，而人則最能表達此神與靈。於此見人即是天。『天人合一』，即合一在此靈。」[4]「萬物源於天地，萬物之間有一大

1　陳寅恪：〈馮友蘭《中國哲學史》審查報告〉，附錄於馮友蘭：《中國哲學史》（香港：三聯書店，2000年），頁373。

2　參見錢胡美琦：〈後記〉，收入《世界局勢與中國文化》，《錢賓四先生全集》（臺北：聯經出版事業公司，1998年），第43冊，頁424-429。本文所引用之錢穆著作，均出《錢賓四先生全集》，以下僅標明引文所屬之冊數、頁數。

3　錢穆：《世界局勢與中國文化·中國文化對人類未來可有的貢獻》，第43冊，頁419-423。

4　錢穆：《世界局勢與中國文化·中國人之宇宙信仰及其人生修養》，第43冊，頁82。

共通，因此物性亦有一大共通。此一大共通即是天，故曰：『天命之謂性』。宋儒則稱之曰『天即理』，亦說『性即理』。可見理即是天與性。……因有性而展演出心。……人性乃由天賦，故曰『天性』。人心最靈，最能表現出此性，即是最能表現出此天。故曰『人性善』。因整個宇宙只是一善。……人性之善，則即此宇宙之善之一表現。」[5]「天人合一」，人性由天賦，人能得天地本質之靈，在天之謂「道」謂「理」，在人之謂「性」，性寓存於「心」，因此宋儒說「天即理」、「性即理」、「心即理」，人性、人心與宇宙間最高精神實體貫通，順此氣象而發，則天道義理可體現於世道人心。「天下有道」的政治秩序，肇端於個人心性中得諸於「天道」之「天理」。因此，個人的「盡性」、「踐形」不獨是自身的修養功夫，更關乎政教秩序的形成。聖人「自誠明謂之性」，多數凡人「自明誠謂之教」，須通過經書義理之教化，方可充分展露天然善性，以善人成就善政。這種觀念經宋儒發揚光大後，成為「明體達用之學」，是「文」（經典知識）、「體」（道德本體）、「用」（政教實踐）合一的完整學術體系。錢穆高弟余英時在《論天人之際：中國古代思想起源試探》中指出，宋儒這種將內在心靈秩序上契天道，顯露為政治秩序的「內向（在）超越」，乃是相對於西方人否定天人相通的「外向超越」。[6]宋儒致力發顯的天人合一學術體系，與西方人所謂的宗教（Religion）有類同之處，均能在有限性的知識系統之上，建立終極性的、無限性的價值信仰，但其吸收出世的佛教思想，再將生活化的禪宗進一步轉向現世人生，高度肯定最高義理可實踐於人文世界，又不同於西方人將「宗教」（Religion）、「神學」（Apophatic Theology）界定在絕對性的「超世」、「彼岸」，

5 錢穆：《世界局勢與中國文化·中國人之宇宙信仰及其人生修養》，第43冊，頁90。
6 參見：余英時：《論天人之際：中國古代思想起源試探》（臺北：聯經出版事業公司，2014年），頁225-226，236。

因此錢穆以「人文教」名之。[7]

　　季羨林說：「一個像錢賓四先生這樣的國學大師，在漫長的生命中，對這個命題（「天人合一」）最後達到的認識，實在是值得我們非常重視的。」[8]然而令人納悶的是：錢穆終極關懷所在，於其學術史詮釋有何體現，似少有人提及。在錢穆的清學史研究中，「漢宋門戶之見」的詮解視角似有壓倒一切之勢，而何謂「宋學」？「敬仰朱子的執著」又似乎遮蔽豐富的宋學意涵。經過宋儒大力闡發的「天人合一」體系、「明體達用之學」不是未受重視，就是僅被視為一個普通的詞彙，輕筆帶過。

　　會造成這種視域恐有遮蔽，詮解向度稍嫌單調的原因有二：

第一，是以「反向格義」的方式來理解錢穆對傳統學術的研究成果。

　　龔鵬程在〈悼錢賓四先生〉一文，提及錢穆治學是將自己浸潤在整體文化的關懷當中，而非以現代分科的形式單獨研治各個學門。[9]傳統學術所謂「經學」、「史學」、「心學」、「義理學」均不可用現代西方所謂的 "disciplinary"（學科）的外沿疆界、內涵結構來拆解。若將錢穆所謂的「經學」等同 "Philology"（「文獻學」），則容易將焦點過度鎖定在漢、宋治學方法、解經立場之差異，忽略錢穆反覆強調經學在傳統社會的角色，近似西方宗教，擔負最高精神引領的重責，治經者的終極造詣，在會通天、人、物、我，貫通天道人事。錢穆以史學名家，但不能以現代學科所謂的 "history"（「史學」）理解之，其與傅斯年等人推崇之「蘭克史學」的差異，不獨是「科學」與「反科學」的簡單二分法，更觸及中國「史學」與「心學」連貫一體的傳統。「史學」之用，是於「古今之變」的既有陳跡中，「明天人之際」，從觀盛

7　錢穆：《中國學術思想史論叢（七）・宋明理學之總評騭》，第21冊，頁367-377。錢穆：《現代中國學術論衡・略論中國宗教》，第25冊，頁1-23。

8　季羨林：〈「天人合一」新解〉，《傳統文化與現代化》第1期（1993年），頁12。

9　龔鵬程：《時代邊緣之聲》（臺北：三民書局，1991年），頁78。

知衰，賢賢賤不肖中，由具體事蹟把握歷史運作的抽象「天道」，所以
孟子「道性善，言必稱堯舜」，浙東史學「言性命必究於史」，歷史之
樞機即在宇宙最高天道，在天人合一思維下，「天道」不離「人事」，
即在人心、人性本然之「善」。所以傳統學術架構下，「心學」與「史
學」具體用之關聯。至於錢穆最為推許的「義理學」，若以西方所謂
的"Philosophy"（「哲學」）理解之，則容易從「道德哲學」上歸導出
清儒「體情遂欲」與宋儒「滅情黜欲」之爭，這固然是清代義理學的
爭點所在，但錢穆的關懷或不僅於此。錢穆對義理學的內涵界定是：
「經濟之學，即在義理之內」，「把事功消融於學術裡，說成是一種義
理」，義理學不僅是西方人所說的通過「認識的證成」（epistemic
justification）建立的符合邏輯的「哲學」，更是內省式的「體踐」，體
之於心，用之於世，成己而後成物，修己而後安人、安百姓，是從個
人道德自覺，貫通政教實踐的總體性學術體系，作為「經濟學」、「事
功之學」的根本。所以錢穆既言一生寢饋宋明義理，又言中國政治理
亂乃畢生學術關懷所在。其義理溯源天道，貫通人道、政道。傳統學
術不能說沒有門類之殊別，但「萬殊」所歸之「一理」、「眾妙」所昭
示之「一玄」，均在發明宇宙人生最高之天理，而後挺立絕對的道德
生命。這便是錢穆所說的，學術之目的在「學人」而非僅「學學」，
這背後即寓含天人合一的理想。

第二，研究的取材過度局限在幾本清學史專著，未能拓及其他著作。

　　錢穆論清學之代表作為《中國近三百年學術史》[10]，另有《國學
概論·清代考證學》，[11]至於《清儒學案》，則僅存目錄。[12]但觀察錢

---

10 該書本是錢穆1931年起任教北京大學之授課講義，於1937年編修成書。

11 《國學概論》是錢穆於1927年至1928年於蘇州省立中學任教時，自編之教材。

12 《清儒學案》，乃1941年國民政府欲為宋、元、明、清四朝學案之簡編，以清代委諸
　錢穆。稿沈長江，僅序目收入《中國學術思想史論叢（八）》，第22冊，頁589-640。

穆詮解清學時背後的視角、時代意識，則必須將觸角廣及諸多著作當中。畢竟，學術史的詮釋，往往聯繫詮釋者當代的時風世變。除了從錢穆自敘生平之《八十憶雙親、師友雜憶合刊》，一窺其成學經歷、當時學術圈之話語外。錢穆其他學術著作如：《先秦諸子繫年》、《兩漢經學今古文平議》，尤其宋明理學相關之《宋明理學概述》、《宋代理學三書隨劄》、《陽明學述要》、《朱子新學案》更當細讀。至於錢穆綜論中國學術發展之《中國學術思想史論叢》一至九冊。或者其政治史著作，如：《國史大綱》、《中國歷代政治得失、中國歷史研究法》、《政學私言、從中國歷史來看中國民族性與中國文化》，乃至其平生雜感、文化理念之著作，如《湖上閒思錄、人生十論》、《文化與教育》等，若細細梳理，字裡行間每能貫通其意。對於錢穆反對以西學拆解、「反向格義」傳統學術的理念，便有更深刻的領略。也可掌握傳統學術注重會通的精神，對於錢穆詮解宋學與清學的脈絡，也有更深入的理解。

　　《老子》曰：「玄之又玄，眾妙之門。」錢穆以「玄」與「眾妙」指稱「會通式」的傳統學術，以及「分科式」的現代學術。[13] 本文建立在對聯經出版事業公司《錢賓四先生全集》的盡可能廣泛研讀上，用「庖丁解牛」的方式，隨順傳統學術的肌理，參酌錢穆對當世學術、政治之評論，把握錢穆對「經學」、「史學」、「心學」、「義理學」各自內涵的建構及彼此關係的聯結，力求理解錢穆何以持「明體達用」的「宋學」評論清學，乃至以此回應當代學術？何以反對清代考據學將「經學」「史料化」，淡化其「宗教」色彩？何以揄揚章學誠浙東一脈「言性命必究於史」？為何責備戴震等人之「義理學」乃無益政教的「堅白之辨」？對於常州魏源經史不二、體明用光的經世之方，予以肯定，對龔自珍重變法、輕養才則有所惋惜，這背後反映何

---

13 錢穆：《中國學術通義・中國學術特性》，第25冊，頁230。

種政學理想？於晚清，錢穆肯定曾國藩「經濟之學，即在義理之內」，指摘康有為捨宋儒義理，逕求漢儒致用，其所謂的「義理」究竟何指？這些議題，若採用「道術將為天下裂」的分科式觀點，則不易把握錢穆立論之初衷用心。

　　錢穆《中國近三百年學術史》「引論」即開宗明義指出，其所嚮慕之「宋學」是「明體達用之學」，[14]〈自序〉中說：「亦將以明天人之際，通古今之變，求以合之當世，備一家之言。」[15]其據以評價清學的「一家之言」乃源自彌貫「天人之際」的體用合一之學，所欲回應的「當世」則是西方近代在科學革命、宗教改革後，人與上帝「偉大的存有之鍊」（"the great chain of being"）斷裂後，世界不再體現造物主所賦予的價值，人對外在世界的認識，僅是一種「事實」的理解，不帶「價值」的認同，於是知識的追求，僅是「事實」上的去偽存真，而非「價值」上的為善去惡。這與傳統學術「通經」而後「明體」的立論，迥不相當。而上帝既已遠離人世，則中世紀聖・阿奎那（St. Thomas Aquinas, 1225-1274）所主張的：人間政治受上帝「永恆法」規範的理型已無法證立，霍布斯（Hobbes, 1588-1679）、洛克（Locke, 1632-1704）、盧梭（Rousseau, 1712-1778）「社會契約論」所謂的「政治」僅是集團利益的調配與統治權力的制衡，所謂政治「正義」，從神的「超驗正義」降落為現實世界的「經驗正義」。[16]這和宋儒所說的「明體」「達用」不二，「天道」「治道」合一的主張大相逕庭。錢穆由清代已逐步呈顯的知識獨立、政治更加注重「治法」，有時疏略「治人」的道德理想，思考「天人合一」下，知識、道德、政治一組架構的「明體達用之學」，如何面對當時西方文化的衝擊。將清學納入民國以來西潮東漸的視域作評判，有時容易忽略學術有自身

14 錢穆：《中國近三百年學術史》「引論」，第16冊，頁2-3。
15 錢穆：《中國近三百年學術史・自序》，第16冊，頁18。
16 陳清秀：《法理學》（臺北：元照出版公司，2020年），頁55-61。

的歷史語境、特殊的宗旨內涵，這固然是錢穆論清學偏失所在。但本文用意，在抉發其詮解清學背後更深沈的文化危機意識，而非僅表象的漢宋門戶之爭。

緒論

　　錢穆（1895-1990）乃當代大學者，兼通文史哲，融義理與考據於一身，成就非凡，影響深遠。現有關於錢穆的研究，已有相當精善之成果，筆者亦受惠甚深。但稍感遺憾的是，多數研究以「分科式」標準理解錢穆「通儒之學」[1]，以致無法完整關照錢穆知識、道德、政治合一的「明體達用之學」，更甚少能由此窺探其詮釋清學的視角。且部分研究似乎對錢穆著作涉獵不多，專題討論其清學史之文獻，取證有時囿限在《中國近三百年學術史》，至多及於《國學概論》、《清儒學案序目》，以致有因襲紹述多過於自闢蹊徑的遺憾。若以單篇論文而言，固可有繁簡得宜的做法，但作為博士學位論文，則更須有全面的關照。

　　聯經出版事業公司於1998年出版之《錢賓四先生全集》總計收入七十四種著作。即便僅就學術門類而言，「甲編」亦收入二十五種之多。因此，本文以錢穆相關著作的廣泛閱讀為主，輔以文史、法政背景的融通，重新闡發錢穆詮釋清學的時代視角。

1　錢穆所謂「通儒之學」是相對於「專家之學」的概念。「通儒」於學術上求博通會綜，以培育完整的人格，發為宏道濟世的政治功業。換言之，是貫通「知識」、「道德」與「政治」的「明體達用之學」。而「專家之學」以「客觀知識」為研究對象，修身用世並非所問，專精於分支的、分科的「純學術」領域。（參見：錢穆：《論語新解》，《錢賓四先生全集》，臺北：聯經出版事業公司，1998年，第3冊，頁50。錢穆：《中國學術通義・中國學術特性》，《全集》，第25冊，頁210。）本文所引用之錢穆著作，均出《錢賓四先生全集》，以下僅標明引文所屬之冊數、頁數。

第一節　文獻回顧

一　研究狀況述要

　　本文的研究進路，是在「漢宋門戶之見」、「民族主義」、「經世精神」以外，從近代學術、政治的演變，重新定義錢穆所謂的「宋學」，而後探究錢穆如何持此判準，評騭清學。因此有必要就錢穆對清學史之研究，對近代學術、文化、政治之批判等議題之相關文獻，進行回顧。

　　而關於錢穆清學史研究成績的評述，現有文獻有單論錢穆者，更有就梁、錢同名作《中國近三百年學術史》為比對者，本文亦分別討論之。

（一）錢穆與梁啟超清學史比較之相關研究

　　梁啟超（1873-1929）於1904年作〈近世之學術〉，刊載於《新民叢報》。於1920年又作《清代學術概論》。而其《中國近三百年學術史》約作於1923年冬至1925年春之間，乃其任教清華大學、南開大學時所編之講義。是梁氏自迷夢的政治生涯脫離之後，生命最後幾年，獻身學術的成績。錢穆於1931年赴北大歷史系任教，某日赴東安市場，購得梁氏之書，「余與任公意見相異」，故特開此課程，自編講義。「在任公卒後不久，竟續開此課，故群相注意也」。上課之前，甚至出現北大講義室人人爭相預定，群睹為快的盛景。[2]錢穆將課堂講義送商務印書館排版，之後又發現燕京大學圖書館藏有章學誠《章氏遺書鈔本》，錢穆取回底稿，補入前所未見部分，於1937年正式出版。因此，研究者對錢穆清學史特色的把握，多是通過與梁啟超的對比而來。

2　錢穆：《八十憶雙親、師友雜憶合刊（十）北京大學》，第51冊，頁166。

　　因既有文獻之觀點大致雷同，逐一陳述其說恐累贅之病，故取其共同點察考現有之研究成果。

1 現有研究成果

（1）期刊論文

A　臺灣地區

　　曾昭旭：〈論王船山在學術史上之地位問題——兼論清代學術之性格與梁著、錢著《中國近三百年學術史》之觀點〉，《鵝湖》第6期（1989年12月），頁1-6。

　　丘為君：〈清代思想史「研究典範」的形成、特質與義涵〉，《清華學報》第24卷第4期（1994年12月），頁451-493。

　　王慧茹：〈梁啟超、錢穆《中國近三百年學術史》寫作範式探析〉，《鵝湖》第34卷第12期（2009年6月），頁56-62。

B　大陸地區

　　劉巍：〈二三十年代清學史整理中錢穆與梁啟超胡適的學術思想交涉——以戴震研究為例〉，《清華大學學報（哲學社會科學版）》第14卷第4期（1999年8月），頁63-72。

　　周國棟：〈兩種不同的學術史範式——梁啟超、錢穆《中國近三百年學術史》之比較〉，《史學月刊》2000年第4期，頁110-117。

　　呂翊欣：〈論錢穆《中國近三百年學術史》——兼與梁啟超《中國近三百年學術史》的比較〉，《西安聯合大學學報》第7卷第4期（2004年8月），頁50-53。

胡文生:〈梁啟超、錢穆同名作《中國近三百年學術史》之比較〉,《中州學刊》2005年第1期(2005年1月),頁157-162。

陳麗平:〈梁啟超、錢穆《中國近三百年學術史》的著述思想之辨異〉,《廊坊師範學院學報》第21卷第3期(2005年9月),頁80-84。

王花英:〈梁啟超、錢穆同名作《中國近三百年學術史》之比較〉,《湖南科技學院學報》第27卷第3期(2006年3月),頁100-102。

羅志田:〈道咸「新學」與清代學術史研究──《論中國近三百年學術史》導讀〉,《四川大學學報(哲學社會科學版)》2006年第5期,頁5-15。

夏聯委:〈梁啟超與錢穆對清代學術不同認識之初探〉,《天府新論》(2007年6月),頁221-222。

崔蘭海:〈梁啟超、錢穆同名作品《中國近三百年學術史》主旨對比〉,《武漢科技大學學報(社會科學版)》第14卷第2期(2012年2月),頁109-112。

李長銀:〈梁啟超、錢穆《中國近三百年學術史》平議〉,《江南大學學報(人文社會科學版)》第13卷第1期(2014年1月),頁61-65。

孫綺虹:〈梁啟超、錢穆同名作《中國近三百年學術史》──論顧炎武學術地位之異同分析〉,《藝術科技》2015年2期,頁15-18。

（2）學位論文

A 臺灣地區

張冠茹：《梁啟超、錢穆對清代學術史的研究比較──以《中國近三百年學術史》為核心》（高雄：中山大學中國文學系碩士論文，2012年）。

B 大陸地區

郭盛：《梁啟超、錢穆兩部同名著《中國近三百年學術史》的比較研究》（甘肅：西北民族大學歷史文化學院碩士論文，2007年）。

劉海靜：《二十世紀前半期的清學史研究──以章太炎、劉師培、梁啟超、錢穆為中心》（上海：上海大學歷史系博士論文，2011年）。

2 現有研究之評述

論者多認為錢穆詮釋清學的視角，是「宋學正宗」的門戶偏私之情，以及對於科學的保留態度；梁啟超則看重漢學家的科學精神，這展現在兩人《中國近三百年學術史》體裁及體例、篇幅詳略，清代學派之流變及評價、對清儒之相異評騭等方面，以下就此簡述前人研究之共同點。

（1）體裁及體例

「體裁」指各類史書間不同的表現形式。「體例」指同一部史書內部的組織結構、具體的編纂方法和編纂技巧。

就「體裁」而言，論者多認為，梁書前半部承襲劉師培〈周末學

術史序〉之章節體。例如：梁啟超《中國近三百年學術史》從第五章
到第十一章分述陽明學、經學、史學、程朱學、科學等等。相較之
下，錢書以人物為中心，自第二章至第十四章，大體依據學人年輩，
先後繫屬其間，案主之下，附列思想相近之學人，例如：黃梨洲下附
陳乾初、潘用微、呂晚村。康長素下附朱子襄、廖季平、譚復生。

關於梁、錢兩書體裁的優劣，論者大致認為，梁書採新式章節
體，將「學術」與「為此學之人」分離，逐漸重視學術自身的獨立
性。錢書重學「人」的品格，有濃厚的傳統色彩。故在分析學術流變
的因果消長時，往往不如梁書清晰。

就體例而言，梁氏編纂次序的先後安排，大致體現其「斷滅」史
觀。他認為學術到了衰落期，必有新思潮代興而起。因此第一章首論
「反動與先驅」說明清學對宋明理學的革命。第五章「陽明學派之餘
波及其修正」、第六章「清代經學之建設」、第七章「兩畸儒」，分別
以黃宗羲、顧炎武、王夫之為核心，由黃宗羲先以王學門戶中人，對
末流禪學作修正；再由顧、王兩人批判王學，建立徵實學風。而錢著
《中國近三百年學術史》編纂次序體現其「繼承─發展史觀」，第一
章「引論」申述兩宋學術及晚明東林學派明道經世的使命，說明清初
諸儒皆承宋明而來。之後依據「所寢饋於宋學之深淺」排列其先後，
第一位討論的學者是黃宗羲，因其父乃東林名士，又出劉蕺山之門，
其次是王夫之，其學乃承北宋張載而來。第三才是較不喜談心性的顧
炎武，**研究者多認為這體現錢穆對宋明理學的情有獨鍾。**

（2）篇幅詳略

梁書雖是未完稿，大體只寫完清初，但第二到第四章「清代學術
變遷與政治的影響」已勾勒出本書原擬定之雛形。梁、錢兩人的同名
作，在篇幅上詳略互異。

A　梁書所詳，而錢書所略

a　中國近三百年學術史附表──明清之際耶穌會教士在中國者及其著述

　　錢穆對明清之際，耶穌教會傳入的西學，完全未提及，但這卻是梁啟超熱烈歌頌之處。梁著在第四章「清代學術變遷與政治的影響」特列「中國近三百年學術史附表──明清之際耶穌會教士在中國者及其著述」，表彰利瑪竇、艾儒略、湯若望與中國學者李之藻、徐光啟合譯之西書。

b　科學曙光──王寅旭、梅定九、陳資齋

　　梁著在第十一章將王寅旭、梅定九、陳資齋等人的天文、曆算成就，譽之為「科學曙光」。而錢書完全不議不論。

c　清代學者整理舊學之總成績

　　梁啟超稱考據學為「科學的古典學派」。[3]在其《中國近三百年學術史》中，以全書過半的篇幅，揄揚清儒用科學方法治經而獲豐碩成績。這也是錢穆所未提及的。

　　研究者因此認為，錢穆對西方科學持保留態度。故對具備科學精神的漢學，並未大力表彰。

B　錢書所詳，而梁書所略

a　章學誠

　　梁啟超在〈近世之學術〉及《清代學術概論》中，對章學誠並無過多重視，只略提及姓名，作為清學由全盛期走向蛻分期的代表人物

3　梁啟超：《中國近三百年學術史》（臺北：華正書局，1994年），頁25。

之一。在《中國近三百年學術史》中，他說：「乾嘉諸老中有三、兩位──如戴東原、焦里堂、章實齋等，都有他們自己的哲學，超乎考證學以上，但在當時，不甚為學界所重視，這些內容，也待下文再講。」[4]然因梁氏為病痛及家務所累，未竟餘緒。但其已注意到章氏學術有超乎考據學風以上，而此點在錢穆同名作中，更是大加發揮。錢穆特立〈第九章　章實齋〉以與戴震分庭抗禮，表彰章學誠「六經皆史」對考據學風的修正，以及「學術經世」的理想。

論者認為，錢穆持其崇宋尊朱的門戶之見，特立〈章實齋〉一章，意在抨擊考據學，另也藉章氏之口，指責戴震將天理寓於血氣之中，與朱熹嚴辨天理人欲迥異。

b　曾國藩

梁著僅略以幾語敘述曾國藩與其門人以宋學相砥礪，以書生戡平大亂，一改學人輕蔑宋學的觀念。[5]對曾氏未給予重視。錢穆特立〈第十二章　曾滌生〉溯源曾氏學術來自桐城義理學，以宋代程朱之說滌盪風俗，轉移人心，陶鑄人才，又會通漢學之「禮」與宋學之「理」。論者認為錢穆持一貫的宋學門戶立場，與曾國藩意趣相投，故許為晚清第一英雄，更勝康有為之上。另有認為，民初國艱民瘼，極欲求才，錢穆將此投射於曾國藩作育人才、扭轉士風的功業上。

c　陳澧

陳澧認為考據的目的，在得其義理，以養方寸之心，但當時考據家，專務訓詁考據而忘義理，不讀全書，不看注疏，僅就經典之難讀處，施以考據之功，以求競勝古人。感於當時學風浮躁不實，提倡新

4　梁啟超：《中國近三百年學術史》，頁26。
5　梁啟超：《中國近三百年學術史》，頁29。

學風,專教人讀一部書,「讀注疏使學者心性靜細」[6],校正當時懶且躁的風習。陳澧無世俗聲譽,何以得錢穆青眼相待,特立專章討論?論者或認為陳澧針砭漢學流弊,正符錢穆崇宋立場。另有認為,與民初全盤西化下,風俗流失、人心日非,錢穆欲挽狂瀾於既倒,故藉古人之酒,澆自己心中之塊壘。

(3) 清代學派之流變及評價

清學主流大體前半期為考據學,後半期為今文學。梁、錢兩人對此均有精湛的見解。以下概述之。

A 清學與宋明儒學之關係

梁啟超《中國近三百年學術史》將清學與宋明理學斷為兩截,主張清學出自對宋明理學的反動。在第一章「反動與先驅」中,他認為清學的主流是「厭倦主觀的冥想面傾向於客觀的考察」,「排斥理論提倡實踐」[7],並認為自晚明起,此一大反動,有五種趨勢:第一、王學自身的反動,第二、自然界探索的反動,第三、西學輸入的反動,第四、讀書風氣變化之反動,第五、佛學反禪之反動。這五種趨勢都標示學問由主觀轉向客觀。論者多認為,梁氏注重客觀的科學實證,故對清代漢學多所崇獎,對於近乎神秘的宋明理學,有所貶抑。

錢穆在〈清儒學案〉中說:「抑學術之事,每轉而益進,途窮而必變。」[8]研究者多指出,錢氏本其「繼承—發展史觀」,貫通明清之間思想的延續。他認為後一朝代思想看似與前代立異,實則都包孕前代精華,獲得重生。因而清學亦本宋明學術而推陳出新。因此其《中國近三百年學術史》除「自序」外,第一章「引論」即述兩宋及東林

6　錢穆:《中國近三百年學術史》,第16冊,頁802。

7　梁啟超:《中國近三百年學術史》,頁2。

8　錢穆:《中國學術思想史論叢(八)‧清儒學案序目》,第22冊,頁592。

對清學啟導之功。研究者多認為錢穆彌縫清學與宋明理學，是出自其一貫的「尊宋」信念。

B 考據學的流派

梁啟超在《清代學術概論》中，依循章太炎的說法，以吳皖兩派中分乾嘉學術。並說：「惠氏之家學，專以『古今』為『是非』之標準，棟之學，其根本精神即在是，……惠派治學方法，吾得以八字蔽之，曰『凡古必真，凡漢皆好』。」戴震則無徵不信，具科學家之實證精神。[9]在《中國近三百年學術史》中，他也沿襲這種說法：「漢學派中也可以分出兩個支派。一曰吳派。二曰皖派。吳派以惠定宇為中心，以信古為標幟，我們叫他做『純漢學』。皖派以戴東原為中心，以求是為標誌，我們叫他做『考證學』。」[10]

梁啟超以吳、皖為截然二分的學派，並未清楚勾勒兩派的關聯。錢穆則認為從惠棟到戴震是清代漢學發展的歷程。他提出三條證據：第一，乾隆30年戴震為紀念惠棟而寫的〈題惠定宇先生授經圖〉。第二，在此4年後，他為惠棟弟子余蕭客之《古經解勾沈》作序。第三，戴震《原善》是受惠棟《易微言》影響而作。可以說，吳皖兩派並非截然二分，而是彼此相互推崇，抑且戴震推尋故訓以明經義，透過訓詁建構義理，是得自惠棟的啟發。

C 常州學術的評價

梁著肯定常州學派帶來的思想解放之功，並認為乃晚明清初經世精神的復活。[11]錢穆則以為其無深刻意涵，僅是一種時代潮流，「卒之學術、治道，同趨澌滅，無救厄運，則由乎其先之非有深心巨眼、宏

9　梁啟超：《清代學術概論》（臺北：臺灣商務印書館，1994年），頁53，57。

10　梁啟超：《中國近三百年學術史》，頁25。

11　梁啟超：《中國近三百年學術史》，28-29，33。

旨大端以導夫先路，而特任其自為波激風靡以極乎其所自至故也。」[12]
研究者多認為，常州學術不如宋學之沈潛精深，故不為錢穆所喜。

（4）對清儒之相異評騭

前已概述梁、錢兩人論清學之詳略，互有側重。而此處要討論
的，是兩人共同論及，但評價有異者。又因梁著乃未完成之作，僅為
清初諸儒立專章，故可以與錢著同名作參照的基礎，相對較少。

A　顧炎武

梁啟超從三方面肯定顧炎武對清學的貢獻，一在開學風，排斥理
氣性命之玄談，專從客觀方面研察事務條理。二曰開治學方法，如勤
蒐資料綜合研究，如參驗耳目聞見以求實證。三曰開學術門類，如參
證經訓史蹟，如講求音韻，如說述地理，如研精金石之類皆是。他認
為顧炎武科學式的治經方法，開啟一個新的時代。[13]

錢穆卻從道德考量，指出顧氏雖離析「博文」、「行己」的關係，
但其本人甚尊奉「行己有恥之教」，然而後人誤會其說，專師其「博
學於文」。如：其《日知錄》之精義，在論人心風俗，而後人僅重其
經義、輿地之文辭博辨。其《音學五書》意在「舉今日之音還之淳
古」，以撥亂滌污，一返三代斯文，後人卻只取其考文、知音的治學
方法，[14]推其「博文」之書，忘其「知恥」的人格。「僅指其多聞博
學，而忘其『行己有恥』之教者。」[15]終致聞見日多，廉恥日喪。

研究者多認為，梁啟超提倡科學態度，故推崇顧炎武精善的治學
方法，錢穆著重宋學的道統、道德精神，因此特重學術對風俗人心的
影響。

12　錢穆：《中國近三百年學術史》，第17冊，頁679-680。

13　梁啟超：《中國近三百年學術史》，頁73。

14　錢穆：《中國近三百年學術史》，第16冊，頁174-179。

15　錢穆：《中國近三百年學術史》，第16冊，頁160。

B 戴震

梁啟超在《清代學術概論》中，非但讚揚戴震具實證精神，且對於其肯定欲望的思想，譽之為中國文藝復興的情感主義。但《中國近三百年學術史》尚未完成戴震的專章。而錢穆的同名作則屢屢指斥戴震之說，以天理在人欲中，足以助長淫侈之風。研究者亦從漢學之科學精神與宋學之道德主義，論述梁、錢之差異。

C 康有為

研究者認為錢穆未能關注康氏政治思想的重要性，僅著眼純學術的觀點，批判其竄亂經典。並指出民初顧頡剛等人的疑古辨偽思潮，很大程度上乞靈於康有為，錢穆對康氏的指摘，正是欲對當時的疑古風氣，作拔本塞源之舉。相較之下，梁啟超《中國近三百年學術史》雖來不及專論康氏，但仍於第四章「清代學術變遷與政治的影響」中，譽為晚清「新思想界的急先鋒」。[16]

(二) 錢穆清學史整體評述或個別議題之研究

1 專書論文

郭齊勇《錢穆評傳》[17]第七章「每轉益進，途窮而必變」論述錢穆激於日軍侵華的背景，而懷抱民族主義建構清學，出於維繫民族文化的立場，錢穆彌縫明清學術為一貫，有別於梁啟超的「反動說」。該文還指出錢穆將考據學的避世學風，歸咎於清廷文化高壓政策。全文申述錢穆論清學的視角，主要持「民族主義」立場。汪學群《錢穆

---

16 梁啟超：《中國近三百年學術史》，頁33。
17 郭齊勇：《錢穆評傳》第七章「每轉益進，途窮而必變」（南昌：百花洲文藝出版社，1995年），頁213-247。

學術思想評傳》分別討論錢穆對歷代學術之研究，[18]當中〈清代學術史研究（上）（下）〉言及錢穆論清代學術之淵源；對順康、乾嘉、道咸學術之批評，談及錢穆評騭清學之判準時，仍以「漢宋門戶之見」為主。汪書闡述詳盡，但其著力點較偏重在清代學術，對近代學術較未提及，因此其衡定錢穆詮釋清學的視角時，未廣及錢穆論近代政、學發展之相關著作。朱維錚：《走出中世紀二集・關於錢穆研究》[19]、汪學群、武才娃：《大家精要──錢穆・從宋學看清代學術》。[20]大體上亦是將錢穆論清學的判準設定為「宋學」，再將「宋學」視為「門戶之見」，這固然不能說全無所據，但僅以「門戶之見」界說錢穆所謂的「宋學」意涵是否太過單薄？

2 期刊論文及研討會論文

汪榮祖〈錢穆論清學史述評〉[21]以《中國近三百年學術史》為主要文本，除最前「提要」及最末「結語」外，區分「清學史淵源」、「清中葉之考據學」、「晚清學術史」三個子目，評釋錢穆清學史研究的成績。「提要」中說：「論清初學者，錢、梁略同。」「論清中葉學者，錢惡樸學之鄙宋攻朱，頗多譏評，而梁則認為乾嘉考據，甚具實證主義精神而好之。」「至於晚清，經今文興，……然錢穆一本尊崇宋儒之心，以及信仰朱子之執著，痛詆今文改制說之荒謬。」「於此可見，錢著與梁著立異之處，要在意識型態的不同，尚可見漢宋門戶之見的遺影。」[22]「清學史淵源」中，汪氏說：「錢穆甚賞王學（王夫

---

18 汪學群：《錢穆學術思想評傳》（北京：北京圖書館出版社，1998年），頁168-241。

19 朱維錚：《走出中世紀二集・關於錢穆研究》（上海：復旦大學出版社，2008年），頁136-147。

20 汪學群、武才娃：《大家精要──錢穆・從宋學看清代學術》（昆明：雲南教育出版社，2008年），頁69-74。

21 汪榮祖：〈錢穆論清學史述評〉，《臺大歷史學報》第26期（2000年12月），頁99-119。

22 汪榮祖：〈錢穆論清學史述評〉，頁99，106。

之），未嘗不因認為王學『繩律之嚴，仍是宋明儒家矩矱』，尤與張載
《正蒙》的學風為近，展露錢氏一貫崇宋之主見。」[23]「清中葉之考
據學」中，汪氏指出：「太炎嘗言，戴之名著『《孟子字義疏證》一書
出，學者自是薄程朱』……錢穆既仰視朱熹如此，自不能容忍批宋攻
朱之論，故斥東原所論『激越』、『深刻』、『詆毀逾分』……因亦頗為
借重章實齋批戴之言，若謂『東原以朱學傳統反朱子，故實齋譏之，
謂其飲水忘源也』……錢穆恨與朱夫子為難之人，頗似方東樹。」[24]
「晚清學術史」中，汪氏說：「今文之闡抉奧旨，往往牽綴比附，並
不能等同宋明先儒之求義理，自非錢穆所能允可。」「錢穆《中國近
三百年學術史》的真正英雄人物終於登場，此人乃曾國藩，……錢氏
不僅以專章述曾，……尤推譽其特重宋學，……亦可略見錢穆與曾國
藩在思想與意識上之相契。」汪氏又指出陳澧之所以得錢穆青眼相
看，是因其提倡調和漢宋、會通朱子、鄭玄的學風。「朱子鄭君云
云，立見錢氏本人學術思想之歸宿，與夫論學好惡之所本。」[25]汪文
固然給予本文若干啟發，但將錢穆評騭清學的觀點，歸於「宋學正
宗」的標準，又把「宋學」的意涵，等同「漢宋門戶之見」，此是否
太過簡化？容有商榷之處。

　　陳勇〈「不知宋學，則無以平漢宋之是非」──讀錢穆先生《中
國近三百年學術史》〉[26]以為錢穆所謂之「宋學」即「嚴夷夏之防」、
「高揚經世精神」，用以對應的危機，是日軍侵華的背景，然而，相
對於希臘哲人「為知識而知識」的學風，中國學術的特質本就有濃厚
的經世色彩，則「宋學」在中國歷代學術中的特色又何在？以「經世

23　汪榮祖：〈錢穆論清學史述評〉，頁104。

24　汪榮祖：〈錢穆論清學史述評〉，頁107-108。

25　汪榮祖：〈錢穆論清學史述評〉，頁111，112，113。

26　陳勇：〈「不知宋學，則無以平漢宋之是非」──讀錢穆先生《中國近三百年學術
　　史》〉，《錢穆先生紀念館館刊》（2000年12月），頁194-205。

精神」概括錢穆所謂之宋學，似有稍嫌籠統之處。

陳祖武〈錢賓四先生論乾嘉學術──讀《中國近三百年學術史》札記〉[27]指出錢穆從八股文的反動，說明考據學興起之緣由。以及由恪守漢學家法，牽附明堂陰陽說明常州學術與蘇州惠氏之關聯。陳祖武〈錢賓四先生對清代學術的貢獻──讀《中國近三百年學術史》札記〉[28]論述錢穆認為清代考證學源自明代中期，而非顧炎武開其濫觴，以及吳皖非分幟的說法。

胡楚生〈錢穆先生《中國近三百年學術史》讀後〉[29]指出錢穆《中國近三百年學術史》留心經世思想，強調種族大義，以明清之際儒者之立身行事，諫諍當代。

路新生〈錢穆《中國近三百年學術史》中幾個值得商榷的問題〉[30]當中指出錢穆之所以不滿戴震指宋儒「以理殺人」，是因「戴震**排宋斥朱的立場，是錢穆所絕對不能接受的。**」「而錢穆之斥戴氏，亦全因戴震之斥宋排擊朱熹而起」。「（錢穆）因為推許宋明理學，便把理學劃入批評不得，議論不得的『禁區』。**這不是把理學變成一種錢氏自己也一貫反對的門戶之學了嗎？**」[31]路新生〈理解戴震──錢穆、余英時「戴震研究」辨正〉、〈理解戴震──錢穆、余英時「戴震研

---

27 陳祖武：〈錢賓四先生論乾嘉學術──讀《中國近三百年學術史》札記〉，《紀念錢穆先生逝世十週年國際學術研討會論文集》（臺北：臺灣大學中文系，2001年），頁263-286。

28 陳祖武：〈錢賓四先生對清代學術的貢獻──讀《中國近三百年學術史》札記〉，《錢賓四先生百齡紀念會學術論文集》（香港：香港中文大學新亞書院，2003年），頁277-290。

29 胡楚生：〈錢穆先生《中國近三百年學術史》讀後〉，《紀念錢穆先生逝世十週年國際學術研討會論文集》（臺北：臺灣大學中文系，2001年），頁245-262。

30 路新生：〈錢穆《中國近三百年學術史》中幾個值得商榷的問題〉，《歷史教學問題》，2001年第3期，頁13-16。

31 路新生：〈錢穆《中國近三百年學術史》中幾個值得商榷的問題〉，頁14，15。

究」辨正（續）〉[32]認為錢穆指摘戴震學風不足致用，乃偏弊之見。又認為錢穆基於宋學的門戶意識，將戴震學風歸於惠棟（而非顏、李），並且錯解戴震對宋儒「以理殺人」的批判。路氏另一文〈錢穆戴震學研究平議──兼與余英時先生商榷〉[33]其內容與上文雷同。

許松源〈專家與通識──章學誠的學術思路與錢穆的詮釋〉[34]指出章學誠言經、史，並非指「經部」、「史部」，而是通指「王官學」，章氏以此求治學門徑的會通，故錢穆讚許其從學問大體（而非專業分科）來談一切學術。

武少民、閻玉環〈論錢穆《中國近三百年學術史》成書原因〉[35]概述錢穆《中國近三百年學術史》之著作動機，出於與梁啟超立異。

姜淑紅〈錢穆《中國近三百年學術史》特論陳澧之原因析論〉認為錢穆特論陳澧之因，一方面基於其調和漢宋，與錢穆宋學立場契合，另一方面錢穆身處家國憂患當中，將自身處境寓託於陳澧「轉世運、求人才」的期許。[36]

許剛〈宋學精神與漢學工夫──錢穆與張舜徽清代學術史之比較〉[37]文中指錢穆由宋學角度評騭清學，張舜徽由漢學立場揄揚顧炎武等人考據之精。

---

32 路新生〈理解戴震──錢穆余英時「戴震研究」辨正〉、〈理解戴震──錢穆余英時「戴震研究」辨正（續）〉《華東師範大學學報（哲學社會科學版）》第35卷第1期（2003年1月），第35卷第2期（2003年3月）頁48-53。

33 路新生：〈錢穆戴震學研究平議──兼與余英時先生商榷〉，《孔孟學報》第81期（2003年9月），頁193-215。

34 許松源：〈專家與通識──章學誠的學術思路與錢穆的詮釋〉，《臺大歷史學報》第37期（2006年6月），頁267-300。

35 武少民，閻玉環：〈論錢穆《中國近三百年學術史》成書原因〉，《長春師範學院學報》第25卷第5期（2006年9月），頁54-56。

36 姜淑紅：〈錢穆《中國近三百年學術史》特論陳澧之原因析論〉，《江南大學學報（人文社會科學版）》第10卷第4期（2011年8月），頁46-69。

37 許剛：〈宋學精神與漢學工夫──錢穆與張舜徽清代學術史之比較〉，《齊魯學刊》2011年第4期，頁55-59。

李寶紅〈半個亭林,「半之中又失其半焉」——胡適、錢穆對顧炎武學術思想的闡發〉[38]雖已不再拘守漢宋門戶之見的說法,且也稍涉入近代學術的領域,探尋胡適與錢穆論清學所映射的時代色彩。但對近代學術所下的工夫似不夠深入,以致僅在學術應否經世的表象層面,討論顧炎武「明道救世」的理想。未能透視近代西方在宗教改革之後,「事實」與「價值」分離,知識僅是追求「事實」的活動,終極的、神聖的「價值」,並不存在,以及此一觀念對中國學術體系的衝擊。因此,該文對於顧炎武析離「博文」(知識)與「行己」(道德)並未有所深論。且錢穆明確指出宋代經學根柢仍厚實,明人經學方墮入雜碎游談,這對理解顧炎武「經學即理學」有相當大的助益,但該文對中國經學發展的認識,似嫌不足。

梅樂〈錢穆《中國近三百年學術史》專論曾國藩之原因探析〉,[39]文中一方面將錢穆推崇曾國藩之原因,歸導於兩人均崇「宋學」,具備「相似的學問背景」,另一方面,指出曾國藩學術較諸考據學更強調社會、政治的實踐。但稍可思考的是:若錢穆推許曾氏之因,乃因其經世情操,則變法圖強的康有為,何以不得其嘉許?可見,此一問題有待更細緻地分析。

李長銀〈錢穆清代學術史的寫作歷程與轉變——從《中國近三百年學術史》到《清儒學案》〉提及錢穆撰述《中國近三百年學術史》,乃在抗日前夕(1937年),[40]《清儒學案》的著作時代,已是抗日全面爆發,故其中民族主義較諸《中國近三百年學術史》更為濃厚。錢穆清學史固然融入當身時代所感,但其時代意識,是否僅有民族主義?

---

38 李寶紅:〈半個亭林,「半之中又失其半焉」——胡適、錢穆對顧炎武學術思想的闡發〉,《社會科學》,2011年第8期,頁157-163。

39 梅樂:〈錢穆《中國近三百年學術史》專論曾國藩之原因探析〉,《江蘇第二師範學院學報(社會科學版)》第30卷3期(2014年.3月),頁76-79。

40 李長銀:〈錢穆清代學術史的寫作歷程與轉變——從《中國近三百年學術史》到《清儒學案》〉,《鵝湖》第39卷第10期(2014年4月),頁32-40。

或者應更深入地觸及，民族文化的特性與西方學術的調和，乃至中西異同之由？

簡承禾〈錢穆《中國近三百年學術史》對龔自珍的評論及其意義〉，[41]文中指出龔自珍援經論政，直追宋儒淑世志業。但或可進一步思考的是：僅以「淑世志業」概括宋學精神，或有籠統之處，蓋中國學術本就高揚淑世精神，相較於印度文化追求彼岸來世，希臘哲學家對純粹「知識」領域的投入，中國儒者更重現世政治問題的解決。即便逍遙如莊子，也不得不面對「應帝王」的問題，若宋學的特色僅是淑世情懷，則其與歷代學術有何不同？

3 學位論文

姜虹《錢穆的清代學術史著作研究》[42]、張笑龍《錢穆、余英時的清代學術思想史研究》[43]這兩部近期之學位論文，都可見細膩功夫，但探究錢穆論清學之視角時，仍持守「漢宋門戶之見」。張笑龍《錢穆對明清學術思想史的研究》[44]對文獻有詳細的比對徵引，但該文仍將錢穆論明清學術思想史的視角，指向「宋學」，並且說：「錢穆一直以來認為，現代中國學術要學『宋學』，這與宋代學術關心『世道人心』，於『心性義理』與『治平大道』兩所用心有關。」[45]但可惜的是，其對宋儒如何聯繫「心性」與「治平」的關係？當代政治是否

---

41 簡承禾：〈錢穆《中國近三百年學術史》對龔自珍的評論及其意義〉，《書目季刊》第48卷4期（2015年3月），頁37-51。

42 姜虹：《錢穆的清代學術史著作研究》（大連：遼寧師範大學歷史系碩士論文，2010年）。

43 張笑龍：《錢穆、余英時的清代學術思想史研究》（合肥：安徽大學歷史系碩士論文，2010年。）

44 張笑龍：《錢穆對明清學術思想史的研究》（天津：南開大學歷史學院博士論文，2013年）。

45 張笑龍：《錢穆對明清學術思想史的研究》，頁130。

將「心性」與「治平」分裂，錢穆何以在當代標榜「心性」與「治平」兼重的「宋學」？則未見進一步討論。張文闡述詳析，但其似乎疏略民初以後，學術、政治的變化，對錢穆建構清學產生的影響力。

（三）錢穆對近代學術、文化之批評相關研究

1 專書

余英時：《猶記風吹水上鱗——錢穆與現代中國學術》[46]共收錄十一篇文章，其中〈《周禮》考證和《周禮》的現代啟示〉談論錢穆《周官著作時代考》相關問題。〈《十批判書》與《先秦諸子繫年》互校記〉亦以錢穆考據方面的著作為核心。〈錢穆與新儒家〉則述及錢穆論學持守「學不可無宗主，但不可有門戶」不刻意立門分派，但其宗主則清晰明確，那便是：中國文化的發展不能「一切向西方學習」，務必「於舊機構中發現新生命」，因而從中國歷史上之政治、經濟、社會、學術、宗教探究民族將來之出路。其與熊十力（1885-1968）、牟宗三（1909-1995）等新儒家有同有異。相同之處在於不視儒學為客觀的、已無生命的研究對象，而是根據新的生活事實，更新其價值系統，以繼續發揮引導或軌範的作用。相異之處大致有二，第一，是不認同新儒家以抽象的哲學架構，解析宇宙間最高的「道」，嚮慕章學誠「道起於三人居室」的說法，強調「道」在人倫日用之間。第二，新儒家解讀經典時，有時離開歷史文獻脈絡，講求「冥悟證會」。但錢穆較接近朱熹一路「讀書窮理」的脈絡。另外，〈猶記風吹水上鱗——敬悼錢賓四師〉、〈一生為故國招魂〉指出錢穆善於吸收西方新知，但仍堅持從歷史上去尋找中國文化的精神。

徐國利《錢穆史學思想研究》[47]以人文精神貫穿錢穆史學，綜論

---

46 余英時：《猶記風吹水上鱗——錢穆與現代中國學術》（臺北：三民書局，1991年）。
47 徐國利：《錢穆史學思想研究》（臺北：臺灣商務印書館，2004年）。

錢穆史學中的民族主義、道德心性決定論，並指出其史學重「心」與「精神」，與傅斯年等強調客觀化的科學派有別。

王汎森《近代中國的史家與史學》[48]當中有〈錢穆與民國學風〉一文，述及錢穆本以「考據實證」與新文化運動下的主流知識界對話，之後，轉向傳統學術的致用精神，強調史學的社會功能、道德影響力。

梁淑芳《錢穆文化學研究》[49]從經濟、政治、科學、宗教、道德、文學與藝術等七要素，論錢穆文化觀。全書材料蒐羅完整，論述清晰。

侯宏堂《「新宋學」之建構──從陳寅恪、錢穆到余英時》[50]當中以儒釋交涉、匯綜貫通論述錢穆對「宋學」的現代詮釋，但焦點既然在「現代詮釋」上，言及宋學的現代意涵時，卻僅大致提及宋儒的博通精神，相對應於民國以來，專業分科的學術型態。該書雖給予本文若干啟發，但在深度及寬度上，或都有可再發揮的空間。對於侯書之批評及錢穆所謂「宋學」之界說，容於第壹章再詳述。

戴景賢《錢賓四先生與現代中國學術》[51]一書由數篇論文集結而成。以Oswald Spengler（1880-1936）之文化多元論為出發點，綜述錢穆對中國學術發展、思維方式、價值信仰、社會結構、歷史演變階段的獨特看法，從而指出，中國文化有其特殊的道德意志，不應以西方作為惟一範式。

---

48 王汎森：《近代中國的史家與史學》（香港：三聯書店，2008年）。

49 梁淑芳：《錢穆文化學研究》（臺北：文津出版社，2008年）。

50 侯宏堂：《「新宋學」之建構──從陳寅恪、錢穆到余英時》（合肥：安徽教育出版社，2009年）

51 戴景賢：《錢賓四先生與現代中國學術》（香港：中文大學出版社，2014年）。

2 期刊論文及研討會論文

　　黃俊傑〈錢賓四史學中的「國史」觀：內涵、方法與意義〉[52]，指出錢穆反對以中國史的「殊相」，為世界史的「共相」做註腳，因此有別於十九世紀末葉，歐洲追求客觀歷史研究的史學，錢穆採主客交融的歷史研究法，以讀史者身處的時代，映照過去歷史經驗，而得出「意義」，此種「意義」即司馬遷所謂的「一家之言」。

　　王晴佳〈錢穆與科學史學之離合關係〉[53]，亦論及錢穆與傅斯年等「科學史學」派在「史觀」及「史料」間的分歧，並多言及錢生平、彼此情誼的交涉。

　　吳展良〈學問之入與出：錢賓四先生與理學〉[54]指出錢穆固然重視理學歷史背景的客觀分析，但更強調從躬行實踐當中體悟理學之真生命，故其一方面以紮實的考證工夫，著《陽明學述要》、《宋明理學概述》、《朱子新學案》；一方面又以身心浸潤涵泳的方式，於行住坐臥當中，實踐虛靜踏實的工夫。由於強調義理必須在實際生活中檢證、印驗，因此反對以西方哲學架構中國學術。吳展良〈錢穆先生學術的現代意義〉[55]指出錢穆之學乃「成德之學」，故其認識事物的方法，乃實踐、體驗的修養工夫，有別於柏拉圖追求超越世界的永恆真理，企圖由「分殊」當中，把握「理一」。又認為若以西方學術的方法，解剖傳統學術，則一個民族的精神及命脈，將蕩然無存，造成嚴重的價值危機。以上兩篇文章都給予本文相當之啟發。但因研究者所

---

52 黃俊傑：〈錢賓四史學中的「國史」觀：內涵、方法與意義〉，《臺大歷史學報》第26期（2000年12月），頁1-37。

53 王晴佳：〈錢穆與科學史學之離合關係〉，《臺大歷史學報》第26期（2000年12月），頁121-149。

54 吳展良：〈學問之入與出：錢賓四先生與理學〉，《臺大歷史學報》第26期（2000年12月），頁63-98。

55 吳展良：〈錢穆先生學術的現代意義〉，「香港中文大學的當代儒者——錢穆、唐君毅、牟宗三、徐復觀」國際學術會議（香港：香港中文大學，2004年12月20日-23日）。

預設的主題，不在於從近代學術之轉變，回顧清學，故與本文之取徑
不盡相同，但仍提供本文許多的著力點。

　　陳啟雲〈錢穆師之「思想文化史學」〉[56]、〈中國人文學術的近代
轉型──胡適、傅斯年和錢穆個案〉[57]以大範疇的方式，討論錢穆論
中西學術之異同。為本文勾勒出大致輪廓。但本文繼而採取小範疇的
方式，集中討論錢穆如何看待「人文學科」與「自然科學」之異同，
而後對考據學做出評價。

　　其他討論錢穆對近代學術、文化之批評者，尚有眾多文獻等。[58]

56 陳啟雲：〈錢穆師之「思想文化史學」〉，《錢賓四先生百齡紀念會學術論文集》（香
　　港：中文大學新亞書院，2003年），頁25-38。

57 陳啟雲：〈中國人文學術的近代轉型──胡適、傅斯年和錢穆個案〉，《河北學刊》
　　第30卷第1期（2010年1月），頁1-7。

58 （1）錢穆與傅斯年在「蓄德致用」與「考索史料」之差異，相關研究尚有：翁有
　　為：〈求真乎？經世乎？──傅斯年與錢穆學術思想之比較〉，《文史哲》2005年第3
　　期，頁115-122。陳東輝、錢谷：〈經世致用與宏博會通──錢穆治學精神之精髓〉，
　　《南京師範大學文學院學報》2006年第1期，頁176-179。陳勇：〈錢穆與新考據派關
　　係略論──以錢穆與傅斯年的交往為考察中心〉，《上海大學學報（社會科學版）》第
　　14卷第5期（2007年9月），頁50-58。
　　（2）錢穆與胡適之治學進路有「躬身體踐」與「科學方法整理國故」之差異，相
　　關研究尚有：楊一鳴：〈從胡適與錢穆的學術論爭，看現代學術思想的轉型〉，《東
　　吳大學歷史學系研究生學報》第1期（2005年10月），頁209-229。許炎初：〈試比較
　　錢穆與胡適兩家治學方法與成果與對通識教育之啟發〉，《止善》第6期（2009年6
　　月），頁31-59。李寶紅：〈「虛心」與「懷疑」：錢穆、胡適對朱子讀書法的不同體
　　認〉，《廣東社會科學》2011年第6期，頁27-34。
　　（3）論及錢穆「學以成德」之教育理想者，有：劉巍：〈從新亞書院看錢穆先生教
　　育思想〉，收入朱漢民、李弘祺主編：《中國書院》第1集（長沙：湖南教育出版社，
　　1997年），頁178-195。余啟定：〈錢穆人文主義教育思想述要〉，《河北師範大學學報
　　（教育科學版）》第2卷第1期（1999年1月），頁30-42。楊一鳴：〈走入民國的書院──
　　書院復興與近代學術變革〉，《中國歷史學會史學集刊》第39期（2007年9月），頁75-
　　124。陸玉芹：〈錢穆的大學教育觀〉，《歷史教學問題》2008年第5期，頁71-74。王曉
　　黎：〈君子不器──錢穆「士」思想研究〉，《魯東大學學報（哲學社會科學版）》第
　　26卷2期（2009年3月），頁36-40。歐陽仕文：〈錢穆教育思想新論──以《新亞遺鐸》
　　為中心的考察〉，《教育評論》2010年第2期，頁156-159。學位論文方面，有鄭素
　　芬：《錢穆「教學」研究》（臺北：臺北市立大學中國語文學系碩士班，2012年）。

也都充實了本文的研究條件。

（四）錢穆政治思想相關研究

關於錢穆政治思想的文獻，數量顯然較少。閻鴻中〈職分與制度——錢賓四與中國政治史研究〉[59]全文的主軸是：錢穆認為以西方政治觀點，詆中國政治為專制，有所不公。閻文並就錢穆《國史大綱》、《國史新論》印證「士人政府」乃政權向民間開放的「中國式民主」。「考試」制度、「監察」制度，乃維持政府綱紀之兩大骨幹，自不須以西方概念相繩。閻文並將錢穆與蕭公權之觀點作比較，蕭公權從「君主權力有無限制」的立場，批判錢穆說法。文中又述及錢穆以盧梭的「契約論」對應中國的「信託論」，從而主張中國政權，亦自有人民之授託，執政者對人民之義務，是道德上的「職分」，而非法律上的「職權」，中西各有不同型態，非可一概斥為黑暗專制。「信託論」與「契約論」兩者雖均說明執政權的來源不脫民意，但用以聯繫執政權與民意之間的鎖鏈，卻未必相同，錢穆所謂的「信託論」是以君民間的仁愛信賴之情連接；盧梭的「契約論」出於人民對執政者道德的不信賴，故雖授予執政者統治權，仍時時以法律監督、箝制其權力。換言之，「信託論」把政治看成一種道德教化的運作，「契約論」否定政治的道德色彩，強調其權力載舟覆舟的雙面刃。閻文精審詳贍，提供本文立論的基礎，本文欲再就中西政治在「道德」與「法律」間的輕重本末作申述，並與錢穆論晚清今文學的政治思想聯繫。

關於錢穆政治思想的評介，在期刊論文方面，尚有：黃克武〈錢穆的學術思想與政治見解〉[60]、翁有為〈錢穆政治思想研究〉[61]、吳

---

59 閻鴻中：〈職分與制度——錢賓四與中國政治史研究〉，《臺大歷史學報》第38期（2006年12月），頁105-158。

60 黃克武：〈錢穆的學術思想與政治見解〉，《國立臺灣師範大學歷史學報》第15期（1987年6月），頁393-412。

龍燦〈秦政成敗決在人道──錢穆政治哲學管窺〉、[62]張昭軍〈「中國式專制」抑或「中國式民主」──近代學人梁啟超、錢穆關於中國古代政治制度的探討〉[63]、陳勇、孟田〈錢穆與中國政治制度史研究──以「傳統政治非專制論」為考察核心〉[64]。在學位論文方面，有劉嫄嫄《文化衛道的困境與理想：錢穆「傳統政治非專制論」考評》[65]。以上諸篇文章，主要以「中國政治非專制」為核心，也都在一定程度上，充實本文的研究條件。

二 本文之延展性及開拓性

由上述相關文獻的檢討，可知現有研究仍有三方面的不足：

第一，在治學的範疇上，現代學術講求分科分業，以達專精。因此清學史與近代學術、政治分別研究，若彼此無交涉，這樣的做法當然可集中焦點，而每有出色成績。但稍可再思考的是：民初以來的幾本清學史，懷抱當代視域，進入經典詮釋當中，若以之為研究對象，必須兼綜清學與近代政、學之演變，但目前所見之研究，罕能就此一視角做深刻細膩的闡析，以致論及錢穆評價清學之視野時，大多是歸於「清代漢宋門戶之見」的延續，忽略了民初以來學術、政治思想的

---

61 翁有為：〈錢穆政治思想研究〉，《史學月刊》1994年第4期，頁62-67。

62 吳龍燦：〈秦政成敗決在人道──錢穆政治哲學管窺〉，《錢穆研究暨當代人文思想國際學術研討會》論文（臺北：錢穆故居管理處，2010年），頁69-92。

63 張昭軍：〈「中國式專制」抑或「中國式民主」──近代學人梁啟超、錢穆關於中國古代政治制度的探討〉，《近代史研究》2016年第3期，頁113-132+161。

64 陳勇、孟田：〈錢穆與中國政治制度史研究──以「傳統政治非專制論」為考察核心〉，《上海大學學報（社會科學版）》2016年第3期。

65 劉嫄嫄：《文化衛道的困境與理想：錢穆「傳統政治非專制論」考評》（上海：上海師範大學歷史系碩士論文，2010年）。

轉變，尤其宋儒強調的、近似宗教的「天人合一」觀點在近代的裂解，對錢穆清學史詮釋有何投射作用。

　　第二，論及錢穆對近代學術、文化之批評的若干研究，給予本文啟發者不少。但設定的主軸和本文不同，本文論述近代政、學觀念之改變，是以之為錢穆詮釋清學的背景，因此在主題的選擇上，為配合清代經學考據的繁盛，以及大量倚重訓詁方式詮釋義理，故文中除了論錢穆如何回應「為知識而知識」的風潮外，更著力於民初以來，「經學史料化」以及實踐的「義理」向「認知」的哲學換軌的背景。另外，這一部分的研究，卓然有識者固然不少，但亦有一部分論文過度浮泛，一逕用簡單的「做人」與「求知」，標誌中西學校之異；以社會責任之有無，區分中國的「士」與西方的「知識分子」，但很難想像有哪一個民族的教育不重道德，哪一個民族的學者無社會責任感，如果能夠深入到「人人共通」的「德行」，與行業殊別的「職業道德」的差異；「君子」與「公民」的不同；以及學者介入社會的資格究竟是「人格感召」或「專業知識」？這樣分析，或能對錢穆學術理念有更深入的理解。也才能把握住傳統學術啟迪心性、傳統政治德化萬民的宗教色彩。

　　第三，論及錢穆政治思想者，多集中在「中國非專制論」，但若與西方政治哲學家羅爾斯（Rawls, 1921-2002）、泰勒（Charles Taylor, 1931）；法理學家伯爾曼（Harold J. Berman, 1918-2007）、德沃金（Dworkin, 1949-2005）等人比對。再關注錢穆對西方憲政制度的批評，或許更可將問題深入到「道德」與「政治」的分合這一範疇，而後就宋代以來，「明體」與「達用」合一，近代「德行」、「政治」二分的脈絡，作更細膩的思考。

第二節　研究方法、文本依據

一　研究方法

亞里斯多德（Aristotle, 384B.C.-322B.C.）《工具篇》介紹邏輯方法；笛卡兒（Descartes, 1596-1650）《談談方法》指出研究的幾個步驟；黑格爾（Hegel, 1770-1831）《邏輯學》討論辯證思維。方法的應用，能使研究的過程有理有序，研究的結果有徵可信。本文擇採以下幾種研究方法：

第一，文獻的徵實功夫

文獻考證乃研究傳統學術最根本的基礎，梁啟超《中國歷史研究法》、《中國歷史研究法補編》雖介紹諸多西方歷史學方法，但其本人治學，仍強調乾嘉學者的文獻徵實功夫，在《清代學術概論》介紹戴、段、二王之研究方法時，他說：

> 段玉裁曰：「校書定是非最難，是非有二：曰底本之是非，曰立說之是非：必先定底本之是非，而後可斷其立說之是非。……不先正底本，則多誣古人，不斷其立說之是非，則多誤今人。……」蓋吾輩不治一學則已；既治一學，則第一步須先將此學問之真相，了解明確；第二步乃批評其是非得失。[66]

學術研究，必先確立真偽，而後乃有得失之判別。前者是確然可據的事實，後者涉及評價的判準。本文論錢穆對清學史之詮釋，首重清儒原典的紮實功夫，必先徵引清儒原典，以確立錢穆之論斷是客觀

---

[66] 梁啟超：《清代學術概論》，頁72-73。

合理的敘述，或夾帶情感上的好惡；是嚴謹的陳述，或帶有呼籲、期盼的主觀因素。之後，再就錢穆所建構的清學，及其詮釋的視角，提出得失所在。

第二，跨領域的研究視野

中國傳統學術雖有六藝、四部等分類法，但「會通」精神更甚於分科概念。嚴謹的學科疆域，來自西方。西方人稱學科為"disciplinary"美國史學家Petre Novick（1934-2012）提出學科專業化的基本條件：

> 學術機構的出現（如學會、專業刊物），實施標準化訓練以培養專業技能，進行資格考核並發放文憑和合格證書，專業人員地位的提升和專業化的自主性。[67]

「專業」必須能夠區辨此一領域與其他領域的不同，而後劃出一道明確的界線，方可就界線內的知識為專精的研究。專業知識倚賴學術機構而存在，由這一機構施以標準化訓練，通過檢測，而獲得學界內部認同的地位。此一學術機構依「學科」類別而設置，例如：大學的科別、研究院下的各系所。

學科觀念的建立，有助於客觀性（objetivity）、科學化知識的探索，但過度嚴明的疆域，以致從「界線」變為「城牆」時，容易阻礙視野的延伸。傳統學術包含今日我們所說的文、史、哲、法、政等人文社會科學。文、史不分家，哲學的敘述模式，又必須倚賴文、史，

---

67 〔美〕Petre Novick, *That Noble Dream: The "Objectivity Question" and the American Historical profession* (Cambridge: Cambridge University Press, 1988) pp.47-48. 此處參考王晴佳：〈中國史學的科學化──專業化與跨學科〉之翻譯，該文收入羅志田主編：《20世紀的中國：學術與社會 史學卷（下）》（濟南：山東人民出版社，2000年），頁621。

三者同屬我們今日所說的「文學院」。然而,中國學術的重心,在現世人生、政治的關懷,錢穆自言,其一生學術的立基點,乃政治之理亂。[68]傳統觀念是「有治人無治法」,但西方政治的軌道,以法律為基石。錢穆在論晚清以來之今文學,與其對當前西化憲政制度之批評,此呼彼應。其《國史大綱》、《中國歷代政治得失》至今仍是解析傳統政治的經典之作。然而,在今日學科分域的情況下,跨系所的整合,較易打通同一學院的各系別,但甚少跨入其他學院,尋求交流。因此,法政思想在清代學術的建構上,究竟映現出何種風景,少見探究,有之,亦未能跳脫既有的論述。但民初以來政治思想的大幅西化,可上溯至晚清戊戌變法,乃至常州今文學的變革思想。因此,西方憲政思想乃是研究錢穆清學史的重要視角。

跨領域整合在近幾年學界頗蔚為風潮,但所謂的「跨領域」,實仍未擺脫「本領域」的慣性思維,因為,研究者較常採用的模式,乃先預設「本領域」的研究需求,以此劃出所須涉獵的他領域範疇,這固然是較迅速的途徑,但以「本領域」需求設定橫跨的範疇,未必能見到預設之外的概念,而此一概念,或許更可能扭轉預設,真正看見本位學術以外的精神。

因此,筆者不僅自行閱讀民初法政相關文獻,更考取東吳大學法律系碩士班「公法組」,並於2018年6月畢業。該組以西方憲法以及由此架設的憲政制度(constitutionalism)為研究核心。筆者比對宋明儒者理想的政治模式,參照錢穆對西化政治問題的批評,由跨領域的全新視角,重新解讀錢穆清學史詮釋背後的時代課題。進入法學院全面認識近現代憲法演變,幫助筆者發覺在「本位學科預設」之外的諸多新角度,得以更深入探析錢穆政治思想在清學史論述上的投影。

---

68 錢穆:《八十憶雙親、師友雜憶合刊・(一)果育學校》,第51冊,頁36。

第三，西方詮釋學的適度採用

　　引用西方理論，解讀中國傳統，是常見的研究方法。但**理論乃次要，不宜喧賓奪主**，成為方法論的遊戲。西方符號學、現象學、信息論、結構主義、接受美學已被廣泛地用於文學批評中。而學術史的研究對象，是學者對歷史的詮釋，西方詮釋學理論的適度汲引，或可幫助我們注意更多元、豐富的歷史樣貌。

　　加達莫爾（Gadamer, 1900-2002）指出，歷史的詮釋並無完全的客觀，詮釋者並非獨立於傳統之外，以其為客觀的研究對象。而是立足在與傳統相連的當下時空之中，提出解釋。詮釋的動機，往往受當代問題的觸發。同時，我們也藉由詮釋過去，由舊概念獲得新觀念，理解當下的處境，掌握未來的方向。當下的時空會對詮釋者形成「先見」，詮釋者由此提出「問題」，進入經典詮釋的脈絡，並從文本當中得到答案，進而修正自己的「先見」，因此，詮釋者與詮釋課題之間，並非絕對的主客關係，而是呈現「視域融合」。[69]

　　此一理論應用於清代學術史的研究上，提示我們注意詮釋者如何在當代問題的觸發下，進行詮釋。質言之，錢穆所處之時代環境、政治制度、文化思潮均可能對其詮釋清學，產生影響。但必須注意，方法可以指向實質內涵，但方法本身並不是內涵。因此，我們的焦點，應是當時政治、學術由傳統過渡到現代的歷程，並以此探尋錢穆詮釋清學的背景。或許不須過度牽合詮釋學的各種細部理論。

69　〔德〕漢斯・格奧爾格・加達默爾（Hans-Georg Gadamer）：*Truth And Method*, Translation revised by Joel Weinsheimer and Donald G. Marshall (New York: The Cross-road Publishing Corporation, 1989), pp.428-438.

二 文本依據

關於錢穆著作全集，現今公認較佳版本為聯經出版事業公司1998年付梓之《錢賓四先生全集》[70]，該叢書經錢穆師弟親校，凡五十四冊。清學部分集中在三：《國學概論》（第1冊），由辛意雲校對。《中國近三百年學術史》（第16、17冊）及《中國學術思想史論叢（八）》，均由何澤恆校對。素書樓文教基金會據此版本，與蘭臺出版社合作，將錢著分類為「中國學術小叢書」、「中國思想史小叢書」等若干類別。2011年大陸九州出版社據此版本而成《錢穆先生全集》新校本。

本文所採用之文本，均出聯經出版事業公司1998年出版之《錢賓四先生全集》，於註解時，僅標引文所屬之冊數、頁數。

第三節 本文架構

本文指出錢穆詮釋、評騭清學的判準，的確是「宋學」，但「宋學」的內涵，遠比「漢宋門戶之見」更為豐厚，乃「知識」、「道德」與「政治」合一的「明體達用之學」。錢穆之所以持「明體達用」的標準評判清學，是欲回應民初以來，知識、道德、政治裂解為三。而造成這種分裂的傾向，西學的衝擊雖為必要條件，但傳統學術發展到清代，也已逐步邁向這一歸趨。故錢穆欲藉清學史的回顧，寄寓將來的展望。以下試申言之。

第一，考據學類似近代「為知識而知識」的學風

「明體達用之學」是「文」（知識）「體」（道德本體）「用」（政治功業）合一的學術系統。「文」（知識）作為個人修身之用，由修身

---

70 錢胡琦美等編輯：《錢賓四先生全集》（臺北：聯經出版事業公司，1998年）。

而後齊家治國平天下，本身的獨立地位較薄弱，但此情形到了清代有所轉變。

清學比以往任何一個階段的學術都更能「正視知識的問題」。考據學已逐步走上「知識分途發展的專業化途徑」。「有清一代的『道問學』傳統正可以代表儒學發展的最新面貌。尤其重要的是這個新的發展恰好為儒學從傳統到現代的過渡，提供了一個始點。[71]清代考據學，相較之下，與道德的啟蒙、政治的引領，較為疏遠，有近乎「純知識」的型態。因此，錢穆往往將清代考據學，與當時「為知識而知識」的西化風潮疊合交融。在評價清儒學術時，把顧炎武「博學於文」、「行己有恥」，解作「知識」與「道德」分離；並讚譽黃宗羲「讀書之多」與「反求諸心」兼濟，求知與修身共進。又指摘戴震「訓詁明而後義理明」的進路，把「義理」從躬身實踐的體驗，化為憑藉科學化的訓詁方法獲致的「知識」，並以章學誠「言性命必究於史」批判之，稱許章氏「經史知識」和「道德性命」融通合一，藉此反諷戴震知識無益身心。

第二，今文學及理學的差異，在「德行」與「政事」的分合

清中葉以後，亂事漸起，乾嘉盛世那種近乎「為學問而學問的從容意態已無法再持續下去。」「致用」的精神，重新受到召喚。[72]清代今文學乃因之而興，今文經學，名為解經，其實是要為變法、改制提供經典的根據，其基本精神是「通經致用」。而道光以降的理學，與今文學是一事之兩面，統一在「致用」這個觀念之下。兩者相同之處，是對近乎「為知識而知識」的考據學之反動；所不同者，在於「致用」之前，應否先下一番「明體」工夫。理學注重個人的道德實

---

71 余英時：《論戴震與章學誠──清代中期學術思想史研究》「自序」（北京：生活‧讀書‧新知三聯書店，2005年），頁5，7。

72 余英時：《論戴震與章學誠──清代中期學術思想史研究》，「自序」，頁5-6。

踐，今文經學急於救亡，無暇變化氣質，直接訴諸制度、法律的變革。但在精神上，兩者與乾嘉經學之為學院式的研究，大異其趣。[73]相較於考據學濃厚的知識興味，常州學術將目光由文獻典章，轉向社會政治，他們無暇等待內聖工夫的完備，直接從外王層面的制度，著手革新。而晚清曾國藩與康有為同有以其學易天下的抱負，均非書齋中的學者，但在「明體」與「達用」的本末上確有差異。曾氏強調「政事」在「德行」之中，外王要由個人之修身做起，個體之修養，又有賴經書義理的啟發。康有為更重視外向的法律制度，因此移植西方憲政，展開戊戌變法，並以今文經為理論根據。

第三，陳澧的士大夫之學，綰合「知識」、「道德」、「政治」

晚清廣東學者陳澧所以得錢穆青眼相看，不應僅是其調和漢宋，更因其「士大夫之學」鼓勵學人細心讀注疏以陶育人品，再由善人成就善政。以知識為修德的依據，再以個人修身為起點，開啟治平天下的政治大業。

錢穆對傳統「明體達用」典範的嚮慕，對近代學術轉型、政治變革的批評，往往也投射在其清學史相關論述。其史學的特色在「主客交融」，所強調的是歷史研究與當前現實之間的關聯，期許讀史者應懷抱時代問題，向歷史叩問答案。[74]錢穆採主客統一的歷史詮釋，以民初以來，「明體達用之學」裂解為知識、道德與政治的時代背景，融入清學論述當中。

因而本文在論述架構上，首先評介錢穆詮釋清學的視角──「明體達用」的「宋學」，以及其重新建構宋學所欲回應的時代危機（知

---

73 余英時：《歷史人物與文化危機‧曾國藩與「士大夫之學」》（臺北：東大圖書公司，1995年），頁5。

74 黃俊傑：〈錢賓四史學中的『國史』觀：內涵、方法與意義〉，《臺大歷史學報》第26期（2000年12月），頁11。

識、道德與政治三分）。其次申述此一危機意識，在清學史論述上的
投射。為使讀者清晰掌握要旨，以下將本文結構以下頁「表一」圖示
如下：

表一　本文結構圖

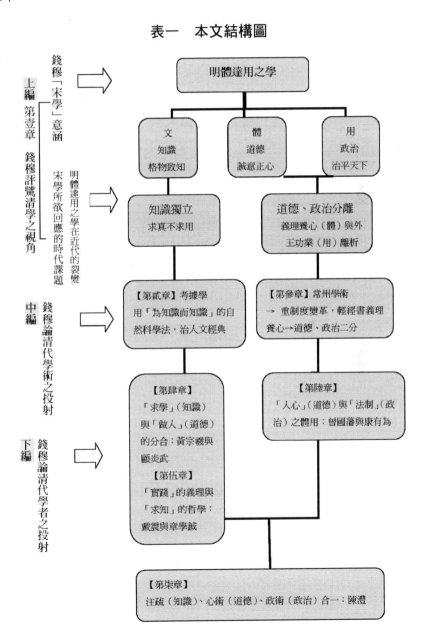

上編
錢穆論清學之視角

第壹章
「明體達用」的「宋學」
──錢穆評騭清學之視角[*]

問題緣起：「漢宋門戶之外」的「宋學」界說

如「緒論」所述，現有研究多言錢穆持「宋學」的視角評騭清學，而後又將宋學化約為「漢宋門戶之見」。這恐怕是未廣涉錢穆相關著作而「想當然爾」的論斷，實則錢穆在〈漢學與宋學〉一文，便已明白指出，漢宋學的意義，不在鄭玄、朱熹何者為正宗的門戶爭論，他說：

> 漢學、宋學是否只是一個經學上的問題？……所謂漢儒、宋儒，是否專做了解釋書本的工作？

又說：

> 倘漢儒講學問並不僅在書本，宋儒講學亦不僅在書本，那麼漢、宋諸儒的解釋書本同否，就不成問題了。我們若欲脫離經學上的見解，（即「訓詁考據」的見解，即誰解釋書本對的見解。）而要另尋漢、宋學術之精神，應該從歷史上看去。[1]

---

[*] 作者曾發表〈錢穆對「宋學」之詮釋──以其對西方憲政思想之反省為核心〉於《臺大文史哲學報》第94期（109年11月），頁33-76。該文與本章之論述方向、使用資料均有不同處。

[1] 錢穆：《中國學術思想史論叢（八）・漢學與宋學》，《錢賓四先生全集》（臺北：聯經出版事業公司，1995年），第22冊，頁572-573。本文所引用之錢穆著作，均出《錢賓四先生全集》，以下僅標引文所屬之冊數、頁數。

可以見得：漢宋學異同的切入視角，不是「誰解釋書本對的見解」，換言之，「訓詁明而後義理明」或者「義理出於故訓之外」，這種純治學方法上的差距，非漢宋學術的真精神所在。那麼宋學精義何在？錢穆又說：

> 論宋、明學淵源，當著眼范仲淹、胡瑗，則得其真相矣。[2]

> 胡瑗所講，曰經義，曰時務，**實皆政治學**。[3]

宋明儒學的真精神，在胡瑗（安定先生，993-1059）等人的「政治學」。

宋學的精義在政治，但何以今人詮釋宋學時，較少從歷史脈絡追溯其政治思想的形成？因宋學在近代中西學術的比附當中，經常被與「純知識」性質的「哲學」格義，以致其政治思想的層面被弱化。[4]錢穆說：

> 近儒……轉治宋學者，乃以談心說性拈為哲學思辨之題材，此又非孔門志道約禮之學之真相也。[5]

2　錢穆：《國史大綱（下）》，第28冊，頁910。

3　錢穆：《現代中國學術論衡・略論中國政治學一》，第25冊，頁211。

4　余英時：指出：「長期以來，……我們早已不知不覺地將道學或理學理解為專講心、性、理、氣之類的『內聖』之學。至於『推明治道』的『外王』之學，雖非全不相干，但在道學或理學中則處於非常邊緣的位置，這一理解在現代學術分類中呈現得更為明確，道學或理學已完全劃歸哲學的領域。通常所謂『宋明理學』實際上已成為宋明時期中國哲學的同義語。……本書斷定宋代儒學的整體動向是秩序重建，而『治道』─『政治秩序』─則是其始點。道學雖然以『內聖』顯其特色，但『內聖』的終極目標不是人人都成聖成賢，而仍然是合理的人間秩序的重建。」（余英時：《朱熹的歷史世界》，北京：生活・讀書・新知三聯書店，2004年，頁117-118。）

5　錢穆：《學籥・略論孔學大體》，第24冊，頁3。

約禮，則實施之於政事，而上企德行之科。[6]

錢穆認為宋學雖多心性之辨，但未可比擬為西方人所謂之「哲學」，否則遺落其「志道約禮」之真意。「約禮，則實施之於政事，而上企德行之科」，也就是說，宋學是有志於道的士人，以孔門四科中的「德行」為本源，修己以安百姓，立己以立人，成己以成物，以一己道德涵養感召、教化萬民，以達政事之大用。換言之，宋學真脈不僅在歷代學術共通之經世精神，更具體地說，是以道德、風教達成經世理想。

　　關於錢穆宋學精神之闡釋，較能超越門戶之見者，現有文獻有侯宏堂〈錢穆對「宋學」的現代詮釋〉，[7]侯氏在此文的基礎上增修擴展，而成《「新宋學」之建構——從陳寅恪、錢穆到余英時》[8]一書。侯書材料蒐羅詳盡，列舉五個子目，闡發「錢穆對宋學的現代詮釋」：「融釋歸儒的宋學血脈」、「開創近代的宋學地位」、「明體達用的宋學精神」、「綜匯貫通的宋學氣象」、「天人合一的宋學境界」。但該書多於「述」而少於「論」，深度上似乎仍有開展的空間，這可由幾方面做說明：其一，尚未從中國學術史發皇演變的宏觀角度，衡定宋學的歷史地位。本文認為必須往前回溯漢代學術及向後關照清代學術，方能準確把握宋學的特色。侯書雖列「明體達用的宋學精神」一子目，卻僅將「明體達用」當作一個普通名詞，未能進一步對比「通經致用」的（漢代）漢學與「無用之用」的清代考據學，兩者與「明體達用」的宋學，有何異同？以致未將深度開展到宋代知識、道德、政治一體的學術特色。其二，侯書給予本文相當助益，但筆者略為遺

6　錢穆：《論語新解》，第3冊，頁383。

7　侯宏堂：〈錢穆對「宋學」的現代詮釋〉，《近代史研究》2009年第6期，頁48-67。

8　侯宏堂：《「新宋學」之建構——從陳寅恪、錢穆到余英時》（合肥：安徽教育出版社，2009年），頁94-197。

憾之處，是其就錢穆於民國以後，猶且孜孜矻矻地闡發、詮釋「宋學」，其用意何在？所欲回應的時代問題為何？所言甚少。侯書論「錢穆對宋學的現代詮釋」，列「開創近代的宋學地位」以及「綜匯貫通的宋學氣象」兩子目，引用陳寅恪〈鄧廣銘宋史職官志考證序〉及日人內藤湖南的「唐宋變革論」，說明宋代是近世的開始，中世的結束，[9]但最關鍵的問題是，其具體開創之處何在？侯書僅述宋代嚴夷夏之防，為民初的中西之辨提供思想資源，並指出宋代頗多「通儒型」的學者，如：歐陽修（1007-1072）、朱熹（1130-1200）博洽四部，錢穆藉此矯正民國以來，「分門別類，務為專家」的學風，但學術的通覈與專精，僅是表象，更深刻的問題在於，從傳統到現代，人們如何安排「知識」的問題，若知識的意義，在「求知」本身，則分科分業方能專精；若知識的價值，作為修身與為政的工具，則通盤式的研究，方能陶育詩書寬大之氣，並得出經典整體意義，以為政教實用。這些傳統學術蛻變的重要契機，方是宋學所欲回應的時代問題，侯書所論略嫌單薄。第三，宋學最根本的詮釋危機[10]，究竟何在？錢穆以宋學範式作為民初以來學術、政治的參照對象，其所欲回應的，不僅是一時性的問題，更是站在永恆的立場，探問：原本政學一體的學術體系，學術淨化人心，提升政治，具備類似宗教的功能，若驟然裂解為西方分科式的知識系統，在中國缺乏西方式濃烈宗教氛圍的情況下，一種超越性、神聖性的力量，又將何求？侯書列「融釋歸儒的宋學血脈」以及「天人合一的宋學境界」，說明宋學對佛教的汲取，但似乎僅著力於歷史軌跡的鉤沈，較欠缺中西交會下，時代意識的思考，以致未能深入中國學術宗教性質的反省。

9　侯宏堂：《「新宋學」之建構──從陳寅恪、錢穆到余英時》，頁125-126。

10　美國詮釋學家特雷西（David Tracy）說：「只有在文化危機的時代，解釋的問題才成為最重要、最緊迫的問題。」胡昌智說：「『危機』是指一個發展延續的過程中，重新決定方向的時刻。沒有『延續性』的感覺以及改變它的考慮，就不會有危機感。」（胡昌智：《歷史知識與社會變遷》，臺北：聯經出版事業公司，1988年，頁192。）

必須先說明的是,中國學術「文辭渾沌,一字可作數種解法。」[11]因而,本文在使用「道德」這一語彙時,通常指涉個人修身之私德,與西方所謂之「公民素養」比較時,方特別指明西方人所重的道德乃「公德」。

第一節 知識、道德與政治合一的「明體達用之學」──「宋學」義界

錢穆對「宋學」意涵之界說,有正面論述其發展歷史及其特色者,亦有藉漢學及清學逼出宋學之特質者,以下試從這幾方面,完整呈顯錢穆所謂「宋學」之意義。

一 宋學的發展歷史

朱熹《五朝名臣言行錄》說:

> 安定先生在湖學時,福唐劉彝執中往從之。學者數百人,彝為高第,凡綱紀於學者,彝之力為多。熙寧二年召時,上問:「從學何人?」對曰:「臣少從學於安定先生胡瑗。」上曰:「其人文章與王安石孰優?」彝曰:「胡瑗以道德仁義教東南諸生時,王安石方在場屋修進士業。臣聞聖人之道,有體有用有文。君臣父子仁義禮樂,歷世不可變者,其體也;詩書史傳子集,垂法後世者,文也;舉而措之天下,能潤澤其民,歸於皇極者,其用也。國家累朝取士,不以體用為本,而尚其聲律

---

11 傅斯年:〈中國學術界之基本誤謬〉,《傅斯年全集》(臺北:聯經出版事業公司,1980年),第4冊,頁173-174。

> 浮華之詞，是以風俗偷薄。臣師瑗當寶元、明道之間，尤病其
> 失。遂明體達用之學以授諸生。夙夜勤瘁，二十餘年，專切學
> 校，始自蘇、湖，終於太學，出其門者無慮二千餘人。故今學
> 者明夫聖人體用以為政教之本，皆臣師之功。」[12]

胡瑗（安定先生，993-1059）高弟劉彝（1029-1086）答神宗問胡瑗
與王安石（1021-1086）孰優的這段話，以「明體達用之學」概括其
師之學術宗旨。「聖人之道，有體有用有文」，「體用以為政教之本」，
即是以「文」為線索，「文」乃「詩書史傳子集」等古代聖王之道的
文字記錄，也就是承載治道的經典知識，貫通人心士行以及政治實
用。「體」即是「道德仁義」，其終極的根據是「性命之理」；「用」即
得以「潤澤其民，歸於皇極」的政治舉措。所以劉彝評價胡瑗學術的
這段話，最能體現宋代知識、道德、政治合一的學術體系。知識的意
義，不僅只是追求客觀真理，更須潤澤個人德行，發揮政治功效，前
者屬「心性之學」，後者屬「治平之學」，而治平天下，又以個人之誠
意修身為起點。換言之，「文」（經典知識）乃聯繫「體」與「用」的
樞紐。[13]胡瑗講學蘇、湖，所培育者並非學院內「為知識而知識」的
「技術專家」，而是以教育作為政治的基礎，以「詩書史傳子集」等
「文」發明士人道德良知，「明體」之後，出而從政，自能「達用」，
完成政學不二的體系。所以劉彝稱「故今學者明夫聖人體用以為政教
之本，皆臣師之功」。
　　錢穆在《中國近三百年學術史》之「引論」開篇便說：

---

12 〔宋〕朱熹：《五朝名臣言行錄》卷十之二〈安定胡先生條〉，《宋代傳記資料叢刊》
　　（北京：北京圖書出版社，2006年），頁611-612。

13 參見：黃俊傑：《儒學傳統與文化創新‧儒學傳統中道德政治觀念的形成與發展》
　　（臺北：東大圖書公司，1983年），頁5。余英時：《朱熹的歷史世界──宋代士大夫
　　政治文化的研究》（北京：生活‧讀書‧新知三聯書店，2011年），頁306-308。

言宋學之興，必推本於安定、泰山。……史言：「神宗問安定高
弟劉彝：『胡瑗與王安石孰優？』對曰：『臣師胡瑗，以道德仁
義教東南諸生時，王安石方在場屋中，修進士業。……國家累
朝取士，不以體用為本，而尚聲律浮華之詞，是以風俗偷薄。
臣師當寶元、明道之間，尤病其失。遂以明體達用之學授諸
生，夙夜勤瘁，二十餘年。……出其門者無慮數千餘人。故今
學者明夫聖人體用以為政教之本，皆臣師之功，非安石比也。[14]

錢穆引用劉彝之語，說明宋學即「明體達用之學」，即「聖人體用以
為政教之本」。乃「政教合一」的學問體系，通過講學活動洗滌士子
心性，逮其學而優則仕，自能以光風霽月的人格，開啟安康太平的政
治大業。錢穆在這段引文後，立即接著說：

劉氏此言，不徒善道其師，蓋宋學精神，劉氏數言亦足盡之。
所謂「道德仁義聖人體用，以為政教之本」者，此正宋儒所以
自立其學以異於進士場屋之聲律，與夫山林釋老之獨善其身而
已者也。……故安定湖學，分經義、時務兩齋，經義其體，時
務其用也。……蓋自唐以來之所謂學者，非進士場屋之業，則
釋、道山林之趣，至是而始有意於為生民建政教之大本，而先
樹其體於我躬，必學術明而後人才出。[15]

錢穆以「經義其體，時務其用」說明胡瑗所開創的「明體達用之
學」。胡瑗講學蘇湖時，分設「經義」與「治事」兩齋。「經義則選擇
其心性疏通，有器局，可任大事者，使之講明《六經》。治事則人各
治一事，又兼攝一事，如治民以安生，講武以禦寇，堰水以利田，算

14　錢穆：《中國近三百年學術史》「引論」，第16冊，頁2-3。
15　錢穆：《中國近三百年學術史》「引論」，第16冊，頁3。

曆以明數。各使以類群居講習，亦時時召之，使各論所學，而親定其是非。或自出一義，令人人以對，而再加以可否。或即當時政事，俾學者討論折衷。」[16]「經義」重在德性的啟發，以經典知識恢弘士人胸襟器識；「治事」重在技能的實用，發揮知識的功效。而胡瑗考覈學子的方式，或「自出一義，令人人以對」，或「即當時政事，俾學者討論折衷」，務求「經義」與「政事」體用不二，所以說「經義其體，時務其用也」，「明體達用之學」將經典知識、士人德性、政治理亂絪縕合為一，換言之，乃知識、道德與政治合一的學術體系。錢穆在這段引文中說：「所謂『道德仁義聖人體用，以為政教之本』者，此正宋儒所以自立其學以異於進士場屋之聲律，與夫山林釋老之獨善其身而已者也。」「明體達用」的宋學，在學術史上的意義，是將唐代以前事功、心性分離的學術疆域，整合為「聖德」與「大業」合一的系統。「唐之學者，治詩賦取進士第得高官，⋯⋯上者建樹功名，是謂入世之士。其遯跡山林，棲心玄寂，⋯⋯歸依釋老，則為出世之士。」[17]唐代以前，士人欲建樹政治功業，則騁才馳藻於科舉進士；欲滌除人欲，則棲心於釋老山林，心性與事功分立兩端。宋以後「始有意於為生民建政教之大本，而先樹其體於我躬，必學術明而後人才出。」宋學沿胡瑗「經義其體，時務其用」的進路，聯繫修身與治事，兩者間雖有先後本末的不同，卻是體用不二的，必然以經典知識發明渾全的「道心」，以成就完整的人格，「先樹其體於我躬」，以為「政教之大本」，道德篤實的人才蔚出，治平大業指日可待。宋學相較於唐代以前，更突顯道德與政治的本末關聯，而貫串其間的線索，即經典知識（文），所以說「明體達用」的宋學，具體而言，是將知識與道德（體）落實於政事（用），而政事又必藉知識與道德為其基礎。

---

16 錢穆：《宋明理學概述》，第9冊，頁4。

17 錢穆：《中國近三百年學術史》「引論」，第16冊，頁2。

　　錢穆界定「宋學」的學術史地位，是結合佛教心性之學以及先秦儒學積極改造社會的抱負，將宗教精神導入政治事業，使政治成為一種近似宗教性質的人格教化活動。在《宋明理學概述》中，錢穆亦引用劉彝對答神宗問胡瑗與王安石孰優之語，之後說：

　　　　劉彝這一對，可說已很扼要地道出了胡瑗講學的精神，也可以
　　　　說是當時宋學興起的精神。胡瑗的經義齋，便是要人「明
　　　　體」；治事齋，則是要人「達用」。晚唐五代以來，進士輕薄，
　　　　只知以聲律浮華之詞，在場屋中獵取富貴，那不算是「用」。
　　　　稍高的便逃向道院佛寺，求長生出世，講虛無寂滅，那不算是
　　　　「體」。宗教所講，與政治所用，截然成兩事。趙普告宋太
　　　　宗：「陛下以堯舜之道治世，以浮屠之教修心。」修心是做人
　　　　主要條件，試問：既以浮屠之教修心，又如何能以堯舜之道治
　　　　世？……。胡瑗在棲貞觀十年，正從當時這樣的政治習慣，社
　　　　會風氣，宗教信仰種種問題上沈下心苦思苦學，才始得為此後
　　　　宋學開新方向，為當時教育奠新基礎。我們只看劉彝一番話，
　　　　便可想像其大概。[18]

宋學的歷史意義，在於宗教修心與政治治事，體用不二。宋以前，內省修心最終歸於浮屠寂滅的彼岸，與現世人群無關；而晚唐五代以來，進士善為紅燭賞殘花，香奩垂錦襠的浮華之詞，以獵取富貴功名，失卻儒者經緯天地的政治抱負。「宗教所講，與政治所用，截然成兩事」。最初孫復（992-1057）闢佛、石介（1005-1045）作〈怪說〉，以佛、老、楊億為禍亂中國的三怪，但孫、石僅停留在消極的抵制階段，胡瑗以「明體達用之學」授諸生，心性修養始由宗教領域

18 錢穆：《宋明理學概述》，第9冊，頁5。

導入儒家政教核心。胡瑗以「孔顏所好何學論」命題,開始建樹儒學心性系統,以對抗佛教,[19]養心修身的功夫,從寺廟道觀移至書院學校,「經義齋」以詩書寬大之氣,涵養士子人格;「治事齋」則重治民行政之用,而政治之成敗,又奠基於士人心性之端倪。於是政治不再僅是功名的追逐,而帶有宗教的教化精神,詩書等經典,非但是客觀歷史知識,更可美化人品。把人生情味和政治境界,融合為一。

自胡瑗以後,宋學的發展,沿著「由釋返儒,由出世思想轉回淑世主義」[20]的進路,王安石就《中庸》「已發、未發」的問題,提出「性情論」,至此隋唐以來幾乎為佛教壟斷的心性學,重新回到儒家的話語權,[21]且其心性之說,又不同於佛教最終歸於涅槃寂滅,安石欲人修身成聖的目的,意在道德之神聖始有事業之雄大,「把心術政術綰合到一起,修身正心與治國平天下一以貫之」[22],且王安石「這一說,遂為以後學者所遵循」[23]。在《中國近三百年學術史》「引論」中,錢穆還指出,南宋諸儒「心性之辨」的最終目的,仍在「事功之味」,之所以分王霸、辨義利,意在以道德提升事業之神聖,雖專注於「鞭辟向裡」的內聖功夫,但最終還是要遞進外王事業。[24]

宋學的發展,便是融釋歸儒,使修身與治國合一,而心性的澄澈,不倚賴佛教,而是求諸經書義理養心,這也醞釀《四書》學蔚興的條件。換言之,宋學即是經典知識(文)、人格道德(體)、政治事功(用)合一的「明體達用之學」。

---

19 錢穆:《宋明理學概述》,第9冊,頁4-5。

20 錢穆:《宋明理學概述》,第9冊,頁11。

21 參見夏長樸先生:〈一道德以同風俗——王安石新學的歷史定位及其相關問題〉、〈王安石的聖人論〉,《王安石新學探微》(臺北:大安出版社,2015年),頁1-41、101-139。

22 錢穆:《宋明理學概述》,第9冊,頁19。

23 錢穆:《宋明理學概述》,第9冊,頁19。

24 錢穆:《中國近三百年學術史》「引論」,第16冊,頁6。

二　《四書》明心、講學明道的宋學特色

　　宋儒以《四書》取代《五經》，以講學明道改進政治，將外王的基礎，往內聖推進一層。而內、外之間的聯繫，在於經書（《四書》）之義理養心，呈現文（經典知識）、體（義理養心）、用（「內聖」開「外王」）三者合一的「明體達用之學」。錢穆說：

> 荊公新政失敗，於是又轉出伊洛理學來。伊洛興起，那時的學術風氣又變了。他們看重「教」更過於看重「治」。因此他們特別提出《小戴記》中〈大學〉這一篇，也正為〈大學〉明白地主張把「治國」「平天下」包括到「正心」、「誠意」的一條線上來。於是孟子和孔子更接近，周公和孔子則更疏遠。在韓愈以前，常還是「周孔」並稱的，到伊洛以後，確然變成「孔孟」並稱了。這正如漢人言「黃老」，而魏晉人言「老莊」，這中間正也同樣的意義。換言之，在此之後，便更看重孔子「內聖」之一面，而偏忽了孔子「外王」的一面。毋寧是因其有內聖之德，而始證其有外王之道了。因此堯、舜、禹、湯、文、武、周公的地位也變了。他們之可更看重者，也全在其內聖之德上，而不在其外王之道上。於是遠從《尚書》「十六字傳心訣」，一線相承到孔孟，全都是「聖學」，不再是「王道」。換言之，他們不注意到漢人「五德終始」、「三統更迭」的那一套說法。禮樂制度變成形而下，灑掃應對可以上達天德。治國、平天下，該從「心」上作工夫。堯舜事業說成「如一點浮雲在太空」。因於這一轉變，而王荊公《三經新義》又不得不轉成朱晦翁之《四書集注》了。[25]

25　錢穆：《兩漢經學今古文平議・孔子與春秋》，第8冊，頁296-297。

宋代經學的發展，正反映道德與政治／內聖與外王／心性與治平的進一步結合。在道統的序列上，盡心踐形的「孟子」，取代制禮作樂的「周公」。在典籍上，《四書》取代《五經》；經學的發展，是以道德上的「聖學」，統合政治權力上的「王道」。《漢書・藝文志》將《論語》列入「六藝略」，《孟子》列入「諸子略」，宋儒為融攝佛教，建立起儒家的心性學，於是尋找相應的典籍資源，《易傳》言性，《大學》言心罕言性，《中庸》言性不言心，《論語》則罕言性與天道，唯獨《孟子》兼論心性。[26]《孟子》地位的提升正標示「治國、平天下，該從『心』上作工夫」的主張。王安石熙寧變法失敗，儒者檢討原因，在「治之體」與「治之具」間，本末問題的錯亂，於是「把『治國』、『平天下』包括到『正心』、『誠意』的一條線上來。」《論語》、《孟子》、《大學》、《中庸》等《四書》較諸《五經》更重視人格修為的操持力道，於是《四書》取代《五經》，昭示良善的政治秩序，奠基在個人美好的道德涵養。[27]

錢穆說：「《語》、《孟》、《學》、《庸》四書並重，事始北宋。而《四書》之正式結集，則成於朱子。朱子平日教人，必教其先致力於《四書》，而《五經》轉非所急。」[28]《四書》較諸《五經》，更強化心性與政治的聯繫，故為朱熹所強調。而《四書》之綱領尤在《大學》，因此錢穆又說：「朱子教人治學先《四書》，尤先《大學》也。」[29]「朱子雖重心性修養，亦重格物窮理與治平實踐大用，必求本末始終內外精粗一以貫之。……故教人讀《論語》以立其根本，讀《孟子》以觀其發越，讀《中庸》以求其微妙處，而終必首之以《大

---

26 參見：夏長樸：《北宋儒學與思想・尊孟與非孟──試論宋代孟子學之發展及其意義》（臺北：大安出版社，2015年），頁139-211。

27 參見：張灝：〈宋明以來儒家經世思想試釋〉，收入《近世中國經世思想研討會》（臺北：中央研究院近代史研究所，1984年），頁3-19。

28 錢穆：《朱子新學案（四）》「朱子四書學」，第14冊，頁201。

29 錢穆：《朱子新學案（四）》「朱子四書學」，第14冊，頁249。

學》以定其規模也。」[30]《大學》以「格物窮理」之內聖功夫為本，以「治平實踐」之外王事業為用，「本末始終內外精粗一以貫之」，故為朱子所重。《大學》所標示的明體達用學術體系，在宋代以後尤受重視，錢穆說：「吾國自宋以下，八百年來，《大學》成為識字人第一部必讀書。齊家、治國、平天下，一以修身為本。」[31]政治的基礎在「以修身為本」，使中國政治思想富含宗教色彩。所以錢穆又說：

> 中國儒家思想，本來寓有極濃重的宗教精神的。他們抱著天下太平、世界大同的觀念，本想要融合全世界一切人類，來共同到達這一種理想的和平生活的境界的。他們對人類個別的教導，便是要人類相互間的孝、弟、忠、恕、愛、敬，他們對人類社會共通間架之建立，便有他們修身、齊家、治國、平天下的大抱負。由人人的孝、弟、忠、恕、愛、敬，到達家齊、國治、天下平的時運，便是天下太平、世界大同。中國儒家把「**政治**」與「**宗教**」**兩種功能**，融通一貫，因此不許有帝國主義之向外征服與不平等的民族界線。在中國人目光下，只有「**教化**」是向內向外的終極目標。[32]

《大學》傾向把治國、平天下，看做是一種「教導」、「教化」的活動，政治的基始，在於「對人類個別的教導」，而此種教導又非授予客觀的知識、技能，而是教以孝、弟、忠、恕、愛、敬，「由人人的孝、弟、忠、恕、愛、敬，到達家齊、國治、天下平的時運」，所以說儒學注重修身立德，近乎宗教，但修身的終點不是涅槃寂滅，而是

---

30 錢穆：《朱子新學案（四）》「朱子四書學」，第14冊，頁251。

31 錢穆：《國史新論・再論中國社會演變》，第30冊，頁61。

32 錢穆：《中國文化史導論・宗教再澄清民族再融合與社會文化之再普及與再深入》，第29冊，頁193。

天下太平、世界大同。宋代《大學》地位的抬升，象徵「中國儒家把『政治』與『宗教』兩種功能，融通一貫。」

錢穆又說：

> 朱子說《論語》及其說《孟子》、《學》、《庸》，主要都在發揮此心。而同時象山，尚嫌其未能用力於此心，亦似執德之未弘矣。今則西風方煽，人人對外面一事一物尋求知識為已盡此心之能事，而弊病叢生，更待執德能弘者來為之作更高之領導與解放。[33]

宋代《四書》學以「讀書」與「養心」一體，有別於民初「為知識而知識」的學風，心性純化之後，要開展為善人善政，將知識、道德、政治絪合為一。

　　《四書》展現宋代政治、道德合一的學術體系，其本身雖非宗教上的聖典，卻具有宗教提升道德、淨化人性，以善人成就善政的功能。而《四書》心性體系的發揚光大，有賴教育的啟迪、教化的薰炙。換言之，經典教育並非僅是客觀地考證知識，更能塑造具高度道德自覺的個體，由此道德力量充沛的個體，反之於身，用之於世，己達達人，開展政治事功。《中庸》說：「自誠明謂之性，自明誠謂之教。」[34]中國教育的核心，是教人發揮本有的天賦善性，追逐外於己身、本非己有的客觀知識，僅是次要。一旦人人均能發揮天命之性，則天地間的最高義理重現人間，政治秩序自然回復「天下有道」狀態，所以錢穆說宋儒「運用先秦儒之性善觀念，要由人類自身內在光明來尋大道。」[35]

---

33 錢穆：《宋代理學三書隨劄‧朱子四書集義精要隨劄》，第10冊，頁122。

34 《禮記注疏‧中庸》，周何主編：《十三經注疏》（臺北：新文豐出版公司，2001年），第12冊，頁2227。

35 錢穆：《中國學術思想史論叢（七）宋明理學之總評騭》，第21冊，頁377。

　　宋代所以重《四書》、所以重教育，其命意正在以教育啟發心性，以此改進政治。所以，宋儒的講學活動，意在指點人心，雖非宗教，卻帶有虔敬的宗教情味，但最終的旨歸，不在成為准予進入天國的「聖徒」，而在完成人世間的治平大業。

　　錢穆說：

> 宋明儒的講學……則頗帶有宗教精神。[36]

> 宋、元、明、清四代的書院制度，則是一種私立學校而代替著佛寺嚴肅講學之風的。[37]

> 原來佛教思想傳入中國，早已逐步的中國化了。尤其是晚起的禪宗。……但這裡究竟還有一層隔膜，因為禪宗在理論上雖則全部中國化了，但他們到底是一種在寺院裡發展成熟的思想，無意中脫不淨嚮慕個人的獨善與出世。直要到宋代新儒家興起，再從禪宗思想轉進一步，要從內心自身自性中認取修身、齊家、治國、平天下的大本原，如是始算完全再回到先秦儒家思想的老根基。[38]

宋明儒的講學「頗帶有宗教精神」，因為他們是以書院「代替著佛寺嚴肅講學之風的」。但終究和佛教寺院有所不同。禪宗將佛教思想中國化，其「識心見性，自成佛道」的精神，頗類儒家「盡心知性，盡性知天」的主張，都是將最高精神境界從涅槃寂滅回向現世人生，從

36　錢穆：《中國文化史導論‧宗教再澄清民族再融合與社會文化之再普及與再深入》，第29冊，頁198。

37　錢穆：《中國文化史導論‧宗教再澄清民族再融合與社會文化之再普及與再深入》，第29冊，頁197。

38　錢穆：《中國文化史導論‧宗教再澄清民族再融合與社會文化之再普及與再深入》，第29冊，頁188-189。

日常人生中的自心自性來求神聖境界。[39]但禪宗終究屬於宗教領域，「無意中脫不淨嚮慕個人的獨善與出世」。宋代新儒家興起，他們之所以從事帶有宗教精神的講學，以提點人們內心之「自身自性」，目的不是修身成佛，進入天堂，而是以之作為「修身、齊家、治國、平天下的大本原」。換言之，講學是以宗教精神提升政治境界，但其理想落在現世人生的治平大道上。

在《國史大綱‧社會自由講學之再興起》「宋明學者之講學事業」中，錢穆說：

> 其理想境界，則如朱子所云：「當世之人無不學。其學焉者無不有以知其性分之所固有，職分之所當為，而各俛焉以盡其力。此古昔盛時所以治隆於上，俗美於下，而非後世之所能及。」……他們可以說是一種「秀才教」。可以說范仲淹諸人以來流行於一輩自負以天下為己任的秀才們中間的宗教。……他們對自身同有一種嚴肅的態度，來遵行他們純潔高尚而胝摯的信仰。對他人則同時有一種開明的理性來傳播他們的信仰，而形成一種合理的教育。[40]

宋儒講學意在「傳播他們的信仰」，而非教授客觀知識。是從內在發顯人「性分之所固有」，使其完成「職分之所當為」，如此人人各盡己性、各守當為，俗美風淳的政治秩序自然形成。秀才們「以天下為己任」的抱負，未必施諸於變法改制，而是以講學明道的方式改進政治。這種向內啟導人性的教育方式，類似宗教的靈修證悟，但又不離現世的政教關懷。

---

39 錢穆：《中國文化史導論‧宗教再澄清民族再融合與社會文化之再普及與再深入》，第29冊，頁188。

40 錢穆：《國史大綱（下）》，頁909-910。

所以錢穆說：

> 故言宋學精神，厥有兩端；一曰革新政令，二曰創通精義，而精神之所寄則在書院。革新政治其事至荊公而止；創通經義，其業至晦菴而遂。而書院講學，則其風至明末之東林而始竭。東林者，亦本經義推之政事，則仍北宋學術真源之所灌注也。[41]

可以說，宋學的靜態方面是《四書》體系的建立，動態方面，是講學活動的蓬勃發達，進而發揮移風易俗，改進政治的強大力量。動靜乃一體兩面，均呈顯知識、道德與政治合一的「明體達用之學」。

三 「宋學」與「漢學」、「清學」之比較

在〈有關學問之系統〉一文中，錢穆區別中國學術為三系：第一，是以宋學為代表的「明體達用」，此系統之中心在「做人」，故稱「人統」。第二，是以（漢代）漢學為典型的「通經致用」，此系統以事業、事功為核心，故稱「事統」；第三，以清學為代表，致用色彩較淡薄的「為知識而知識」，以學問的本身為中心，故稱「學統」。[42]通過與「漢學」、「清學」之比較，更可突顯宋學的獨特處。以下詳析之：

第一系統，以宋學為代表的「人統」

「其系統中心是一人。中國人說：『學者所以學為人也。』一切學問，主要用意在學如何做一人，如何做一理想有價值的人。」[43]「宋代理學家都可歸入第一系統。」「陳白沙（1428-1500）、王陽明

---

41 錢穆：《中國近三百年學術史》「引論」，第16冊，頁7。
42 錢穆：《中國學術通義・有關學問之系統》，第25冊，頁279，280。
43 錢穆：《中國學術通義・有關學問之系統》，第25冊，頁279。

（1472-1529）一般理學家，仍屬第一系統。」[44]錢穆看來，此一系統是所有學術的根基，因為是「人能宏道」而非「道宏人」，欲藉外在的力量突顯人性的芬芳，則學者自身人格精神不足，終究有限。惟有通過「自明誠」或「自誠明」的修養歷程，才能煥發篤實的人性光輝。所以錢穆說：「我們若用體用觀念來述說，亦可謂，做人是體，行道是用，……故古人為學則必以第一系統為之立本。」[45]換言之，第一系統的學問乃「明體達用之學」，將治平天下的大業，植基於個人涵養用敬的修為，以明心修身為起始，以行道用世為終極，而貫穿「明體」與「達用」者，乃經典知識，知識不僅是外於己身的理性認知，更當安頓人心，回應生命的叩問，藉此樹立理想的君子人格，再由修身推而淑世，這正是北宋劉彝所說的「聖人之道，有體有用有文」[46]，用孔門四科為喻，則是以「文學」，效用於德行、言語、政事。所以錢穆說：「孔子嘗說：『古之學者為己，今之學者為人。』由我想來，孔子說的『為己』，是指第一系統之學而言。……孔門學分四科：『德行』……；『言語』……；『政事』……；『文學』一科，有子游、子夏。就近代觀念言，似乎此一科近於『為學問而學問』。但在孔門當時實無此想法，文學只是『博學於文』，在學問意義上，則只似一項準備工夫。論其究極用意，則仍還在立德或立功上。當然孔子所講的『立德』，絕非是一種無用之德，絕非是不能為用於人。所以說：『用之則行，舍之則藏。』……學問背後，皆有一理想人格作主。」[47]「文學」指的是一切經典知識，但其與近代西方「為學問而學問」的觀念有別，經典知識並無本身的終極意義，其最終的價值，在於修身為政之用，必須作為個人的變化氣質的資源，人群倫理規範

---

44 錢穆：《中國學術通義・有關學問之系統》，第25冊，頁287，290。

45 錢穆：《中國學術通義・有關學問之系統》，第25冊，頁283。

46 〔宋〕朱熹：《五朝名臣言行錄》卷十之二〈安定胡先生條〉，頁611-612。

47 錢穆：《中國學術通義・有關學問之系統》，第25冊，頁281。

的依據，所以錢穆說：「學問意義上，則只似一項準備工夫。論其究極用意，則仍還在立德或立功上。」「當然孔子所講的『立德』，絕非是一種無用之德，絕非是不能為用於人。」志於道，據於德，最終的目標，仍是天下歸仁的政治效果。所以說，**錢穆所謂第一系統的「人統」，即知識、道德、政治合一的「明體達用之學」**。這套學問體系雖始自先秦儒家，但宋代始發揚光大。錢穆指出：「再說周、程、朱、張，無疑應屬第一系統。彼輩之學，主要在教人如何做人，此是他們的學問中心，……若不知孔、孟、程、朱其人，焉能懂得孔、孟、程、朱之學！**若我們改從西方哲學觀點來尋求，對此諸家之學，總嫌有不恰當處**。不僅如此，而且必然把此諸家為學之最吃緊、最重要、最真實處忽略了。」[48]宋學並非純知識系統的哲學，[49]所謂「吃緊為人」，是在應對進退、出處辭受的人情世態當中，省心退省、察識涵養，因此，周敦頤（1017-1073）、程顥（1032-1085）、程頤（1033-1107）尋孔、顏樂處，以孔子、顏淵整體人格為學習對象，而非僅歸納、分析孔門學說。「二程即受濂溪影響。同時張橫渠（1020-1077）則稍有不同，彼著《正蒙》，用思深刻，似乎是有意在著述上。彼之思想亦甚有組織。比較來說，比濂溪、二程，他似乎更近似一哲學家，可說他正是有一些近似於為學問而學問的氣味。故二程有時批評橫渠，說他學非自得。所謂『自得』，則正指其學問必從其自身真實生活中出發而完成；這樣的學問，始是活的，所謂活潑潑地，亦即是所謂有德之言，此皆從第一系統來。」[50]宋儒治學並非僅追求知識本身的趣味，他們期盼在真實生活當中，透顯自我生命的純厚，這便是

---

48 錢穆：《中國學術通義‧有關學問之系統》，第25冊，頁286。

49 西方所謂的「哲學」，是指抽象的、系統化的客觀知識，民初以來，中國學者認為哲學是「為知識而知識」的體系，有別於中國學術落實於人生日用當中，此部分容後再述。

50 錢穆：《中國學術通義‧有關學問之系統》，第25冊，頁286。

所謂的「自得」。換言之,「學術」是「學者」內心感悟的外現,是「學術」為「學者」所用,而非「學者」勞形疲神追逐外向的客觀知識。所以張載「近似於為學問而學問」,「更近似一哲學家」,接近西方抽象知識系統(而非實際人生體悟)的哲學思維,引來二程批評。而宋學之所以側重以個體生命鎔鑄萬象知識,也非僅宗教意義上的滌心革面,超凡脫俗,終極目標仍要從誠正外翻為治平,以善人作為善政的基礎。

第二系統,以漢學為典型的「事統」

「即以事業為其學問系統之中心者。此即所謂『學以致用』,人之本身,必然期於有用。吾人之所以從事於學,學為人,其主要動機及其終極意義,乃在對社會人群有用,有貢獻。」[51]「學以致用」與「明體達用」之相同處,在於學以濟世的抱負,而相異點則是「在對社會人群有用」之前,應否先下一番克己復禮的「明體」(修身)功夫,宋儒更強調「修己」與「治人」的本末先後,[52]漢代儒者固然也不否認修身的重要性,但在本末次序上未必如此重視。「『通經致用』四字,特為西漢人所重」「第二系統之學重在用世,用世自必重道。然正因學者本身的人格力量不足,故由人而見之道,亦必有限。」西漢儒生重通經致用,其經世之方,雖不背離先秦儒學修己治人的理想,但並不全倚賴個人內在道德的發顯,反更側重外向制度的建樹。如:賈誼(200BC-168BC)、晁錯(200BC-154BC)主張削弱諸侯功臣勢力,以安定政局,時人評其「不得為醇儒」乃因其旁雜權謀,未能以德行教化天下。西漢經學家如伏生(268BC-178BC)所傳

---

51 錢穆:《中國學術通義・有關學問之系統》,第25冊,頁280。

52 余英時:《朱熹的歷史世界》「第八章 理學家的政治取向」主張「內聖」乃「外王」的絕對先決條件,本末不可倒置,此乃宋代理學的共識。余英時此觀點與其師錢穆一脈相承。(余英時:《朱熹的歷史世界──宋代士大夫政治文化的研究》,頁306-520。

《今文尚書》、申公（約219BC-135BC）所傳《魯詩》，均溯源經典建立王朝典制的合理性。這都是第二系統的學問，直接著力於政治實用上。　漢儒屬第二系統的「學以致用」、「通經致用」，與宋儒第一系統的「明體達用」，兩者雖同重人群事業之實踐，但最大之差別，在於能否「列入德行之科」，也就是說，可否將孔門四科中的「德行」與「政事」融通一體，在成就政治事業之前，能否先下一番「醇儒」的修身功夫？皮錫瑞《經學歷史》中以「實用」標誌漢代的經學特色，他說：「武、宣之間，經學大昌，家數未分，純正不雜，故其學極精而有用，以〈禹貢〉治河，以〈洪範〉察變，以〈春秋〉決獄，以三百五篇當諫書，治一經而得一經之益也。」[53]漢儒所謂的「通經致用」，看重經書對政教的實用價值，而非僅視為陳舊的歷史材料，並非「為知識而知識」的學問體系，但在經典知識的實用層面與宋儒有異，宋儒所謂的「用」，是以「道問學」成就「尊德行」，以知識提升道德，再由善人開啟善政。漢儒「通經」的目的，較忽略人格修為的內向功夫，直接效用於政治制度方面，因此《詩》、《書》的意義，雖不排除溫柔敦厚、寬大莊敬的人格陶育，但漢儒尤其珍視〈禹貢〉治河，〈洪範〉察變，以及三百五篇當諫書的直接功效。《春秋》中的前言往事、嘉言懿行，固然可作為後人省過勸勉的修身資源，但漢儒更重以其決獄，建構制度。漢代在政治上的諫諍人君、設官分職、更定法制、制禮決獄，莫不以經書為依據。[54]

　　在《兩漢經學今古文平議‧孔子與春秋》中，錢穆指出漢宋學術同有濟世的理想，而非僅「為知識而知識」，但其間的差異，在道德上的「聖人」與政治上的「明王」，兩者間的體用關係，換言之，漢宋之異，在道德與政治的本末問題。錢穆說：

53　皮錫瑞：《經學歷史》，頁85。

54　參見葉國良、夏長樸、李隆獻編著：《經學通論》（臺北：空中大學，1996年），頁493。

這以後，朱子《四書》懸為元、明、清三代政府功令取士之標準，但我們卻不能說朱子《四書》即是元、明、清三代之王官學。這裡有一個極大的區辨。因古代所謂之王官學，重在當代之禮樂制度、政府規模上，而《四書》義則重在「格、致、誠、正」私人修養上。直從程伊川、晦翁到明末的劉蕺山，他們對當代皇帝進言，都把當朝的一切禮樂**制度且擱在一邊**，而先談格、致與誠、正。他們且先教皇帝做聖人，暫不想教皇帝當明王。他們認為只有成了聖人才能當明王，這正如由本以達末，這是宋學與漢學精神上的大差異。……朱子的〈中庸章句序〉與王陽明的〈拔本塞源論〉，代替了西漢公羊學家之「張三世」，而成為宋、明儒理想上達成天下太平、世界大同的一條惟一大道。……他們重在發明人類普遍的教義，更重於建立王朝一代的政制了。[55]

漢宋的區別，是「修德」的聖人與「定制」的明王本末先後的問題。程頤、朱熹，他們對皇帝的進言，並非設官分職、建制立法、兵農刑政等制度層面，而是就個人心性的內省下功夫，教皇帝「格君心之非」，以天地之心為心，以萬眾之樂為樂。如：北宋程頤〈上仁宗皇帝書〉、朱熹〈癸未垂拱奏劄〉，都是以「格、致、誠、正」的個人道德涵養，作為「達成天下太平、世界大同的一條唯一大道」。但漢代儒生對皇帝進言，多及政治、經濟、職官等制度層面，如：賈誼上〈治安策〉暢言中央與地方之權力消長；漢昭帝時召開的「鹽鐵會議」，儒生與政府官員就鹽鐵之國營或民營，稅收之分配等制度層面，相互辯難。[56]宋儒「先教皇帝做聖人，暫不想教皇帝當明王」因為「他們認為只有成了聖人才能當明王，這正如由本以達末。」宋儒

---

55 錢穆：《兩漢經學今古文平議‧孔子與春秋》，第8冊，頁298。
56 錢穆：《中國歷代政治得失》，第31冊，頁29。

以君主之道德涵養為「體」，治平天下、設官定制均屬「用」的層面，先「明體」而後「達用」，所以「他們重在發明人類普遍的教義，更重於建立王朝一代的政制了」。朱子的〈中庸章句序〉、王陽明的〈拔本塞源論〉重視內在道德本體的樹立；而西漢公羊學家「張三世」之說，則強調制度之創設因革。這正體現漢宋學之差異在於「修德」的聖人與「定制」的明王間本末先後的問題。

在〈宋明理學之總評騭〉中，錢穆指出，漢宋學術均兼賅修身齊家與治國平天下，均是內聖外王的學術體系，其差別在內、外的偏重上，宋學更強調向內迴轉的功夫，期盼藉心性問題的鞭辟向裡，開展外王事業的一日千里。錢穆說：

> 依照《大學》八條目，宋、明儒似乎是對誠意、正心工夫多用了，以修身齊家為極，而對上面治國、平天下工夫，終嫌少用了。漢、唐儒乃及北宋初期，可謂對治國、平天下工夫多用些，而對誠意正心工夫，較不如濂溪、明道以下之更注重、更深入。……如此言之，先秦儒以下，終是向外工夫勝過了向內，而到宋、明理學諸儒則終是向內工夫勝過了向外。這可謂是此兩時代儒學一區別。[57]

漢唐與宋明「此兩時代儒學一區別」，在於《大學》八條目中，內向的誠意、正心與外向的治國、平天下，兩者的畸輕畸重。漢唐儒者雖不否認修身持守的重要性，但道德與政治未必具有本末體用的關聯，漢代叔孫通、晁錯、張湯（155B.C.-115B.C.）；唐代李泌（722-789）、李德裕（787-850）、劉晏（716-780）、房玄齡（579-684）、杜如晦（585-630），他們或定制立法、或縱橫捭闔、或理財富國，均稱

---

57 錢穆：《中國學術思想史論叢（七）‧宋明理學之總評騭》，第21冊，頁377。

才幹超群,政績斐然,但在「內聖」工夫上,卻未必盡善盡美,治平天下與修身齊家未必連成一氣。至宋代「明體」與「達用」的本末關係,受到前所未有的強調。陸九淵(1139-1192)〈荊國王文公祠堂記〉說:「為政在人,取人以身,修身以道,修道以仁。仁,人心也。人者,政之本也;身者,人之本也;心者,身之本也。不造其本而從事其末,末不可得而治矣。」[58]朱熹〈論治道〉也說:「今日人才之壞,皆由於詆排道學。治道必本於正心、修身、實見得恁地,然後從這裡做出。如今士大夫,但說據我逐時恁地做,也做得事業;說道學、說正心、修身,都是閒說話,我自不消得用此。」[59]宋儒傾向認為兵農財賦等事業乃末務,「人者,政之本也」、「治道必本於正心、修身」,為政的根基在人心之仁義道德,根本已固,自然水到渠成。所以說,漢儒重治國、平天下的外王事業,宋儒向內迴轉,將治平天下寓於誠意正心,把心性端倪與堯舜事業,打成一片。

第三系統,以清學為代表的「學統」

錢穆論清學時說:「此即以學問本身為系統者。近代中國人常講『為學問而學問』,即屬此系統。」「好像每一套學問,各有其客觀的外在,在於人之完成與社會人群事業之實際應用之外,而別有此一套學問體系之存在。於是學問遂若與人與事分離而自成一系統。」[60]「學統」指知識的價值,超乎「實際應用之外」,「應用」並非首要,「求知」即具自身獨立的意義。知識雖不排除個人修身成德、政治建功立業之功用,但實用性僅附帶效益,知識是為了自身而存在,有自身的莊嚴,這便是西方「為知識而知識」的信念。近代歐風東漸,「明

---

58 〔宋〕陸九淵:《陸象山先生全集·荊國王文公祠堂記》(北京:中國書店,1992年),頁149。

59 〔宋〕黎靖德編:《朱子語類》(七)(臺北:正中書局,1962年),卷108,頁4330-4331。

60 錢穆:《中國學術通義·有關學問之系統》,第25冊,頁279-280。

體達用」、「通經致用」等「實用」意義不再這般理所當然,「為學問而學問」也漸被肯認。「明體達用」側重經典知識對人格道德的化育效用;「通經致用」將經典知識直接兌換為建制立法的資源,知識都僅是附屬的、次要的,是道德與政治的憑藉。但第三系統「學統」,使知識的價值從附庸蔚為大國。錢穆又說:「在中國人之觀念中,似乎並不曾很早便認為有一種客觀外在之學術之存在。」[61]「中國人傳統觀念中之理想人格即是『聖』,聖之一目標,主要在求完成自己所具之德。所謂『內聖外王』,自可由其所學而發揮出大作用。至孔子所云『好古敏求』,其所好所求之對象,雖必穿過典籍文章,即孔子所謂之『文學』,而善下其博文工夫。但其所好所求之最終目標,則仍不出於為己、為人,即立德與立功之兩途,顯然是屬於上述之第一、第二系統者。故可說在當時,實無一種為學問而學問之想法。換言之,學問只是一工具,其本身不成一目標。」[62]中國傳統學術即「內聖外王」之學,以個人德行的提升為起點,以外在政治事功的完成為終點,即「明體」而後「達用」,孔門四科所謂之「文學」,雖具備「博文工夫」,必須廣泛涉獵客觀知識,但「學問只是一工具,其本身不成一目標」,求知的目的,仍是作為「為己」「立德」;為政治社會「立功」之資源,所以說傳統「內聖外王」、「明體達用」之學,並「無一種為學問而學問之想法」。「入清以後,……漢學家輩出,當時人做學問遂似明顯地走上了為學問而學問之途徑。清儒之經學與考據,乃顯然成為應屬第三系統方面之學問。」[63]錢穆認為清代經學,乃「為學問而學問」的體系,以知識本身的專精為考據的目標,「通經」即本身的目的,與「明道」「致用」脫鉤。當然不代表清儒的人品盡是卑陋鄙俗者,錢大昕(1782-1804)、高郵王念孫(1744-1832)、王引之

---

61 錢穆:《中國學術通義・有關學問之系統》,第25冊,頁281。

62 錢穆:《中國學術通義・有關學問之系統》,第25冊,頁282。

63 錢穆:《中國學術通義・有關學問之系統》,第25冊,頁291。

（1766-1834）父子均不希榮華、不求聞達，其為人之光輝潔淨自不容一概抹殺。[64]但清儒的確是將「《六經》師許、鄭」與「百行法程、朱」分別而論，其為人縱不減光輝，但其為學卻未必歸向個人心性道德的沈潛薰炙。所以錢穆又接著說：「在清代學術中，才始更透出了我們今天所看重的專家分科精神。在他們的學問上，各自有一套嚴肅之方法與態度。故近人謂清學近似於西方之科學方法，此語自亦有理。即如王引之撰《經傳釋詞》，又如段玉裁窮畢生之力為《說文解字》一書作注。可見在學問上之專家分科精神，到清儒手裡，是更見完成。」[65]宋儒屬第一系統之「人統」，所重在「為人」，因此依據人生境界的高低，分為「聖人」、「賢人」、「君子」、「凡人」；清儒屬第三系統之「學統」，所重在「治學」，因此出現「學問上之專家分科精神」，人的分類，並非以其品格修養為準據，而是依據知識門類，別為各行各業的專家，例如：王念孫屬訓詁專家、段玉裁屬文字專家，人的特殊性被知識的專業化所掩蓋，近乎把人視為知識的工具、器用，而非將知識視為鍛鑄人格的手段，「人」與「學」的主從關係上，更近於「學主人輔」，與孔子「君子不器」的理想恰好相反。如果知識的目的即在自身的理性思維，不必服務於某種實用價值（不作為修身、治國之用），那麼知識的第一要義是「專精」而非「切用」、「切己」，治學應採歸納、演繹等科學方法，而非「絜矩之道」、「近思篤行」，所以錢穆說清儒採專家分科精神，以西方式的科學方法治經學，接近「為學問而學問」的西化風潮。

在〈晚明學術〉中，錢穆指出晚明乃宋明理學向清代樸學過渡的階段，學術的變化，從主觀心性轉向客觀文獻，儒者的角色，由涵養主敬的「聖人」，轉為博學多聞的「學者」，客觀知識的地位逐漸被突顯出來，不僅只是窮理養心的手段。錢穆說：

---

64 錢穆：《中國學術通義・有關學問之系統》，第25冊，頁291-292。

65 錢穆：《中國學術通義・有關學問之系統》，第25冊，頁291。

我們若稱宋、明儒為「心性學」，則晚明儒實已自心性學轉向到「文獻學」。心性學可謂是人文大群中各自的「個別經驗」，文獻學則是人文大群中之「共同經驗」。晚明諸儒要向人文大群歷史演變的長距離的共同經驗中去尋討智識，安放理論，……若照近代習慣用語說之，則可謂宋、明是主觀者，而晚明以下則轉向客觀。……宋明儒往往惟我獨尊，要作聖人，當教主。……晚明儒多務博通，貴共信，只求為一學者與君子。[66]

這段話從文獻知識與心性道德的疏密關係，區分宋學與作為清學開端的晚明學術。宋學是主觀的心性學，用以修身成聖；晚明轉向清學的智識色彩，偏向從文獻當中，汲取客觀的歷史知識，所以說宋學的理想人格是「聖人」，欲從知識之萬殊當中，察識內在的「理一」，「學」與「人」的關係，是「人主學輔」，文獻知識僅作為修身的工具，其自身的獨立價值，較不受肯定。而晚明以來，儒者理想人格是「學者」，文獻知識除了修身憑藉外，其自身的價值也獲得更多的肯定。宋學重個別的、特殊的經驗、當下即是的生命指點，較不追求共通的、普遍的、可反覆驗證的客觀知識。程顥十六七歲往見周敦頤，「敦頤卻給他以一個自己人格的活薰陶，一種日常人生親切的啟示」，[67]周敦頤教給他的，不是客觀的、共通的、外向的文獻知識，而是就個人生活之自悟自得，體會孔、顏樂處，程顥頓覺天地一新，吟風弄月。所謂「時人不識予心樂」、「萬物靜觀皆自得」，心中之樂、自得之趣，都是個人主觀的個別經驗，而非外向的、共通的知識，「因此他講學，不像以前人不脫書卷氣，顯然在講學問，講道理，而他則只是在講生活。」[68]「宋學精神，主要在參悟人心。」[69]「九淵

---

66 錢穆：《中國學術思想史論叢（七）・晚明學術》，第21冊，頁390。
67 錢穆：《宋明理學概述》，第9冊，頁66。
68 錢穆：《宋明理學概述》，第9冊，頁68。
69 錢穆：《宋明理學概述》，第9冊，頁163。

在此有特長，無怪他能成為宋學中一顯學，而又是宋學中『心學』的大祖師。」[70] 陸九淵「在人情事勢物理上做些工夫。」[71] 「有人問：『先生之學，亦有所受乎？』曰：『因讀《孟子》而自得之於心也。』他說讀《孟子》而自得之於心，亦比程顥說『天理二字是自家體貼出來』更切實，更明白。」[72] 陸九淵談的是自得的、個別的、特殊的具體的人情事態，而非可歸納出普遍通則的客觀知識。晚明以來，文獻典籍、客觀知識，在儒者心中的分量逐步增加，至於清儒，則有「訓詁明而後義理明」的主張，倚賴近似科學的訓詁方法，解讀經典，以求得普遍客觀的知識。但錢穆對此卻有所批判，他說：「謂『治經必通訓詁』，此固然矣。謂『有訓詁而後有義理』、『非別有義理在訓詁之外』，此則大不然之甚者，若謂治學必以訓詁為主，……如此則學必昧其本源，……學問只在故紙堆中，而所見之已小。」[73] 錢穆又說：「乾嘉言『訓詁明而後義理明』，實則尊德性、道問學皆不在訓詁，而義理則不可外此以明」。[74] 治學雖然不可完全棄置客觀知識，但為學之本源，卻在個體心性的發明，個別生命經驗的體悟，才是學問之止境，清代考據學卻欲通過考文、知音等近似科學的治學方法，求得知識上的顛撲不破。而宋學所欲追求的境界，卻是人格上的一體圓融。所以說，晚明儒學的變化，從修身成「聖人」，逐步轉向治經為「學者」。晚明儒者更具「學者」的色彩，在「吾心」與「文獻」的天平上，較肯為後者加碼挹注。

宋儒的自我認同，是道德上的「聖人」，其讀書的目的亦在此，因此知識的意義，固然具備外向的因果定律、智識思維，但更強調發明吾心之理，以資成聖成賢之用。宋儒陸九淵說：

70 錢穆：《宋明理學概述》，第9冊，頁163。

71 錢穆：《宋明理學概述》，第9冊，頁162。

72 錢穆：《宋明理學概述》，第9冊，頁181。

73 錢穆：《中國學術思想史論叢（八）‧錢竹汀學述》，第22冊，頁404。

74 錢穆：《中國學術思想史論叢（八）‧讀古微堂集》，第22冊，頁453。

> 東海有聖人出焉，此心同也，此理同也；西海有聖人出焉，此心同也，此理同也；南海、北海有聖人出焉，此心同也，此理同也；千百世之上至千百世之下，有聖人出焉，此心此理，亦莫不同也。[75]

又說：

> 堯、舜曾讀何書來？若某則不識一個字，亦須還我堂堂地做個人。[76]

聖人之心與萬眾皆同，發明本心以成聖賢，乃儒者第一要務，至於文字讀書之事，已落入第二義，只要能「堂堂地做個人」，縱使「不識一個字」，亦不失大儒風采。如同堯、舜之前未有典籍，其人格之崇峻，並非來自經史之攻研。換言之，既然知識的目的在成就道德，則只要能夠「自誠明」，發顯天賦四端，則讀書並非必要。

但堯、舜等「生而知之」者畢竟少數，多數人「學而知之」，須通過聖人先得，我心同然的經書，方能希聖希賢，最終成聖成賢，所以朱熹提倡一種通過讀書以「自明誠」的修身進路，在《朱子新學案》中，錢穆說：

> 同時象山有言，東海、西海、南海、北海有聖人出，此心同，此理同，此就聖人而言也。若學者，固不當遽自認為是聖人，則安得謂己心即是聖人之心，己心所見之理，即同聖人所見之理乎？如是則讀書為學，烏可以已。[77]

75 〔宋〕陸九淵：《陸象山先生全集》「卷之三十六，年譜，紹興二十一年，先生十二歲」，頁316。

76 〔宋〕陸九淵：《陸象山先生全集》「語錄三十五」，頁290。

77 錢穆：《朱子新學案（三）》第13冊，頁694。

朱熹與陸九淵同主儒者的人生理想，並非成為「學者」，而是成為「聖人」，但朱熹更藉重「讀書為學」，以確認、印證「己心所見之理」即「聖人所見之理」。

但朱熹也反對「為知識而知識」的態度，以此為泛覽無歸，錢穆《朱子新學案》中又說：

> 又《朱子文集》卷六十一〈答曾景建〉有云：「觀古今聖賢立言垂訓，亦未始不以孝悌忠信收斂身心為先務。然後即吾日用之間，參以往訓之指，反覆推窮，以求其理之所在。使吾方寸之間，虛明洞徹，無毫髮之不盡。然後意誠心正身修而推以治人，無往而不得其正者。若但泛然博觀，而概論以為如是而無非學，如是而無非道，則吾恐其無所歸宿，不得受用，而反為彼之指本心講端緒者所笑矣。」「指本心講端緒」，指陸學言。朱子諍陸學，然亦教人勿為陸學所笑。從此可求朱陸異同所在。[78]

朱、陸對於「古今聖賢立言垂訓」等經典知識的側重程度有別，但朱熹仍強調知識不可脫離身心方寸而獨立存在，「為知識而知識」，以求知（而非修身）為治學目標者，乃「泛然博觀」，無所歸宿，「為學」必回歸於人之「本心端緒」，就此一點而言，朱、陸是一致的。

因此，錢穆又從「為人之道」與「讀書之法」彼此間的畸輕畸重，區判宋明與清代乾嘉諸儒，錢穆說：

> 言神州學風者，莫尚於清初。上承宋明理學之緒，下啟乾嘉樸學之端。有理學家之躬行實踐，而無其空疏；有樸學家之博文

廣覽，而無其瑣碎。**宋明諸儒，專重為人之道，而乾嘉諸儒，則只講讀書之法**。道德、經濟、學問，兼而有之，惟清初諸儒而已。[79]

乾嘉以來的儒者在文字、音韻、訓詁等方面，都有精善的治學方法，其流弊則繁而寡要；宋明儒者重為人之道甚於讀書之法，學術之旨歸，不僅在於歸納、演繹古訓古音，以還原古書原貌，而是落在「聖賢氣象」的追求。在《近思錄隨劄》中，錢穆於第十四目「聖賢氣象」中說：「第十四目『聖賢氣象』，中國儒學最要是在如何做人。」[80]學者所以學為聖，「宋代理學家提出『氣象』二字，……如天有陰晴晦明，氣象不同，而同為一天。……人之具體行事各不同，果為聖賢，則其行事雖不同，而氣象則亦大體相同。學聖賢，非可依其時、依其位，學其行事，如知學其『氣象』，則庶可有入德之門，亦可期成德之方矣。」[81]宋學的要旨，在通過對經典的濡染，煥發聖賢氣象，經書的知識，自身獨立的意義較薄弱，只是聖賢在時空當中凝鑄的生命，讀書所學，即在反之身、求諸心，以發顯聖賢氣象。清代乾嘉諸儒則專甚重「讀書之法」，清代樸學的起源，本以「通經致用」、「明道救世」為標榜，但經學發展爛熟之後，迷失早期「經世」的方向感，說經逐漸獨立成一種「專門之學」，[82]「為治經學而治經學」，與宋儒「為成就聖賢氣象而治經」有別，甚至把「學」與「人」的主從關係顛倒，以「人」屬於「學」，人人的生命是服務於某一特殊門類的知識，與宋儒將「學」的意義，落在「聖賢氣象」的人格追摹迥

---

79 錢穆：《中國學術思想史論叢・述清初諸儒之學》，第22冊，頁1。

80 錢穆：《宋代理學三書隨劄・近思錄隨劄》，第10冊，頁239。

81 錢穆：《宋代理學三書隨劄・近思錄隨劄》，第10冊，頁239。

82 參見張壽安：〈龔自珍論乾嘉學術：「說經」、「專門」與「通儒之學」——鈎沈一條傳統學術分化的線索〉，收入《中國學術思想論叢》（臺北：大安出版社，2009年），頁275-308。

異，所以錢穆說「樸學家之博文廣覽」，有時流於「瑣碎」，甚至在〈中國智識分子〉中，錢穆說清儒「已遠離中國傳統智識分子之舊路向」「脫離了人文中心」，傾向西方「為學術而學術了」。[83]錢穆看來，清代樸學近乎西方「為知識而知識」的學術系統，知識的意義，在真理的辯證，未必要作為個人修身成聖的憑藉。因此，可以說，錢穆看來，宋學與清學的差異，是知識與道德的分合。

在《中國思想史》中，錢穆說：「**清儒都重經典**」、「**宋元明儒則重聖賢更勝於重經典**」[84]。宋儒強調學術的意義，在修身成聖，清儒更肯定經典知識自身的價值。清學與宋學的差異，很大程度上，是知識與道德的關聯程度。

宋儒將唐代以前，修身與事功分裂的格局，統合為一，汲取佛教理論，建立起儒家的心性學，但其與佛教仍有極大區別。陸九淵說得最分明，他說：「儒者雖至於無聲無臭，無方無體，皆主於經世。釋氏雖盡未來際度之，皆主於出世。」[85]佛教修心養性，最終的目的，在超世境界。宋儒學術所以重修身成聖，欲藉經典知識（尤其《四書》）發明修身之意，以修身為中繼站，外翻為治國、平天下，而非僅止於個人脫離煩惱的宗教境界。把佛學上的心性研析與先秦儒學國家、天下的政治抱負，綰合為一，所以，錢穆認為，宋學乃知識、道德、政治合一的「明體達用之學」。因汲取佛教建立心性理論，故相對於漢唐，更重修身與為政的本末問題，與清學相較，又特重經典知識對人格道德的啟發。就錢穆看來，「宋學」與（漢代）「漢學」及「清學」之差異，可如「表二」所示：

---

83 錢穆：《國史新論·中國智識分子》，第30冊，頁187。
84 錢穆：《中國思想史·宋元明時代》，第24冊，頁163。
85 〔宋〕陸九淵：〈與王順伯書〉，《陸象山先生全集》，卷2，頁11。

表二　錢穆論宋學與漢學、清學之差異

特色＼學術體系	宋學	漢學	清學
論學宗旨	明體達用	通經致用	為知識而知識（求真不求用）
儒者自我認同	（道德方面）聖人賢者	（政治方面）明王能臣	（知識方面）學者
知識、道德與政治的關聯	知識（文）、道德（體）、政治（用）合一	道德與政治分離	知識無益於道德、無裨政教

但必須指出的是，錢穆在此對清學的總評價似乎稍有偏頗。清學中不論曾國藩（1811-1872）理學或清中葉後的今文學，均發軔於實際政治問題的解決。即便乾嘉學術，其以訓詁方式「通經」，背後的動機仍在「致用」，[86]出現「為經學而經學」僅是考據學發展爛熟之後的學術取向。且純粹知識的追求，是否等同「無價值」？都尚有可再深思之處。

第二節　知識獨立
——宋學所欲回應的時代課題（一）

宋人所標榜的「明體達用之學」，「有體有用有文」[87]，「文」（經典知識）的意義，不僅是追求純粹客觀的知識，更是作為士人修身的資源，而修德的終極意義，也不在宗教境界的榮升天國，更在現世當

---

86 參見羅思鼎：〈評乾嘉考據學派及其影響〉，《中國經學史論文選集》（下）（臺北：文史哲出版社，1993年），頁444-467。

87 〔宋〕朱熹：《五朝名臣言行錄》卷十之二〈安定胡先生條〉，頁611-612。

中實現齊家、治國、平天下的政治抱負,由個人善心開導為政治善政。換言之,「文」僅是手段,較欠缺自身獨立的意義,多是作為發明道德「本體」,以及成就政治事功之憑藉。而錢穆身處民國時期,所以仍提出「宋學」的概念,即便不能說毫無清中葉漢宋之爭的偏見,但所欲回應的,是一個新的時代問題──「文」(知識)在「體」、「用」之外,有無自身獨立的意義。

錢穆在〈學術與心術〉中明白坦露這一衷心,他說:「此數十年來,中國學術界,不斷有一爭議,若追溯淵源,亦可謂仍是漢、宋之爭之變相。一方面高抬考據,輕視義理,其最先口號,厥為『以科學方法整理國故』,繼之有窄而深的研究之提倡,此派重視專門,並主張為學術而學術。反之者,提倡通學,遂有『通才』與『專家』之爭,又主『明體達用』,謂學術將以濟世,因此菲薄考據,謂學術最高標幟,乃當屬於義理之探究。」[88]錢穆所謂的漢宋之爭,已經不是鄭玄、朱熹解經異同的舊問題,而是新時代、新學風下:「為學術而學術」與「學術將以濟世」的「明體達用」之學。前者把學術的終極意義,落在客觀知識的追求,「文」不再作為「體」、「用」的手段,後者仍堅持「文」、「體」、「用」三者合一的系統。很顯然地,錢穆提出宋學的概念,在回應當時「為學術而學術」的西化思想,以及中國學術由此從人生實踐的體悟,轉向純粹知識的型態。

徐復觀(1904-1982)說:「他們(案:即西方學者)不是為了求生活而去找知識,這便保障了知識的純粹性,養成西方為知識而知識的優良學統,……他們並非把政治作為個人唯一的出路。……中國……所謂知識份子,……除政治外,亦無自由活動的天地。」[89]中國傳統對知識本身的獨立價值,較不看重,多是作為修身、治國的工

---

88 錢穆:《學籥·學術與心術》,第24冊,頁159。

89 徐復觀:〈中國知識份子的歷史性格及其歷史的命運〉,收入李維武編:《徐復觀文集》(武漢:湖北人民出版社,2002年),頁133-134。

具，但民初以來，西方「為知識而知識」的觀念，逐漸流播。學術不再作為修己治人的手段，更彰顯知識自身的獨立性。所以王國維（1877-1927）說：「故欲學術之發達，必視學術為目的，而不視為手段而後可。汗德（即康德）《倫理學》之格言曰『當視人人為一目的，不可視為手段』，豈特人之對人當如是而已乎，對學術亦何獨不然？」「未有不視學術為一目的而能發達者，學術之發達，存乎獨立而已。」[90]察考「學術」一名詞的涵意，由先秦至民國的變化，可已發現傳統脈絡下的「學術」一詞，不僅只有「知識」的意義，更含有修身之學、為政之道的意涵。但民國以後，「學術」一詞的定義，較傾向純粹知識的追求。

先秦時期，有將思想學說稱為「道術」者，如：《莊子》〈天下篇〉說周末百家蠭出，「道術將為天下裂」[91]。諸子百家不僅是純學術理念的探究，更以「救時局之弊」為要務，也就是說中國學術在早期，純知識色彩就較稀薄。朱維錚說：「學與術二字合為一詞，據我寡聞所及，通行在11世紀王安石變法以後。」[92]索引「四庫全書」，可知「學術」兩字作為同義複詞，或許較晚，但兩字連用，先秦已有之，例如：

《韓非子‧姦劫弒臣第十四》曰：

> 世之學術者說人主，不曰：「乘威嚴之勢，以困姦衺之臣。」而皆曰：「仁義惠愛而已矣。」世主美仁義之名而不察其實，是以大者國亡身死；小者地削主卑。[93]

90　王國維：《靜安文集‧論近年之學術界》，《王國維全集》第1冊（杭州：浙江教育出版社；廣州：廣東教育出版社，2009年），頁123，125。

91　郭慶藩編：《莊子集釋》（臺北：河洛出版社，1974年），頁1069。

92　朱維錚：《求索真文明──晚清學術史論》「題記」（上海：上海古籍出版社，1997年），頁3。

93　〔清〕王先慎校：《韓非子集解》（臺北：華正書局，1975年），頁104。

此處之「學術」，由動詞與名詞複合而成，指學習君主御下禁奸之術，學術成敗，關乎強國存身或地削主卑。

而宋人尤其喜談「正學術」，《朱子語類》中「正學術」之語，迭見層出，如：

> 王介甫為相，亦是不世出之資，只緣學術不正當，遂誤天下。[94]

> 論王荊公遇神宗，可謂千載一時，惜乎渠學術不是，後來直壞到恁地。[95]

朱熹將王安石變法失敗之因，歸於「學術不正」、「學術不是」。余英時說：「理學家都深信王安石的失敗主要由於『學術不正』，在這一理解下，他們努力發展『內聖』之學，以為重返『外王』奠定堅固的精神基礎。」[96]所謂「正學術」便是以義理學為根基，涵養內聖修養，推展出外王事功，換言之，是「修己治人」之學。

又，余英時以「智識主義」點明清學的特色，但他同時也強調：「清代的儒學可以說比以往任何一個階段都更能正視知識的問題。……但是我並不認為清儒已具有一種追求純粹客觀知識的精神。」[97]這從清人文集如何使用「學術」一詞，可見一斑。

清人也時有「明學術」之說，顧炎武（1613-1682）〈初刻《日知錄》自序〉說：

> 若其所欲明學術，正人心，撥亂世以興太平之事，則有不盡於

---

94 〔宋〕黎靖德編：《朱子語類》（臺北：正中書局，1962年），頁3097。
95 〔宋〕黎靖德編：《朱子語類》，頁3095。
96 余英時：《朱熹的歷史世界──宋代士大夫政治文化的研究》，頁423。
97 余英時：《論戴震與章學誠──清代中期學術思想史研究》，「自序」頁5。

　　　　是刻。[98]

此處指出「明學術」之後，方可「正人心」、「撥亂世」、「興太平」。

　　即便到了晚清，朱一新（1846-1894）仍說：

　　　　學術之壞，小者貽誤後生，大者禍及天下。[99]

學術之好壞的標準，不是用科學方法加以驗證，而是以政治效果作
判斷。

　　由上可知，傳統對學術的定義，較不重視純知識本身的獨立地
位，傾向作為「正人心」、輔翼人倫政教之工具。但在西方「為學術
而學術」、「為知識而知識」的宗旨號召下，晚清民初學者對「學術」
一詞，有了新的界說。

　　梁啟超（1873-1929）〈學與術〉中說：「學也者，觀察事物而發
明其真理者也；術也者，取所發明之真理而致諸用者也。例如以石投
水則沈，投以木則浮。觀察此事實以證明水之有浮力，此物理也。應
用此真理以駕駛船舶，則航海術也。研究人體之組織，辨別各器官之
機能，此生理學也。應用此真理以療治疾病，則醫術也。學與術之區
分及其相關係，凡百皆準此。」[100]梁啟超區別真理的「本身」及其
「應用」的層面，顯然認識到，在實用的技術外，還有一層自給自足
的知識系統。這是對「學以致用」的中學揭竿起義。

　　嚴復（1854-1921）說：「蓋學與術異。學者考自然之理，立必然

---

98 〔清〕顧炎武：〈初刻《日知錄》自序〉，《顧炎武全集・亭林詩文集・文集》（上
　　海：上海古籍出版社，2011年），第21冊，頁76。

99 〔清〕朱一新：《無邪堂答問・評明儒學案質疑》（北京：中華書局，2002年），頁
　　14。

100 梁啟超：〈學與術〉，《飲冰室合集・文集》，第3冊（北京：中華書局，2003年），頁
　　12。

之例。術者據既知之理，求可成之功，學主知，術主行。」[101]這段話相當值得注意的是：其雖提及「術」的應用性，但「學」之初，並不預設應用的目的，僅是「考自然之理，立必然之例」，是以追求客觀真理為惟一目標。通過一番深思力學之後，產生的「既知之理」，才自然發揮應用的功效。換言之，學術不排斥應用，但應用只是學術的附隨效果，非治學之初所預設者。這與中國人常說的「學以致用」恰好相反。這都可見晚清民初以來，學者們的觀念已有所改變。

顧頡剛（1839-1980）在《古史辨・自序》中說：「當初我下『學』的界說的時候，以為它是指導人生的。『學了沒有用，那麼費了氣力去學為的是什麼！』……但經過了長期的考慮，始感到學的範圍遠比人生的範圍大得多，……但在學問上則只當問真不真，不當問用不用。學問固然可以應用，但應用只是學問的自然的結果，而不是著手做學問時的目的。」[102]從「學」字界說的轉變，可以見得，顧頡剛已然體悟到：知識內涵之豐富、概念之多元，早超乎人生啟發、政治實效之外。因此知識應有自身尊貴的地位，不是「應用」的工具。

胡適（1891-1962）也強調，學術的意義，在追求知識本身，而非作為政教之手段。當時有人邀請他參加中國學會，胡適拒絕了，原因是：

> 我不願加入發起這個會，因為我不能贊成會章的第一條。我不認中國學術與民族主義有密切的關係。若以民族主義或任何主義來研究學術，則必有誇大或忌諱的弊病。我們整理國故只是研究歷史而已，只是為學術而作功夫，所謂實事求是也，從無發揚民族精神感情的作用。[103]

---

101 嚴復：《〈原富〉按語》，第五十八節，王栻主編：《嚴復集》（北京：中華書局，1986年），第4冊，頁885。

102 顧頡剛：《古史辨・自序》（石家莊：河北教育出版社，2003年），頁34。

103 胡適：〈致胡樸安〉，《胡適往來書信選》（北京：中華書局，1979年），頁497。

胡適指出，研究學術，其目的在「為學術而作功夫」本身，而非「發揚民族情感」。胡適並不是不願意弘揚民族精神，只不過他認為弘揚民族精神，應屬政治領域之事，不應該由學術承擔政治目的。

但錢穆對「學術」的觀念，顯然與上述嚴復、胡適、顧頡剛等人有頗大差異，以下就錢穆對於「學術」的理念，以及「學科」從實踐體悟轉向求真求是兩方面，闡釋「宋學」所欲回應的時代課題。

一　錢穆「學術」觀念[*]

（一）反對「為學術而學術」

民初學壇興起「為學術而學術」的熱潮，把學術的價值建立在「知識」自身的去偽存真，而非道德、政治等政教之手段。[104]但錢穆卻批判此一西化觀念，他說：

> 近百年來之學術，……高搭學者架子，**揭櫫為學問而學問之旗號，主張學問自有其客觀獨立之尊嚴**。學者……只求為前人學

---

[*] 作者曾發表〈「知識當為人生求，非為知求知」──錢穆「學術」理念新探〉於嘉義大學《人文研究期刊》第13期（105年12月），頁151-178。該文與本章之論述方向、使用資料均有不同處。

104 關於傳統學術向現代轉型及知識份子身分認同危機，可參考者，有：許紀霖：《智者的尊嚴──知識份子與近代文化》（上海：學林出版社，1992年）。劉夢溪：《傳統的誤讀‧學術獨立與中國現代學術傳統》（石家莊：河北教育出版社，1996年）。羅志田主編：《20世紀的中國：學術與社會（史學卷）》（濟南：山東人民出版社，2001年）。方朝暉：《「中學」與「西學」──重新解讀現代中國學術史》（保定：河北大學出版社，2002年）。羅志田：《國家與學術：清季民初關於「國學」的思想論爭》（北京：生活‧讀書‧新知三聯書店，2003年）。許紀霖：《中國知識分子十論》（上海：復旦大學，2003年）。左玉河：《從四部之學到七科之學──學術分科與近代中國知識系統之創建》（上海：上海書店，2004年）。陳平原：《中國現代學術之建立──以章太炎、胡適之為中心》（北京：北京大學出版社，2010年）。

問繼續積累，繼續分析。內部未能激發個人之真血性，外部未
能針對時代之真問題。……學術界終無創闢新路之志趣與勇
氣。[105]

錢穆將學術的價值，建立在內部的「激發個人之真血性」，發明內在
的道德本體；以及外部的「針對時代之真問題」。換言之，錢穆理想
的學術，即是「明體達用之學」。錢穆反對「為學術而學術」，是因其
「主張學問自有其客觀獨立之尊嚴」，重視知識自身追求真理的功
用，而非修身、明道的資源。但如此一來研究僅僅「只求為前人學問
繼續積累，繼續分析。」卻無力為世道人心指引方向。

錢穆又說：

所謂為學術而學術，以專家絕業自負，以窄而深之研究自
期，……若不食人間煙火。縱謂其心可安，而對世情之期望與
責難，要亦無以自解。……流弊所及，孰為關心學問之大體？
孰為措意於民物之大倫？[106]

這段話區分兩種學術類型：其一「窄而深」的「專家絕業」。另一是
「學問之大體」。前者的治學宗旨是「為學術而學術」，追求學術自身
的完備、圓熟，頗有「不食人間煙火」的興味。而後者關注的重心是
「民物之大倫」。前一類型的學者，不追求經世濟民的宏大志向，只
作為真理獻身的讀書人；後一傾向的學者，把「世情之期望與責難」
當作任重道遠的義務，是為天地立心、為生民立命的儒生。

錢穆反對「為學術而學術」的論學宗旨，這樣的態度，體現在其
史學意識當中，便是強調以歷史作為陶育人品，效用政教的資源，扮

---

105 錢穆：《文化與教育・新時代與新學術》，第41冊，頁100。
106 錢穆：《學籥・學術與心術》，第24冊，頁160-161。

演「明體達用」的角色，而非僅蒐羅客觀、零散的過往知識。因而與傅斯年等「為歷史而歷史」的「科學史學派」，[107]抗衡對峙。傅氏於〈歷史語言研究所工作之旨趣〉中，明言反對以歷史興發道德的主張，換言之，歷史作為一種客觀知識，不作為「明體」之用，他說：

> 我們高呼：一、把些傳統的或自造的「仁義禮智」和其他主觀，同歷史學和語言學混在一氣的人，絕對不是我們的同志。二、要把歷史學語言學建設得和生物學、地質學等同樣，乃是我們的同志。三、我們要科學的東方學之正統在中國。[108]

傅斯年明言，研究歷史的意義，不在培養傳統的「仁義禮智」，僅是在呈現過去的真相，是「為歷史而歷史」、「為知識而知識」。歷史學等同生物學、地質學等自然科學，自然科學以「求真」為要務，歷史學就是還原古代的「真相」，必須去除「仁義禮智」等倫理化色彩。

甚至傅斯年還明確否定史學鑑往知來、安邦濟民的功效，反對歷史作為政教之「達用」功能。他說：

> 歷史學和語言學之發達，自然於教育上也有相當的關係，但這些都不見得即是什麼經國之大業，不朽之盛事，只要有十幾個書院的學究肯把他們的一生消耗到這些不生利的事物上，也就足以點綴國家之崇尚學術了──這一行的學術。這個反正沒有一般的用處，自然用不著去引誘別人也好這個。[109]

---

107 關於傅斯年等「科學史學派」以科學角度扭轉中國史學的傳統，可參見：王晴佳：〈中國二十世紀史學與西方──論現代歷史意識的產生〉，《新史學》第9卷第1期（1998年3月），頁55-83。許倬雲：〈傅先生的史學觀念及其淵源〉，《大陸雜誌》第97卷第5期（1998年11月），頁1-8。

108 傅斯年：〈歷史語言研究所工作之旨趣〉，《傅斯年全集》（臺北：聯經出版事業公司，1980年），第4冊，頁266。

109 傅斯年：〈歷史語言研究所工作之旨趣〉，《傅斯年全集》，頁263。

歷史學不是「經國之大業，不朽之盛事」，研究歷史的意義，僅是「書院的學究」消耗一生的活動，遠非帝王將相古為今用，「通鑑」以「資治」的良方。歷史「沒有一般的用處」，僅僅是反映過去的真實，不對今人提供意見。史學的重心是真偽的問題，通過材料的嚴謹考釋，還原真相，至於真相的善惡，對當代世道人心之利弊，並非所問。換言之，歷史是客觀知識，而非「達用」的工具。

但錢穆卻認為，研究歷史，首重發明個人內在之善性，換言之，歷史的功能，不在「求知」，而在「明體」，他說：

> 中國人又認為人心即是天心，天心即表現在人事上，認識人心與人事，即可認識天心。直要到人的心力使用到達一極度，到達了更無可為力的邊際，才是天心不可知處之所在。歷史上種種盛衰治亂興亡，固是人的心力共業所遭致，但其背後亦有不可知的天心作主宰。司馬遷所謂「明天人之際，通古今之變」，歷史是由認識人事來認識天心之主要途徑，因此中國人的人生哲學，總說「盡其在我」，而歷史知識乃更為中國傳統文化所重視。[110]

研讀歷史，是在認識「人心」以及「天心」，換言之，是發明天所寓託於我心之「天理」。因此，歷史的研究，不是「為歷史而歷史」，不僅是以知識呈現過去的事實，更要發明人心中的良知、道德。「歷史是由認識人事來認識天心之主要途徑」，從人事的盛衰興亡當中，體悟「天心」，也就是說，歷史當然不能脫離「古今之變」的史料考察，但並非僅呈顯「古今之變」的客觀知識，更要藉「古今之變」上契「明天人之際」，以此涵養天所賦予我之德性。換言之，讀史的意義，在「明體」。

---

110 錢穆：《中國學術通義・四部概論》，第25冊，頁31。

在《國史大綱》「引論」說，錢穆強調歷史的致用功能，他說：

> 略論中國近世史學，可分三派述之。一曰傳統派，二曰革新
> 派，三曰科學派（亦可謂「考訂派」）……最後曰「科學派」，
> 乃承「以科學方法整理國故」之潮流而起。此派與傳統派，同
> 偏於歷史材料方面，……兩派之治史，同於缺乏系統，無意
> 義，乃純為一種書本文字之學，與當身現實無預。……至「考
> 訂派」則震於「科學方法」之美名，往往割裂史實，為局部窄
> 狹之追究。以活的人事，換為死的材料。治史譬如治岩礦、治
> 電力，既無以見前人整段之活動，……彼惟尚實證，誇創獲，
> 號客觀，既無意於成全體之全史，亦不論自己民族國家之文化
> 成績也。[111]

傅斯年等「科學派」，把史學同岩礦、電力般，均屬科學之一門，同
以「求真」為旨歸，「與當身現實無預」。錢穆則是強調史學對民族精
神的嚮導。而史學在「求真」與「致用」之間，恐怕無法如論者所說
的「先求真再致用」，[112]因為這個學術趨向的不同，從一開始所劃定
的研究範疇之大小，便已南轅北轍，假使史學的目的在「求真」，那
麼當「割裂史實」，為「局部窄狹之追究」，以求知識本身的專精。反
之，如果史學的意義，在於「切用」，那麼當「成全體之全史」，著眼
大範圍的國史之全體，才能得其「意義」，以資「活的人事」之用。
否則一枝一節的窄小範疇，無法連貫成系統，以見其於歷史發展中的
特殊地位。錢穆堅持，史學對人生啟迪、生命提升，乃至對人倫大群
的政治指引，不應僅是以「為知識而知識」，因此，九一八事變後，

---

111 錢穆：《國史大綱（上）》「引論」，第27冊，頁24。
112 翁有為：〈求真乎？經世乎？——傅斯年與錢穆學術思想之比較〉，《文史哲》2005
　　年第3期，頁121-122。

國民政府為弘揚民族精神,令各大學開設「中國通史」課,傅斯年等人,擬由各斷代史專家分別授課,以求學術本身的深化專精。但錢穆自1933年起,一人獨任全部課程,通觀全史以求致用,後編撰為《國史大綱》一書,「引論」見報,陳寅恪許之為大文章。[113]

在〈歷史與教育〉中,錢穆說:

> 就人事部分而論,「人物」自為其一重要之一端。人物即是有力推動人事的,而人事隨著人物轉移。任何一個時代,任何一種社會,不能否認人物之重要性。讀史而不注重人物,斷難把握社會的重心。注重人物,應該能識別其「賢奸」「智愚」。人物的賢奸智愚,影響到人事之成敗利害,任何一個時期人事的最後責任,即屬於其時代之人物,人物應切實負人事之重責。……沒有辨別賢奸智愚的習慣,不能痛切感覺個人對國家社會應有之責任,則是一個不可救藥的死症。[114]

錢穆認為:「人物的賢奸智愚,影響到人事之成敗利害的。」歷史的成敗利害取決於人物之賢奸智愚。因此,讀史的態度,不是「為知識而知識」、「為歷史而歷史」,而是養成「辨別賢奸智愚的習慣」,藉由歷史人物之出處行止,人品操守,提升自我之德性,換言之,史學的作用在發明人內在的道德本體,而道德的提升不僅是獨善其身,更要兼善天下,由個人修身,外推為家國治平的政教實用,擔負起「人對國家社會應有之責任」。所以可以說,歷史教育所教者,即是「明體達用之學」。

在〈如何研究歷史人物〉中,錢穆說:

---

113 錢穆:《八十憶雙親、師友雜憶合刊》,第51冊,頁175-176,236。
114 錢穆:《中國歷史研究法・歷史與教育》,第31冊,頁182-183。

我們研究歷史的主要目的，或主要功能，是希望人能成為一「歷史人物」。一歷史人物，比一專門史學家更重要。人群所需要者，乃是在此人群中，能不斷有歷史人物出現。才能持續舊傳統，開創新歷史。這比不斷有史學家出現更重要。[115]

研究歷史的目的，不在成為「專門史學家」，而在成為「歷史人物」，前者以研究客觀歷史知識為職業，後者通過歷史人物的人格感召，發顯自身之道德良知，開創政治、文化的新局，從發明本體，擴展為政教功用。研究歷史即是要以「明體達用」之學，陶育自身，成為一承先啟後的歷史人物。換言之，歷史知識並非本身的目的，人格的陶育才是終極目標。

（二）主張「人」為「學」之中心

傳統將「學」的重心，放在「人」格成就的傾向，在民初西化風潮下，也受到挑戰，傅斯年說：

中國學術，以學為單位者至少，以人為單位者轉多，前者謂之科學，後者謂之家學；家學者，所以學人，非所以學學也。歷來號稱學派者，無慮數百，其名其實，皆以人為基本，絕少以學科之分別，……誠以人為單位之學術，……萬不能孳衍發展，求其進步。學術所以能致其深微者，端在分疆之清；分疆嚴明，然後造詣有獨至。西洋近代學術，全以科學為單位，苟中國人本其「學人」之成心以習之，必若枘鑿之不相容也。[116]

傅斯年從「學人」與「學學」區判中西學術。前者「以人為單位」，

115　錢穆：《中國歷史研究法・如何研究歷史人物》，第31冊，頁98。
116　傅斯年：〈中國學術界之基本誤謬〉，《傅斯年全集》，第4冊，頁166。

故稱「家學」，學問之目的在人格的陶育；後者「以學為單位」，方足具「科學」之特質，以知識的專精為本身的目的。「西洋近代學術，全以科學為單位」，以學問之專精、深微為本身之目的，故必分科分業，以求知識本身的孳衍發展。若不以知識為自身目的，以為成就人品之輔助，本此「學人」之心接納西方科學體系，必柄鑿難容。

但錢穆認為，中國學術重「人」勝於「學」，他說：

> 再就中國人對於「學」的一觀念看，中國人認為學所以學為人，此一觀念甚重要。故中國人重其人，更重於其人之所學，西方人則似乎重其學，更重於其學者之為人。余嘗謂中國人似乎認為須其人先具備了文學家條件，乃始得有其理想的文學作品。而西方人則似乎認為因他有了文學作品即成為一文學家。亦可謂中國人認為要先像樣作此人，乃始成此學。西方人則似乎認為成學之前並無先做人的特種條件之存在。因此西方人看重在學，重在所學之各別分異處，中國人看重在人，重在其做人之共通合一處。[117]

「中國人看重在人」「西方人看重在學」，以文學為例，中國人認為具備一定的人品涵養，方足以名家，而始有教化人心的作品產生。而西方人則重「學」本身的價值，具備一定藝術成就的作品，即可稱之為文學家。此正重人與重學之差異。沈約撰《宋書》將陶淵明歸入「隱逸傳」，唐修《晉書》雖有「文苑傳」，但卻將之列入「隱逸傳」。兩書均採錄陶淵明〈歸園田居〉、〈歸去來辭〉等名作，若著眼於「文學」作品的本身，應歸入「文苑傳」，若從作者的「人格」作分類，則列入「隱逸傳」，表彰其恬淡孤高的人品，適得其所。傳統學術強

---

117 錢穆：《中國學術通義・中國學術特性》，第25冊，頁237。

調「人能弘道,非道弘人」,文學所以偉大,不在作品本身的奇趣巧思,而在作者人格精神的發揚顯露。所以說「中國人看重在人,重在其做人之共通合一處」。

錢穆還指出,「學」的意義,在發顯心性當中寓藏的天賦善性,他說:

> 中國文學亦可稱之為「心學」。孔子曰:「辭達而已矣。」不僅外交辭令,即一切辭,亦皆以達此心。心統性情,性則通天人,情則合內外。不僅身、家、國、天下,與吾心皆有合,即宇宙萬物,於吾心亦有合。合內外,是即通天人。言與辭,皆以達此心。孔子曰:「言之無文,行而不遠。」言而文,則行於天下,行於後世,乃謂之文學。[118]

> 西方文學從外面事物求其獨特奇異,而多出捏造,離奇曲折,緊張刺激,挑動人心,而實出於人之性情之外,乃必如是以為快。中國人貴從內心同處言,尋常平實,而其可樂可喜,可哀可怨,有更深入更生動者。孔子即以詩教,宋代理學家言「喫緊為人」,亦無不知欣賞文學。即如周濂溪「光風霽月」,程明道「如坐春風」,人生即如文學。而理學家之能詩能文,超出於一般詩人文人者亦多。此見中國文學實即一種「人生哲學」。[119]

中國文學之要旨不在「學」本身的藝術造境、奇幻情節,而在彰顯「人」稟受自天的心性義理。「中國文學亦可稱之為『心學』」「言與辭,皆以達此心」,而「心統性情,性則通天人」,所以說文學是以具有美感特質的言辭,傳達心性當中所寓含之天理、天道。就天人合一

---

118 錢穆:《現代中國學術論衡·略論中國文學》,第25冊,頁259。
119 錢穆:《現代中國學術論衡·略論中國文學》,第25冊,頁261-262。

的學術體系而言，文學的最高境界遠則上通於天，近則貼近一己心性，如周敦頤、程顥所為詩文，體現「人」心之從容平實，故重尋常人生之涵泳玩味，較諸西方文學，不以藝術本身的離奇曲折取勝。中國文學即「人生哲學」，即「心學」，以人心、天心，人道、天道之交融貫通為要，「學」本身之藝術手法，乃屬次要，是「人」重於「學」。

　　人壽有窮，學海無涯，求學之人，對漫無涯畔的知識，應當謙卑拜服？或者應挺立自身的道德精神，以此統御一切客觀知識？求真求是的標準，固然幫助我們掌握更多的客觀知識，但理解「世界是什麼」之後，我們還很需要明白該怎麼在這個世界安身立命，此時扣緊個人之人生人格、大群之人倫政治的修己治人之學，又顯得格外切要，這是錢穆「學術」觀念的優點。然而，錢穆之人格固然崇高偉岸，其學說卻未必完美無缺。他顯然是堅持「『人』為『學』之中心」，學術的意義，在明德新民。但把學術視為讀者與作者之間，道德的表現、交流、濡染的媒介，則未能對典籍保持超越的、中立的態度。金岳霖（1895-1984）說：「現代研究工作的基本信條之一，就是要研究者超脫他的研究對象。」[120]錢穆認為人同此心，心同此理，先聖著書立說發明其所體悟之天道、天理，後人研讀典籍，以此為憑介，發顯心性當中同然之天性、天理，如此可挺立人之道德主體，明體而後達用。但其未能將知識典籍「對象化」，與自身主體分離，有時恐有入而不出之缺憾。

（三）教育理念：成就「君子」或培養「公民」？

　　《論語·學而》篇說：「君子食無求飽，居無求安，敏於事而慎於言，就有道而正焉，可謂好學也已。」[121]傳統學術所謂之「好

---

120 金岳霖著、錢耕森譯：〈中國哲學〉，收入劉培育主編《金岳霖全集》第6卷（北京：人民出版社，2013年），頁387。

121 《論語》，周何主編：《十三經注疏分段標點》，第19冊，頁32。

學」，是人格上的潤德潤身，而非僅知識上的擴充積累。所以蕭公權（1897-1981）說：「中國傳統不是一個求知的文化，中國人講知識是在求善。西洋人則講真、善、美。中國人則以善為首，真其次，美則沒有。古希臘雅典有一學派特別注意『知』。有人說這可能是西洋科學的根源。亞里斯多德學派其實也重道德，不過它有一種傾向特別注意『知』，為知識而知識，……這種精神在中國至少在民國以前是沒有的。」[122]「大學之道」在「止於至善」，人品上的為善去惡，化性起偽方為學術之首務。「為真理而真理」、「為知識而知識」的精神較為薄弱。因此傅斯年說：「中國學問向以造成人品為目的，不分科的……學術既不專門，自不能發達。」[123]中國學術雖有義理、考據、詞章之別，但並不等同於西方所謂哲學（Philosophy）、文獻學（Philology）、文學（Literature）有各自的治學門徑與學科特質，而是共輔相成，分殊的學門，一致追求天地間最高之道理，「理一分殊」，各學門一致指向天賦善心、善性的追求。所以中國學術雖有門類之別，卻一致以成就人品為最終旨歸。有別於西式大學分門別類，分科分系，人治一業，以求專精。

錢穆於1940年12月作〈改革大學制度議〉，批判了當時西式大學專業化的、窄而深的研究取向。他說：

> ……今日一大學國文系畢業之學生，……彼之所治，乃專門絕業，如：甲骨、鐘鼎、音韻、小學、傳奇、戲曲、文藝創作之類，……今日大學課程之趨勢，越分越細，如俗所云鑽進牛角尖，雖欲循環，而不可得。[124]

---

122 蕭公權口述，黃俊傑筆記：〈儒學傳統與中國文化的創新〉，收入黃俊傑：《儒學傳統與文化創新》（臺北：東大圖書公司，1983年），頁156。

123 傅斯年：〈改革高等教育中幾個問題〉，《傅斯年全集》，第6冊，頁22。

124 錢穆：《文化與教育‧改革大學制度議》，第41冊，頁197。

西式大學以「為知識而知識」為學術理念，在體制設計上，將「專門絕業」再「越分越細」，即便同屬國文系，其間再別為甲骨、鐘鼎、音韻、小學、傳奇、戲曲、文藝創作等類科，人精一科，範圍窄仄，則越鑽研越見精微。但錢穆從「學以成德」的角度，譏此為「俗所云鑽進牛角尖」，蠻觸之爭，不見學問之大體與人格之整全。只有「多學而識」之專家，卻無「一以貫之」的通人。鑽研分殊之「眾妙」，卻遺落最高、最本原的「一玄」。分科式的研究，如同分裂鑿破渾沌，喪失整全的學問大體，人生大道。

因此，新亞書院辦學的宗旨，不在培養「人以學顯」的文學家、哲學家、科學家，而在上溯宋明書院陶育「人能弘道」、「人主學從」的「君子」。[125]然而錢穆也未抱殘守缺，在〈改革大學制度議〉中，他指出近代大學較書院為勝者有二，其一，講堂授課，首尾條貫，綱舉目張。其二，分科授課，不名一師，足以兼收廣蓄。因錢穆主張將來之大學，以「學院」為劃分，以收博雅通才之效，其上再設研究院，以求深造專精。尤有強調者，為加強大學導師制，俾提升人格之鍛鍊與品行之陶育。[126]

現有關於錢穆教育理念的研究，習慣以道德與知識二分法，論述錢穆對中西教育的比較，[127]但這種二分法頗值得商榷。中國教育特重學術對於人品修為的陶冶，「學」較乏自身的獨立性，而是作為「人」涵養心性的憑藉。相較之下，西方教育較肯定「為知識而知識」的論學宗旨，重視「學」獨立於「人」之外的價值。若說中西教育在「學」與「人」的主從關係上，畸輕畸重，有所不同，是合理的論斷。但若因此推論，西方教育不重視道德層面，則有所失當。畢

---

125 錢穆：《新亞遺鐸‧新亞學規》，第50冊，頁3-6。

126 錢穆：《文化與教育‧改革大學制度議》，第41冊，頁195-204。

127 陸玉芹：〈錢穆的大學教育觀〉，《歷史教學問題》2008年第5期，頁71-74。劉開普：〈錢穆大學理念之生成演變析論〉，《雲夢學刊》第5期，頁21-26。

竟，很難想像，有哪個民族的教育不重道德。所以，更深刻的論述應當是：中西教育所謂的道德有何差異？錢穆明白指出，西方教育的重心，在陶育「公民素養」，傳統教育在「公民」之上，還有「君子人品」。他說：

> 《大學》說：「古之欲明明德於天下者，必先治其國。欲治其國者，必先齊其家。欲齊其家者，必先修其身。」照著秩序連貫而下。《大學》又說：「自天子以至於庶人，一是皆以修身為本。」這即是《論語》所說的「吾道一以貫之」。中國人從古到今，都講「修身」二字，這可說是中國人講道理，即人生哲學，一個共同觀念。我小孩時，學校有修身課，……但此後學校裡便沒有了，改為公民課。修身是教人如何講究做一人，公民是教人如何做一國家政府下的公民，這兩個意義是不同的。[128]

「修身」與「公民」這兩個意義是不同的，「修身是教人如何講究做一人」，是化性起偽、為善去惡，變化氣質而後成就君子芬芳的德行，並以之為齊家、治國、平天下的基礎，因為個人修身，發揮精神感召，自能成己成物，理想的政治境界，即是人人均成善人。而「公民是教人如何做一國家政府下的公民」，僅是遵守某一個國家外在的法律及其社會結構相應的秩序，屬外在的、公領域的層面，而「修身」傾向內在性靈的提升，接近宗教的修練，以心統合性情，成就志於道、據於德的君子人格。

錢穆又說：

> 國家最重要的就是教育，我小時候進小學，就已算得是受了西

128　錢穆：《人生十論》，第39冊，頁199。

方化的新式教育，後來才有所謂國民教育。……但「國民教育」四字就是西洋化，西洋頭腦。開始於普魯士，慢慢推及到歐洲各國。他教你做個國民，奉公守法。你做這一個國家的國民，你要懂得服從這個國家的法律。但中國人的教育不是要教你做個國民，是要教你做個「人」。這叫做修身、齊家、治國、平天下。[129]

又如：「自天子以至於庶人，一是皆以修身為本。」這是《大學》書裡的一句話。……修身就是講一個做人的道理，……人人都該講一個做人的道理，亦就是中國教育主要所講的。哪裡是專要你做一個國的國民呢？當時學校裡有一「修身」課，後來這一堂課改叫「公民」，這兩課程，便大有不同。你現在做中華民國的公民，你要守中華民國的法令，這就是了。但你還要做一人，這個觀念，西方人沒有的。[130]

近代以來所謂的「國民教育」，是以國家的力量推動教育，目的在塑造一個國家的國民所須具備的「公民素養」，最基本的要求便是守法精神。但傳統所謂的「修身」，「是要教你做個『人』」，是要教人成聖人，是以仁為己任的君子，而非是守法的公民。公民的社會責任是服從外在的、社群的生活秩序，君子則由內而外，以個人修身的人格感召，自淑淑人，所以說「自天子以至於庶人，一是皆以修身為本」。「修身」帶有類似宗教的精神感召力，但不預設涅槃、天國的彼岸來生，而是將其終極境界落實在現世的治國、平天下。

西方人所謂的學校教育，不教人修身，因國民教育由國家規劃，且屬義務教育。高等教育仍應受國家監督，不論何者都帶有國家的強

129　錢穆：《人生十論》，第39冊，頁162。
130　錢穆：《人生十論》，第39冊，頁164。

制力量，而修身歷程的靜坐、澄心、克己近似宗教儀式，且涉及人內在性靈的提升，連結到一套世界觀、價值觀，若以國家強制力置諸教育之中，有違西方憲法上所保障的宗教信仰自由。[131]但西方人僅是不以學校教育從事修身活動，而非完全不談修身，只不過以另一套宗教教育為之，錢穆說：

> 西方教育中有宗教一項，從小孩教到老人，每個禮拜要進教堂。這是西方教人做人的所在。[132]

西方的學校教育僅要求人人成為守法的「公民」，不教人做人以成「聖徒」，但西方在國家的教育體系外，尚有宗教教育，「這是西方教人做人的所在」，實施的對象，「從小孩教到老人」，以陶育博愛慈悲的人生觀。[133]而錢穆的教育理想，則是修身成就君子人格，這牽涉到中國缺乏濃厚宗教氛圍，教育應否全盤西化，此容後再述。

（四）學者風範：「共通道德」或「職業倫理」？

錢穆以「人」為「學」之中心的主張，也映射在其理想的學者風範上，他嚮往的人格典範是傳統「士大夫」，而非西方知識份子。現

---

131 宗教信仰自由，即人民有信仰、不信仰特定宗教的自由。

132 錢穆：《人生十論》，第39冊，頁164。

133 教育若因宗教信仰之自由，而擱置「修身」一項，亦會導致價值的空虛。現在德國的做法是在「基本法」（相當於我國憲法）第7條明訂宗教教育得納入公立學校之正規課程，並授權家長自由決定是否讓學子接受，以兼顧其宗教信仰自由。至於義務教育以外的高等教育，則可由學生自主選擇是否研修宗教課程。參見：許育典：〈學校的宗教規範問題與學生的自我實現權：從德國現行宗教法治與學校法制加以探討〉，《月旦法學雜誌》，第57期（2000年2月），頁70-71。
許育典：〈德國宗教教育的法律分析〉，《宗教論述專輯第九輯：各國宗教發展與法制篇》（2007年11月），頁241-242。陳清秀：〈社會動盪不安，應從淨化人心救起〉，《國政評論‧憲政》（臺北：財團法人國家政策研究基金會，2014年7月4日）。

有關於錢穆「士大夫」精神的研究，過度簡略地以道德修為、社會使命的有無，分判傳統「士大夫」與西方知識份子的區判，[134]此一論述稍顯籠統。因為**很難想像有哪一個民族的學者不重道德修為或欠缺社會使命**。西方知識份子如：法國的盧梭（Rousseau, 1712-1778）、左拉（Emile, 1840-1902）、雨果（Hugo, 1802-1885）都為各種社會信念而奮鬥，都有犧牲奉獻的道德使命；薩伊德（Edward Wadie Said, 1935-2003）在《知識份子論》抨擊當代知識份子已被「拔掉了批判的牙齒」（Defanged），他強調知識份子是「自由的漂浮者」，不依附任何體制，永遠充滿犀利的批判能力。西方知識份子並非僅是擁有客觀知識的「技術人員」，當然也同中國的「士」一般，有獻身社會、貢獻人群的責任與道德，若從道德修為、社會使命的有無，論述「士大夫」與西方知識份子的特質，未能呈顯深刻之處，**更縱深的論述，應當從「人」與「學」的主從關係，論述「士」與「知識份子」所展現責任與道德的型態，有何差異？**「士」較偏向「以學顯人」、「以人為學之中心」；錢穆所謂的「士」，帶有人格感召的宗教情操，他說：

> 中國社會上之所謂「士」，既非宗教信徒，亦非哲學專家，並亦不得僅稱之曰知識分子。因中國社會士階層之所追求，尚有高於知識之上者。孔子曰：「士志於道，而恥惡衣惡食者，未足與議也。」士不以個人衣食私生活為志，而以社會人群共同**生活之道德真理**為志。故士在下，則為師，從事於教育。在上，則為君卿，為百官，從事於政治，君師合一，政教合一，人生與道德合一。……至於今日，工商業日益發展，所需於各

---

134 王曉黎：〈君子不器——錢穆「士」思想研究〉，《魯東大學學報（哲學社會科學版）》第26卷第2期（2009年3月），頁36-40。劉俊：《論錢穆對「士」精神的認知、堅守與傳承》（華中師範大學碩士論文，2011年），頁10-18。兩文均由社會責任的有無區別「士」與「知識份子」。

項專門知識者日殷，然在各項專門知識以上之此一項共通道德知識，其需要之程度，宜亦隨而日殷，而不幸不為近代人所瞭解，而在中國社會之士階層，乃亦隨之日趨墮落，人人心中，只知有知識分子，不知所謂士。[135]

「士」所具備之道德，是「人人共通的美德」，是傳統所謂「誠意正心」、「修身齊家」的為人之道，並非我們今日各行各業之「職業倫理」，職業倫理乃個別行業之人，執行業務所需之道德，並非「人人共通的美德」。士大夫所具之道德，這不是世俗職業的倫理，而是近於宗教的提升心性，洗滌靈魂，但其與宗教又有別，宗教追求彼岸來世的超脫，但「士」將心力貢獻於此世，在下則為師，從事於教育；在上則為君卿，為百官，從事於政治，「士」是群眾的導師，以身作則，啟迪德行，化民成俗，移風易俗，以澄清政治，作之君，作之師，使「政教合一」、「人生與道德合一」。

「士」精神雖非宗教，卻與之有異曲同工之妙。錢穆說：

孔子所偏重，乃在教人如何做一士，如何做一理想的士。換言之，即所謂「士」者，對此社會須負起何種職責與道義，即對此社會應有一番理想與其相應而起的一種責任感，而努力以求此項理想之實現。社會能有此一理想之士，可使社會益臻於理想。故孔子之教，實際亦可說是一種「士教」。[136]

「士」不同於農工商只謀個人私利，「對此社會應有一番理想與其相應而起的一種責任感」，而「士」所謂的社會責任，是實踐並提倡

---

135 錢穆：《雙溪獨語‧篇二十五》，第47冊，頁447-448。
136 錢穆：《世界局勢與中國文化‧中國歷史上關於人生理想之四大轉變》，第43冊，頁142。

孝、弟、忠、恕、仁、義等人人共通的美德，以此成就美好的社會，
將人間化為天國，帶有宗教的教化精神，因此錢穆又說：

> 孔子所講之仁，即是一種理想的人道。孔門只希望每一理想之
> 士，能就其一生來負起此責任，來領導社會走向此種理想境
> 界。此項責任，死而後已。自己不顧衣食私生活，惟以志道為
> 尚。更不計當前或將來之報酬，因此亦本無報酬可言，端視其
> 人自己內心願否如此。故孔子雖非一宗教主，然彼之教訓，於
> 此等處，卻顯見一種宗教精神，似乎較之佛教、耶教更為難能
> 可貴。因佛家求超出輪迴，耶教盼能死後上天堂，其教人皆有
> 一報酬；而孔子之教則未作任何承諾，並無眼前或將來之報酬
> 可言。……孔子只提出一種人生理想，並不探究人生究是一什
> 麼，只講人生當前該如何。此所謂該如何者，亦並非出於孔子
> 之個人意見，孔子只在提倡當前社會人人心中所希望，如：
> 孝、弟、忠、恕、仁、義種種。為父母者必期望其子女能孝，
> 長者必望其幼輩能弟。儒家人生理想，只承認此現實人生中人
> 人之所想望，而奉以為人生之大道。……希望有些人能來提倡
> 此一該如此之圓滿實現。其能如此之人，即孔子心目中所謂之
> 「士」[137]

所謂「士志於道」，此「道」非天國、涅槃的玄遠境界，而是落在現
世當中孝、弟、忠、恕、仁、義等人生理想，「士」以躬身實踐的方
法，提倡、發揚此一理想，教導萬民成就此一「人生之大道」，人人
均能發顯心中之孝、弟、忠、恕、仁、義，則社會自然太平安康，政
治自能河清海晏，「士」的職責，即在領導社會走向此種理想境界。

---

137 錢穆：《世界局勢與中國文化·中國歷史上關於人生理想之四大轉變》，第43冊，
頁144-145。

孝、弟、忠、恕、仁、義是「人人心中所希望」，是所謂的「修己立德」、「己立立人」，是人人「共通」的為人之道，而非各行各業相異的「職業倫理」。「士」雖賦有教化萬民、發顯善性的職守，近似宗教洗滌靈魂的功能，但其與宗教又不同，佛教、耶教藉用來生永世的報酬，鼓舞人今生的理想；「士」則是「只講人生當前該如何」，取消彼岸的玄念，訴諸現世社會的價值，可以說，「士」是以道義精神引領社會，將宗教的涅槃天國，化為人間政治的修身齊家，以迄治國平天下，使政治帶有宗教精神。所以錢穆說：「孔子的一套雖非宗教，沒有宗教的形式與組織，而有一番宗教精神。」[138]

「士」任重道遠的社會責任，是從個人修身做起，以身作則，成就孝、弟、忠、恕、仁、義的政治社會，注重的是「人」而非「學」，錢穆甚至說：「不識字的人，也可以成為一士。陸象山說：『使我不識一字，也將堂堂地做個人。』這人便即是個士。」[139]「士」的基本條件便是個人道德的完善，由此擴展及於人倫政治的建構，專業知識並非必要條件，換言之，乃「人」重於「學」。

但在西方，知識份子接近「人隱於學」、「以學為人之中心」。西方知識份子並非漠視政治社會，但他們之所以能介入公共事務，取得社會議題的發言權，是因其具備專業知識，人格修養上的感召，不能說全無，但相較之下，是次要的，換言之，「學」的重要性強過於「人」。布迪厄（Bourdieu，1930-2002）指出成為知識份子必須具備兩個條件：

> 一方面，他們必須從屬於一個知識上自主的、獨立於宗教、政治、經濟或其他勢力的場域，並遵守這個場域的特定法則；另一方面，在超出他們知識領域的政治活動中，他們必須展示在

---

138 錢穆：《從中國歷史來看中國民族性與中國文化・結論》，第40冊，頁143。
139 錢穆：《中國文化精神》，第38冊，頁92。

這個領域的專門知識和權威。他們必須做專職的文化生產者，而不是政客。儘管自主和入世之間存在二律背反的對立，但仍有可能同時得到發展。[140]

成為知識份子的先決條件是擁有獨立自主的知識，知識份子同時也肩負社會使命，不過他們介入政治領域的途徑是「必須展示在這個領域的專門知識和權威」。換言之，西方知識份子必先成為某一個學術領域（例如：經濟、理工、史學）的專家，擁有某一領域的客觀知識，才能在社會上取得話語權。可以說，西方知識份子「學」的重要性強過於「人」。

西方知識份子的前提，是擁有專業知識。甚至，福柯（Foucault, 1926-1984）認為在社會日趨複雜的演變下，其所擁有者必須是某一特殊、狹小領域的專門知識。[141]知識狹小才能專精，如此根據專業的知識，介入公共領域才成為可能，甚至不可對非自己專業的公共議題發言，否則憑藉使命感而泛言治國、平天下，卻無法承擔相對的責任。[142]但錢穆所謂的「士」卻更強調各種學問統而有宗，會而有元，總歸於人格的陶育，而非掌握特殊、狹小領域的專門知識。在《論語新解》闡發孔子「君子不器」時，他說：

器，各適其用而不能相通，今之所謂專家近之。不器，非謂無用，乃謂不專限於一材一藝之長，猶今之謂通才。……近代科學日興，分工愈細，專家之用益顯，而通才之需亦因以益亟。

---

140 〔法〕布迪厄（Bourdieu）：《倡導普遍性的法團主義：現代世界中知識分子的角色》，趙曉力譯，載《學術思想評論》第5輯（瀋陽：遼寧大學出版社，1999年）。

141 〔法〕福柯（Foucault）著《哲學的生命》，嚴鋒譯：《權力的眼睛》（上海：上海人民出版社，1997年），頁102。

142 錢永祥：〈學術權威如何善盡社會角色〉、〈略談『公共型』知識份子〉，載《縱欲與虛無之上》，頁385-394。

通瞻全局,領導群倫,尤以不器之君子為貴。此章所言,仍是一種通義,不以時代古今而變。……可見一切智識與學問之背後,必須有一如人類生命活的存在。否則智識僅如登記上賬簿,學問只求訓練成機械,毀人以為學,則人道梏而世道之憂無窮矣。不可不深思。[143]

錢穆就「人」與「學」的主從主從關係,區分「專家」與「通才」。專家是「人屬於學」,追求專業、客觀的知識,則人為知識所驅使,形同知識的工具「學問只求訓練成機械」。通才則是「學」屬於「人」,知識的目的在成就個人的道德,因此必須以廣泛的智識,陶育完整的人格。士大夫介入社會,擔負政治使命的方式,訴諸自身人格的發揚感召,近似宗教精神,因此,錢穆主張以「人」為「學」之主。

西方知識份子並非不重道德,但知識份子所謂的「道德」,不同於中國的「明體」、「修身」,前者接近公領域的職業道德,後者傾向私德方面的誠意正心。西方知識份子介入政治社會的依據,是專業知識,他們是擁有專業知識且以之為職業的人員(例如:律師、醫師、教授),他們改善政治社會所憑藉的「道德」,相當於今日所說的職業倫理,而非傳統儒家宗教般地救世熱忱。知識份子固然和專業知識、技術分不開,多數也以此謀生活,但他們的專業知識不僅止於換取生活所需,更必須在自己的專業範圍內,嚴肅地追求真理,並且抗拒外在權威,謹守節操。[144]例如:律師必須堅持公正的真理,不可完全屈從當事人利益,以獲取勝訴。醫師必須謹守醫學對人性尊嚴的重視,不得僅為獲利而從事悖於倫常的醫療行為。教授必須為整體學術發展作規劃,不可僅圖個人名利、爭取學術資源。這與律師、醫師、教授

---

143 錢穆:《論語新解》,《錢賓四先生全集》,第3冊,頁50。

144 余英時:《中國知識人之史的考察》(廣西:廣西師範大學出版社,2004年),頁148-149。

「修身」方面的個人私德關涉不大，重視的是他們在運用專門知識時，所應擔負的社會期待。換言之，是「職業化」的道德，而非「人人共通」的修身齊家之德。

西方知識份子當然不能說不重私德，但就「人」與「學」的關係而論，他們更重視「人因學而顯」，而非「以學顯人」，可以說，是「道弘人」而非「人弘道」。因此，私德雖然會影響個人的社會聲譽，但未必完全抹滅學者的學術聲望。因為，「學」有獨立於「人」之外的價值，而非以成就人格為最高旨歸。英國史家保羅・約翰遜（Paul Johnson）在其《所謂的知識份子》（*Intellectuals*）一書中，考察盧梭、馬克思、托爾斯泰、沙特等人，思想與行動的一致程度，而後批判盧梭（Jean-Jacques Rousseau, 1712-1778）在《愛彌兒》（*Emile*）中展現偉大的教育愛，卻將五個孩子都送進棄嬰收容所；托爾斯泰（Lea Tolstoy, 1828-1910）在《戰爭與和平》中展現上帝一般無私的愛，但其本人卻帶著沒落貴族的傲慢，剝削農民、婦女；保羅・約翰遜更直指法國哲學家沙特（Jean-Paul Sartre, 1905-1980）是「思想的巨人」、「行動的侏儒」；馬克思（Karl Marx, 1818-1883）的《資本論》尖銳地指出資本主義的病根，但他本人卻慣於壓榨身邊的弱者。[145]但盧梭、馬克思、托爾斯泰、沙特他們之所以為社會崇敬，是因其思想的批判性，而非私人人格的感召力，「學」獨立於「人」而存在，不因「人」而否定其「學」。盧梭等人是擁有某一專業的知識份子，而非西方社會神聖的「教宗」。這與中國以弘道為使命，具宗教淑世精神的士大夫，有相當的落差。

---

145 〔英〕保羅・約翰遜（Paul Johnson）著、楊正潤等譯：《所謂的知識分子》（臺北：究竟出版社，2002年）。

二 錢穆對學科轉型的批判

「明體達用」的宋學，由三個緊密聯繫的部分組成：文（經典知識）、體（個人道德涵養），以及「用」（政治功效）。但在中西學門接觸、格義的過程中，中國學術逐漸從修己治人的信條，轉向理性思辨、客觀認知的系統，「文」與「體」、「用」脫鉤，這反映在「經學」的「史料化」。也就是說，「經學」本是匡範人倫的百世鴻教，卻化為零星的、客觀的史料。而所謂「明體」是通過躬身實踐的體悟，涵養道德心性，立己而後立人，修身而後治國，也就是說，「體」是貫通個人道德實踐與政教倫常的生命智慧，但在中西格義中，卻被知性認識的、與政教無關的「倫理／道德哲學」取代。以下試就「經學史料化」、「義理哲學化」，申述錢穆之批評。

（一）經學化為史料

民國以來，隨著學術觀念由「致用實踐」向「求真求是」轉型，知識未必要兌換為修身、為政的資源。且六經載道的觀念，也因為經書無濟於時局之變革，漸漸鬆動，於是經書的價值，逐漸下降為建構上古史的材料，[146]乃有1919年左右，胡適於北大國學研究會領導的「整理國故運動」。整理國故運動的精神，簡而言之，是將一切典籍「史料化」，視為客觀的、外於我身的、僅供研究不求實際政教之用的材料。整理國故運動與傳統治經活動，呈現貌合神離的弔詭現象，從行動看來，兩者都以經書為治學對象，但對經學在中國學術體系的

---

146 此議題可再參見羅志田：〈清季民初經學的邊緣化與史學的走向中心〉，《權勢轉移：近代中國的思想、社會與學術》（武漢：湖北人民出版社，1999年），頁302-341。書中論述經學因無益實用，以致地位降落，以及史學因可作為民族精神之泉源，而獲得「道德性提升」，但對「經學史料化」的歷程，著墨較少。另左玉河：《從四部之學到七科之學──學術分科與近代中國知識系統之創建》「第六章 第一節 經學地位之動搖」，亦有扼要分析。

整體定位，卻完全相反。前者視經書為史學的材料，與地下銘文、流沙墜簡，以及科學所發現的化石、殘骨、碎瓦相同，僅具有「死的材料」的性質，治經的目的在「存古」；後者以經書為萬古常法，綱紀世宙，治經的目的，在「通今」，重點在「活的現在」。[147]

錢穆說：

> 中國傳統文化，注重對人文社會與歷史演進之實際貢獻。中國人愛說「通經致用」，或說「明體達用」。中國人看重經學，認為經學的偉大，其理想即在此。即由學問來完成一個人，再由此人來貢獻社會。所貢獻的主要事業對象則為「政治」與「教育」。此等理想人格之最高境界，便是中國自古相傳所謂的「聖人」。[148]

---

147 關於整理國故運動，可參看羅志田《國家與學術：清季民初關於「國學」的思想論爭》（北京：生活‧讀書‧新知三聯書店，2003年）。書中廣稽民初學人對整理國故的主張，於材料的蒐羅頗見細緻之處，但一方面涉及錢穆的部分不多，另一方面在議題的突顯上，或有再深入的空間。例如：該書第七章「從正名到打鬼：新派學人對整理國故的態度轉變」（頁307-358）。本文認為或可以傳統治經活動與整理國故運動，彼此對比，就經典是向當代開放，或封閉於古典的時空這一面向作論述，方能彰顯經學「史料化」的意義，此一意義充分展露後，才可透顯錢穆何以反對「以經為史」。再如該書第八章「『國學』的學科定位與認同危機」，書中僅引述民初學人諸多之語，說明以經學為核心的國學，難以納入西化學術分類，本文認為若能對比西方所謂的「文學」、「史學」、「社會學」的屬性，與《詩經》、《春秋》、《儀禮》關於社會風俗的記載，更能突顯經學何以無法分裂為西方所謂的數個學術門類。

胡適在整理國故運動的領導地位，可參見李孝悌：〈走向國學與史學的「賽先生」──五四前後中國人心目中的「科學」一例〉，《胡適與整理國故──傳承──二十世紀前期的中國學術與文化》（北京：中華書局，2003年），頁217-254。周質平：《胡適叢論》（臺北：三民書局，1992年），頁1-33。雷頤：〈胡適與整理國故運動〉，《時空游走：歷史與現實的對話》，（濟南：山東教育出版社，1999年），頁184-202。

148 錢穆：《中國學術通義‧四部概論》，第25冊，頁6。

錢穆所謂的宋學，即是「明體達用之學」，是「有體、有用、有文」，以「文」（經典知識）為中介，貫通內在道德本體與外向政治實用。所以錢穆說中國經學的精神是「通經致用」、「明體達用」，「即由學問來完成一個人，再由此人來貢獻社會」。經學雖以「知識」的型態出現，以典籍的方式流傳，但並非僅為客觀的、過去的史料，而是通過經典教育，以培育聖人氣象，再貢獻政治。

但民初以來，整理國故的風潮，卻是完全拋棄經學的實用價值，郭沫若說：

> 國學究竟有沒有研究的價值？這是要待研究之後才能解決的問題。我們要解決它，我們便不能不研究它。研究的方法要合乎科學的精神，研究有了心得之後才能說到整理。而且這種整理事業的評價我們尤不可估之過高。整理的事業，充其量只是一種報告，是一種舊價值的重新估評，並不是一種新價值的重新創造。[149]

新一派的學者治國學的態度，不是身心投入地濡染其中，虔敬矜慎地躬行實踐，而是「研究」與「整理」，換言之，視古籍為外於我之身心的客觀知識，而非個人立身行事的信仰準則。而整理國學的用意，是以中立的態度，做「舊價值的重新估評」評估一種過往的舊價值，並非「一種新價值的重新創造」，無意樹立當前的新價值，以為當代安身立命、經邦濟國之用。換句話說，整理國故時，新舊古今的時空意識有相當明顯的區隔，國故完全屬於古舊的，是歷史的遺跡，是「死的過去」，與今日一切新生事務無關。作為國故核心的經學，自然也喪失其在當代存在的生命意義，僅是一種過去的舊史料。

---

149 郭沫若：〈整理國故的評價〉，《創造周報》36號（1924年1月13日），頁2-3。

加達默爾（Hans-George Gadamer, 1900-2002）說：經典是：「一種無時間性的當下存在，這種當下存在對於每一個當代都意味著同時性。」[150]這段話非常契合中國傳統經學的特質，經典並不受時間的侷限，它存在於每一個當代，可與當下的人事物展開對話。皮錫瑞指出中國經學是：「天子得之以治天下，士庶得之以治一身。」[151]經學不是死的材料，可作為每一時代「治天下」的政治資源，以及修身的憑藉，換言之，道德上的「明體」與政治上的「達用」，確立了經典的永恆價值。但整理國故運動，雖仍研治經學，卻完全將經典與時代的對話封閉，這與傳統治經有極大差異。

王安石《周官新義・序》說明自己治經之動機，他說：

> 惟道之在政事，其貴賤有位，其後先有序，其多寡有數，其遲數有時。制而用之存乎法，推而行之存乎人。其人足以任官，其官足以行法，莫盛於成周之時。其法可施於後世，其文有見於載籍，莫具乎《周官》之書。……自周之衰，以至於今，靡歲千數百矣。太平之遺跡，掃蕩幾盡，學者所見，無復全經，於是時也，乃欲訓而發之，臣誠不自揆，然知其難也，以訓而發之為難，則又以知夫立政造事，追而復之之為難。然竊觀聖上致法就功，取成於心，訓迪在位，有馮有翼，豐豐乎向六服承德之世矣。以所觀乎今、考所學於古，所謂見而知之者。臣誠不自揆，妄以為庶幾焉。故遂昧冒自竭，而忘其材之弗及也。[152]

---

150 〔德〕漢斯・格奧爾格・加達默爾（Hans-George Gadamer）著，洪漢鼎譯：《真理與方法──哲學詮釋學的基本特徵》（臺北：時報文化出版公司，1993年），第1卷，頁293。

151 皮錫瑞：《經學通論》，頁1。

152 〔宋〕王安石：《周官新義・序》（臺北：臺灣商務印書館，1968年），頁1。

王安石董理《周禮》的纂修工作，目的是「立政造事，追而復之」，以《周禮》作為當代政治制度的儀則，使三代禮樂文物復見於今日。因中華文明至周代已是粲然大備，無以復加，可為北宋慶曆新法提供理論與指導。而宋學即是「明體達用之學」，是「有體、有用、有文」的完備學術系統。「文」（經典知識）本身並無獨立的地位，而是作為致用的依據。王安石說自己所以稽考周代「太平之遺跡」，力圖回復《周禮》全經，是欲使「其文有見於載籍」，但「文」並非學術最終的旨趣，「考所學於古」也不僅是整理經典中的歷史知識，目的更在「以所觀乎今」，俾使「其法可施於後世」。王安石注解《周禮》，並非僅是對舊價值的重估，更是援古論今，以「入乎其內」的態度，創造一套新的價值。而「整理國故」則注重在「整理」而非「致用」，拉開古和今的距離，歷史知識與當代社會有嚴格的區別，於是經學僅是過往的史跡，學者以「出乎其外」的客觀態度，「整理」史料。

　　「整理國故運動」既將一切固有學術均視為材料性質，用西方學術分科的眼光看待中國經學，則經學僅是用以建構各門學術史的材料。錢穆說：

> 近代中國人開始和西方學術相接觸，遂對中國傳統中經學一部門發生了懷疑。或認為經學只是幾部經書之結集，若把近代西方學術分類眼光加以分析，《詩經》應屬文學；《尚書》、《春秋》應屬史學；《易經》應屬哲學；《儀禮》是一部記載有關古代社會風俗的書，應屬史學與社會學範圍。把中國古代《五經》如是分析了，便不該再有所謂經學之獨立存在。[153]

---

153 錢穆：《中國學術通義‧四部概論》，第25冊，頁3。

「經學之獨立存在」與否,這涉及了兩個學術轉型的重大議題,其一,經學的性質,究竟是客觀的歷史知識,「只是幾部經書之結集」?或社會價值的總根源?

由此延伸的第二個議題是,把經學鎔鑄到西方學術分科下的各學門(文學、史學、哲學、社會學),究竟是削足適履或點石成金?

先就第一個問題來談,經學的屬性究竟為何?純粹歷史知識的積累或一切價值的總根源?

《漢書‧儒林傳》說:「古之儒者,博學乎六藝之文,六學者,王教之典籍,先聖所以明天道、正人倫,致至治之成法也。」[154]經書一直擁有支配政教、端正人倫的權威。錢大昕說:「予謂經以明倫,虛靈元[155]妙之論,似精實非精也;經以致用,迂闊刻深之談,似正實非正也。太史公尊孔子為世家,謂載籍極博,必考信於六藝,班氏〈古今人表〉尊孔、孟,而降老、莊,皆卓然有功於聖學,故其文與六經並傳而不愧。」[156]經的價值是「明倫」、「致用」,所以《史記》必「考信於六藝」、「尊孔子為世家」。《漢書》亦「尊孔、孟,而降老、莊。」王鳴盛也說:「治經斷不敢駁經,而史則子長(司馬遷,約145B.C.-90B.C.)、孟堅(班固,32-92)苟有所失,無妨箴而砭之,此異也。」[157]經學乃萬世不易之綱常,故後世儒者萬不不敢駁經。

晚清張之洞(1837-1909)在擬定新式學制時,規劃設立「經學科」,特別強調「崇經重道」的觀念,他將中國經學的性質,比擬為西方宗教,他說:

---

154 〔漢〕班固:《漢書‧儒林傳》(臺北:鼎文書局,1977年),卷88,頁3589。

155 此處應作「玄」,錢氏是為避康熙帝之諱。

156 錢大昕:〈二十二史札記‧序〉,趙翼撰、杜維運考證:《二十二史札記》(臺北:國史研究室,1974年),頁1-2。

157 〔清〕王鳴盛著、黃曙輝點校:《十七史商榷‧序》(上海:上海書店,2005年),頁2。

中國之經書，即是中國之宗教。若學堂不讀經書，則是堯、舜、禹、湯、文、武、周公、孔子之道，所謂三綱五常者盡行廢絕，則中國必不能立國矣。學失其本則無學，政失其本則無政。其本既失，則愛國、愛類之心亦隨之改易矣，安有富強之望乎？故無論學生將來所執何業，在學堂時，經書必宜誦讀講解。……亦必須曾誦經書之要言，略聞聖教之要義，方足以定其心性，正其本源。[158]

「中國之經書，即是中國之宗教」，經學的性質非但不是過往陳跡的史料，更扮演近似西方宗教提振人心，維繫民族精神的地位。經書乃兩千年前之典籍，缺漏殘損之處甚多，但它之所以不是零散的材料，是因其具備「載道」的功能，讀經不僅是求取歷史知識，更是契及「堯、舜、禹、湯、文、武、周公、孔子之道」，以此「定其心性，正其本源」，換言之，經書的功能在發明人心的良知本體，修身而後治人，所以說經學即是「明體達用之學」。

1907年張之洞上奏清廷，請求設立「存古學堂」，專研傳統經學、史學。[159]但民國成立後，經學從現代大學中消失，劃入文、史、哲等諸學門當中。

經學在民國後，化為史料的性質，這一動向胡適在〈論國故學——答毛子水〉中表露得最清楚，他說：

……張君（案：即張君勱）的大病是不解「國故學」的性質，

158　〔清〕張之洞：〈釐定學堂章程折〉，《張之洞全集》第3冊（石家莊：河北人民出版社，1998年），頁1590-1593。

159　〔清〕張之洞：〈設立存古學堂折〉，《張之洞全集》第4冊，頁1762-1767。另可參見參見劉龍心：《學術與制度——學科體制與現代中國史學的建立》（臺北：遠流出版社，2002年），頁27-29。左玉河：《從四部之學到七科之學——學術分科與近代中國知識系統之創建》，頁244-246。

如他說的：「使國人之治之者尚眾，肯推已知而求未知，為之
補苴罅漏，張皇幽眇，使之日新月異，以應時勢之需，則國故
亦方生未艾也。」「補苴罅漏，張皇幽眇」，還可說得過去。
「使之……應時勢之需」，便是大錯，便是完全不懂「國故
學」的性質。「國故學」的性質，不外乎要懂得國故，這是人
類求知的天性所要求的。若說是「應時勢之需」，便是古人
「通經而致治平」的夢想了。[160]

胡適斬截否定「『通經而致治平』的夢想」，「通經」的目的，不在治國
平天下，而在滿足「人類求知的天性」，換言之，經學的性質僅是一種
客觀的知識，其上並無治平天下的大道，所以說，治經的目的是「補
苴罅漏，張皇幽眇」，蒐羅散逸的歷史知識，而非「應時勢之需」。

但錢穆看來，經學是中國人文學的總根源，是「成聖」之學，而
非殘斷的史料。且他強調經學雖非宗教，卻有近似宗教澄化心靈、引
領世道的重要功能。他說：

> 中國傳統文化，以「人文精神」為中心。遠在殷商時代，中國
> 人對天或上帝的信仰，本極重要。此乃中國古代的宗教信仰，
> 與其他民族實無大異。但到周初開國，周公把以前的宗教信仰
> 移轉重心落實到人生實務上來，主要是在政治運用上。周公認
> 為「天心」只隨「人心」而轉移。而文學最是煥發人心、溝通
> 人心的一個主要工具，因此《詩經》遂成為周公治國平天下的
> 一部大經典。周公「制禮作樂」的一切大綱目，都表現在《詩
> 經》裡。其次乃是《尚書》〈西周書〉中的大部分，都是有關

---

160 胡適：〈論國故學──答毛子水〉，《胡適文存》（臺北：遠東圖書公司，1990年），
第1集，頁440。

當時實際政治的，尤其在誥令方面，都是有關政治思想與理論
方面的。因此經學中《詩》和《書》兩種，都保留著周公當時
許多在政治和教育上的主張和措施。……周公開始把中國古代
的宗教信仰轉移運用到政治場合中來，而周公之政治運用又是
極富教育意味的。孔子則把周公的那一套政治和教育思想顛倒
過來，想根據「理想的教育」來建立「理想的政治」。……故
經學精神亦是偏重在人文實務。[161]

中國傳統文化以人文精神為中心，與西方相較，西元前五、六世紀劇
作家艾斯奇勒斯（Aeschylus, 525-456B.C.）《普羅米修士的束縛》
（*Prometheus Bound*）索福克里斯（Sophocles, C.,490-406B.C.）的
《伊底帕斯王的悲劇》（*King Edaepus*）均處理人和神的關係，但在中
國學術的傳統卻是「六合之外」「存而不論」中國學術的精神在面向
現實人事。《尚書》說：「天視自我民視，天聽自我民聽」，[162]天命即
是民心，周公將宗教信仰從超世的玄冥境界，導入實際政治，因而產
生「修德配天」、「敬天保民」的思想。孔子透過教育啟迪民性，以此
改進政治。《詩經》、《尚書》都反映中國以人心為本，以實際人生社
會為核心的人文精神。

錢穆又強調中國經學映現「天人合一」的近似宗教觀念，他說：

經學在中國，一向看為是一種「做人」之學，一種「成聖」之
學。要做一理想人，要做一聖人，便該在實際人生社會中去
做，此便是中國學術傳統中之人文精神。要接受此種人文精
神，必該通歷史，又該兼有一種近似宗教的精神，即所謂「天

---

161 錢穆：《中國學術通義・四部概論》，第25冊，頁4。
162 《尚書正義・泰誓（中）》，周何主編：《十三經注疏分段標點》，第2冊，頁411。

人合一」的信仰。必該博聞多識，對一切自然界、人生界的知識能貫通合一，而從此尋求出一套當前可活用的學問來真實貢獻於社會。此是中國經學所理想追求之大目標。[163]

中國經學是「明體達用之學」，具有近似宗教的情操，又有人文精神的昂揚，其大要在誦讀經書，發明本體以「成聖」，近乎宗教境界，但「要做一聖人，便該在實際人生社會中去做」，而非於涅槃寂滅處頓悟成佛，所以說「明體」之後，尚須導向實際政教、實際人生的「達用」。這正是儒學與佛老的分水嶺。經學的類宗教與人文的雙重屬性，來自「天人合一」的理論依據，天賦善性，天理內在人心，讀經的目的，即是透過聖人先得，我心同然的文字記載，修身成德，反之於身，推之於世，「尋求出一套當前可活用的學問來真實貢獻於社會」。因此，經學乃聖賢載道之憑藉，後儒見道之器，具有萬古長存的生命力，並非過往歷史的材料，具有近似宗教的特質。

關於第二個經學可否析裂為西方學科的問題。前提須先確立經學的屬性，如果經學僅是史料，則可依其特色，作為各門學科的學術史材料，而後鎔鑄到西方學術分科下的各學門（文學、史學、哲學、社會學），則治經等同研究學術史，這一點胡適表明得最清楚，他說：

> 我以為我們做學問不當先存這個狹義的功利觀念。……當存一個「為真理而求真理」的態度。**研究學術史的人**，更當用「為真理而求真理」的標準去批評各家的學術。……我們應該盡力指導「國故家」用科學的研究法去做國故的研究，不當先存一個「有用無用」的成見。[164]

---

163 錢穆：《中國學術通義·四部概論》，第25冊，頁6。

164 胡適：〈論國故學──答毛子水〉，歐陽哲生編《胡適文集》第2冊（北京：北京大學出版社，1998年），頁327。

國故是以經學為核心的傳統文化典籍，胡適將整理國故運動，視為「研究學術史」，是不存「狹義的功利觀念」，是「為真理而求真理」的活動。把國故視為架構學術史的資料，只能客觀呈現過往歷史的真相，國故屬過去，與當今有鮮明的距離，整理者視之為己身以外的知識，與之維持史家足以中立的距離，研究者不融入歷史當中。

　　但錢穆既認為經學是中國人文學的總體結晶，又具備近似宗教的精神，則經學非但不是外於己身的零碎史料，其間更體現內在於己的「天命之性」，是個人率性、修道，而後治平天下的最高根據，因此他反對將經學裂解為西方意義下的學科。他說：

> 《尚書》固然保留了當時許多歷史文件，但《詩經》中所包有的當時許多的歷史情實，更較《書經》為豐富。《詩經》可謂是中國古代一部史詩。因其詩中大部分內容，實即是歷史。至於《春秋》，則顯然是有意於一種正式的歷史編纂了。《儀禮》所載，是當時社會一切禮俗，亦得目為是一部歷史書。……如此說來，《五經》中四經全可說其是歷史，……《易經》一書，尤其是《十翼》便是古人用來探討自然與人文之相通律則的。因此《易經》也為後人重視而被列為經書之一了。[165]

《尚書》保留三代政治史料，「《詩經》可謂是中國古代一部史詩」，是中國最早的詩歌總集，保留豐富的先秦文學史料。《春秋》是有意識記載的編年體史書。《儀禮》所載，是當時社會一切禮俗，保留當時社會生活的史料。《易經》呈現若干自然與人文相通的各種哲理。經學固然有保存史料的功能，但經學不能僅作為文學、史學、社會學、哲學等諸門類的學術史材料，因此錢穆又緊接著說：

---

165 錢穆：《中國學術通義‧四部概論》，第25冊，頁5。

> 中國傳統文化，是注重「融和合一精神」的。中國古人並不曾
> 把文學、史學、宗教、哲學個別分類獨立起來，毋寧是看重其
> 相互關係，及其可相通合一處。**因此中國人看學問，常認為其**
> **是一總體，多主張會通各方面而作為一種綜合性的研求。在中**
> **國學者看來，上述諸經書，常不認其是應該各自獨立的。**[166]

「中國古人並不曾把文學、史學、宗教、哲學個別分類獨立起來」，
因此「上述諸經書，常不認其是應該各自獨立的」。經學的意義，在
陶育人格，修身而後用世，明體而後達用，不能析裂為以知識自身為
單位的西方各個學科。在〈略論中國史學〉中，錢穆說：「至晚近
世，學術益分益細，……而史學則僅記往事，又若與當前實際人事無
關。」[167]中國傳統史學有濃厚的人文精神，強調人的心術與意志左右
歷史事件之因果，但西方較側重事件本身之描述，例如：「史學之
父」希羅多德（Herodotus, 484B.C.-429B.C.）將波西戰爭（Greco-
Persian War）置於東西利益衝突的脈絡下敘述；再如修昔的底斯
（Thucydides, 460B.C.-400B.C.）認為斯巴達與雅典戰爭的起因，是
因雙方經濟貿易的衝突，較少涉及道德判斷。西方史學相對而言，較
不強調歷史對讀史者心術的薰陶、化育。[168]民初以來，傅斯年等「科
學史學派」強調「為歷史而歷史」的客觀精神，刻意將史學的倫理色
彩淡化，如同科學一般，是中立的、去價值化的歷史知識，以史料的
考辨取代心術的端正。但讀史以觀心術，卻是中國史學的精粹，因此
在《朱子新學案》中，錢穆說：「《六經》中《尚書》、《春秋》，皆為
後世史書淵源，朱子教人只把看史方法來看此兩書。朱子教人看《尚
書》，能貴識堯、舜之心，此猶如云讀《三國志》貴能識諸葛亮、曹

---

166 錢穆：《中國學術通義・四部概論》，第25冊，頁5。
167 錢穆：《現代中國學術論衡・略論中國史學》，第25冊，頁135。
168 黃俊傑：〈錢賓四史學中的「國史」觀：內涵、方法與意義〉，頁26。

操之心而已。讀史不識得史中人物心事，哪算得讀史。……朱子為《通鑑綱目》，……始是直探孔子之心。」[169]《尚書》、《春秋》雖記載先秦史事，但從中契悟堯、舜相傳之道心、直探孔子之心，以此立己立人，方是治經之大要，所以《尚書》、《春秋》不能等同於西方學科分類下的「史學」（History）。《詩經》固然有迴環複沓之美、空靈悠遠之情思，但與西方所謂之「文學」（literature）仍有別。純粹美感特質的捕捉，「純文學」的觀念，並非傳統詩教之義。在〈中國文化傳統中之文學〉裡，錢穆說：「《詩》有云：『昔我往矣，楊柳依依。今我來思，雨雪霏霏。』……此乃西周初年中央政府慰勞遠征軍士凱歸飲宴之詩。……試問在政府官僚中，能有此詩筆，唱此勞歌，其深入人心處，即在三千後今人讀之，尚為感動。當時預此飲宴之一批征人，終歲辛勞，大堪為此一歌滌盪無遺。上下融洽，懽如一家，周公以禮樂治天下，其精神深邃處，可尚在今傳《詩三百》之〈雅〉、〈頌〉中尋見。」[170]《詩經》〈小雅・采薇〉以楊柳披拂纏綿，象徵三春時節離家背井的依依不捨；用漫天飛雪寄寓歸途的阻礙艱辛，遠征與歸途／嫩枝與大雪之間的落差，不僅只是情感的激盪，更是周公慰勞將士辛勞之宴飲詩，在唱和之間，達到人心的溝通交流，文學作品的最高價值，即作為政教之用。在〈讀詩經〉中，錢穆也說：「《詩三百》，本都是一種甚深美之文學作品也。惟周公使此種深美之文學作品於政治，孔子又轉用之於教育，遂使後人不敢僅以文學目《詩經》。抑且循此以下，縱使其被認為乃一項極精美之文學作品，亦必仍求其能與政教有關，亦必仍求其能對政教有用。」[171]「純文學觀念之興起，其事遠在後。故謂《詩經》乃一文學總集，此仍屬後世人觀

---

169 錢穆：《朱子新學案（四）》，第14冊，頁114。
170 錢穆：《中國學術通義・中國文化傳統中之文學》，第25冊，頁192。
171 錢穆：《中國學術思想史論叢（一）・讀詩經》，第18冊，頁206。

念，古人絕無此想法也。」[172]《詩經》的功用在陶冶人心，以達政教
功能，並非「純文學」。錢穆又說：「中國文學亦復與西洋文學不同。
西洋文學亦重在『事』……中國文學亦復重在『人』，更重在人之內
心情感，貴能直指人心，一口說出人人心中所要說的話。」[173]西方文
學描述事件本身曲折離奇的情節，中國文學則貴言為心聲、賦詩明
志，以此表露作者的人格。而《儀禮》是一部記載有關古代社會風俗
的書，〈士冠禮〉、〈士昏禮〉，記載士人的成年禮、婚禮；〈鄉飲酒
禮〉、〈鄉射禮〉記載鄉里之間的風俗活動；〈燕禮〉、〈大射禮〉則是
從個人、鄉里擴展到國家的典禮活動；〈聘禮〉、〈公食大夫禮〉則是
國際間的外交儀節。後人讀《儀禮》，不是以之為外向的歷史知識，
以科學態度「考察」古代風俗制度，更要從中體悟貫通個人修身、鄉
里齊家，以及治國、平天下的道理，[174]因此《儀禮》與西方人所謂的
「社會學」（Sociology）不同，西方社會學最初的發展與自然科學合
流，孔德（Comte, 1798-1857）認為應像研究自然科學那樣研究社
會；斯賓塞（Herbert Spencer, 1820-1903）則將生物學上的進化論引
入社會學中，使社會學成為一門具有生物學性質的科學，摩爾根的
《古代社會》則是用田野調查、實測的科學方式，觀察原始部落的社
會型態，乃是將社會學視為個人身心以外的知識，與《儀禮》強調從
個體身心向家國天下的道德實踐，性質迥殊。而《易經》也不等同西
方所謂哲學（Philosophy），哲學家是「為知識而知識」的，哲學固然
關切人生問題，但其是以客觀知識的型態出現，不直接作為人生的指
引，生命的嚮導，只是提供各種不同型態的理智思考，使人可以為自
己的人生做選擇。[175]但《易經》卻非僅客觀知識，錢穆在《雙溪獨

---

172 錢穆：《中國學術思想史論叢（一）‧讀詩經》，第18冊，頁206。
173 錢穆：《中國學術通義‧中國文化傳統中之文學》，第25冊，頁193。
174 錢穆：《現代中國學術論衡‧略論中國社會學》，第25冊，頁229-258。
175 關於民初以來的學者對哲學的認識，容後再述。

語》中說：「《易・繫傳》：『仰則觀象於天，俯則觀法於地，觀鳥獸之
文與地之宜，近取諸身，遠取諸物，以通神明之德，以類萬物之
情。』……以比以興，萬物之情，莫非神明之德。惟賴人性有靈，乃
能類而通之。故中國人之人生觀，即本其宇宙觀，使自然與人生相通
合一。……則異乎西方宗教、哲學、科學之為教。」[176]《易經》的旨
歸是「通神明之德」，從萬物之情體悟宇宙間最高義理，「使自然與人
生相通合一」，以為立身行事之信念。《易經》始於〈乾〉、〈坤〉兩
卦，終於〈未濟〉。〈卦辭〉、〈爻辭〉又寓有「物極必反」、「居中為
吉」的觀念，這些都是人生的格言，實踐的方針，非僅客觀的、僅供
選擇的外向知識。

　　既然治經的最終目標，要回向個人之修身，家國之治平，由發明
道德本體，而後成己成物，明體達用，則追求人格的完整、人生的圓
滿，所需要的是融通的學問，而非分裂的、各有個性的學科，因此，
錢穆反對將經學作為一種專業知識，分別研究，僅求知識的專精，忽
略人格的完整，他說：

　　　中國傳統文化，是注重「教育精神」的。中國古人看重由學來
　　造成人，更看重過由人來造成學。因此，在中國學術傳統下，
　　看重每一個學者，更甚於其看重每一項學問。中國古語有云：
　　「經師易得，人師難求。」若我們僅把經學當做一種學問來
　　看，此一學者易近於一經師，即為某一項學問之師。若我們把
　　經學當做一種作育人的學問來看，此一學者易近為人師，即可
　　以為人人之師了。因此，**中國人研究經學，其最高嚮往，實在**
　　周公與孔子其人。周公成為一大政治家，孔子成為一大教育
　　家。中國人認為只有會通綜合以上諸經而加以研究，才能瞭解

周公、孔子之為人及其在歷史上之貢獻與影響。[177]

「若我們把經學當做一種作育人的學問來看」，則治經的目的，「其最高嚮往，實在周公與孔子其人。」是人格的學習，而非某一專業知識的精通，「只有會通綜合以上諸經而加以研究」，才能得其聖賢氣象。「若我們僅把經學當做一種學問來看」，分別研究一經，以《詩經》為文學史的材料，以《尚書》、《春秋》為先秦政治史料，以《儀禮》為社會風俗史料，則只見「學」之精深，不見「人」之氣象。

如前述，民初以來，「經學」一科正式從大學學制中取消，析入西方學科意義下的文學、史學、哲學、社會學等各種學門當中，作為各門「學術史」之「史料」。但西方文、史、哲、社會學等的外在形貌或許與經學有重疊處，但內在精神卻迥異，前者以「學」為主，偏重學科自身的獨特價值，後者以「人」為重，近似宗教啟迪人心的功能。

（二）「義理」向「哲學」換軌

「明體達用之學」，有體有用有文，「文」（經典知識）即以經典中的義理，啟發良知，成就德行（體），再由修身邁向治平（用），以「文」聯繫「體」「用」，即所謂的「義理學」。因此，中國傳統所謂的「義理學」，雖離不開客觀知識，但卻不僅只是「求知」的層次，更須落實到人倫政教之「體踐」。但隨西學東漸，「義理」也逐漸化為「知識」型態的哲學。

「義理」一詞較早見於《禮記‧禮器》：「忠信，禮之本也；義理，禮之文也。」[178]指人群生活中必須實踐的倫理規範，後指涉經書中的大義。清姚鼐（1731-1815）曰：「余嘗論學問之事有三端焉，曰

---

177 錢穆：《中國學術通義‧四部概論》，第25冊，頁6。

178 《禮記》，周何主編：《十三經注疏分段標點》，第11冊，頁1115。

義理也、考證也、文章也。」[179]中國義理學的重心是修己治人，內修己身、外濟政治。[180]而「哲學」源自日文的英譯"Philosophy"一詞，[181]本意是「愛智」、「理智」之意。而義理學的重心在性命道德，與西方人生哲學中的「倫理／道德哲學」恰可「格義」比附。[182]錢穆對西方哲學的濡染，固不如馮友蘭、金岳霖（1895-1984）深刻，但時代風氣的薰習，也往往映現於其學術史論述當中。以下探究晚清民初的學者，如何詮釋西方「倫理／德哲學」，以及此一時代意識，對錢穆論學的影響[183]。

1 中國學者對「義理」與「哲學」的區辨

錢穆對戴震等「訓詁明而後義理明」之治學進論的批判，在於其無益實踐，而「實踐」與「求知」，正是當時學者區判中國「義理學」與西方「哲學」的常用術語。徐復觀說：「中國義理之學，是以道德的實踐為其主要內容。離開了道德，即無所謂義理之學。離開了實踐，即無所謂道德。這一點，是和希臘以成就知識為主要目的的學統，形成一個大的分水嶺。」「中國的義理學，他本身不是走的思辨的路，而是通過內的實踐或外在的實踐所得出的結論。」「治義理……是要對於治義理者自身的人格發生啟發塑造的影響，這是中國

---

179 〔清〕姚鼐：《惜抱軒詩文集‧述菴文抄序》《四部叢刊初編‧集部》（上海：商務印書館，1936年），頁29-30。

180 徐復觀：〈兩篇難懂的文章〉，《學術與政治之間》（臺北：臺灣學生書局，1980年），頁483。

181 參見：鍾少華：〈清末中國人翻譯哲學的探究〉，《中國文哲通訊》第2卷第2期（1992年6月）。黃見德等：《西方哲學東漸史》（武漢：武漢出版社，1991年），頁51-53。

182 馮友蘭：《中國哲學史》（附補編），頁3，7，9。張岱年：〈關於中國哲學史的範疇〉，《張岱年文集》（北京：清華大學出版社，1990年），第4卷，頁2-3。

183 本文認為民初以來「義理」向「哲學」換軌的背景，構成錢穆詮釋清儒「訓詁明而後義理明」的視域。參見第伍章。

學問的基本性格。」[184]「義理學」的重心在道德倫理的提升，方法是「盡性踐形」，是通過「如切如磋，如琢如磨」的修身過程，落實為「治國平天下」的政治功業。德國哲學家萊布尼茨（Leibniz, 1646-1716）在《中國近事》「序言」中比較中西思想後，說：「如果說我們……在思辨科學方面要略勝一籌的話，那麼在實踐哲學方面，即在生活與人類實際方面的倫理以及治國學說方面，我們實在相形見絀了。」[185]這正點出中國學術的特長，不在思辨的領域，倫理道德的躬身體踐，以及從「明明德」推及「新民」的政治事業，才是要義。所以，傳統較欠缺傾純思辨的「哲學」。

文德爾班在《哲學史教程》中說：

> philosophein和philosophia兩詞在文獻中初次出現時，它們簡單而不確切的含意是「追求智慧」，在蘇格拉底以後的文獻中，特別是在柏拉圖和亞里斯多德學派中，「哲學」一詞獲得了明確的意義，根據這個意義，「哲學」指的恰恰是德文"Wissenschaft"「科學」。[186]

西方「哲學」固然不離人生關懷，但與實際人生情境當中，主觀的體悟，仍有不同。它更強調普遍性的客觀知識，其本質上屬可經理性驗證的「科學」。若以此角度衡量，中國欠缺「哲學」，因此近代學人將「哲學」的定義稍作寬鬆，有時把「義理學」稱作「中國哲學」「儒

---

184 徐復觀：〈答毛子水先生的「再論考據與義理」〉，〈兩篇難懂的文章〉，《學術與政治之間》，頁509，486，484。

185 〔德〕夏瑞春編，陳愛政等譯：《德國思想家論中國》（南京：江蘇人民出版社，1995年），頁5。

186 〔德〕文德爾班著，羅達仁譯：《哲學史教程》（上卷）（北京：商務印書館，1987年），頁8-9。

家哲學」，並在此基礎上，比較中西異同。[187]例如，梁啟超於1927年
所作的〈儒家哲學是什麼〉中說：

> 西洋哲學……徹頭徹尾都是為「**求知**」起見，所以他們這派學
> 問稱為「**愛智學**」，誠屬恰當。……中國學問不然，**與其說是**
> **知識的學問，毋寧說是行為的學問**。中國先哲雖不看輕知識，
> 但不以求知識為出發點，亦不以求知識為歸宿點，直譯的
> Philosophy，其涵義實不適於中國，……儒家哲學……可以用
> 《論語》「修己安人」一語括之。……可以用《莊子》「內聖外
> 王」一語括之。[188]

梁氏用「知」與「行」兩種特質，概括「西方哲學」與「儒家哲學」
的不同特性。儒學義理雖不能說看輕純思辨的知識，但起點與歸宿都
清楚指向修身與政治實踐層面。

　　因而，中國義理學，雖以道德性命、倫理彝常為核心，但與西方
所謂的「道德哲學」（Moral）、「倫理哲學」（Ethic）仍有差距。「道德
哲學」偏向個人內在的價值，「倫理哲學」更重人際間的關聯，兩者
雖微有不同，但兩名詞在西方哲學的發展上，大致是相通互用的，均
指涉系統性研究人類道德生活的科學。[189]希臘時期的亞里斯多德
（Aristoteles, 384-322B.C.）雖然將「倫理學」、「政治學」、「經濟學」
歸為「實踐哲學」，但僅是相對於「數學」、「形上學」等「理論哲

187　參見李明輝：〈再論中國哲學的「創構」問題〉，景海峰編：《拾薪集──「中國哲
　　　學」建構的當代反思與未來前瞻》（北京：北京大學出版社，2007年），頁274-283。

188　梁啟超：《儒家哲學》，《飲冰室合集・專集》（北京：中華書局，2003年），第7冊，
　　　頁1-2。

189　〔德〕布魯格編，項退結譯：《西洋哲學辭典》（臺北：華香園出版社，1988年），
　　　頁183-184。魏英敏、金可溪：《倫理學簡明教程》（北京：北京大學出版社，1987
　　　年），頁2-4。張傳有：《倫理學引論》（北京：人民出版社，2006年），頁2-5。

學」而言，稱其為「實踐哲學」，是強調「客觀知識」的社會功能，
其仍是「研究的對象」，而非「人生的箴言」，這與義理學側重的主觀
身心浸潤，仍有不小的區隔。[190]西方所謂哲學，傾向以知性推理的方
式，認知道德。如伯拉圖（Plato）倫理學代表作《美諾篇》，以對話
方式，反覆思辨何謂「美德」，企圖歸納出對男人、女人、老人、小
孩、公民、奴隸均共通適用的定義，以科學方式為美德尋找一客觀定
義。[191]德國哲學家包爾生（Paulsen, 1846-1908）在《倫理學體系》
中，指出倫理哲學的研究範圍：

> 道德哲學必須詳盡地展開那只是蘊含在通俗道德中的不同行為
> 類型的不同價值的理由。

> 道德哲學的首要目的並不是規定人們應當做什麼，和人們應當
> 根據什麼原則來判斷，而是描述和理解人們實際上的行為和生
> 活方式。[192]

「道德哲學」或者說「倫理哲學」，「不是規定人們應當做什麼」，其
屬性較接近「知」，不直接樹立人們「行」的準則，而是研究、理解、
描述人類行為背後的理由。亞里斯多德（Aristoteles, 384-322B.C.）、
中世紀的奧古斯丁（St. Augustinus, 354-430）、乃至近代邊沁（Jeremy
Bentham, 1748-1832）的「功利主義倫理學」、斯賓塞（H. Spencer,
1820-1903）的「進化論倫理學」等學說縱然異彩紛呈，但研究的範
疇大致是描述各民族的道德標準，思考道德形成的原因，探究道德行

---

190 參見：方朝暉：《「中學」與「西學」——重新解讀現代中國學術史》，頁45-46。
191 方朝暉：《「中學」與「西學」——重新解讀現代中國學術史》，頁208-260。
192 〔德〕弗里德里希・包爾生著，何懷宏、廖申白譯：《倫理學體系》（北京：中國
   社會科學出版社，1992年），頁14，20。

為的效果。倫理、道德較屬他們客觀研究的對象，與中國義理學從實踐中培育君子人格，再落實為政治事業，有所差異。「哲學」傾向思辨領域，而義理學則是聖人實際生命的結晶。[193]

包爾生論倫理學之研究方法時，說：

> 經驗科學（如物理和化學）則觀察事實，把事實歸納為一般的公式，……倫理學在其方法上類似於自然科學……是發現存在於事實之間的聯繫，這些聯繫是可以由經驗確定的。如此這般的某種行為類型有著如此這般的某種效果，這就是它論辯的一種形式。[194]

西方「倫理學在其方法上類似於自然科學」、「把事實歸納為一般的公式」，將同類事實排比而觀，歸納得其通則，其方法是科學的、論辯的。這與中學有相當大的差異，孟子說：「我知言，我善養吾浩然之氣。」[195]孟子辨別是非真偽的方法，是訴諸吾心「自發自悟」的浩然正氣，而非倚賴歸納、辯證。傳統義理學雖然也不偏廢語言邏輯的推求，但最終的判準，仍在於身心的感悟，力行之後的體驗。因此，治義理學不等同於治自然科學。

此點，馮友蘭亦有清晰的認識。他認為與其稱「西洋義理學」，不如稱「中國哲學」，[196]但他同時又清楚指出「義理學」所談的「性命道德」，與西方哲學上的「倫理學／道德學」，本質仍不同，在1921年所作的〈為什麼中國沒有科學〉一文中，他說：

---

193 方朝暉：《「中學」與「西學」──重新解讀現代中國學術史》，頁45-46。

194 〔德〕弗里德里希・包爾生著，何懷宏、廖申白譯：《倫理學體系》，頁11。

195 《孟子》，周何主編：《十三經注疏分段標點》（臺北：新文豐出版公司，2001年），第20冊，頁132。

196 馮友蘭：《中國哲學史》（附補編），頁3，9。

新儒家的哲學家朱熹說，聖人並不說出道德是什麼樣子，僅只
要求你實踐它；就像他不說出糖怎樣甜，只要你嚐它。[197]

儒學義理的重心，雖不否定「道德是什麼樣子」的純思辨領域，但最
終極的目標，仍是「實踐」。

義理學以道德倫理為核心，隨著西方哲學的傳入，在中西格義的
語境下，中國也出現了新型態的「倫理學」。劉師培（1884-1919）作
於1904的《倫理教科書》「序言」說：

昔《宋史》特立〈道學傳〉，……宋儒之言道學，殆即倫理專
門之學乎？然宋儒之學，兼言心理，旁及政治教育，非專屬於
倫理學也。故學無範圍，有學而無律。且詳於實踐之倫理，而
倫理起原，言之頗簡，不適於教科。夫倫理雖以實行為主，然
必先知而後行。若昧於倫理之原理，徒以克己斷私之說，強人
民以必從，殆《大學》所謂拂人之性者矣。今東西各國學校之
中，倫理一科視為至要，蓋欲人人先知而後行也。[198]

「宋儒之言道學」即義理學，以天人性命、忠恕仁義等倫理道德為核
心內容，但其特色是「詳於實踐之倫理」，而於「倫理起原」等「認
知」性的層面，言之過簡，與西方傳入的「倫理哲學」仍屬有別。劉
師培在此提出一個極新穎的概念：「專屬於倫理學」，就其範疇而言，
是有別於「兼言心理，旁及政治教育」的傳統義理學；就其屬性而
言，是「先知而後行」，在「實踐之倫理」外，承認純思辨領域的

---

197 馮友蘭著，涂又光譯：〈為什麼中國沒有科學〉，《三松堂學術文集》（北京：北京
　　大學出版社，1984年），頁40。

198 劉師培：《劉申叔遺書（下）‧倫理教科書》（南京：江蘇古籍出版社，1997年），
　　總頁2025。

「知識」，較傾向把仁愛、忠恕，當作外於己身的研究對象。質言之，傳統的「倫理」較乏「專屬性」，大多「旁及政治」，必須施用於人倫政教。例如：《大學》曰：「為人君，止於仁；為人臣，止於敬。」[199]「敬」與「仁」必然要在政治上的君臣關係中發顯，類聚古訓，討論「敬」、「仁」的定義，恐無太多價值。現在，劉師培要在「詳於實踐之倫理」的舊傳統下，編撰「先知後行」的「倫理教科書」，突顯知識性的（而非實踐性的）「專屬於倫理學」的領域。

除了劉師培外，蔡元培（1868-1940）於1910年，亦著有《中國倫理學史》，最值得注意者，乃其於「緒論」開宗明義，指出「倫理學」不同於傳統所謂的「修身」，他說：

> 修身書，示人以實行道德之規範者也。……倫理學則不然，以研究學理為目的。各民族之特性及教條，皆為研究之資料，參伍而貫通之，以歸納於最高之觀念，乃復由是而演繹之。……蓋倫理學者，知識之徑途，而修身書者，則行為之標準也。持修身書之見解以治倫理學，常足為學識進步之障礙，故不可不區別之。

> 而我國倫理學者之著述，多雜糅他科學說，尤其甚者為哲學及政治學。……我國既未有純粹之倫理學，因而無純粹之倫理學史。[200]

蔡元培同樣也用「研究」「知識」與「實行」「行為」，區分「倫理學」和「修身」之不同，傳統義理學重「身心浸潤」，「明體達用之學」即是由個人躬身體踐以成其「聖德」，邁向政治「大業」，而非外

---

199 《大學》，《十三經注疏分段標點》，第12冊，頁2448。
200 蔡元培：《中國倫理學史》「緒論」（南京：江蘇文藝出版社，2007年），頁1-2。

乎其身的「研究」對象。例如：孔子說：「為人謀不忠乎？」又說：「臣事君以忠」，[201]「忠」這個道德，無法用歸納的方式去界說，而是實行於「為人謀」的人群生活或者「臣事君」的政治場域。相反地，倫理學卻傾向客觀知識，自可以歸納、演繹其條理，而獲致政治實踐之外，知性的「純粹之倫理學」。

劉師培、蔡元培欲建立「專屬於倫理學」、「純粹之倫理學」，這突顯「哲學」東來後，如何成為專業學科的歷程。中國學術的目的，在修己治人，明體達用，「體」與西方所謂的「倫理／道德哲學」雖有近似之處，但它並非思辨層面的客觀知識，而是在實際生活中，作為政治基礎的規範。「傳統倫理言述，與傳統的政治……有機地協和，……它並沒有必要獨立自存地成為一門現代意義上的專門學科的必要性。」[202]若學術以「切用」為目的，則政治社會的實際運作，須各門知識彼此輔翼。但若學術以「求知」為宗旨，則必須分科，以清晰的界線劃分各門學術的範疇，以求一門知識的專精，始有專業可言。[203]「哲學好不容易進入到現代學術的序列之中，成為大學建制的學科之一。『中國哲學』在現代學術型態中所對應和臨摹的，顯然是這樣一種經過學科化、專業化之後的『哲學』，它的目標就是要建構成有清晰界定的現代性知識體系。」[204]倫理／道德哲學欲成為一門專業，就必須確立其範疇，與其他學科有清楚的界線，故劉師培、蔡元培既視倫理哲學為「認知」、「研究」的對象，理當劃清其與政治的分疆。

---

201 《論語》，《十三經注疏分段標點》，第19冊，頁21，79。

202 任劍濤：〈倫理學的誕生〉，收入陳少明主編：《現代性與傳統學術》（廣州：廣東人民出版社，2003年），頁373。

203 在西方「為知識而知識」的宗旨下，知識的專精即其自身的目的，學術不須回應道德踐履、政治功業等問題。因而學術必須分科，以專門專精的方式，追求自身體系的完善。

204 景海峰：〈學科建制過程中的馮友蘭〉，收入陳少明主編：《現代性與傳統學術》，頁210。

2 錢穆論「義理」與「哲學」的差異

　　「明體達用之學」乃「有文有體有用」的完整學術系統，「文」
（經典知識）不僅在彰顯知識的豐厚，更重視培育道德（體），由修
身遞進治國（用），換言之，「明體達用之學」指引下的中國「義理
學」，重實踐（而非「求知」）與政治實用乃貫通一氣。不同於西方獨
立於政治之外的「專業」倫理／道德哲學，錢穆亦是從這個角度詮釋
「義理」與「哲學」的差別。

　　錢穆亦同於梁啟超等人，從「實踐」與「求知」區辨義理與哲學
的不同。〈再勸讀《論語》並論讀法〉當中，錢穆說：

> 中國傳統義理重要正在講「人」，此則並非一項理論，成不成
> 系統，合不合邏輯，或僅是一種知識。一部《論語》重要教人
> 並不在知識或理論上。[205]

> 諸位若意欲做一史學家或哲學家等，把此等心情去讀《論
> 語》，將會見得《論語》並無甚大意義，……但若要做一個
> 「人」，要做人有長進，把如此心情去讀《論語》，則自見《論
> 語》中每一句皆有意義。當知我們每一人之脾氣、感情與性
> 格，乃是與我們最親近者。如知識、學問等，則比較和我們要
> 遠些。「吃緊為人」，便要懂得從和我們親近處下手，莫要只注
> 意在疏遠處。[206]

「中國傳統義理重要正在講『人』」，「並不在知識或理論上」。中國義
理學與西方哲學的不同，落在「做人」與「求知」上，前者在實際人

---

205 錢穆：《孔子與《論語》‧再勸讀《論語》並論讀法》，第4冊，頁73。
206 錢穆：《孔子與《論語》‧再勸讀《論語》並論讀法》，第4冊，頁80。

事當中，學習應對進退的道理，後者較重邏輯、系統等純知識，以哲學家的心情去讀《論語》，則未見中國義理學之長。

錢穆理想的義理，應落實於人生實踐。質言之，即在實際生命中以修身為基始，開展出治平天下的大業。如前述，西方哲學較接近純粹的知識，本質是一種通過歸納、演繹而獲致的科學知識，雖不離人生關懷，卻不直接作為立身處事的信條，這與中國學術，有極大落差。因此，錢穆在〈中國思想通俗講話〉「第三講」，當中說：

> 西洋哲學⋯⋯僅是一哲學家，著書立說，託之空言，⋯⋯其病則在從純思辨純理智的路上來求真理，真理只在思索上，只在言辨上。不知一切思索言辨，本從人生實際來，而人生實際，則並不從思索與言辨來。⋯⋯現在則所見只在此一點上，由此一點演繹引伸，⋯⋯成為一個哲學思想的體系。⋯⋯在語言邏輯，在理智思索上所編造出來的那一套真理。[207]

歸納、演繹等是西方哲學建構知識常用的邏輯方法。但此方法僅是「理智思索」的延伸，並非「人生實際」的澈悟，前者是「坐而言」，後者方是「起而行」，中國義理學主要源自人生實際的躬身體踐，而非思索言辨的系統。

因而，錢穆特別強調學術源自實際人生，《人生十論‧序》中錢穆說：

> 凡屬那些有關人生教訓的話，我總感到親切有味，⋯⋯在當時，大家不喜歡聽教訓，卻喜歡談哲學。[208]

---

207 錢穆：《中國思想通俗講話‧第三講 德行》，第24冊，頁76-77。
208 錢穆：《人生十論》「序」，第39冊，頁6。

> 孔子言仁，言性善，言中庸，僅屬於日常人生，……不能有像
> 西方般的哲學。若謂中國有哲學，實僅以人生哲學為主，其實
> 則是日常人生之一種深切經驗與忠實教訓而已。[209]

中國義理學貼合實際人生，屬生活的教訓，行動的指南，其意在成就
一個道德完善的君子。而西方哲學卻偏向純思辨的系統，雖不離人生
關懷，但不直接作為修己的準繩，並非躬身實踐的「人生教訓」。

　　馮友蘭也指出，作為「中國式哲學」的「義理學」，其所謂的
「成德」並非「知識層面」的認識，「中國哲學家」「不為知識而求知
識」，其最高理想在於「實有聖人之德，實舉帝王之業」，「聖人之
德」並非思辨獲致的客觀知識，而是要在實際人生中，完成修己治人
的政治大業。[210]如前述，劉師培、蔡元培企圖將中國義理學擺脫修己
治人的使命，在學科專業化的背景下，欲建立「專屬於倫理學」、「純
粹之倫理學」，標榜其「不兼及政治」、「不雜糅政治」，具有「先知而
後行」、「研究之知識」的特質。但錢穆卻強調不可「專以德行[211]為
學」，「德行必下兼政事」，他說：

> 孔門四科，一曰德行，二與三曰言語、政事，四曰文學。後世
> 所謂文學藝術乃及種種自然科學，其在孔門，當歸入「文學」
> 一科中；宗教與哲學之在孔門，則當歸入「德行」一科中。惟

---

209 錢穆：《人生十論》「序」，第39冊，頁63。

210 馮友蘭：《中國哲學史》（附補編），頁9。

211 「德性」與「德行」在錢穆著作中均出現，錢穆用「德性」一詞指涉與「治平之
　　道」相對的「心性之學」，但強調兩者具有「明明德」與「新民」的體用關係。
　　（錢穆：《中國學術通義》，第25冊，頁210。《中國歷史研究法》，第31冊，頁89，
　　91。）而以「德行」指稱與「政事」對應的孔門四科，並主張不通「德行」，不足
　　為「政事」。（錢穆：《中國學術通義・中國學術特性》，第25冊，頁239-240，
　　241。）可見，錢穆並未特意區辨「德性」與「德行」兩詞彙，大體均指作為「外
　　王」基礎的「內聖」修為。

> 孔門之德性，必兼「學」與「行」而相通合一以成。……**專以德行為學而不兼此下言語、政事、文學之三科而通之，亦不足以成德**。如專學在宗教，就孔門意義言，宜不足以勝傳道之任。**專學在哲學，亦不足以勝明道之任**。道則必兼技，德則必兼行，形上必兼形下，貫通必兼專別。[212]

> 孔門……四科首德行，非謂不長言語，不通政事，不博文學，而**別有德行一目**。……可見德行之兼包下三科。……後世既各騖於專門，又多重文以為學，遂若德行之與文學，均為空虛不實，而與言語、政事分道揚鑣，由此遂失孔門教育人才之精意。[213]

錢穆之語有兩層意涵：第一，所謂「文以為學」、「騖於專門」，「專以德行為學」、「別有德行一目」，指民初以來，學術由「切用」向「求知」換軌，追求知識本身的專精更要於政治社會的效用。孔門四科中的「德行」被劃入倫理／道德哲學，被建制為專業的、認知性的學科。其有自身之研究方法，且與其他學門（例如政治）有清楚的界線，此已如前述。第二，「德行」與「倫理哲學」、「道德哲學」之間的無法溝通，正是錢穆發此論的動機。他說：「**專學在哲學，亦不足以勝明道之任**。」而金岳霖卻說：「哲學家……**他推理、論證，但是並不傳道。**」[214]孔門義理所謂的「德行」，要在實際人生中，實踐「傳道」、「明道」的政治使命。例如。孔子的中心思想是「仁」，《論語》云：「微子去之，箕子為之奴，比干諫而死，子曰：『殷有三

---

212 錢穆：《中國學術通義·中國學術特性》，第25冊，頁239。

213 錢穆：《論語新解》，第3冊，頁383。

214 金岳霖著、錢耕森譯：〈中國哲學〉，劉培育主編《金岳霖全集》第6卷（北京：人民出版社，2013年），頁387。

仁』」[215]，這並不是指：殷商有三位精通「仁」的概念、原理的專家，必然要落實在「去之」、「為之奴」、「諫而死」的政治操守，才能突顯出意涵。又《論語》云：「人之過也，各於其黨，觀過斯知仁矣。」[216]「仁」無法透過語言文字得到知性概念，必然要在性情流露的過猶不及之處，體驗之。換言之，義理學所謂的「德行」，不可離開人倫政事獨立為一種客觀知識，所以說「德必兼行」。換言之，中國傳統（尤其宋代）「明體達用之學」，以「文」（經典）啟發性善之道德本體，此即是「義理學」，而「體」若不能落實於政治之「用」，無異釋老之道，非儒門之旨。故中國義理學必與政治實用連貫一氣。

又錢穆說：

> 孔門有德行、言語、政事、文學四科，此乃言孔門通學之內容，**與近人所謂專業之分科不同**。如顏淵居德行之首，孔子深許之，曰：「用之則行，捨之則藏，惟我與爾有是夫。」知顏淵儻出而用世，言語、政事，亦其所長，故曰「用之則行」也。[217]

傳統義理學所謂「德行」與近代「專業分科」不同，前者重政事人倫之「用」；後者雖不否定人事之「切用」，但更重知識之「專精」，「倫理／道德哲學」均是近代學術分科下，一門專業的學問，指涉特定的研究範疇、具精密的研究方法，雖不排斥人倫日用，卻更強調知識自身的專業化。

曾親炙錢穆的弟子均指出錢穆對「哲學」的態度。余英時說「錢先生的研究重點是中國學術思想史，但他儘量避免用『哲學』這一概

---

215 《論語》，《十三經注疏分段標點》，第19冊，頁405。

216 《論語》，《十三經注疏分段標點》，第19冊，頁93。

217 錢穆：《中國學術通義·中國學術特性》，第25冊，頁210。

念。在他看來,中國思想中雖然有與西方哲學相應的部分,而不相應的部分則更佔分量。如果以中國思想之實來遷就西方哲學之名,則恐易流於削足適履。」[218]戴景賢亦指出:「錢先生的義理主張,……乃依據『直接的道德體驗』,及有關道德本源之『心』、『性』觀念之『經驗式之理解』;對於安置『心』、『性』觀念之『形而上學』設論,雖承認其作為學說之『可以有』之價值,卻不認為具有必能『決定』或『說明』其內容之效力。……錢先生之不視嚴格的『形而上學』討論為必要,是與其不視儒學之基本性格為『哲學的』有關。」[219]儒學「盡精微」之處,必須於「致廣大」的社會人群生活中發顯之;「極高明」之理論,亦必屬愚夫愚婦易知能行的中庸之道,與純粹知識系統的「哲學」有間,因此,錢穆從「實踐」與「求知」判定中國義理學與西方哲學之不同屬性。

包括錢穆在內的近代學者,他們論「中國義理學」與「倫理/道德哲學」之差異,如果僅從相對的傾向而言,不做絕對的劃分,大致可概括如下表:

表三　義理學與西方哲學之區別

學術類型	中國義理學	西方倫理/道德哲學
治學目標	成德成聖、修己治人	描述倫理、理解道德
為學方法	具信仰價值的 體驗、實踐 自悟自為	偏向科學式的 歸納、演繹 邏輯論證
內涵範疇	兼涉政治、社會之實用	分科的專業知識
存在態樣	實踐	求知

218 余英時:《猶記風吹水上鱗──錢穆與現代中國學術》(臺北:三民書局,1991年),頁60。

219 戴景賢:《錢賓四先生與現代中國學術》(香港:中文大學出版社,2014年),頁91。

第三節　道德與政治分離——宋學所欲回應的時代課題（二）

「明體達用之學」，強調道德本體與政治功業間的體用關係。這種將個人修身與治平天下連成一氣的觀念，雖源自先秦儒家，但到宋代始發皇光大。

《論語》說：「政者，正也。子帥以正，孰敢不正？」[220]政治即是執政者端正己身，教化萬民，百姓受其感召，風行草偃，自然歸趨於善。這正是所謂「君子之德風；小人之德草。草上之風，必偃。」[221]而君子「修己」的最終目的不是宗教上的頓入涅槃，而是政治上的「安百姓」。因此《論語》又說：「子路問君子。子曰：『修己以敬。』曰：『如斯而已乎？』曰：『修己以安人。』曰：『如斯而已乎？』曰：『修己以安百姓。修己以安百姓，堯、舜其猶病諸。』」[222]先秦儒學本有以道德提升政治境界的主張。秦漢以降的儒者，當然不否認先秦修身、為政不二的思想，但面對現實的情勢，還是出現了一些稱不上是「醇儒」的政治家，例如：漢代賈誼（B.C.200-168）、唐代李德裕（787-850）。宋代以後《四書》學的興盛，突顯「人格本位的政治觀」。政治的基石在個人的道德涵養，人人均修身成德，政治秩序自然河清海宴。宋儒大加推崇的《大學》八條目，即是將「修齊治平」的基礎安置在「格致誠正」的道德修省之中。[223]

但錢穆的時代，道德、政治合一的「宋學」面臨裂解的危機。這必須置於民初以來，汲引西方憲政思想，致「從政與為人相隔絕」的脈絡下察考。西方人所謂之政治學，是一門獨立的學問，不同於孔

220　《論語》，周何主編：《十三經注疏》，第19冊，頁278。

221　《論語》，周何主編：《十三經注疏》第19冊，頁279。

222　《論語》，周何主編：《十三經注疏分段標點》第19冊，頁339。

223　張灝：〈宋明以來儒家經世思想試釋〉，《近世中國經世思想研討會論文》（臺北：中央研究院近代史研究所，1984年），頁3-19。

門四科中「德行」、「政事」合一，亦非《大學》「格致誠正」與「治平天下」體用不二的模式。繼受[224]西方憲政體制後，政治重法不尚德，重視的是「對立抗衡」關係，君民對峙下須倚賴法律制衡，而傳統政治思想重視「共感融合」關係，透過風行草偃，成己成物完成道德同化。兩者大相逕庭。

一　民初繼受西方「權力分立」憲政主義

　　《大學》「八條目」中，「治平天下」的政治事業，不離「正心誠意」的心性修養。傳統政治乃道德教化之一環，並非獨立的一門學問。但西方人認為政治之本質，即權力的運作與法律的制衡。[225]韋伯（Max Weber, 1864-1920）在〈政治作為一種志業〉中說：「我們可以如此界定政治；政治追求權力的分享，追求對權力的分配有所影響——不論是在國家之間、或者是在同一個國家內的各團體之間。」[226]而限制權力膨脹，並維繫其平衡者，即法律，這便是西方近代憲政主義（constitutionalism）所謂之「法治國原則」（德文Rechtsstaat，英文稱rule of law）。簡而言之，是依據憲法將國家權力劃分為行政、立法、司法三權。立法權代表人民總體意志，通過制定法律及「依法行政」原則，節制行政權，使行政權既能發揮強大的、專業的執行力，但又被控制在立法者意志的範圍之內，不致專斷獨裁。而司法機關非但裁斷傳統的民事、刑事訴訟，更於行政權逾越立法者授權時，加以節

---

224 「繼受」是法律名詞，指疏離自己民族的風俗、文化、歷史，直接學習、模仿、甚至移植外國法。關於外國法繼受之理論，可參見：〔日〕伊藤正己編：《外國法と日本法》（東京：岩波書社，1973年）。

225 詳見：江宜樺〈西方「政治」概念之分析〉，收入林毓生主編：《公民社會基本觀念》（臺北：中央研究院人社中心，2014年），頁285-334。

226 〔德〕韋伯（Weber）著，錢永祥編譯：《學術與政治·政治作為一種志業》（臺北：遠流出版社，1991年），頁171。

制。行政法院的設立，更是標榜法治國家的成熟。這套訴諸三權制衡（check and balance）的憲政體系，目的在建構「有限政府」（limited government），使國家各種權力，彼此抗衡，相互限制，以免集中一人或一機關，造成專斷獨裁。這就是美國制憲先賢麥迪生（James Madison, 1751-1836）所說的：「野心必須用野心來對抗……如果人類是天使，就無須組織政府。」這種對權力高度不信任，防止有權者野心擴張，而強調權力的監督、制衡的思想，與傳統期待「聖君賢相」牧民、保民的觀念，迥異其趣。[227]

憲政主義的法理基礎來自「社會契約論」。洛克（John Locke, 1632-1704）之《政府論》、盧梭（Jean-Jacques Rousseau, 1712-1778）之《社會契約論》均對國家的起源與法律的功用提出解釋。他們認為自然狀態下的人與動物之區別，在於人有自由的天性及天賦之人權。人類群居可對抗大自然的天災及猛獸的侵襲，但人人均有尊貴的自由與人權，自由與自由衝突，權利與權利對抗，則個體自由與權利經常面臨他人的攻擊，人類群體之生活「儘管自由卻是充滿著恐懼和經常危險的情況」。[228]為解決這種困境，人類「甘願同已經或有意聯合起來的其他人們一起加入社會，以相互保護他們的生命、特權和財產」[229]人類聯合起來，組織國家，成立社會，讓渡一部分的權利給予國家，以協調彼此衝突，防止相互侵害，將自然意義下的自由轉換為社會、國家組織下更大的自由。但國家、社會是一個抽象的概念，必須有具備公權力的政府代表其發揮作用，這便是行政權的來源。為防止公權力擴大，壓迫天賦人權，人民必須以法律對其加以節制、限縮。洛克（Locke）說：

---

227 湯德宗：《違憲審查與動態平衡》（臺北：天宏出版社，2014年），頁313

228 〔英〕洛克（Locke）著，葉啟芳、瞿菊農譯：《政府論》（北京：商務印書館，2009年）下篇，頁77。

229 〔英〕洛克（Locke）著，葉啟芳、瞿菊農譯：《政府論》下篇，頁77。

政府所有的一切權力，既然只是為社會謀幸福，因而不應該是
專斷的和憑一時高興的，而是應該根據既定的和公布的法律來
行使；這樣，一方面使人民可以知道他們的責任並在法律範圍
內得到安全和保障；另一方面，也使統治者被限制在適當的範
圍之內，不致為他們所擁有的權力所誘惑，以達到上述目的。[230]

人民為解決群居生活的種種衝突，讓渡一部分權利予國家，成立契
約，協調彼此利益以換取更大的幸福，共同的約定即是法律的原初型
態。「政府所有的一切權力，既然只是為社會謀幸福」，那麼它行使權
力就當「根據既定的和公布的法律來行使」。人民將自然狀態下的自
由，轉化為社會、國家型態下的更大自由、更大幸福，而成立契約協
議（法律的來源），並將權力賦予政府，那麼政府的權限就僅限在法
律的範圍之內。除法律授權以外，行政權不得干預人民其他自由權
利。如此則「人民可以知道他們的責任並在法律範圍內得到安全和保
障」，執政者也「被限制在適當的範圍之內」，有了法律的限制，「不
致為他們所擁有的權力所誘惑」。

孟德斯鳩（Baron de La Brède et de Montesquieu, 1689-1755）提出
「用權力約束權力」[231]的說法。也就是將國家權力析裂為行政、立
法、司法，讓立法權、執法權、司法裁判權互相拘束，以免一權獨大
專斷，以此保障天賦人權。

民國元年的《中華民國臨時約法》、民國2年之《天壇憲草》、民國
25年之《五五憲草》，民國36年之《中華民國憲法》雖在三權之外，兼
融傳統之考試權、監察權，形成五權體制。但大體上還是依循近代西
方憲政權力制衡（check and balance）原則，以憲法設計三權抗衡體

---

230 〔英〕洛克（Locke）著，葉啟芳、瞿菊農譯：《政府論》下篇，頁87。
231 〔法〕孟德斯鳩（Montesquieu）著，張雁深譯：《論法的精神》上冊（北京：商務
　　印書館，1997年），頁154。

系，通過權力彼此的限制，限縮政府權力的行使，保障民權。[232]

　　傳統儒家以法律輔教化之不足，法家以法律為富國強兵的工具，均以人民為法律管制之對象。西方憲政主義（constitutionalism），或者稱「法治國原則」（德文Rechtsstaat，英文稱rule of law）迥異其趣。「法治思想並不是為了要求人民遵守法律而產生，而是反過來，為了要求公權力保障人民而產生。因此對公權力的結構與行使有所規劃與限制。……以此思想為出發點，進一步構想各種法治原則，設計國家組織與制度，防止與避免個人或一群人利用行政、司法與立法公權力侵害國民。」[233]西方憲政思想主要是為要求公權力守法，其次才是要求人民守法。並以憲法設計三權分立的國家組織，防止立法、行政、司法一權獨大而侵害民權。

　　對於中西政治思想的差異，當時學者也有清楚的認識。嚴復《民約論》翻譯盧梭《社會契約論》，並在《政治講義》中說：

> 查政治一詞，最為吾國士大夫所習聞，束髮就傅，即讀《大學》、《中庸》。《大學》由格致而至於治平天下，《中庸》本諸天命之性，慎獨功夫，而馴至於天下平。言政治之學，孰有逾此者乎？他日讀《論》、《孟》、《五經》，其中所言，大抵不外德行、政治兩事──兩事者，固儒者專門之業也。然則諸公今

---

232 此部分可參考：蕭公權：《中國政治思想史》（下）（臺北：聯經出版事業公司，1986年），頁891-940。林毓生：《政治秩序與多元社會》（臺北：聯經出版事業公司，1989年）。薩孟武：《中華民國憲法新論》（臺北：三民書局，1990年）。張灝：《幽暗意識與民主傳統》（臺北：聯經出版事業公司，1992年）。黃源盛：《法律繼受與近代中國法》（臺北：黃若喬出版，2007年）。另，當代憲法學者的著作，亦可參照：湯德宗：《違憲審查與動態平衡》（臺北：天宏出版社，2014年），頁300-321。李惠宗：《憲法要義》（臺北：元照出版社，2006年），頁39-78。陳弘毅：〈憲政主義〉，收入林毓生主編：《公民社會基本觀念》，頁1-25。
233 劉幸義：《法治國家與基本權利》（臺北：翰蘆圖書出版公司，2017年），頁17。

日，更何必捨其家雞，而更求野鶩乎？[234]

> 有科學即有歷史，亦有歷史即有科學，**此西國政治所以成專**
> **科**。問中國古有此乎？曰：有之。……而《論》、《孟》、
> 《學》、《庸》，亦聖人見其會通，立為公例，無疑義也。顧中
> 國古書之短，**在德行、政治雜而不分**。西國至十九世紀，**政治**
> **一門已由各種群學分出**，故其理易明，其學易治。[235]

《論》、《孟》、《學》、《庸》即是中國傳統政治學，但不同於「西國政
治所以成專科」，因為「中國古書之短，在德行、政治雜而不分。」
《四書》將政治的基礎，安置在道德修為之上。《大學》「由格致而至
於治平天下」，《中庸》以「慎獨功夫」涵養「天命之性」，「馴至於天
下平」。《論》、《孟》的政治主張，亦不離風行草偃的道德感召力。而
「西國至十九世紀，政治一門已由各種群學分出」，其是獨立的專業
學科，與倫理哲學、道德哲學有所區隔，談的是國家主權的歸屬、各
種權力的分配、制衡，「故其理易明，其學易治」。

嚴復很清楚地認識到傳統政治與西方憲政之差異，他說：

> 由是言之，人動謂居於暴虐政府之下者，為奴隸國民，一若政
> 府暴虐，則國民即無自由之事者，此於事實，亦未盡符。蓋使
> 其民生逢仁愛國家，以父母斯民自任，然而耕則為定播穫之
> 時，商則為制庸贏之率，工則與之以規矩，士則教其所率由，
> 其於民也，若襁負而繩牽之，毫末無所用其發己之志慮。嗟呼！
> 此在中國或將奉其上以神明父母之稱，以其身所遭為千載一時

---

234 嚴復：《政治講義》，王栻主編：《嚴復集》（北京：中華書局1986年），第5冊，頁
1242。

235 嚴復：《政治講義》，王栻主編：《嚴復集》，第5冊，頁1244。

之嘉遇。顧彼西民則以如是之政府，為真奪其自由，而己所居者，乃真無殊於奴隸。故西語所謂父母政府者，非嘉號也。夫父母慈祥之政府，既能奪其民之自由，則反是而觀，暴虐虎狼之政府，即有不奪其民之自由者。[236]

立憲者，立法也，非立所以治民之刑法也。何者？如是之法，即未立憲，固已有之。立憲者，即立此吾儕小人所一日可據以與君上為爭之法典耳。其無此者，皆無所謂立憲，**君上仁暴，非所關於毫末**。[237]

西方憲政講求的是「君上仁暴，非所關於毫末」，非但防止專斷暴虐的昏君，也不企求愛民如子的仁君。「故西語所謂父母政府者，非嘉號也」，西方憲政不將政治秩序訴諸執政者愛民如子。因為，若倚賴執政者以父母自居，保民而王，則「夫父母慈祥之政府，既能奪其民之自由，則反是而觀，暴虐虎狼之政府，即有不奪其民之自由者」，父母慈愛，人民無自身意志之自由，但尚可足衣足食，樂歲終身飽，凶年免於死亡。一旦父母暴虐，人民性命難全，淪為奴隸。將權力交由執政者，政治理亂，人民權利，全繫諸其仁暴，人民無自主自由。所以「蓋使其民生逢仁愛國家，以父母斯民自任」士農工商均不須自主自立，一切聽任政府安排，「此在中國或將奉其上以神明父母之稱，以其身所遭為千載一時之嘉遇」，但「顧彼西民則以如是之政府，為真奪其自由，而己所居者，乃真無殊於奴隸。」中國法家防制昏君的方式，是責求君主守法、任法而治，泯去私欲。但權力的歸屬仍在「君」不在「民」，與儒家同樣不脫「聖君賢相」的政治模式，只不過一則積極鼓勵仁君，一則消極防止昏君。但繼受西方憲政後，

---

236 嚴復：《政治講義》，王栻主編：《嚴復集》，第5冊，頁1283。
237 嚴復：《政治講義》，王栻主編：《嚴復集》，第5冊，頁1284。

「立憲者,即立此吾儕小人所一日可據以與君上為爭之法典耳」,權力歸屬於「吾儕小人」,政治理亂不再是防制暴君、期待明君,而是以憲法保障人民,使其有權力可以抗衡君主。「立憲者,立法也,非立所以治民之刑法也」法律(尤其是憲法)不再是君主「治民」之具,不是儒家仁君輔助教化之工具,也不是法家極權君主統御之利器,而是人民「可據以與君上為爭之法典」,是人民選舉代議士,行使立法權,制訂法律,限制執政者的武器。嚴復從主權歸屬於「君」或「民」,申論傳統政治與西方憲政之差異。

梁啟超在〈法理學大家孟德斯鳩之學說〉一文中說:

> 孟氏學說,最為政治學家所祖尚者,其政體論是也。……共和政體,……民智大開,不復統於一人,惟相與議定法律而共遵之。[238]

孟德斯鳩設計三權分立的共和政體,行政、立法、司法彼此制衡,即便人類成立契約,組成國家,賦予政府公權力,但國家主權仍歸屬全體國民之公意,並非統於君主一人。政治運作的主力在於全民同意制定並遵守的法律。

梁啟超又從權力的歸屬指出中西政治之異,他說:

> 中國先哲言仁政,泰西近儒倡自由,……仁政必言保民,必言牧民。牧之、保之云者,其權無限也。故言仁政者,只能論其當如是,而無術以使之必如是,雖以孔孟之至聖大賢,曉音瘏口以道之,而不能禁二千年來暴君賊臣之繼出踵起,魚肉我民,何也?治人者有權,而治於人者無權,……若夫貴自由定

---

238 梁啟超:〈法理學大家孟德斯鳩之學說〉,《飲冰室合集‧文集》(北京:中華書局,2003年),第2冊,頁20。

> 權限者，一國之事，其責任不專在一二人，分功而事易舉，其
> 有善政，莫不徧及；欲行暴者，隨時隨事，皆有所牽制。非惟
> 不敢，抑亦不能。以故一治而不復亂也。是故言政府與人民之
> 權限者，謂政府與人民立於平等之地位，相約而定其界也。非
> 謂政府畀民以權也。[239]

孔孟推行王道仁政於天下，但中國兩千年來卻暴君繼出踵起，是因
「治人者有權，而治於人者無權」，權力歸屬於執政者，人民無權與
之抗衡。即便明君牧民保民，仍是「其權無限」的政治模式，人民僅
能消極期待其「當如是」，無相應的、強制性的權力使之「必如是」。
但西方憲政則不同，「非謂政府畀民以權也」，人民的權利所以受到照
顧，並非明君惠予仁政，牧民保民。社會契約論下，「政府與人民立
於平等之地位，相約而定其界也」，人民將自然狀態下自由但缺乏安
全的權利，讓渡予政府，以換取集體安全。並以法律劃定、拘束政府
權力的界線。在國家組織的設計上，「分功而事易舉」，「隨時隨事，
皆有所牽制」，採用三權分立制衡的模式，使權力彼此牽制，一權一
機關無法獨大。如此，則執政者對於權力的擴張，「非惟不敢，抑亦
不能」。權力在君，至多期待明君「當如是」地行仁政，畏於道德壓
力，而「不敢」行暴政。權力在民，使其可制衡執政者，才能強制其
「必如是」、「非惟不敢，抑亦不能」。這便是西方政治「一治而不復
亂」之因。

　　因此，梁啟超在〈西政叢書敘〉中指出，西方學術體系下，「政
治學院列為專門」[240]，在「德行」之外，另有一套訴諸權力分立、法
律制衡的「專門政治學」，此即憲政主義（constitutionalism）。故西方
國家得以長治久安。

---

239 梁啟超：〈論政府與人民之權限〉，《飲冰室合集·文集》，第3冊，頁5。
240 梁啟超：〈西政叢書敘〉，《飲冰室合集·文集》，第1冊，頁62。

二 錢穆「道義融合」之政治理想

如前述，嚴復指出中西政治之長短，在於政治能否「成專科」，並指摘《四書》、《五經》「德行、政事雜而不分」。此與錢穆形成強烈對比。[241]錢穆說：「是則中國學問，最重在政治，而獨不有政治學一名，是誠大值研尋之一問題矣。」[242]中國士人的理想在「致君堯舜」、「經世濟民」，何以無所謂「專門政治學」，因為《四書》、《五經》以「為人之道」貫通人倫政事，故「人道」之外，並無另一套「專門政治學」。錢穆說：

> 自漢以下，《五經》之學，定為百官羣僚從政之階梯，《五經》即中國傳統中之通學也。宋、元以下，又增之以《四書》。百官從政，必先通《四書》以及《五經》，斯即不通德行、文學，即不足以從政。惟國君一位定為世襲，然自其為太子，及其登極為君，皆有學。其學亦與百官羣僚所得以從政之所學同。《五經》、《四書》皆不得謂其是一套政治學，而乃人人學為人之通學，而為君為相者，亦無以異之。……在西方若惟宗教，乃為人人之通學，然耶穌已言，凱撒之事由凱撒去管，則已排除政事在宗教之外。故不僅政治成為一專業，即宗教亦成

---

241 關於錢穆政治思想之研究頗多，如：黃克武：〈錢穆的學術思想與政治見解〉，《國立臺灣師範大學歷史學報》第15期（1987年6月），頁393-412。翁有為：〈錢穆政治思想研究〉，《史學月刊》（1994年第4期），頁62-67。徐國利：《錢穆史學思想研究》「第六章 三、政治的涵義、地位和中西國家觀之比較」，頁134-140。梁淑芳：《錢穆文化學研究》「第五章 第二節道德與政治方面」，頁304-314。吳龍燦：〈秦政成敗決在人道──錢穆政治哲學管窺〉，《錢穆研究暨當代人文思想國際學術研討會》（臺北：錢穆故居管理處，2010年），頁69-92。以上諸篇均給予筆者若干啟發，但本文進一步深入到錢穆之主張與西方憲政思想在「德行」與「政事」分合上的差異。

242 錢穆：《現代中國學術論衡・略論中國政治學》，第25冊，頁212。

為一專業，皆有專學，由專家為之。專家日旺，通人日衰，則誠人道一大可憂嘆之點也。[243]

百官從政、太子從學「必先通《四書》以及《五經》」，但「《五經》、《四書》皆不得謂其是一套政治學，而乃人人學為人之通學」，《四書》、《五經》所談的是一套人之所以為人的德行之學，是人人共通的學問，捨此之外，並無所謂的「專業政治學」，因為「不通德行、文學，即不足以從政」，政治之極境，在人人道德之完成，透過經史典籍，從聖賢言行當中，修養自身人格，擴而充之，修己以安百姓，即能達成政治理想。換言之，政治即人人共通之「人道」，乃為人修持之道，近似西方宗教人格教化的功能。

錢穆又說：

> 中國政治不專為治國，亦求平天下。同此人，能盡人道，同為一國，斯其國治。同在天下，斯天下亦自平矣。……中國傳統政治僅亦言人道，中國全部古籍，經、史、子、集，亦主在言人道。故非兼通四庫，略知中國文化大義，即不能通知中國之政治，而又何專門成立一政治學之必須與可能。[244]

中國政治之理想止境，除「治國」外，尚遠及於「平天下」。因此其所講求者，在天下人共通之「人道」，「同此人，能盡人道，同為一國，斯其國治。同在天下，斯天下亦自平矣。」是發顯人人相同之天賦善性，同而為人，均本天地而生，乾稱父坤稱母，心性相近，則盡己之性，則能盡人之性，推己及人，絜矩忠恕，自能達成和諧的政治秩序。所以說「人道」之外，「又何專門成立一政治學之必須與可能」？

---

243 錢穆：《中國學術通義・中國學術特性》，第25冊，頁241。
244 錢穆：《現代中國學術論衡・略論中國政治學》，第25冊，頁227。

　　因此，中國政治之基石，不在權力的分配、平衡，而在人人天性的發顯，由盡己之性，推而盡人之性。自能使政治社群臻於和諧狀態。因此教育乃政治理想之所繫。錢穆說：「中國政治之終極責任在教，中國政治之基礎條件，亦在教」「任其職者，則為『士』，自孔子以來謂之『儒家』」[245]中國政治倚賴師儒的教育之功。而師儒所教者，亦非僅客觀知識，而是溯源於「天道」之「人道」。錢穆說：

> 古者稱天而治，掌天道者在巫史，為君者即憑巫史以為治。儒家之學興，明天道者歸於大儒，為君者乃亦憑儒以為治。……君權源於天，天道存乎臣。此臣者，即孟子之所謂師，亦荀子之所謂大儒。……政府百官之推選，則一本於學校，學校之教一本於道。人道之至中大極溯於天。宗教、政治、教育一以貫之，而世間出世之障隔亦不復存在。此儒家論政理想之大端。[246]

傳統政治或有「君權神授」的說法，但天子亦須「稱天而治」，「君權源於天，天道存乎臣」，「此臣者，即孟子之所謂師，亦荀子之所謂大儒」，也就是師儒於學校從事教育，啟發人性之善端，成就「人道」，而「人道之至中大極溯於天」，人性之所以能化偏戾為中和，乃因其溯源於天。人人均受教而成就善性，則天下大治。此種啟發教導類似宗教淨化靈魂的功能，但其將天國的救贖，轉向人間的教育，故可作為政治之基石。所以說，傳統文化體系乃「宗教、政治、教育一以貫之」。

　　錢穆又說：

> 孔門論政常以「仁」、「禮」相濟。禮有秩序等衰，仁則民胞物

---

245 錢穆：《政學私言‧中國傳統政治與儒家思想》，第40冊，頁135-136。
246 錢穆：《政學私言‧中國傳統政治與儒家思想》，第40冊，頁137。

與，人我一體。儒家論政，蓋主以**無人我之公心**，而創建大社會之秩序者。惟後儒各有偏倚，大率孟子論政偏於仁，荀子論政偏於禮。自秦以下，儒學昌明，首推漢、宋。而宋儒偏仁，漢儒偏禮，亦各有其特詣。漢儒恢偉，頗屬陰陽家言，……推演五德終始……而歸其極於天人之相應。其立說雖時雜讖緯迷信，要之儒學大義存焉。宋儒較嚴謹，不重天道而重性理，以天道玄虛而性理切近。……師相合一，為之相者為之師，否則昌明治道於學校，以待王者之來法，為之師即為之相。故范文正為秀才時，即以天下為己任。「先天下之憂而憂，後天下之樂而樂。」仕學相表裡，而莫不有一段宗教之精神，則又漢宋之所同。[247]

傳統政治最終歸於「天人相應」，以法天道之至誠，明人性之至善為目標。寓政治於師儒之教化當中。其所重的，不是人我權利對立時之取捨分際，而是人我共源於天，則擴充本心本性，自可達到民胞物與，人我一體的政治理想。也就是說，傳統政治思想，通過最高的「天道」，達成人我之間的共感互通，建立群體的和諧秩序，以「無人我之公心」「創建大社會之秩序」。所重者為渾全一體，而非兩體對峙。在此大前提下，漢宋各有所偏。漢儒論政時雜讖緯，以五德終始符應天道。宋儒「以天道玄虛而性理切近」，他們進一步將「致廣大」的天道推向「盡精微」的性理，他們為師為相，「昌明治道於學校」，推行教化以澄清政治。其所談者「皆人類性分中所有事」，「教育貴於『盡性』」，[248]人己同源於天，「盡己之性」則可「盡人之性」，達成人我和諧的社群秩序，層層擴充，由人返天，則可「盡物之

---

247 錢穆：《政學私言·中國傳統政治與儒家思想》，第40冊，頁137-138。
248 錢穆：《政學私言·中國傳統教育精神與教育制度》，第40冊，頁206。

性」、「贊天地之化育」。[249]漢宋論政治,均帶有類似宗教歸於「天人相應」的精神。[250]

傳統思想視政治為「人道」之一環,以「盡己之性」為始點,發明天賦善性,而後能「盡人之性」,完成社群秩序之和諧,最後參贊天地化育,天人合一。政治社群是民胞物與的一體關係。西方近代社會契約論,將政治視為一種國家「權力」的分配與控制,以保障個體之「權利」免受國家侵害,且於人我權利衝突時,達成彼此互不侵犯的狀態。政治社群是兩體對峙的關係。政治學者哈耶克(Hayek, 1899-1992)說:「(洛克)原創性貢獻主要在於他對政府之哲學基礎所做的廣泛思考……他所整理的學說和原則,應當被認為是此後控制政府各項權力的基本原則。」[251]西方憲政建立在政、民對立下,如何「控制政府各項權力」。錢穆對此也深有認識,他說:

> 西方國家觀念禪衍自希臘之城邦。彼以國家為無上,個人悉受國家支配,……所謂人權,……皆受國家意志權力支配下之群眾所揭櫫以與國家相抗爭,而求其勝利者。故民眾之要求立法權,常為彼中政治史上一絕大項目,其在十八世紀,**群認法律為個人用以對抗社會之工具**,此實為美國〈人權宣言書〉之本旨。而司法獨立亦為彼中所重視。孟德斯鳩之分權學說,亦因此而起。當時既認國家乃一種權力之表現,故孟氏在求所以防禦濫用此權力之保障,而盛讚此三權分立制。至中國則絕無此等意想。[252]

---

249 錢穆:《政學私言・中國傳統教育精神與教育制度》,第40冊,頁206。

250 關於中國政治思想近乎宗教精神的觀點,容後再述。

251 〔英〕哈耶克(Hayek)著,鄧正來譯:《自由秩序原理》,(北京:生活・讀書・新知三聯書店,1997年),頁214。

252 錢穆:《政學私言・中國人之法律觀念》,第40冊,頁233-234。

西方政治群體處於對抗關係，人權乃「受國家意志權力支配下之群眾所揭櫫以與國家相抗爭」，法律乃「個人用以對抗社會之工具」。社會契約論下，人類一定程度讓渡各種人權予政府，以組成國家，平息彼此紛爭，共同防禦侵害。但接連而來的問題是，國家權力必須受到限制，否則人類免於野獸侵擾，又落入政府公權力干擾當中，因此人民選出代表，透過立法權限制執政者公權力。孟德斯鳩提出以憲法建構三權分立之政府，行政、立法、司法彼此制衡，防止權力膨脹。西方憲政的基本預設是「國家乃一種權力之表現」，政治乃權力之抗衡。

　　錢穆又說：

> 西方民主政體，……乃富人中產階級興起，與上層貴族僧侶封建勢力相衝突，其次乃上撼王室之大權以組織國會，代表民意。此一種政治精神，實由其時政府與民眾之對體敵立而起。[253]

西方民主憲政的基礎，架構在「對體敵立」的關係。最先是科學發達、工業革命後，中產階級興起，與貴族、教會、王權彼此衝突，最後英國有《大憲章》的簽署。繼之，法國大革命是更大規模的「政府與民眾之對體敵立」，1789年始有《人類及公民權利宣言》的公布。西方民主憲政所強調之「人權」，是在衝突對峙的鬥爭中產生。這有別於中國傳統政治（尤其宋代理學興盛以後）建構於「民胞物與」、「人我一體」的關係上。

　　「西方論政不曰契約即曰法律」，因為「彼中政局，常有一兩體對立之內感與意象為之主持而運使」[254]西方憲政發端於階級、教會、王權的對峙，人民用法律抗衡貴族、王權，捍衛「權利」。中國自宋代以後，貴族階層漸消失，進入平民社會。人民可通過科舉參加政府，政

---

253 錢穆：《世界局勢與中國文化・中國政治與中國文化》，第43冊，頁241。
254 錢穆：《文化與教育・中西政治精神之基本歧異》，第39冊，頁44。

民一體，無所謂階級之對抗。[255]且宋代以後理學思想強調人我一體，盡己之性，即盡人之性，重視一體「感通」而非兩體「抗衡」。

因此錢穆進一步比較中西政治「對立」與「融合」兩種關係之優劣。他說：

> 惟其以鬥爭為政治，故彼方政治理論之惟一基礎乃為權力。西方政治，實即一種權力政治。彼方政治理論之首要問題，即為主權之誰屬。……當知在英美法諸邦革命初起，民權思想勃興，彼輩只向與彼對立之政府爭奪政權，遂一時高呼「主權在民」之口號。……若以主權論為政治理論之最後礎石，……然不幸而近世列國並立，……試問國與國相遇，彼亦一最高主權，此亦一最高主權，兩最高主權有衝突，除卻武力廝殺，更有其他解決妙道乎？……故知西方政治理論之惟一礎石所謂「主權論」者，……勢必闖禍。[256]

西方「政治理論之惟一基礎乃為權力」，在君、民對立下，其政治之首要問題於國內則為「主權」歸屬於民或君，乃有人民向君主爭取權力。但「若以主權論為政治理論之最後礎石」，列國並立，彼此對峙下，權力爭執再起，恐將發生列強爭霸。

但中國傳統政治不訴諸權力的抗衡，而是以道義維持和諧狀態。錢穆說：

> 今若反論中國傳統政治理論，實與西方所謂主權論者大異其

---

255 錢穆：《政學私言・中國傳統政治與五權憲法》，第40冊，頁6-7。此議題可再參見閻鴻中：〈職分與制度——錢賓四與中國政治史研究〉，《臺大歷史學報》第38期（2006年12月），頁105-158。

256 錢穆：《世界局勢與中國文化・中國政治與中國文化》，第43冊，頁242-243。

趣。……中國士大夫從政，在理論上，並非爭奪此一分應得之主權，實為完成此一分應盡之義務。……可見中國傳統政治理論乃一種義務的，而非功利的；乃一種道義的，而非權力的。此即所謂王道的，非霸道的。……政府非一權力體，而為一道義體。則知國家亦僅為一道義體，而非權力體。故民眾對國家有其應盡之道義，國家對全世界人類亦有其應盡之道義。在「道義論」之下，政治始終和諧，修身、齊家、治國、平天下一以貫之。[257]

傳統政治下，政府、國家均「非一權力體」，乃「為一道義體」。士大夫從政，並非「爭奪此一分應得之主權」，而是「完成此一分應盡之義務」。此義務即是教導萬民發顯天賦善性，盡己性以盡人之性，而後人我感通，民胞物與，達成大群政治之和諧。「中國傳統社會上所謂『士』，並不如近代人所說的『知識分子』，中國舊傳統之所謂『士』，乃是不從事於生產事業的，所謂『士謀道而不謀食』。其所謂『道』，上則從事政治，下則從事教育。應該是只為大群著想，不為一己著想，實附隨有一種宗教精神。」[258]「士」是以教育匡濟政治，從政施教，所謀者為「道」，在天曰「天道」，在人曰「人道」，也就是教導人民於做人處事的道理中，體悟天道恆常。人道本於天道，人人反躬修身，則怵惕惻隱之心通乎人己，擴而充之，自能齊家、治國、平天下。所以說「在『道義論』之下，政治始終和諧」。「道義論」下的政治是和諧一體，而非敵體敵立的。

西方敵體對立的政治思想下，政、民處於對峙狀態，人民掌握立法權，以法律制衡執政者。盧梭（Rousseau）說：

---

257 錢穆：《世界局勢與中國文化‧中國政治與中國文化》，第43冊，頁243。
258 錢穆：《國史新論‧中國歷史上的傳統政治》，第30冊，頁146-147。

國家是由於它自身而存在，但政府則只能是由於主權者而存在
的。所以君主的統治意志就只是，或者只應該是公意識或法
律，他的力量只不過是集中在他身上的公共力量罷了。[259]

社會契約論下，國家及其代表機關——政府或君主的權力，都是為確
保集體生活安全而存在，但同時也對人民形成壓迫。因此人民選舉代
議士掌握立法權，以法律限制其權力，將其力量侷限在國民整體公共
意志內。也就是說，法律代表的是人民之公共意志對執政權的制衡。

　　但在中國，乾父坤母，人我皆本天而生，政民一體，法律的意義
不是階級的抗衡，而是人類共同道德的輔助。錢穆說：

　　……中國人常曰修身、齊家、治國、平天下，而歸極於以「修
　　身」為本。以「個人」為出發，以「世界」為歸趨，國家不過
　　其中間之一界。……人生之最高目標在個人之「道德」與大群
　　之「文化」，而不在於國家之權力與意志。國家既無超人之權
　　力與意志，故亦永無害於人民之自由，人民亦遂無向國家爭自
　　由之風習。故西方文化為國家的、權力的，而中國文化則為社
　　會的、道德的。國家之職分在護導人民道德之長進，法律則如
　　牧人然，視其後者而鞭之，故曰：「至治之本，道化在前，刑
　　罰在後。」又曰：「仁義者，養民之膏梁；刑罰者，懲惡之藥
　　石。……」此皆足以代表中國傳統政治觀念下法律地位之低
　　下。[260]

中國政治的最高理想，不僅在於「治國」更在「平天下」，也就是以

259　〔法〕盧梭（Rousseau）著，何兆武譯：《社會契約論》（北京：商務印書館，1997
　　年），頁80。

260　錢穆：《政學私言·中國人之法律觀念》，第40冊，頁234-235。

個人修身為起點,及至普世之人均有共同之道德教化,達成人性之至高理想,甚至返回天所賦予之善性,如此則天下太平。這就是《中庸》所說的「為政在人,取人以身,修身以道,修道以仁。」[261] 因此,中國人所謂的治平之道,乃「社會的、道德的」,而非「國家的、權力的」,並不訴諸權力對抗、制衡。所以,中國社會一向是德主刑輔,「國家之職分在護導人民道德之長進」,法律的意義非為制衡、限制權力,而是輔道德教化之不足。傳統政治之終極境界是人人道德之完善,西方近代憲政追求的則是權力的平衡、限制。故中西政治在尚德與尚法之間,有本末之分。

傳統政治講求「作之君,作之師」,其倚賴的力道,並非法律制衡,而是師儒教化。但落實下來,卻難免有過度理想化的疑慮。18世紀英國思想家威廉・葛德(Godwin William, 1756-1836)在其《政治正義論》中說:

> 政權的任務不是作其屬民的教師,⋯⋯它的任務不是激發我們的美德,那是絕對辦不到的,它的任務只是制止威脅普遍安全的越軌行為。[262]

西方政治僅是人民為「制止威脅普遍安全的越軌行為」,而不得不組成國家賦予政府一定權力,「政權的任務不是作其屬民的教師」,並非要「作之君,作之師」,代替上帝教化,以激發美德。

人間政治難以離開權力的膨脹與制衡。但若政治僅是權力的遊戲,將喪失理想性與提升性,整體社會將走向墮落。所以錢穆一方面承認實際政治有天理晦暗的一面,但其理想的光輝永遠鼓舞人性向

---

261 《中庸》,《十三經注疏分段標點》,第12冊,頁2216。

262 〔英〕威廉・葛德文(Godwin William)著,何慕李譯:《政治正義論》(北京:商務印書館,1980年),頁453。

善，他說：

> 中國融教於政，故政事目標常較遠大，斥為局部人謀樂利權力
> 者為霸術，而治道以王天下為歸趨。……中國四千年來政事，
> 固常有晦明隆污之不齊，然吾先民固亦自有其理想，亦自有其
> 途徑，其未能達其所欲嚮往則有之，若謂中國千古長夜，其人
> 民惟蜷伏於專制君主淫威之下，初未嘗有政理光昌之一日，則
> 其誣說瞽見，可以不辨而自曉。[263]

中國政治的終極目標，非僅「治國」，更在「平天下」、「王天下」，
「王天下」並非武力征伐，併吞為一，故無征伐者與被征伐者之敵體
對立。而是以師儒的教化，完成人道向天道的依循、回歸，最後化普
世之民為善人，以此同化天下之人，此一「融教於政」的理想，證諸
四千年來政治，或有「晦明隆污之不齊」、「未能達其所欲嚮往」，但
僅因其未具有對立政體下標榜的「法律制衡」，而一概斥為專制遺
毒，則恐怕失之公允。蓋傳統政治所重者，為「道義融合」而非「權
力制衡」。

錢穆所謂的「宋學」，乃溯及天人合一而呈現「道義融合」的政
治思想，以此回應西方立基敵體對立的憲政主義。宋學乃道德、政治
合一的「明體達用之學」，以《四書》啟導心性，以講學淨化人心，
藉此改進政治。先「明體」而後「達用」。誠如余英時所說：「錢先生
畢竟是史學家而不是政治家，……他一生的主要貢獻在指示我們怎樣
去認識中國的文化系統及其流變。」[264]中國政治的理亂，是錢穆朝夕

---

263 錢穆：《政學私言‧中國傳統政治與儒家思想》，第40冊，頁138。

264 余英時：《現代儒學論‧錢穆與新儒家》（美國：八方文化企業公司，1996年），頁
110-111。

莫忘的使命，亦是其治學論史的終極關懷。[265]但他關懷政治的方式，不是以「專業的政治家」自命，探研西方權力分立、制衡（check and balance）的原理，而是從更本源的文化基礎，指出傳統政治思想（尤其宋代以後）的精義所在。其個人之志趣，亦不在封相居官，主持變法改制。而在為師為儒，隱身書院，教化人心。因此其執教北大時，婉拒張君勱組黨之邀請。國共內戰方酣之際，其對閻錫山之建言，不在糧餉軍務，而在人心世道。[266]抗戰勝利後，梁漱溟本儒者道義責任，斡旋政黨協商，錢穆力勸其回歸學界，講學正心方為本源，政治制度僅是次要。

梁啟超早年參與戊戌變法，嚮往君主立憲政體。又於洪憲帝制、段祺瑞北洋政府下任官。即便歐遊後，亦無法擺脫政治活動的牽絆，致力解散軍閥，召開國民大會，建立兩院式國會制度，以落實憲政民主的理想。梁氏引進西方法政制度之心甚殷，在〈論中國宜講求法律之學〉中，梁啟超說：「今日非發明法律之學，不足以自存矣。」「吾願發明西人法律之學，以文明我中國。」[267]並籌組法學會，大量譯介西方法政叢書，[268]期盼由西化制度的建樹，革新中國政治。

相較於梁啟超、張君勱、梁漱溟直接效力政壇，引進西化憲政制度以致富強。錢穆更重教育啟迪人心，移風易俗。誠如其於《中國近三百年學術史》「引論」所說的：「故言宋學精神，厥有兩端；一曰革新政令，二曰創通精義，而精神之所寄則在書院」、「東林者，亦本經義推之政事，則仍北宋學術真源之所灌注也。」[269]政治的基石，在書院的教化之中，不在朝廷、國會的立憲制法。研經讀史，涵養士人心

---

265 錢穆：《八十憶雙親、師友雜憶合刊》，第51冊，頁36。
266 錢穆：《八十憶雙親、師友雜憶合刊》，第51冊，頁188，288。
267 梁啟超：〈論中國宜講求法律之學〉，《飲冰室合集‧文集》，第1冊，頁94。
268 梁啟超：《變法通義》「學校餘論」、「論學會」、「論譯書」，《飲冰室合集‧文集》，第1冊，頁60-64，31-34，64-76。
269 錢穆：《中國近三百年學術史》「引論」，第16冊，頁7-8。

性,講學論道,啟迪天賦善性,自能移風易俗,徹底澄清政治。因此,錢穆理想的政治是「本經義推之政事」,是由經書發明道德本體,蓄德致用,完成政教大業的「明體達用之學」。

第四節　「天人合一」:從文化的殊別性論宋學的永恆關懷

史賓格勒(Spengler, 1880-1936)在《西方的沒落》一書中,繼承19世紀赫德(Herder)「多元文化」的概念,強調各民族基於不同的發展背景,有其「殊別」各異的文化,西方文化並非「普遍性」的範式,甚至可以說「普遍性」的範式並不存在。錢穆對於中國文化的特殊性再三致意,[270]反對套用西化「普遍性」模式。因此,論述中國學術、政治將來之發展時,他也是從文化殊別性作考量,思考宗教在中西歷史的地位,而選擇以宋學作為永恆方向,但這卻未被現有研究者注意。

錢穆所謂的宋學,乃知識、道德與政治合一的「明體達用之學」。錢穆所以執此理念,固然是回應當代知識獨立,道德與政治兩歧的風潮。如前述,現有研究論說錢穆「宋學」意涵時,罕見觸及「宋學」所欲回應的時代議題,而就錢穆對知識獨立、政治觀念西化為論述者,又未與其「宋學」意涵聯繫;且往往將錢穆對讀書做人合一、德行政事不二的堅持,歸於其眷戀傳統,弘揚民族精神,甚少深入抉發「明體達用之學」背後的永恆關懷:「天人合一」的文化傳統。也就是說,本文認為:入民國之後,錢穆對宋學秉持濃厚的敬意,恐非清代漢宋之爭的延續,除針對當前的時代問題而發,更站在永恆的立場,直指中國不可比擬西方文化之所在:由「天人合一」的宇宙觀,所形塑的學術、政治型態。

---

270 參見黃俊傑:〈錢賓四史學中的「國史」觀:內涵、方法與意義〉,頁1-37。

一 「天人合一」觀點的宗教意涵

中國較缺乏嚴格意義的宗教，日常生活的指引、生命價值的確立，倚賴的是儒學而非佛、道，儒學（尤其宋明理學）雖近似宗教，帶有提點人心、淨化政治的教化功能，但基本上以現世人生為中心，並非「上帝教」，乃是「人文教」。因此，錢穆認為若以西方「絕對性」、「超越性」的宗教定義衡量，中國宗教氛圍較為薄弱。[271]「人文教」本於「天人合一」的宇宙觀，相信「天理」發顯於人性、人心之中，此即宋儒所說其所謂的「性即理」、「心即理」。「人文教」承認「天道」可落實於現世的「政道」，「天下有道」的政治理想，發端於人心當中的「天理」，因此宋儒堅持大學八條目中「修齊」「治平」具體用不二之關係。胡瑗「明體達用」之學，以「經義其體」發明人心內在道德本體，研經的目的，不僅是理解外部文獻，更是讓天理可以湧現於心性當中。而「時務其用」是士人積蓄充沛的道德本體之後，一方面學習實際政務，另一方面以個人德性感召百姓。也就是說，「天人合一」的宇宙觀，經宋儒發顯後，形塑中國學術、政治雖非宗教，但寓含宗教特質的獨特的型態。

不同於西方人與上帝的區隔，中國學術傳統承認最高的天道可體現於人世、人心當中。宋儒進一步推闡「天人合一」之思想。張載說：「天人異用，不足以言誠；天人異知，不足以盡明。所謂誠明

---

271 「宗教」是在現世之外，建立一個「絕對性」、「超越性」的彼岸來世。在「天人合一」大傳統下，中華文化較缺乏絕對超越於人世之外的宗教境界。錢穆認為佛、道多方外之想，中國人人生信念的確立，生命軌範的引導，主要憑恃的，是儒學的教化霑溉，而儒學並無絕對的、超越性的彼岸來世，所以說中國宗教不發達。且錢穆指出：宋代以後的儒學，雖不談來世與神靈，但其亦有疏導人情，教化人心，近似宗教的功能，雖非「上帝教」，但乃「人道教」。（錢穆：《現代中國學術論衡·略論中國宗教》第25冊，頁1-23）。

者，性與天道不見乎小大之別也。」[272]程頤說：「自理言之謂之天，自稟受言之謂之性，自存諸人言謂之心。」[273]朱熹說：「天人本只一理，……天即人，人即天。」[274]

「天人合一」建構人與天的聯繫，宋儒進一步推導出「理在心內」的主張，使中國學術既有教化功能，又不同於宗教向外在對象祈禱。錢穆說：

> 儒家並不在人類自心之外去另找一個神，儒家只認人類自心本身內部自有它的一種無限性，那即是儒家之所謂性。……因此儒家在自心之內求「性的至善」，正猶如一切宗教家在自心之外求「神的至善」一般。……宋儒轉換言理，「理」則普遍於宇宙、萬物與人類，更屬無限了。「理之至善」正猶神之至善，故朱子說「天即理也」，這見即是上帝亦不能在理之外。又說「性即理也」，則此至善無限，卻落到人的有限身上了。……西方宗教家只希望神降入我心來，這是無限超越在有限之外。……「性與善」既屬「無限」，則無限即在有限之內。因此，儒家論道德觀，主張「自盡我心」，「自踐我性」，其本身即已是一種無限與至善了。宗教家惟其認有一神，超越於自己小我有限之上，則此有限內心如何與此至高無限之神相交接，其普通必有之手續即為祈禱。……儒家既認性之至善即在我心，故儒家教義不須有祈禱。[275]

天人本只一理，先秦即有「天命之謂性」的說法，「宋儒轉換言理」，

---

272 清・王夫之：《張子正蒙注・誠明》（北京：中華書局，1975年），頁94。

273 宋・朱熹編：《二程遺書、二程外書・伊川先生語八上》（上海：上海古籍出版社，1995年），卷22上，頁232。

274 宋・黎靖德編，王星賢點校，《朱子語類》（北京：中華書局，2004年），頁387。

275 錢穆：《湖上閒思錄・性與命》，第39冊，頁142-143。

至善的、無限的、普遍的性與理，能寓存於人心之內，「『理之至善』正猶神之至善」，因此中國人所謂的「自盡我心」，「自踐我性」雖然類似西方宗教渴求契及最高的至善本體，但宋儒「性即理」、「心即理」之說，昭示「無限即在有限之內」，因此修養功夫不同於西方宗教「在人類自心之外去另找一個神」，因為「性之至善即在我心」，因此求理之方式是向內反求諸己，而非向另一個「超越於自己小我有限之上」的神祈禱。

在《朱子新學案》中，錢穆又說：

> 朱子闡說伊川「性即理也」一語，更入深微。理是天地公共底，性則是人物個別底。理屬先天，性屬後天。由理降落為性，已是移了一層次。朱熹說理氣合一，故說性氣不離。朱子又主理氣分言，故說性氣不雜。但萬物之性，各為其形氣所拘，回不到天地公共底理上去。人性則可不為形氣所拘，**由己性直通於天理**。此處要有一番工夫，此一番工夫則全在心上用。此乃全從人生界立說，若言宇宙界，則無工夫可用。惟在人生界用工夫，仍必以上通宇宙界為歸極。若只圍在人生界，而至於違背了宇宙界，則一切工夫皆屬錯用。宇宙界之與人生界，自朱子理想言，仍當是一體兩分，非兩體對立，其貫通處則正在性。性是體，其發而為工夫則在心，心屬用。[276]

朱熹雖不似陸九淵直截地說「心即理」，但仍不離宋代「天人合一」、「由己性直通於天理」的大傳統，不過其更強調理與氣，性與心之間不離不雜，相即又有所殊別的關係。「理」乃就宇宙而言，是先天的，「性」是就人生而論，是後天的，天人本一體，因此「理降落為

性」，性乃天所予，本屬至善無偏。但降落為具體的形軀之後，難免受氣稟的障蔽，萬物當中，惟有人通過工夫修養回復至善的本性，工夫之發用，即「心」的作用。因為「性」必附於「心」，便是「心」所有之「理」，「心」便是「理」之所會，[277]所以說「要由人反天，仍使人生界與宇宙界合一，則更重在工夫，工夫則全在心上用，故說心字尤更重要。」[278]若從心上用工夫，自能返回天人一體的至善境界。但其從自家心上下工夫，而非向外祈禱，仍不同於宗教。

「工夫則全在心上用」，但窮理的工夫，尚須仰賴外在典籍的輔助，以「聖人先得」之義理，發明「我心同然」之「天理」。也就是說，讀書的過程，不僅在擴張客觀知識，更在逆覺吾心本體之天理。此即胡瑗「經義其體」之命意所在。所以陸九淵讀《孟子》是要「自得之於心。」[279]朱熹說：「而今讀書，只是要見得許多道理。及理會得了，又皆是自家合下元有底，不是外面旋添得來。」[280]窮經是要發明「自家合下元有底」天理，而非僅「外面旋添得來」的外向知識。

不同於宗教修練成聖，而後超凡脫俗，進入天堂涅槃。宋儒以「經義」發明「吾心本體」之天理後，尚須開展為現世人生的治國、平天下，以善人成就善政，發為經世之用，此即胡瑗所說的「時務其用」。

錢穆說：

> 宋儒講學，仍不脫有極嚴肅的宗教氣，這為什麼呢？因宋儒思想中，已羼進了、染上了許多魏晉以下道家與佛家的思想在裡面。……宋儒……他們把一個「理」字，來替出了道家之

---

277 錢穆：《朱子新學案》，第11冊，頁50-51。
278 錢穆：《朱子新學案》，第11冊，頁50。
279 錢穆：《宋明理學概述》，第9冊，頁181。
280 〔宋〕黎靖德編：《朱子語類》卷10，頁161。

「無」與佛教之「涅槃」，他們因此承認宇宙是一個合理的宇宙，則人生也該是一個合理的人生。其出現，其存在，皆有理。其所以要修身、齊家、治國、平天下，也都全有理。[281]

「宋儒講學有嚴肅的宗教氣」，因為他們一方面繼承先秦「天人合一」觀點，強調人與天之間的連結。另一方面，吸收道家、佛教思想，開展出「性即理」、「心即理」的主張，但道家所謂之「無」、佛教所謂之「涅槃」，都是否定現世人生，回到清靜寂滅的世界。而宋儒所謂之「理」卻是積極面對現實人生，「理」的落實，不在超世彼岸，而是指向現世人生的修身、齊家、治國、平天下。也就是說，個人通過格致誠正透悟天理之後，要立己立人，「修己」以「安百姓」，開展為治國平天下的政治大業。

「天人合一」肯定人間的「政道」可契合最高「天道」，理想政治即是執政士人發顯心性中之「天理」，使「天道」重現人間。所以《大學》中治國、平天下，「壹是皆以修身為本」的觀念，在宋代被大力提倡。[282]

「天人合一」觀點，使「治經」即「明體」，道德本體確立之後，自可遞進治國、平天下，使得中國學術、政治雖非宗教，卻寓有濃重的教化色彩。一旦學術全盤化為去道德的、去應用的的客觀知識，只求「事實」，不確立「價值」，將發生極大的危機，因為在實證主義發達的西方，「價值」層次，仍有宗教維繫，但缺乏嚴格意義宗教的中國社會，又有何種資源可以提供安身立命的依據？又西方人說：「凱撒的事歸凱撒管，上帝的事歸上帝管。」政治專談法律，內在的道德修為則屬宗教領域，法律之外，整體社會尚有宗教的潤澤化育，而中國「明體達用之學」正如北宋劉彝所言，是「有體有用有

---

281 錢穆：《中國思想通俗講話・第二講性命》，第24冊，頁48。

282　參見張灝：〈宋明以來儒家經世思想試釋〉，頁13。

文」[283]，以「文」（經典知識）貫穿「體」（士人道德）與「用」（政治事功），一旦否決經史的修身功能，把「經義其體」與「時務其用」脫鉤，則道德與政治的體用關係被裂解，則政治又賴何種力量提升淨化？因此，錢穆崇仰「明體達用」的宋學，是立足於中國文化的特殊性：「天人合一」使天道與人世相即。人間的學術、政治上通最高精神實體，近似西方宗教啟迪心智、淨化世風的功能。僅以「漢宋門戶偏見」或「文化保守主義」視之，恐怕忽略其深心微識。

二　中國學術近似宗教的特質

〈略論中國教育學〉中，錢穆說：「《中庸》言：『天命之謂性，率性之謂道，修道之謂教。』『率性』即堯、舜之『性之』，『修道』則湯武之『反之』。」「《中庸》又言：『自誠明謂之性，自明誠謂之教。』天地生人亦猶水之下流，人而希聖，聖而希天，則猶溯流而上，以求達其源。」[284]天人合一，天賦善性，但性既降落於形軀血氣當中，則氣性相雜，能率性均合天道者，僅少數聖賢，一般人反求至善天性，必須下一番工夫。而工夫著力處，在教育不在宗教，因理在心內，則不需求助我身之外的宗教，而是要以教育提點、指引良知。這就使中國學術帶有宗教色彩，所以錢穆說：

> 人之孝行出於師法與教育，人類一切善行皆由師法教育中培養來。[285]

善心善行，均來自師法、教化，而非乞靈於宗教。

283　〔宋〕朱熹：《五朝名臣言行錄》卷十之二〈安定胡先生條〉，《宋代傳記資料叢刊》（北京：北京圖書出版社，2006年），頁611-612。

284　錢穆：《現代中國學術論衡・略論中國教育學》，第25冊，頁198。

285　錢穆：《中國思想通俗講話・第二講 性命》，第24冊，頁41。

錢穆又說：

> 教育重在教人，但尤重在教其人之能自得師。最高的教育理
> 想，**不專在教其人之所不知不能，更要乃在教其人之本所知、**
> **本所能**。外面別人所教，乃是我自己內部心情德性上所本有本
> 能。……此種所謂教，則只是一種「指點」，又稱「點化」。孟
> 子曰：「如時雨化之。」一經時雨之降，那泥土中本所自有之
> 肥料養分，便自化了。朱公掞見明道於汝州，歸謂人曰：「某
> 在春風中坐了一個月。」花草萬木，本各有生，經春風吹拂，
> 生意便蓬勃。此番生意，則只在花草萬木之本身。在春風中
> 坐，只是說在己心不斷有生機生意。中國人稱教育，常曰「春
> 風化雨」，所要講究者，亦即春風化雨中之此身。[286]

天賦善性，天理內在人心，因此，通過教育（而不依憑宗教）啟發人
內在的良知、良能乃屬可行。如同草木本有內在生機，春風化雨僅是
促發其本有的蓬勃生意，而非外在的添加。

中國人以教育擔負宗教薰陶人品、變化氣質的功能，但相較於西
方的「原罪論」，「天人合一」、「性即理」「心即理」的觀點，使中國
人對人性的提升、教育的感化力量，充滿樂觀的期待，錢穆說：

> 中國人言尊師重道。天地亦有道，但無師，則其道無以明，亦
> 何由尊？《中庸》言：「致中和，天地位焉，萬物育焉。」「中
> 和」即是道，亦即是人之性情。師教立，人之性情達於中和，
> 而天地始得其位，萬物始有其育。……此非天地萬物位育之道
> 亦待師教乎？……然而天地萬物之與人群，之與人群中之聖賢

之足為人師者，則相互和通會合，仍屬一體。故聖賢大師之為教，亦本於天地萬物人群以為教。中國人所謂「通天人，合內外」，亦可謂即是「自然」與「人文」之會合。此則中國文化最高深意之所在。[287]

然則中國傳統之所謂學與教，豈不有近於西方之宗教。是又不同。宗教重在教人以信仰，非教人以學，此又與孔子之學不厭教不倦不同。故中國之學與教，既非宗教，又非為謀生之職業。而與人之為人，即人生之全部，又得密切相配合。……今社會變，斯則教育學之傳統又不得不隨而變。學僅以求知，教僅以謀生，但不能有如西方之宗教。宗教乃在西方社會中特補其所缺，……當前之中國社會又豈可於西方之宗教獨無求！[288]

中國人所謂之「教」，並非傳播客觀知識或謀職技藝，而是教人之性情達於「中和」，「『中和』即是道」，是天地間最高之義理，是萬物各就其本位本分，生養蓄長之根據，亦是天所賦予人之至善本性。所謂「通天人，合內外」即是透過教育，發顯天所賦予人之中和善性，使天地萬物與人群凝合會通為一，各盡其分，各得其養。「然則中國傳統之所謂學與教，豈不有近於西方之宗教」，此種「致中和」之教，致力於人性向最高天理回歸，類似西方宗教洗滌靈魂的功能，但又不全同於宗教。因為，宗教必須藉助人心、人性之外的「信仰」才能得到救贖，但在宋學「性即理」、「心即裡」的主張下，通過「教」與「學」，可從人性內面自我轉化習氣，回歸中和至善之性。西方教育體系下，「學僅以求知，教僅以謀生」但「宗教乃在西方社會中特補其所缺」，「當前之中國社會又豈可於西方之宗教獨無求」，儒學（尤

---

287 錢穆：《現代中國學術論衡‧略論中國教育學》，第25冊，頁197-198。
288 錢穆：《現代中國學術論衡‧略論中國教育學》，第25冊，頁200-201。

其宋代以後）扮演類似西方宗教的角色，其要旨不在知識的羅列，而在通過教育，使人人回復中和本性，政治社會自然和諧寧靜，一旦「致中和」，則「天地位焉，萬物育焉」，「通天人，合內外」達到天地萬物秩序井然的境界。因此，中國傳統教育是以啟發心性，貫通政教人倫，達致天地和諧的內聖外王之道。帶有宗教情懷，但又不全同於西方之宗教。

一旦心中天理湧現，則天下具是聖人，大同世界的理想具體實現，不須另求超世的天堂，因此，大道之行的政治理想，取代西方天國的境界，成為中國學術的最高旨歸。宋儒尤其致力於講學發明天理，企求藉此一返三代政治之理想境界。

朱熹說：「聖人千言萬語，只是教人明天理，滅人欲。天理明，自不消講學。」宋儒講學精神，不僅是傳播客觀知識，更在發明天賦善性，弘揚內在之天理，有濃厚的宗教精神，企圖通過講學淨化人心，改進政治。錢穆指出宋儒把教化天下，作為穩定政治的前提。從朱熹、象山乃至明代之白沙、陽明莫不熱衷講學，他們講明經書義理，雖不廢客觀知識的講習，但最終旨歸仍在提點人心，而「認識此理」後，尚須由誠意、正心，層層外翻，以達修齊治平的「大學之道」。[289]所以錢穆說：「夫不為相則為師，得君行道，以天下為己任，此宋明學者幟志也」。[290]宋明儒者的身分，兼具政治上的「相」，以及教育上的「師」，他們的教育不僅是「為知識而知識」，更以道德精神感召天下，帶有一種虔敬的「宗教情緒」，但又不同於宗教以修身成聖為止境，尚且推及治平天下。[291]把政治和教化融通一體，以道德美化政治。

---

289 錢穆：《國史大綱（下）》，第28冊，頁908-909。

290 錢穆：《中國近三百年學術史》「自序」，第16冊，頁16。

291 錢穆：《中國學術思想史論叢（五）》，第20冊，頁359。錢穆：《中國思想通俗講話》，第24冊，頁48-49。錢穆：《國史大綱》（下），第28冊，頁909-910。

所以，宋明儒者的身分，近似宗教上的神職人員，錢穆指出：

> 說到講學的風氣，最先亦由佛寺傳來。宋明儒的講學，……則頗帶有宗教精神。[292]

> 先秦儒大率自負欲為當時政治社會上一改造者，而宋、明儒意中則多帶宗教氣氛。惟宋、明儒究與隋、唐宗教師相異。一則宗教師偏在出世，而宋、明儒則求重回到先秦，來講治國平天下。……唐代禪宗則為此兩者之過渡。禪宗主張「本分為人」，已扭轉了許多佛家的出世傾向，又主張自性自悟，自心自佛，早已從信外在之教轉向明內在之理。宋明儒則由此更進一步，乃由佛轉回儒，此乃宋、明儒真血脈。故謂其直接孔、孟，固未全是，謂其仍是禪學，則亦非真相。[293]

> 他們只想把人文中心的「道理」二字來說服上下。……他們過分嚴肅，讓後人聽到「道學先生」一稱呼，便想像他們不近人情。但畢竟他們有他們的精神。[294]

宋明儒者之講學「頗帶有宗教精神」，他們所講的是「道理二字」，天道即內寓於人心之天理，近似於宗教提點、醒悟內在善性，並非傳播客觀知識。但他們與宗教又不盡相同，宗教在洗滌人欲之後，回歸涅槃寂靜的狀態。宋明儒學在人欲盡淨之後，還積極彰顯內在天理，將誠意正心功夫，翻轉到治國平天下之上。禪宗已逐步扭轉佛教出世傾

---

292 錢穆：《中國文化史導論‧宗教再澄清民族再融合與社會文化之再普及與再深入》，第29冊，頁198。

293 錢穆：《中國學術思想史論叢（七）‧宋明理學之總評騭》，第21冊，頁367-368。

294 錢穆：《國史新論》，第30冊，頁181。

向，宋明儒者更積極地回歸儒學治平天下的政治抱負。因此，宋明儒講「道」、講「理」，是欲以學術擔負類似宗教提點人心之功能，從而綰合宗教修身與政治用世兩端。「道學先生」不完全同於西方所謂知識份子，更接近宗教上的牧師、教士。

教育既在發明吾心本有之天理。那麼作為教材核心的典籍，便不僅是殘餘、零散的歷史知識，更是「載道之器」，研經的活動，絕不是「用科學方法整理國故」，而是「即器見道」，治經活動的前提，仍是「聖凡同類」，其心均具天理，因此通過聖人遺經，可以啟發吾人本有之天性良知。錢穆說：

> 《中庸》又接著說：「修道之謂教」，教人如何去率性，即在修明此道。《中庸》又說：「道不遠人」，在我未生以前，早有了人，便是早有了道。既是同類的人，人相同則性相同，在我以前的人，如何率性行道，已有榜樣在前。把此榜樣修明，便可教我們當前人如何去率性。[295]

「修道之謂教」，教育之目的不僅在「求知」更在「修道」，「道不遠人」，此道不在佛國天堂，而在人生日常，在聖人也在凡夫。凡人得以通過教育修道成聖的理論基礎在於「人相同則性相同」。在宋儒天人合一的觀念下，人性、人心均寓含天道、天理。「堯、舜」天生聖人，只須「率性」而為，自符合天道，所以說「率性之謂道」。一般人則須通過後天教育，學習聖人榜樣，「把此榜樣修明」，方可回復至善本性，所以說「修道之謂教」。聖人榜樣昭示於經典當中，因此研經活動，不是「用科學方法整體國故」，而是通過學習「自誠明謂之性」的少數聖人，以達「自明誠謂之教」的目的。

---

295 錢穆：《中國思想通俗講話・第二講 性命》，第24冊，頁32。

宋人尤其強調學問之道無他，在求其放心。錢穆說：

> 研究中國學術，主要不越「心學」與「史學」兩途。……都是
> 從內心處講。此內心的品德學養，即成為其人之人格境界，亦
> 即是人生真理所在。此項真理可以反求諸己，故有如宋儒所
> 云：「不識一字，亦可還我堂堂地做個人。」講學術可以講到
> 「不識一字」，此亦中國學術之獨著精神處。若不從我所謂
> 「心學」著眼，幾乎可疑此等說法不是在談學術。[296]

學術即在彰顯「聖人先得」、「我心同然」者，所以陸九淵說：「不識
一字，亦可還我堂堂地做個人。」中國學術的核心，本不在文字所表
述的客觀知識，而在「自家身心拈出」的自悟自得，所以「講學術可
以講到『不識一字』」。但錢穆固然承認學問內在人心，教育在喚醒人
本所知、本所能之良知良能，但在求學成聖的途徑上，仍較傾向倚賴
聖賢經典的啟發，以免流於空疏，所以他說：

> 陸象山乃謂：「《六經》皆我注腳。」又說：「我不識一字，也
> 將堂堂地做一人。」象山之意，偏乎從人生行為入，而看輕了
> 從識字讀書之一路。縱說是「此心同，此理同」，但若不識得
> 聖人之心與理，專從我自己心上求，怕終求不出其同處來。又
> 如象山若不讀《孟子》，怕也說不出「不識一字亦要堂堂地做
> 個人。」的那句話來呀！因此迫於末流，乃生後人所謂「高心
> 空腹」之弊。[297]

聖凡同類，「此心同，此理同」。依照陸王「心即理」的主張，似可越

---

296 錢穆：《中國歷史研究法·如何研究學術史》，第31冊，頁93。
297 錢穆：《學籥·學問之入與出》，第24冊，頁185。

過聖賢經典，窮理於心。但若依據朱熹「性即理」的看法，性雖寄寓於心，但「性」乃是體，是純粹至善，「心」雖能發用，畢竟落入形氣之中，因而，「心」所領悟者，究竟是性中之理？或者交雜人欲？難以辨明？人心、道心難以分辨？因此，陸九淵「自信其心」的求理，仍是較危險的。

錢穆較稱許朱熹倚賴聖賢經書發明吾心，在《朱子新學案·朱子論讀書法》中，錢穆推崇朱熹「為學雖不專在讀書，而不能廢讀書則斷可知。」[298]朱熹讀書之目的，仍在發明吾心之天理，[299]此與陸九淵乃同一路數，錢穆說：「象山卻不認離卻人之德性還有學問。其實偏重人生問題，偏重人之德性，亦本是宋學正統。故朱、陸異同，亦只是站在宋學正統裡面的問題。」[300]但清儒「研窮字義」，「注意了道問學，不免忽略了尊德行」，與朱熹有本質上的差別。[301]程、朱與陸、王方是一體，與清儒迥別，清儒為矯正晚明王學空窮此心之弊，倡導讀書之風，從顧炎武「經學即理學」，再一迴轉，最終發展出乾嘉「訓詁明而後義理明」，把讀書與窮理脫鉤，近乎「為知識而知識」，[302]而宋人治學的前提假設，是天人合一，天理內在吾心，其治學的活動，近似宗教滌淨人欲，修身成聖的精神。

中國傳統的教育、學術均帶有類同宗教的色彩，但基於中西文化不同的發展脈絡，錢穆反對全盤接受西方「為知識而知識」的治學宗旨，並憂心學術全然化為客觀知識的推理、論證活動，恐蹈邯鄲學步之覆轍，他說：

---

298 錢穆：《朱子新學案·朱子論讀書法（上）》，第13冊，頁692。

299 關於朱熹讀書明理的治學進路，可參見：吳展良：〈聖人之書與天理的普遍性：朱子的經典詮釋之前提假設〉，《臺大歷史學報》第33期（2004年6月），頁71-95。

300 錢穆：《中國學術思想史論叢（五）·象山龍川水心》，第20冊，頁436-437。

301 錢穆：《中國學術通義·朱子學術述評》，第25冊，頁134。

302 錢穆：《學籥·學問之入與出》，第24冊，頁185。

最近中國大學教育之偏重學術專門化，也是追隨西方的。但在西方，這一趨勢的流弊，並沒有像在中國般嚴重。這也有原因。……**在西方，尚有並未完全失效的宗教，尚有能納入於軌道的一套完整的法律，尚有社會間互相配合的種種風尚與習俗。**整個西方文化，無形中在陶冶西方的整個人生。……他們的大學教育，即使偏重在智識傳授，偏重在學術之專門化，在西方尚有全社會的文化潛力在指導著人生的嚮往，不比中國，自前清道咸以來，舊有的文化大體系，已在逐步的腐爛而解體。……整個人生失卻信仰，失卻領導，國家的法律，社會的風習，家庭的傳統，舊禮教的各方面，均已失卻了精神與力量。在中國的大學教育，其所應負的使命，顯然不能如西方近代的大學教育般，也只偏重在智識的傳授上。[303]

這段話從中西文化的差異，指出近代教育西化所生之流弊。西方大學以知識傳播、技術傳授為主，但其社會尚有隱性及顯性兩種力量，前者乃宗教對人格的教化、對人生的啟迪；後者為法律對社會的強制力。因此，即便以分科化、專精化的方式，追求知識，整體社會仍有宗教的陶育及法律的制裁。但在中國「讀書志在成聖賢」的教育系統裡，學術之要旨，不僅是擴充知識，更是提煉智慧，指引人生，澄清政治。中西學術因其社會、文化發展而有相異之使命，中國近代之學術、學校若一味移植西方，恐有邯鄲學步之弊。

在〈中國歷史上的教育〉一文中，錢穆也說：「儒家教育，其精神和效用，實可比擬西方的宗教。」[304]兩者同在教人修身以成聖賢，但又有不同，中國教育是在現世中為聖賢，所謂「人皆可以為堯、舜」，要效法堯、舜，從正心修身推向治平天下的政治大業。可以

---

303 錢穆：《文化與教育‧理想的大學教育》，第41冊，頁232-233。

304 錢穆：《中國歷史精神‧中國歷史上的教育》，第29冊，頁108。

說，中國教育，即是以經典知識美化人生，由善人開啟善政，是
「文」（經典知識）、「體」（道德）、「用」（政治事功）兼備的「明體
達用之學」。而西方宗教則寄託於另一個世界的天國。[305]「西方人因
有他們的宗教，故可推行他們近代的國家教育，而不致有什麼流
弊。」[306]因此，若否定傳統經典的價值層次，僅以之作為歷史的材
料，將經學史料化，經學的意義僅記載歷史發展之事實，那麼在欠缺
共通宗教情感的情況下，事實之上的價值層次，又寄託於何處？

　　韋伯（Weber, Max, 1864-1920）在〈學術作為一種志業〉中強調近
代西方學術與宗教的差異，宗教通過來世彼岸的想像，為現世人生確
立一套價值，而學術則是「去價值化」，僅就事實層面，提供科學化
的、經得起邏輯檢證的答案。個人面對多元紛呈的事實，應當如何持
守價值標準以為取捨，並非學術之任務。[307]韋伯說：「學問是一種非
宗教的力量，今天已沒有人會在心底懷疑。」[308]確立人生的意義與生
命的價值，是宗教的社會功能，學術研究不是價值判斷的活動，它僅
通過邏輯論證，使人理智清明。施路赫特（Wolfgang Schluchter）評
價韋伯「價值中立」主張時，說：「韋伯宣稱……學術不能為我們指
引通往真實存在之路，……或是通往真實幸福之路。基本上，學術唯
有作為經驗知識，方有成果可言。但要成為經驗科學，它必須有意識
地斷念於提供意義。……這引起一個問題，誰來取代學術的位置提供
意義？首先出頭的，是一個一直在分配意義的權威：救贖宗教。」[309]

305　錢穆：《中國歷史精神·中國歷史上的教育》，第29冊，頁107。
306　錢穆：《中國歷史精神·中國歷史上的教育》，第29冊，頁108。
307　〔德〕韋伯（Weber）著，錢永祥編譯：《學術與政治·學術作為一種志業》（臺
　　北：遠流出版社，1991年），頁131-167。
308　〔德〕韋伯（Weber）著，錢永祥編譯：《學術與政治·學術作為一種志業》，頁
　　149。
309　〔德〕施路赫特（Schluchter）著，錢永祥、顧忠華譯：〈價值中立與責任倫理──
　　韋伯論學術與政治的關係〉，收入《學術與政治》，頁105-106。

在西方，宗教與學術分別擔負價值信仰與事實檢測兩種不同的功能，
兩者互補相成。宗教是通過來生的信仰，確立今生的終極意義。儒學
是去掉來世的那端，直接賦予今生意義，《周易》所說的「生生」；
《論語》所說的仁者境界；《孟子》所謂的「大人」，都是設定人生
的價值，而不是檢測事實。一旦中國學術完全化為不帶價值判斷的客
觀科學知識，那麼，在宗教氛圍較淡薄的社會裡，又有何種資源供人
們安身立命？

　　又中國社會的教師，擔負近似西方牧師、教士的身分，傳道是傳
堯舜之道、授業是授周公孔子之業，解惑是透過經書中，古聖賢與我
心同感的大智慧，解答生命的疑惑。師儒不僅是知識的提供者，更是
生命的導師。但韋伯卻指出：「教師不是領袖或生命導師。」[310]「教
師能處理的這些問題，仍然不脫技術人員所處理的問題。」且「沒有
美國青年人，會讓他的教師賣給他一套『世界觀』，或者一套操持自
己生命的標準法則。」[311]在西方，教師所傳授者是如何獲取謀生所須
之知識技能，而非如何經營美好人生、如何安定身心等「操持自己生
命的標準法則」，是牧師（而非教師）之職責。韋伯又說：「如果托爾
斯泰在諸君之間起立，再度發問：『既然學術不回答我們應該做什
麼？我們應該如何安排我們的生命？……那麼有誰來回答？』……答
案是唯有一位先知或者救世主，才能答覆這些問題。」[312]在中國文化
裡，師儒是任重道遠的士人，以弘揚道義為己任，近乎「救世主」的
角色，而僧、道乃方外之人，師儒方是以躬身實踐的方式，樹立「立
人極」的榜樣，且從「義命分立」的角度，鼓勵人掌握自我的力量，

310 〔德〕韋伯（Weber）著，錢永祥編譯：《學術與政治‧學術作為一種志業》，頁
　　159。

311 〔德〕韋伯（Weber）著，錢永祥編譯：《學術與政治‧學術作為一種志業》，頁
　　161，159。

312 〔德〕韋伯（Weber）著、錢永祥編譯：《學術與政治‧學術作為一種志業》，頁
　　163。

積極面對人生的無奈，使生命不再是荒謬的存在。一旦「師儒」化為「學者」，宗教淡薄的文化裡，又由何人擔任生命導師？

所以錢穆著眼中西文化的不同，弘揚帶有宗教色彩的宋學，主張以學術作為修身的資源，以講學啟迪人心，自有其深心所在，但若我們不為尊者諱，也必須指出，錢穆這樣的立場，使學術喪失清明、理智的思維，無法客觀呈現紛雜的事實，而後從選擇、批判中，得到最理想的價值觀念。

三　中國政治擔負宗教的功能

「明體達用之學」，以「經義其體」、「時務其用」的完備體系，通過經書義理陶育執政者的道德人格，再由善人出而從政，「本經義推之政事」的宋學，「有體有用有文」，以「文」（經典知識）為中介，聯繫道德與政治的體用關係。

天人合一、天賦善性的觀念下，天道寓於人心，心即天理之所會聚。所以人與超越的精神實體的溝通，倚賴的是「人心」，而非宗教或靈媒。因此，人們認為「修德」可感通天道，是政治理亂的基礎。早在《論語》中便有「為政以德，譬如北辰，居其所而眾星共之。」[313]的觀念。《左傳》中說虞公與宮之奇的論辯，最後的重心，落在人間的政權如何取得超越的天的庇蔭。宮之奇說：「臣聞之，鬼神非人實親，惟德是依。故《周書》曰：『皇天無親，惟德是輔。』又曰：『黍稷非馨，明德惟馨。』又曰：『民不易物，惟德繄物。』如是，則非德，民不和，神不享矣。神所憑依，將在德矣。」[314]執政的自我的修德，並且「子率以政」，以身作則教化百姓，使百姓亦能返歸天賦至

313　《論語注疏》，周何主編：《十三經注疏分段標點》（臺北：新文豐出版公司，2001年6月），第19冊，頁37。

314　《左傳》「僖公五年」，周何主編：《十三經注疏分段標點》，第13冊，頁533-534。

善之性,此乃是政治理亂的樞紐。[315]這便是《大學》所說的:「自天子以至於庶人,一是皆以修身為本。」[316]天道寓託於人心,天理既在宇宙之間也在吾心之內。則「天下有道」的政治理想、「合理」的政治秩序,不假外求諸上帝,而是內發於個人心性之端。「天道」、「天理」既可在「盡性」中,由「心」契悟,則個人的「心靈秩序」即可外顯為「合理」的「政治秩序」,此即「天人合一」、「內在超越」。[317]這種「心性之端」與「治平之道」一體連貫的思想,在宋代得到前所未有的推闡,具體的表現,是《大學》地位的抬升。[318]《大學》三綱領以個體心性的「明明德」,推為政治事業上的「新民」、「止於至善」。八條目則昭示格致誠正的心性修養,乃治平天下的大本大源。錢穆對此內聖外王,體用不二的《大學》「八條目」更是念茲在茲。[319]政治理亂之基礎,在心性之純化,而心性所以能化歸於善,則因其本於天賦,此乃「天人合一」理想的落實。所以,錢穆在〈略論中國政治學〉中說:

> 此下昌言中國傳統政治哲理者,最備於《小戴禮記》中之〈大學〉篇。首謂大道「在明明德,在親民,在止於至善。」此為

---

315 參見余英時:《論天人之際:中國古代思想起源試探》(臺北:聯經出版事業公司,2014年),頁235-248。

316 《大學》,周何主編:《十三經注疏分段標點》,第12冊,頁2447。

317 參見張灝:〈宋明以來儒家經世思想試釋〉,頁3-19。林毓生:《政治秩序與多元社會・兩種關於如何構成政治秩序的觀念》,頁6-8。

318 參見張灝:〈宋明以來儒家經世思想試釋〉,頁13。

319 錢穆對《大學》「八條目」再三致意,迭有稱引。如:錢穆:《中國思想通俗講話・第二講 性命》,第24冊,頁48。錢穆:《中國學術通義・中國學術特性》,第25冊,頁239-240。錢穆:《中國文化史導論・中國文化之地理背景》,第29冊,頁18-19。錢穆:《國史新論・中國文化傳統中之士》,第30冊,頁200。錢穆:〈如何探究人生真理〉、〈中國人生哲學 第一講〉兩文均收入《人生十論》,第39冊,頁68-69,162-163。

三綱領。又有八條目曰：「格物、致知、誠意、正心、修身、齊家、治國、平天下」其實三綱領只是一綱領，即「明明德」。親民即是明明德，亦即是至善，非有他矣。八條目中，最先「格物」一目，最起爭議。實則《易繫詞》所謂「開物成務」之「物」。朱子注：「物，猶事也。」此「事」字亦即《易繫詞》開物成務之「務」。「格」字可有兩義，一為限止義，一為標準義。政治乃人群中最大一事務，寧有不接觸實際事務之政治。凡事則必及物，又烏得有空無一物之事。事物則隨時隨地有變。……非實際接觸又何知所以為應。則惟僅憑己心，又必格物致知，而後誠意正心以應，此即所謂明明德。非親民則亦何以明此明德，明德即至善之標準。孔子曰：「子率以正，孰敢不正？」心正而身修，則齊家、治國、平天下之道一以貫之矣。……故「心性之學」，乃為一切事之本源，亦為一切事之中心，……後代中國人，則稱此曰「理」。[320]

中國政治哲理在〈大學〉三綱領及八條目。「其實三綱領只是一綱領，即『明明德』」，政治即是執政者發明秉受於天的光明德性，教化萬民，人人均回歸天賦善性，此即「止於至善」，宇宙間最高的「善」落實於人間，天人合一，政治秩序即體現最高之「善」。而八條目始於格至誠正等「內聖」層面，以「修身」、「齊家」為樞紐，聯繫治國、平天下的外王事業。「格物」之「物」，當解做倫物、事務，因為「政治乃人群中最大一事務，寧有不接觸實際事務之政治。」此等事務雖存於身外，但應變處理之道，卻須時時反溯己心，「而後誠意正心以應」，否則失卻吾心良知的判準，政治僅是霸王用世之術。所以說，政治的基礎在「明明德」，在「心正」，在「心性之學」，「後

---

320 錢穆：《中國學術通義‧略論中國政治學》，第25冊，頁220-221。

代中國人，則稱此曰『理』」，政治的本源即在內心之「天理」，執政
者發顯心中天理，「子帥以正」，教化萬民，天下自然「孰敢不正」。
這使中國政治擔負近似宗教的教化功能。

錢穆又說：「人心義理與宇宙天理，乃同心圓的關係，可憑各自
的己心通他心，又可以通物、通天。此一小圈，可以回歸到最高最外
一大圈而同其廣大，同其精徹，同其神妙。故人類文化之終極理想，
中國古人則稱之曰「天人合一」。[321]」「天人合一」的架構下，人心包
舉宇宙，此心此理，即天心天理，故可通乎他心、他物，而與宇宙間
最高法則「同其精徹，同其神妙」，因而政治、文化之終極理想，即
在發揚此心、此理。人間政治與超越性的「天道」聯繫，則政治帶有
近乎宗教的色彩。

西方歷史有政教分離的傳統，西方人說：「凱撒之事由凱撒管，上
帝之事由上帝管」，政治運作與宗教教化分離，前者倚賴法律的制衡，
後者祈求上帝的救贖。但宋明以後之儒學，尤其強調內聖、外王體用
不二。其學術、教育類似西方宗教啟迪內在道德的功能，執政者涵養
經書義理，自淑淑人，教化百姓，外王事業自能水到渠成，這就是
「本經義推之政事」、「經義其體」、「時務其用」的「明體達用之學」。
所以政治也成為一種近乎宗教的教化活動。中西政治既有其不可比附
之處，[322]那麼，在宗教氛圍較淡薄的中國，政治應否全盤西化？

---

321 錢穆：《世界局勢與中國文化‧中國人之宇宙信仰及其人生修養》，第43冊，頁87-
88。

322 本文不將中西政治之差異，簡化為「政教合一」（union of religious and political）或
「政教分離」（unification of state and the church），因此一概念源自西方特殊的文化
語境，未必契合中國歷史的發展。大體而論，「政教合一」指世俗王權與教會權力
有所交涉，依其結合型態，有寬嚴不同：較寬鬆的態樣，是教廷對王權的認可，以
及分享世俗之徵稅權；最緊密的態樣，則是政治領袖與宗教領袖合一，宗教戒律成
為世俗法律的精神依據。而「政教分離」出於宗教改革後，宗教專司「靈」的層
面，世俗政治由法律所規範。國家對任何一種宗教性的世界觀保持中立，以維護人
民之信仰自由。此部分可參見：〔日〕大西直樹編，歷史のなかの政教分離：英米

因此錢穆說：

> 歐洲中古時代政教之判分，……政治聯權僅止於掌管處理分
> 配，而教化指導之責，不得不仰賴於教會。[323]

> **西國宗教之與法律足以相輔而相成**，除法律外無正義，除宗教
> 外無教訓。至其學校與教師，則其地位遠不得與法庭律師、教
> 堂牧師相比擬。[324]

西方「政教判分」，政治是以法律分配、協調人民的權利，並節制執
政者的權力。但西方人並非「徒法自行」，「西國宗教之與法律足以相
輔而相成」，社會運作的力道，除了法律外，尚倚賴宗教的教化之
功。宗教陶育人格的功能更重於學校傳播知識的影響。「使無宗教尊
嚴，人生一出青年期，畢業大學校，移身社會，即已為一無所受教之
人」，「凡今西國所以不盡然者，宗教之為功。」[325] 西方人的學校教
育偏向知識的傳授，宗教方是淨化靈魂、提升性靈之所在。西方社會
所以未墮入權力的傾軋、財富的競逐，是因「宗教之為功」。

　　而中國傳統政治本就帶有近乎宗教的教化精神，因此，錢穆又說：

におけるその起源と展開，東京都，彩流社，2006年。

中國歷史上雖然也有「沙門不拜王者」的爭議，相對於西方教會積極干預王權，
佛、道對於俗世塵務，採消極否定態度。儒學雖為「內聖外王」之學，「內聖」近
似宗教修身功夫，但其「求理於內」不同於宗教向我心之外的神靈祈禱。錢穆所
要表達的觀念僅是：相對於西方人將個人修身與大群政治，分屬內在宗教與外在
法律，儒學貫通格致誠正與修齊治平，使政治兼含教化功能。而此與西方所謂
「政教合一」仍有不同。

323 錢穆：《政學私言・中國傳統政治與儒家思想》，第40冊，頁128。

324 錢穆：《政學私言・中國人之法律觀念》，第40冊，頁238。

325 錢穆：《政學私言・道統與治統》，第40冊，頁91。

> 吾國自古政治，……政術、人心、天道，往往合一言之，政治
> 在能「上本天道，下符人心」。……故王者為眾心所歸往，而
> 又曰「內聖外王」。蓋吾國自古政治，即已兼盡宗教教育之
> 任，故西國政教兩剖，有政治不可無宗教。中國則政教一治，
> 政治即已盡宗教之職能。[326]

我國自古之政治「政術、人心、天道，往往合一言之」，政治的基
石，而在於發明人人心中天賦之善性，寓外王志業於內聖基礎之上。
這近似宗教啟迪性靈之功效，所以說「吾國自古政治，即已兼盡宗教
教育之任」。但在西方，誠如洛克（Lock）在《論宗教寬容》中所
說：「法律的責任……在於保障國家和每個具體人的人身與財產的安
全。……真理不是靠法律教誨的。」[327]政治僅是以法律協調彼此利
益，換取集體人身、財產安全等更大之利益。至於真理的追求，屬宗
教領域，非法律功能。西方雖「政教兩剖」，但「有政治不可無宗
教」，在法律制衡之外，尚倚賴宗教教化之功。則富含宗教色彩的中
國政治，能否盡彷西方尚法為治？

因此錢穆進一步從中西文化傳統，說明中國政治何以不可學步西
方，走向法律制衡，他說：

> 又如「自天子以至於庶人，一是皆以修身為本」。這是《大學》
> 書裡的一句話，……修身就是講一個做人的道理。人人都該講
> 一個做人的道理，亦就是中國教育主要所講的。哪裡是專要你
> 做一個國民呢？……西方教育中有宗教一項，從小孩到老人，
> 每禮拜要進教堂，這是西方教人做人所在。中國沒有宗教，是

---

326 錢穆：《政學私言·中國傳統政治與儒家思想》，第40冊，頁132。
327 〔英〕洛克著，吳雲貴譯：《論宗教寬容：致友人的一封信》（北京：商務印書館，
1982年），頁34-35。

講孔子之道的。孔子稱為至聖先師，皇帝亦要祭孔。……師教學生，主要就在教「做人」。現在我們西方化了，人變成了公民，主要是教你遵守法律。……但有法，沒有人，是不行的。**中國人一向更不主張專以法律治國。沒有說政治是該重法律的**。……**西洋人講法治，從他們的文化傳統講是對的。但中國人另有一套做人的道理，單講遵守法律，是不夠的。這是中西雙方文化不同**。[328]

錢穆又接著說：

耶穌說「凱撒的事凱撒管」，所以他們政教分。……他們的民主政治必有憲法，亦是用來限制政權的。[329]

中西雙方文化不同，西方人之「民主政治必有憲法」，其以憲法拘束執政者之權力，保障民權，這是因為「他們政教分」，「凱撒的事凱撒管」，「上帝的事上帝管」，人間政治與宗教境界剖分為二。但西方人並非「徒法為治」，其社會仍倚賴宗教教化之功。西方經歷宗教改革後，國家即便掌握一部分的教育權，但仍未完全取代宗教教育，因為學校所謂之「授業、解惑」偏向科學性知識體系，且以培養守法公民為目標。至於「傳道」的境界，仍須倚賴宗教就最高之「道」給予啟示，[330]「西方教育中有宗教一項，從小孩到老人，每禮拜要進教堂，這是西方教人做人所在」。西方政治著重法律制衡，但社會尚輔以宗教教化。而「中國沒有宗教，是講孔子之道的」，儒學乃立己立人、成己成物之學，雖非宗教，但有類似的教化之效。因此「中國人一向

---

328 錢穆：《人生十論》，第39冊，頁165-166。

329 錢穆：《人生十論》，第39冊，頁167。

330 錢穆：《政學私言・道統與治統》第40冊，頁89-90。

更不主張專以法律治國。沒有說政治是該重法律的」，傳統政治的核
心，不在法律制衡，而是風行草偃、修己以安百姓，是一種教化活
動。若政治大幅西化，尚法為治，在沒有西方宗教相輔相成的情況
下，恐怕橘逾淮為枳。「西洋人講法治，從他們的文化傳統講是對
的」但「中西雙方文化不同」恐怕不宜全盤移植。

韋伯〈政治作為一種志業〉中指出，政治所需要的是「心志倫
理」與「責任倫理」，[331]而非宗教上的道德，因為宗教在成就聖人，
而政治面對的是充滿壓迫、衝突的各種體制。這是兩個截然不同的領
域。以宗教道德來處理政治事務，則所有機制都難以運作。[332]但如前
述，中國文化脈絡下，政治即是一種道德教化，而法律則是執政者輔
助教化的工具。西方人則反之，法律作為人民約束執政者的利器，因
此，西方近代興盛的自由主義政治思想，強調國家必須對所有道德價
值保持中立，尤其不可以法律確立善惡是非的觀念，羅爾斯（Rawls,
1921-2002）《正義論》（ *The Theory of Justice* ）把法律上的「正義」，
與宗教上的「善」區隔開來，避免某一種源自宗教或特定歷史背景的
倫理價值，影響法律公正性。[333]法理學家德沃金（Dworkin, 1949-
2005）指出，自由主義者主張「政府必須對於所謂的『美好人生』問
題保持中立。」因為「什麼是美好人生」是宗教的永恆追求，而非政
治的職責，所以政治不是將人民教導成「真正有智慧的人」，[334]畢
竟，「智慧」的啟迪是神職人員（而非政治領袖）的使命。威爾·金
里卡（Will Kymlicka）也說：「國家不應當褒貶特定的好生活觀念，

---

331 「心志倫理」指作成政治決策的動機；「責任倫理」指作成政治決定的效果。

332 〔德〕韋伯（Weber）著、錢永祥編譯，《學術與政治·政治作為一種志業》（臺
　　北：遠流出版社，1991年），頁225-228。

333 〔日〕平也仁彥、龜本楊、服部高宏著：《法哲學》（有斐閣：2013年初版，16刷），
　　頁169-172。

334 Ronald Dworkin (1978). Liberalism.Stuart Hampshire (ed.), *Public and Private Morality*.
　　(UK: Cambridge University Press) p.127。

而應當提供不同的和潛在地衝突的善觀念能夠在其中被追求的一種中立的框架。」[335]政府的責任，不在指導人民過著清高美好的生活（那是教宗的責任），因此不當通過法律，確立善惡觀念，但既然沒有善惡的觀念，則國家在作成某些政治決策時，勢必涉及價值層次的選擇，如何從各種價值中，抉擇出某一種可能屬於善的立場？解決之道，是國家「應當提供不同的和潛在地衝突的善觀念能夠在其中被追求的一種中立的框架。」此時需要設計一套完備的程序，使各種善惡是非各異的價值觀，彼此競爭，而後某種價值觀最後取得勝利。這就是西方憲法上所說的「正當法律程序」（procedural due process）。泰勒（Charles Taylor, 1931-）批判羅爾斯忽略了實際生活的具體的善，把關注焦點放到法律程序上。[336]桑德爾（Sandel, 1953-）批判羅爾斯時說：「羅爾斯的自由主義與我在《局限》一書中所提出的觀點之間的爭執關鍵，不是權利是否重要，而是權利是否能夠用一種不以任何特殊善生活觀念為前提條件的方式，得到確認和證明。爭論不在於是個體的要求更重要，還是共同體的要求更重要，而在於支配社會基本結構的正義原則，是否能夠對該社會公民所信奉的相互競爭的道德確信和宗教確信保持中立。」[337]在西方，政治領域的「合法」，與宗教領域所謂的「善」，彼此脫鉤，甚且刻意保持距離。西方近代盛極一時的自由主義政治思想，強調政治領域的「正義」，不受何種宗教道德觀的干預，「不以任何特殊善生活觀念為前提條件」，它必須以憲法所建構的一套完整程序（「正當法律程序」）「對該社會公民所信奉的相互競爭的道德確信和宗教確信」擇一作為政治決策的內在精神。選

---

335 〔加〕威爾·金里卡著，應奇、葛水林譯：《自由主義、社群與文化》（上海：上海譯文出版社，2005年），頁245。

336 〔加〕查爾斯·泰勒（Charles Taylor）著、韓震等譯：《自我的根源：現代認同的形成》（南京：譯林出版社，2001年），頁135。

337 〔美〕邁克爾·J·桑德爾著，萬俊人等譯：《自由主義與正義的局限》（南京：譯林出版社，2001年），頁2。

擇的正當性，繫諸程序的完備與否，與宗教信仰無涉。

　　西方政治對一切道德價值，保持中立，不似中國把政治視為一種道德教化，但西方人僅是不以法律作為道德教化的工具，**絕非不重視道德教化**，它們尚有宗教擔負道德教化的功能。甚至，在政治與宗教益加隔離後，學術僅是理智的客觀知識，人群生活的政治秩序，高度仰賴法律的建構，道德感、人生觀的價值層次，也面臨荒疏的窘境，於是又開始重視宗教的功能。美國法學家伯爾曼（Harold J. Berman，1918-2007）在《法律與宗教》一書中說：

> 法律都須要藉助人關於神聖事物的觀念，其目的部分是為了使人具有為正義觀念而獻身的激情。[338]

> 在最高水準上，正義與神聖同為一物。[339]

政治不能僅依賴形式的、外在的法律，尚須倚恃實質的正義感、高尚的道德觀，如此人們才願意守法且為正義獻身。而這種正義感、道德觀源自於「人關於神聖事物的觀念」。換言之，源自宗教的神聖境界。法律惟有結合「正義與神聖」，才能維繫人們對價值秩序的信仰與服從。所以說：「法律與宗教既是不同的社會經驗，又須辯證地統一起來」[340]。

　　然而，在宗教淡薄的中國文化語境下，政治若僅依憑法律，而完全卸除教化的功能，則提升社會的力道又何在？因此，北宋胡瑗所開創的「明體達用之學」，「時務其用」必訴諸「經義其體」，以經書作

---

338 〔美〕伯爾曼著，梁治平譯：《法律與宗教》（北京：生活・讀書・新知三聯書店，1991年），頁62。

339 〔美〕伯爾曼著，梁治平譯：《法律與宗教》，頁157。

340 〔美〕伯爾曼著，梁治平譯：《法律與宗教》，頁157。

為陶育人格，成己成物的資源，將政治的理亂，植基於個人道德的充沛，使政治具有近似宗教的教化功能，這自有其深刻的意涵。錢穆在《中國近三百年學術史》「引論」說：「本經義推之政事，則仍北宋學術真源之所灌注也。」[341] 道德、政治體用不二的宋學，具備強烈宗教色彩，之所以得其青眼相看，自是適應中國特殊的文化脈絡，非僅門戶偏私之情。

〈宗教在中國思想史裡的地位〉一文中，錢穆說：

> 今天的中國人，對自己本有的一切都拋棄了，但新的宗教思想又不能建立。維持社會人心的，實在還是「天理」二字。[342]

「明體達用」的宋學，「有體有用有文」，以「性即理」、「心即理」的概念，彌補了中國文化淡薄的宗教精神，一旦把文（知識）、體（道德）、用（政治）裂變為各自獨立的領域，在難以移植西方宗教的情況下，淨化人心、提升社會的資源將無從尋覓。錢穆所以昌明宋學，並非僅入主出奴的門戶之見，其永恆的關懷在於：中國文化不當作為普遍性、世界性文化體系的註腳，其有自身的殊別性、獨特性，以「天理內在人心」為前提預設的宋學，仍是今後維繫中國社會、引領世道人心的最重要的精神資源。

錢穆認為「天人合一」、「天賦善性」等近似宗教的信仰，經宋儒弘揚之後，對中國學術、政治有莫大的影響，「明體達用」的宋學於焉發皇滋長，哺育此後之中國學術，他推崇宋學，背後更深刻的關懷在於中西文化不能類同，政、學大幅西化，是否橘逾淮為枳？

---

341 錢穆：《中國近三百年學術史》「引論」，第16冊，頁8。
342 錢穆：《世界局勢與中國文化・宗教在中國思想史裡的地位》，第43冊，頁291。

中編
錢穆論清代「學術」

　　梁啟超說:「有清一代學術,可紀者不少;其卓然成一潮流,帶有時代運動的色彩者,在前半期為『考證學』;在後半期為『今文學』。」[1]考據學有一種近乎純知識的興味,而常州今文學則反之,具強烈的致用色彩。但其急於變制立法,較輕乎人心道德的涵養,重「用」輕「體」。「明體達用之學」乃知識、道德、政治合一的體系,而清學的這兩個階段,卻有知識獨立,道德與政治脫鉤的傾向,錢穆對之批判,帶有當身時代的意識,其著眼點是,欠缺嚴格意義上的宗教的中國,學術擔負近似宗教之修身,以及淨化政治的功能,西方知識、道德、政治分裂的模式,套用於中國,恐怕橘化為枳。以下兩章試論錢穆如何討論清代考據學與常州今文學。

1　梁啟超:《清代學術概論》「自序」,頁3。

第貳章

人文「科學」或「學科」？
——論考據學*

問題緣起：科學／反科學之外的新視角

　　錢穆所謂的「宋學」，是「明體達用」之學，是「有體有用有文」的完備學術系統，[2]「文」（經典知識）並非本身的意義，而是作為發明良知本體（「體」）的憑藉，士人研經以成德，之後成己成物，開展政治事功（「用」）。換言之，「文」並非今日所說的「純學術」。錢穆評價考據學的判準，正是「文」能否脫離「體」、「用」之外。更深一層地說，「明體達用」的「宋學」，指導個人修身以迄人群政教生活，「文」可說是傳統人文學的總結晶。而研究經典（文）是否如同研究自然界的諸般因果律（例如：水的浮力、樹木的年輪），可採用完全相同的態度、方法？

　　清代考據學具有濃厚的科學色彩，也頗有幾分「純學術」的特色，錢穆對之並無好評，關於其詮解考據學的視角，現有文獻已有詳析地探究。或者以漢宋成見解釋之，[3]又或者把錢穆、胡適、梁啟超

---

* 作者將發表〈「為知識而知識」或「為人生而學問」——錢穆對清代考據學之評價〉於李帆、黃兆強、區志堅主編：《重訪錢穆》（秀威資訊，2021年），該文與本章之論述方向、使用資料均有不同處。

2 參見第壹章。

3 如：朱維錚說：「梁著《中國近三百年學術史》……那主線便是漢學『以復古為解放』……，錢著《中國近三百年學術史》，……另行勾畫了一幅圖景，實際寫成的是清代『宋學』史，其書的學術價值也因此彰顯。（朱維錚《求索真文明——晚清學術史論》，上海：上海古籍出版社，1997年），「題記」，頁5-6。）汪榮祖說：「錢惡樸學之鄙宋攻朱，頗多譏評。」（汪榮祖：〈錢穆論清學史述評〉，頁99。）羅志

論考據學之異同，視為「推崇科學」與否；[4]偶有論及錢穆對「為學術而學術」之風氣不滿者，多歸因於民族危機下學術經世的外緣因素。[5]似未就學術由「信仰」向「知識」轉型的內在理路，分析錢穆對清代考據學的批評。錢穆並不反對「科學」，他肯定物質文明，[6]對善用科學方法的考據學，所以無好感，以「持守宋學」、「反對科學」解釋之，恐怕過分簡化。錢穆何以負面評價考據學，這應當就1998年聯經出版公司《錢賓四先生全集》相關論著，更具體地追溯，其如何回應民國以來「學術」類型轉換。質言之，是以人文學為核心的傳統學術，能否「科學化」，從人文「學科」變質為人文「科學」的問題？

人文學（Humanities）是來自西方的概念，指以人類自身及人類社會為研究對象的學科，含宗教、哲學、史學、藝術、文學、政治學、倫理學等門類。傳統學術無所謂「人文」與「自然」之分，「大學之道」所謂的「格物致知」，是「求諸心」而不「求諸物」，最後仍歸結為「吾心全體之大用」，換言之，對自然世界的考察，並非以客觀追求物理為第一要義，僅是個人之「修齊」、人群政治之「治平」

田：〈道咸「新學」與清代學術史研究——《論中國近三百年學術史》導讀〉，頁5-15。文中探究民初幾本清學史論述的視角，指出章太炎、劉師培之清學史論述，以乾嘉漢學為正統。梁啟超、錢穆分別承繼道咸新學中的今文學及宋學系統。

4　如：曾昭旭：〈論王船山在學術史上之地位問題——兼論清代學術之性格與梁著、錢著《中國近三百年學術史》之觀點〉，頁1-6。胡文生：〈梁啟超、錢穆同名作《中國近三百年學術史》之比較〉，頁157-162。較近期的有：王慧茹：〈梁啟超、錢穆《中國近三百年學術史》寫作範式探析〉，頁56-62。張冠茹：《梁啟超、錢穆對清代學術史的研究比較——以《中國近三百年學術史》為核心》（高雄：中山大學中國文學研究所碩士論文，2012年）頁43-46。。

5　如：丘為君：〈清代思想史「研究典範」的形成、特質與義涵〉，頁451-493。劉巍：〈二三十年代清學史整理中錢穆與梁啟超胡適的學術思想交涉——以戴震研究為例〉，頁63-72。李長銀：〈錢穆清代學術史的寫作歷程與轉變——從《中國近三百年學術史》到《清儒學案》〉，頁32-40。

6　錢穆：《國學概論》，第1冊，頁411。錢穆：《現代中國學術論衡‧略論中國科學（二）》，第25冊，頁75。

的手段。所以錢穆說「中國傳統文化，以『人文精神』為中心」。[7]但西方所謂的Humanities除了指人文「學科」（field of studies）外，卻有更多時候指追求客觀知識的人文「科學」（Humanities science）。[8]牟宗三也指出，蘇格拉底、柏拉圖、亞里斯多德所關注的題材，雖由自然轉向人事，但「他們都以對待自然的方法對待人事，採取邏輯分析的態度，做純粹理智的思辨。把美與善作為客觀的求真對象，實與真正的道德無關。」[9]西方的哲學、倫理學、政治學、歷史學等與人類自身有關的學問，偏向知性思維的產物，與自然科學相同，是外於人類本身的知識，而非訴諸直觀的道德體驗。[10]因此，亦可名之為人文「科學」，拉丁文中的Scientia原意為「知識」，「亦即對於各個事物求得之知識組織成為系統，而求其間共通存在之理。」[11]凡系統性的知識，不問屬自然或人文領域，均屬科學。錢穆在〈人文與自然〉中，指出西方將「人文」與「自然」類同，則人如同自然界的礦物、生物，「唯物思想氾濫」，學術喪失引領人心的力量，「依然要回頭乞靈於中世紀的宗教。」[12]所以錢穆在〈如何建立人文科學〉中說：

　　一是「價值觀」，一是「仁慈心」，此乃為建立人文科學[13]所必

7　錢穆：《中國學術通義・四部概論》，第25冊，頁3。

8　項退結編：《西洋哲學辭典》（臺北：國立編譯館，1976年），頁29-31。

9　牟宗三：《中國哲學的特質》（臺北：臺灣學生書局，1982年），頁9。

10　方朝暉：《「中學」與「西學」──重新解讀現代中國學術史》（保定：河北大學出版社，2002年），頁7-8。

11　關於科學的定義，參見永井潛著、黃其詮譯：《科學總論》第1章（臺北：臺灣商務印書館，1967年）。

12　錢穆：《湖上閒思錄》，第39冊，頁3。

13　錢穆此處雖用「人文科學」一詞，但其人文理想並非西方意義下的「科學」，古希臘語中，「知識」與「科學」是同義語，寫法都作"epistēmē"與主觀意見「doxa」相對立。所謂science是指通過邏輯論證而獲致的普遍性知識，因此其範疇不僅限於自然科學，還包括我們今日所說的人文、社會科學。換言之，就西方學術而言，「科學」的判準，不是取決於研究對象，而是由研究方法所決定，通過嚴格邏輯方法所

備之兩要件。但若把此番話向近代西方自然科學界的學者們講，他們將不肯領受。這還不要緊，可惜的是西方人領受此一番理論的，又必是一位宗教家。如此則又將把人文科學領回上帝的管束，人文科學仍不得如理想般建立。

要尋求一種心習，富於價值觀，富於仁慈心，而又不致染上宗教色彩的，而又能實事求是向人類本身去探討人生智識的，而又不是消極與悲觀如印度佛學般只講出世的，那只有中國的儒家思想。現代人都知道儒家思想不是宗教，……儒家思想與我們理想中所要建立的人文科學很接近，他具備了想要建立人文科學所必需的幾個心習。儒家的很多理論，將來必為新興的人文科學所接受。我們現在正一意向西方學習自然科學，我們也應該就我們所固有的來試驗建立「人文科學」，好對西方人作一番回敬的禮物。[14]

儒學是「價值評估」的層次，而非「事實真偽」的問題。其要義不在追求可反復驗證而得其確解的普遍性知識，而是透過人生實踐、生命體驗而確立的價值觀。因此，其檢證學術的方式，不必然是排除主觀情感的理性思維，更可能是與外物怵然感通的「仁慈心」。儒學與西方「自然科學化」的「人文學」不同，儒學是「生命的學問」，是「以啟發人之理性並指導人通過實踐以純潔化人之生命而至其極者」[15]之學。儒家講「立志」、「覺悟」在在指向氣質之性的轉化，講「忠

求得的「事實」（而非「價值」）就是「科學」，不問其研究對象究屬自然界或人文社會領域。錢穆既然主張人文領域須具備「價值觀」與「仁慈心」，則就嚴格意義上來說，不能稱之為「科學」。詳見方朝暉：《「中學」與「西學」──重新解讀現代中國學術史》，頁241，259，300-322。

14 錢穆：《文化與教育‧如何建立人文科學》，第41冊，頁169-170。

15 牟宗三：《圓善論》（臺北：臺灣學生書局，1985年）「序言」，頁II。

恕」、「絜矩」、「立人」、「成物」莫不是本於自我之「仁慈心」推己及人而後促成人群社會的和諧秩序。而西方人文學欠缺「價值觀」與「仁慈心」，重視客觀知識的推求，無法提供安身立命的歸宿。所以，西方人不得不在學術之外，另乞靈於宗教，但彼岸來世之說，難免消極意味。因此，錢穆主張，論自然科學，當以西方「為知識而知識」為標竿，論人文學，則儒學以「仁心」為圓環的價值系統，才是值得效法的。

儒家思想既是當今人文學的典範，而《六經》也是中國人文精神的總根源，理當不應向自然科學類化。但清代考據學對於傳統經史施以考證的功夫，近乎把經史建設為一門憑藉理性認識、論據檢測的科學，似乎以自然科學求真求是的標尺，衡定人文領域的價值，頗效西方所謂的人文「科學」。錢穆並非未見清儒所具備之科學精神，他反對的也非科學本身，而是痛惜清儒治經，將堪稱人文典範的儒學，化為「科學」。以下試申論之。

第一節　「為人生而學問」：錢穆理想的人文學術

在〈學問與德行〉中，錢穆區分學術之兩大分野，

> 大要而言，一切學問，該可有兩大分野：一「自然學」，一是「人文學」。此二者對象顯然不同。自然學之對象，乃在人類自身之外面。而人文學所講，則即是人類本身，或可說乃在人類自身之內部。[16]

學問有內、外兩種分野，一種是外於人的「自然學」，另一則是「人

16　錢穆：《中國學術通義·學問與德行》，第25冊，頁347。

類自身之內部」的「人文學」。前者完全與人的喜怒哀樂，忠孝節義無關，屬外向知識的探索。後者既內在於人類，研究對象與人的血脈相連，生氣相感，是生命與生命之間的對話，很難完全完全比照自然科學，將其類推向外，成為外在客觀知識。

在〈擇術與辨志〉中，錢穆也說：

> 一切學問，就其對象言，亦可分為兩大類。一是對物之學，另一類則是對人之學。此即所謂「自然學科」與「人文學科」之分別。[17]

學問依其對象，可分為對「物」的「自然學科」；以及對「人」的「人文學科」。前者是不變的因果律，任何人通過科學實驗，都可獲得相同的結果，它追求絕對的是非、真偽、異同。後者涉及人類心靈的多變，人群社會的多元，才有庸雋、氣有剛柔，追求的不是絕對正確的數據，更可能涉及善惡、好惡、得失、利弊等價值判斷的問題，並非黑白一清二楚的事實。

人文學術與自然科學既然內外有別，人也不可「物化」，因而錢穆堅持，「自然科學」的典律，不能毫無保留地套用「人文學術」。錢穆秉持這樣的理念，從學術型態、治學方法、研究範疇、治學心態等方面，建構其理想的人文學術。

一　「確立信仰」的學術型態

錢穆說：

---

17 錢穆：《中國學術通義‧擇術與辨志》，第25冊，頁366。

> 一切學問皆自人來，而且亦為人用，我們不妨稱一切學問為
> 「人學」。[18]

錢穆對人文學的定義：為人所用的學問，而非離開人，另求獨立的知識領域，但西方自然科學，卻未必從「為人用」的「功效」出發，最初僅是為人類對外於己身的自然萬象，感到好奇，而展開探究，致用只是求知的附隨效果。他說：

> 今人又或疑科學只是從功利觀點出發，其實亦不然。即如日隨
> 地轉，抑或地隨日轉？此對幾千萬年來「日出而作，日入而
> 息」之人生習慣，可謂並無大關係。此項新發現之功利意義，
> 在當時乃不為人知。但今日之天文學中，實不知有多少大發
> 現，皆隨此而來。其他一切科學皆如此。可見科學本原，只為
> 求真理，不為求實用。凡屬科學上之大發現，其最先都似與人
> 生實用無關。因此科學研究，其先實也是一種迂闊的。至其在
> 人生實務上發生作用，乃是以後之事。[19]

「科學本原，只為求真理，不為求實用。」晚清民初汲引西方科學的動機，出於保家衛國的實用目的。但這種激切的心情，經過沈澱後，慢慢明白西方「應用科學」之廣大，源於「理論科學」之精深，貌似「無用」的「純理論」，卻開展最實用的尖端科技，締造國富兵強的太平盛世。錢穆雖非科學家，但他也清楚掌握到科學發展的規律，是「最先都似與人生實用無關」、「只為求真理，不為求實用」，如同日隨地轉，抑或地隨日轉，與人生實用無關，無法為人類帶來「利用」、「厚生」的「功利」，但最後許多重大的科技發現，都緣此而

---

18 錢穆：《中國學術通義‧學問與德行》，第25冊，頁359。
19 錢穆：《中國學術通義‧學問與德行》，第25冊，頁352。

來。所以說,就自然科學而言,「求真」與「致用」大可相輔相承,這套「無用之用是謂大用」的規律,能否複製到人文學?錢穆說:

> 現在再講到「學以致用」一問題,上面說過,科學本重在求「真理」但人文學則主要求在社會上有「用」,否則又何需有此學![20]

自然科學研究的,是客觀的定律,對真理的研求越是精深,日後益能轉化為實際的技術,「求真」日精,「致用」越廣,以這個思考邏輯來看,自然科學「重在求『真理』」是合理的選擇;但人文學的研究對象,是人類自身乃至人群社會,如果比照外於己身的自然科學,以「求真」為最高價值,是否有意義?人文學是善惡的問題,自然是真偽的問題,文藝創作在求真之外,尚「求美」;經史子集固然應以考證還原古書真貌,但「止於至善」才是終極意義,因此錢穆質疑人文學若不能美化人類性情、開啟善人善政的社會理想,則「又何需有此學」?

因而,錢穆認為,自然科學家大可以「為真理獻身」,人文學應「為生民立命」。他說;

> 正因為自然科學方面的問題,都是預先存在著,所以研究自然科學方面的學者,儘可隔絕人世,埋頭在他的實驗室中,來大膽假設,小心求證,別有他自己的天地。但研究人文科學者則不然,他們正須時時向外通氣,正須在萬變日新的人生大社會中求新呼吸,正須面對人群當前現實需要……要言之,研究自然學,應能有志獻身於「學問」,而研究人文學,則應能有志獻身於「社會」。[21]

---

20 錢穆:《中國學術通義‧學問與德行》,第25冊,頁357。
21 錢穆:《中國學術通義‧擇術與辨志》,第25冊,頁368。

據此而論，「大膽假設，小心求證」本是胡適對清儒治學方法的讚許，[22]但錢穆卻認為這並非所有學科的共通方法。自然科學處理的是亙古不變的宇宙萬物，如前述，其目的「最先都似與人生實用無關」、「只為求真理，不為求實用」，因此可通過懷疑—實驗—假設—求證的過程，檢驗真理，求真求是，因而科學家必須隔絕人世，埋頭實驗室。但人文學的研究對象，既是人生境界的提升、人情事態的應對、人類情緒的起伏、人群政治的秩序，人事浮沈、人情涼薄、人群政治理亂在在都是瞬息萬變，人文學者的研究對象是整個人類社會，因此他們的實驗室就在當代人群政治生活之中，理想的人文研究者，不應當隔絕人世，坐守書齋，而應「面對人群當前現實需要」。所以說「研究自然學，應能有志獻身於『學問』，而研究人文學，則應能有志獻身於『社會』。」換言之，科學求真，人文至善，人文學必須「明體達用」，提供社會向善的方針，不可僅是客觀真實的追求。

馮友蘭在〈為什麼中國沒有科學〉中指出傳統文化欠缺對知識主體性的尊重，以人生幸福為判別學術價值的標尺。[23]科學的發達，最初與改造生活的功利性目的無關，僅是滿足人類求知的天性。但離開「正德」、「利用」的「格致」學，在中國人看來是「玩物喪志」，能增進人類幸福、改善生活條件、提升道德修為的學問，才具備價值，因此，中國有農政水利等科技，而無「為知識而知識」的「科學」。錢穆看來，人文學的目的，當然也重客觀真實的探究，但「止於至真」並非終點，「獻身於『社會』」，確立一套「至善」的信仰價值，使人類心靈獲得幸福滿足，才是旨歸。也就是說，人文學術的型態，是「確立價值」，不僅是以科學考據方式，「發現事實」。

---

22 胡適：〈清代學者的治學方法〉，歐陽哲生編：《胡適文集》（北京：北京大學出版社，1998年），第2冊，頁302。

23 馮友蘭著、涂又光譯：〈為什麼中國沒有科學〉，《三松堂學術文集》（北京：北京大學出版社，1984年），頁23-42。

二 「主客交融」的治學方法

人類同時身兼人文學的研究主體與客體，因此，治人文學的方式，不可完全排除人類情感經驗的介入，儒家說「心可安」、「求放心」、「養正氣」、「好好色惡惡臭」；道家說「致虛極」、「守敬篤」、「逍遙遊」、「忘心齋」；佛教說「無明」、「般若」，都必須用直觀的方式，去體驗、去察覺、去感受，用邏輯方式，分析考證，固然有其必要，也可以建立清晰的概念，但採絕對的科學標準，完全排斥主觀的情感經驗，難免喪失中國人文學的豐富意義。

所以錢穆說：

> 科學所重在學，不在人。人應全部沒入學之中，人的地位似在學中消失了。[24]
>
> 研究自然學，其可貴即在其所學。而研究人文學，則可貴更在從事此學之人。[25]
>
> 科學越見發展，遂若只見有學，不見有人。……喜怒哀樂……忠孝仁義，在自然科學中，此等皆不應加進，……但人文學則不然，必須學者與學問融鑄合一。……需要此一人自己能有感情，有抱負，不忘忠孝仁義，能有喜怒哀樂。[26]

自然科學研究的是外於人生的永恆真理，因此「學問」與「為此學」之「人」可以脫鉤，「學問」只能說是「某人所發現」，卻不能說是「某人的創見」。例如：「地球繞太陽轉」的定理，與哥白尼、伽利略

---

24 錢穆：《中國學術通義・學問與德性》，第25冊，頁349。
25 錢穆：《中國學術通義・擇術與辨志》，第25冊，頁368。
26 錢穆：《中國學術通義・學問與德性》，第25冊，頁353-354。

的生平無關；力學定律與牛頓的人格無涉；理解「相對論」未必要由愛因斯坦的性格入手。但人文學卻不可比照為之。必然要「研究主體」與「研究客體」之間，有情感上的共鳴，才能領悟學術之最高價值。因此，「在自然科學中，則既不許有喜怒哀樂，亦不須有忠孝仁義。因自然科學所研究之對象，超然在人自身之外，故不宜有人自身之插入。」[27]例如：讀杜甫詩，若與研究地質文理相同，僅視為外於己身之「物」，則個人之憂喜與詩文之跌宕無法感通，如何陶育憂國憂民的情懷？再如讀北宋二程，假如與觀測水的浮力相同，將怡然自得的心境抽離，無法悟得其鳶飛魚躍的境界，那麼讀書的意義又何在？所謂「學者與學問融鑄合一」，意指：「研究主體」與「研究客體」不可判然區分，若為學僅是科學式地歸納、統計，缺乏主體與客體之間，生命的感通，對話，那麼人文學的價值將被抽空。

　　在〈為什麼中國沒有科學〉中，馮友蘭又指出「中國所以未曾發現科學方法，是因為中國思想從『心』出發，從個人自己的心出發」[28]，忽略外於我「心」之「物」的客觀存在。在《中國哲學史》中，他進一步說：「中國哲學家之不喜為知識而求知識，然亦以中國哲學迄未顯著的將個人與宇宙分而為二也。西洋近代史中，一最重要的事，即是『我』之自覺。『我』已自覺之後，『我』之世界即中分為二：『我』與『非我』。『我』是主觀的，『我』以外之客觀的世界，皆『非我』也。『我』及『非我』既分，於是主觀客觀之間，乃有不可踰之鴻溝，於是『我』如何能知『非我』之問題，乃隨之而生，於是知識論乃成為西洋哲學中之一重要部分。在中國人之思想中，迄未顯著的有『我』之自覺，故亦未顯著的將『我』與『非我』分開，故知識問題，未成為中國哲學上之大問題。」[29]西方自然科學的研究，最

27　錢穆：《中國學術通義・學問與德性》，第25冊，頁348。
28　馮友蘭著、涂又光譯：〈為什麼中國沒有科學〉，《三松堂學術文集》，頁40。
29　馮友蘭：《中國哲學史（附補編）》，頁240。

初來自對「非我」以外的客觀知識的好奇。但以人文見長的中國學術傳統，其研究方法並非以實測、檢驗的方式理解外向知識，而是以個人主觀情感包攝外物，例如：孔子望水，而生「逝者如斯」的人生感嘆，將外在之「非我」與內在之情感融合為一，而不是將水視為外在之「物」，而後測量其浮力。再如：詩人見「林木蒼蒼」，必將個人「百世其昌」理想寓託其中，而未將樹木視為外於己身之物，鑽研植物學。心物合一，天人一體，乃是中國人文學的特色。這一方面使中國欠缺科學發達的環境，另一方面，使學術充分關照人的內心，使人生得以安頓，人情得以宣洩，因此，研究中國人文學，不可將研究對象視為與我無關的現象，而後採用歸納、演繹、假設、實驗等科學方法，而須將研究對象視為活生生的生命，透過歡喜慍怒之情，與之互動感通。

三 「廣而寬」的研究範疇

錢穆說：

> 今日科學界分工已日臻精細，每一人之一生精力，只放在某一細微之點上，各方配合，逐漸成套。從事科學研究，正如在一大機器中當一螺旋釘。莊子〈達生篇〉中有傴僂丈人用竿黏蜩，其方法即由逐漸訓練積累而成。……又說：「雖天地之大，萬物之多，而唯蜩翼之知。吾不反不側，不以萬物易蜩之翼。」……研究科學正如此，必應除去喜、怒、哀、樂，除去其他一切思念。天地之大，萬物之多，而我只用心在一極微小之項目上，正如此丈人之用心於蜩翼般，才可有結果。[30]

---

30 錢穆：《中國學術通義・學問與德性》，第25冊，頁351-352。

自然科學的研究，重視「分工」，每一個學者都是一小螺旋釘，研究的範疇，「放在某一細微之點上」，其所知甚為狹窄，但極為精深，如同莊子〈達生篇〉中的「痀僂丈人」，其研究範疇不擴及天地之大、萬物之多，僅「唯蜩翼之知」，「只用心在一極微小之項目」，「才可有結果」。

　　所以，錢穆認為，自然科學需要在一個小環節上「鑽牛角尖」才可獲結果，他說：

> 凡屬自然科學方面，則全是如此愈鑽愈深，愈跑愈遠的。問題是一個挨著一個，早都存在著。只是人類知識，逐步向前，那些問題才逐步顯現。你能向那一學科之內部鑽進去，便自知新問題所在。[31]

自然科學如化學、地質、生物、天文，研究者必須就一個狹窄的範疇「鑽進去」，要鑽牛角尖，甚且「逐步向前」「愈鑽愈深」、「愈跑愈遠」，最後才能理解客觀物理現象。

　　但這種「**鑽進去**」一個狹隘領域的方式，「愈鑽愈深」固然逐步逼近外物之真實，卻距離人生「愈跑愈遠」，這是否也適用於人文學？錢穆說：

> 學問之將來，勢必愈分愈細，而莊子所謂「道術將為天下裂」，終不是一件好事。……一切學問皆自人來，而且亦為人用，我們不妨稱一切學問為「人學」。既是「人學」，實淵源於人之德性。[32]

31　錢穆：《中國學術通義・擇術與辨志》，第25冊，頁367。
32　錢穆：《中國學術通義・學問與德性》，第25冊，頁359。

假使「人」附屬於「學」，則學問的最高標準，在知識的深化，那麼學術分析為政經法商，文理工農，人人均應終身專力一業，鎖定「窄而深」的研究範疇，以求專精一藝。但如果「學」從屬於「人」，學問的意義，在成就道德完善、精神充沛的個人，則人不可析為四肢、五體、耳目口鼻，既要血氣之養的物質層次，更要發為剛大的浩然正氣，以大端大體的方式，體現君子人格，那麼，學術應重多方匯通，廣及「萬殊」，才可汲取「一理」；廣參「眾妙」方得「一玄」。研究的範疇，自當廣博多元。

所以錢穆又說：

> 中國學術史上並無專家，如天文、曆法、算數、音樂、法律、醫藥、水利、機械、營造之類，都須有專家。但中國本於其傳統的**人文精神**，一向學術所重，則在通不在專，在彼不在此。此為治中國學術史者所不可不知。[33]

這裡區辨兩種學術的門類，一是天文、曆法、算數、水利、機械、營造等自然科學，另一中國傳統學術的「人文精神」，後者所重「在通不在專」，例如：讀《詩經》是要養成溫柔敦厚的人格，重點在「人文精神」的體驗，因此，治學的範疇，就不當僅鎖定一字、一音，以分析古韻。讀《尚書》的目的，在「廣博易良」的人格陶冶，因此，治學的範疇就不當僅就版本佚文，作蒐集羅列的細微功夫，尚應以此提升人生境界。因而，錢穆認為，人文學的目的，在鍛鑄至大至剛的人格氣象，不宜類同自然科學，「一生精力，只放在某一細微之點上」，從事「窄而深」的研究。「愈鑽愈深」的研究模式，不能複製到人文學。

---

33 錢穆：《中國歷史研究法·如何研究學術史》，第31冊，頁85。

四　「信而後疑」的治學心態

　　《論語》講「三省吾身」；《中庸》講「戒慎恐懼」、「慎獨」；《大學》講「如切如磋」、「如琢如磨」地自律自修；宋明理學講「存養」、「涵養」、「養心」。歷代儒者的心力，並非用在質疑這些基本價值，而是終身不渝地奉行踐履。換言之，中國人文學的精要，是提供一種價值，而非假設一個事實，因此，研治人文學的方式，固然不排除事實的驗證，但更重價值的實踐。因而，學者治學的態度，必須「先信後疑」，先立乎其大者，體驗前人已闡發之精要，以提升人生格局，待境界有所昇華之後，才就兩信不能決之處，以科學考證的方式釋疑。若於治學之初，即比照自然科學，於不疑處有疑，則人生信念無法確立，生命無從安頓。所以錢穆說：

> 用中國人觀念來分別述說，研究自然科學的條件，應是一「智者」，而研究人文學之條件，則必然應是一「仁者」。惟其是一智者，才能於別人想不到處提出新假說，於別人見不到處尋覓新證據。惟其是一仁者，他才會對社會人群有敏銳的直覺，有深厚的同情，能在大處深處，發掘出人類普遍的、潛伏的真問題之痛養處，及其癥結處。[34]

　　研究科學的活動，便是假設與實驗的歷程，科學所以能進步，在於後人勝過前人，故科學家須是「智者」，要「於別人見不到處尋覓新證據」，要在不疑處有疑，「於別人想不到處提出新假說」，通過實驗，推翻前人假說，這正是科學進步的根源。[35]但人文學的發榮滋長，未

34　錢穆：《中國學術通義・擇術與辨志》，第25冊，頁368-369。

35　錢穆這個觀點仍受現代科學家的支持。諾貝爾物理獎得主丁肇中於2015年8月回臺演講接受媒體專訪時，即指出：物理的進步，就是不斷推翻他人假設，科學的結

必如是。人文學的目標，是貢獻人群，因此用懷疑的態度，就「是什麼」的層面，下一番科學考證的功夫，固然也不可偏廢，但更切要的，是將心力放在「怎麼做」可使社會更和諧美好。因而，人文學者不是善疑前人的「智者」；而是篤信前賢生命智慧的「仁者」，其著力處，不在「尋覓新證據」，而在「發顯同情心」。

因而，錢穆又說：

> 研究自然科學，可以逐步向前，逐步上進。前人所不知，而後人知得了。前人所未解決的問題，而後人解決了。後人勝過了前人，所以見其為智者。研究人文學，不能如此用心。愛因斯坦可以比牛頓前進了，但誰又比孔子、耶穌更前進了呢？當知研究人文學，只求對當前人群社會有貢獻，說不上前進與否的話，所以見其為仁者。[36]

自然科學，是後人競勝前人；但人文學者的使命，是繼往聖絕學，開萬世太平，善繼善述，更要於質疑推翻。如同孔子學說以「仁」為核心，耶穌講博愛，後人必須以「仁者」的胸襟，實踐之、體驗之，而非尋覓新證據，推翻孔子、耶穌之說，或質疑博愛的價值，畢竟，錢穆看來，人文學的目標，不僅是「為知識而知識」，更在遵循安身立命的哲理。所以，人文學者的治學態度，應是「信而後疑」。

錢穆理想的人文學術，自有利弊得失，容後再述。在此必須指明的是：錢穆也未故步自封，他仍然意識到西方以「求知」為內在理路所建構的學術體系，已是當代社會的主流，亦有其合理精善之處，因

果，由實驗說了算。〈好奇心是研究原動力　丁肇中講AMS〉（www.wa-people.com/2014/07/ams.html　最後瀏覽日期2015/11/15日）。

36 錢穆：《中國學術通義・擇術與辨志》，第25冊，頁369。

此，在〈學問之入與出〉及〈推尋與會通〉[37]兩文中，都主張先由博通入手，繼求專精，最後成一家通貫之言，從博入，由通出，不廢其專。由小處入，繼而推求以貫通，以致乎其極。在〈關於學問方面之智慧與功力〉中，他提出治學應兼顧「出乎其外」的「客觀知識」，與「入乎其內」的「身心投入」；〈學問與德行〉最後也強調「人文」與「科學」必須以研究者純正的「德行」綜合之。[38]

第二節　「為知識而知識」：對清代考據學「科學化」的批判

　　錢穆反對將人文學「科學化」，而後以去應用性、去價值化的方式，追求客觀真理，他主張「學者與學術合而為一」，以人主觀的情感與研究的對象進行生命對話，而後以人文學提升人性，美化人生，甚至指引人群政治的發展脈動。而如前所述，錢穆認為最理想的人文學之典範，即是具有「價值觀」與「仁慈心」的儒家思想，他甚至主張論自然科學，中國宜向西方學習，談人文學，則西方應以東方儒學為範式。但清儒卻反其道而行，將作為人文學總根源的儒家經典，化為自然科學，這正是錢穆批判考據學的所在，他說：

> 研究自然科學的，最先可以發源於一時的某種好奇心，他之所研究，可以與人類痛癢莫不相關，**其存心本不在求實際之應用**。即如首先研究電學的人，何嘗先著意到以後種種的實用，如電燈、電線、電話、電影等種種發明上面去？因此可以說他**是為學術而學術者**。……專在知識上求真理的，……然而此種

37　錢穆：《學籥‧學問之入與出》、《學籥‧推尋與會通》，第24冊，頁171-192，193-211。

38　錢穆：《中國學術通義‧學問與德性》，第25冊，頁358-361。

態度，若移用到人文學方面來，也把圖書館作為其藏身之所，一如自然學者之埋頭實驗室中般，專在學科自身之內部作研究，則其自身最多僅成一學究，其所得之知識，將僅是一種書本上的死知識。經學之流為訓詁與章句，文學之流為詞章，史學之流為考據與纂輯，全用心在前人所已有的學業上，卻與自己身世不相干。如此用心，則決不能成為一濟世導群的大學者。[39]

這段話很清楚地反映，錢穆批評清儒以「考史」為「明道」的治經方式，背後的詮釋意識在於：自然科學「無用之用，是謂大用」的定理，不可複製到人文領域。

例如，自然領域研究電學，最初「與人類痛癢莫不相關」，看似不切實用，卻發展出「以後種種的實用」，舉凡電燈、電話等等。但人文領域適用此規則嗎？錢大昕考證《詩》、《書》、《周禮》的音韻，而後歸納出「古無輕唇音」的條例，同樣「與人類痛癢莫不相關」，真能發展出「以後種種的實用」嗎？所以錢穆認為「為學術而學術」、「專在知識上求真理」，就自然科學而言，自有意義；但人文的研究，如果不能回饋到個人修養的「明體」，或群體政治之「達用」，這是欠缺價值的。所以說「治經史學」不能等同「研究電學」，前者求用，後者大可饜足愛智者的好奇心。

清代考據學的治學宗旨是「實事求是」，錢穆將此比擬為自然科學家將主觀情感與研究對象切斷的客觀精神，他說：

……「無我」、「忘我」之精神。研究自然科學，則必須有此境界。任何人不能帶了喜怒哀樂與忠孝節義走進科學實驗室，科

---

39 錢穆：《中國學術通義・擇術與辨志》，第25冊，頁369-370。

學實驗中必先排除此一切。……人之心習到達於此狀態，乃有
所謂真「客觀」。因他已沒入在自然界中，一切不再以我見人
見來處理，**此亦如清代考據學家所謂之「實事求是」，卻不許
有「我認為」等等主觀意見與空論浮說。**[40]

如前述，自然科學的研究當把於「人」沒於「學」之中，把研究對象
視為外於己身之物，不以「我」之情感慍怒投射於外向事物，如此乃
能求得客觀知識。但他同時主張，人文學的研究，不僅在追求中性的
知識，更在樹立人之所以為人的價值，不僅是事實經驗的問題，更是
信仰層次的問題，而清代考據學家所謂之「實事求是」之治學宗旨，
去除了「我」的主觀信念，即便可獲致外向的客觀世界，但已把儒家
經史典籍，從與個人感通呼應的「人文學」，變質為如同天文規律、
地質年輪般，無法介入個人生命的「自然科學」。

　　之後，錢穆從學術型態、治學方法、研究範疇、治學心態等諸方
面，批判清代考據學對「人文」與「自然」的錯置。

一　以「知識」代替「信仰」的學術型態

　　如前述，錢穆指出西方科學觀念，並非源自改造世界的功利目
的，而是出自「為知識而知識」的好奇心。錢穆也指出，清代考據學
的型態，頗具歐美知識獨立的精神，他說：

乾嘉與歐美，比較皆在升平盛世，而我儕則局身動亂之中。吾
儕最先本求擺脫乾嘉，其次乃轉而步趨歐美。及其步趨歐美，
乃覺歐美與乾嘉，精神蹊徑，有其相似，乃重複落入乾嘉牢

---

40 錢穆：《中國學術通義・學問與德性》，第25冊，頁350。

籠。吾儕乃以亂世之人而慕治世之業。**高搭學者架子，揭櫫為學問而學問之旗號**，主張學問自有其客觀獨立之尊嚴。……內部未能激發個人之真血性，外部未能針對時代之真問題。本此癥結，顯為二大病。一則學問與人生分成兩橛。……二則學問與時代亦失聯繫。[41]

此處指出乾嘉與歐美形似之處在於：「為學問而學問之旗號」，不同於宋儒「明體達用之學」。乾嘉學術以知識為自身價值所在，不須「明體」，「激發個人真血性」以挺立道德主體；亦不須「達用」「針對時代之真問題」指引方向。這段話也勾勒近代學術發展之弔詭處：晚清學術「擺脫乾嘉」，弘揚經世之風，並將國運之衰，追究至學術誤國，批判考據學無裨世用，秉持「致用」觀念大力汲引西方科技實業時，卻發現西方先進的科學新知，卻是來自「為知識而知識」、「為學術而學術」的研究精神，其科技之大用，正來自其學術研究之深廣而不求速用，於是學者轉而重新詮釋考據學，譽之為中國式科學，「乃重複落入乾嘉牢籠」。但在錢穆看來，人文學向「為知識而知識」、「為學術而學術」的科學類化，則「學問與人生分成兩橛」未能於人心內在發明本體，「學問與時代亦失聯繫」無力政教之用，學術無益「明體達用」，縱能求得知識本身之專精深入，但其意義何在？這與中國傳統儒學「明體達用」的精神相違，所以錢穆又說：

> ……清儒……遠離人生，逃避政治社會之現實中心。近人推崇清儒治學方法，認為**接近西方科學精神**，但他們已遠離中國傳統智識分子之舊路向。看輕了政治、社會、歷史、宗教等**實際人生**，而偏向於純文字的書本之學。換言之，則是脫離了人文

---

41 錢穆：《文化與教育‧新時代與新學術》，第41冊，頁100。

中心，僅限在故紙堆中書本上，為學術而學術了。[42]

錢穆不否認清儒具「西方科學精神」，他反對的不是「科學精神」本身，而是憂心以此治中國人文學，將「遠離中國傳統智識分子」「立人極」的「舊路向」。清儒治學的對象是《六經》旁及諸史，前者是中國政教人倫的規範依據，後者也不僅是「為歷史而歷史」，更是究心「天人之際」，以一家之言，對當代人在時間洪流中尋找確切的定位，換言之，經史學是中國人「政治、社會、歷史、宗教等實際人生」的依歸，錢穆看來，若是「脫離了人文中心」，不再「為人生而學術」，比照自然科學尊重外向知識的主體性，從而「為學術而學術」，那麼考據所得縱使還原古書真相，但恐造成人心的流離、生命的困惑。

　　錢穆對清代考據學「為學術而學術」的批判，是融合己身時代所感，當中雜揉對胡適等人「求是」不「致用」的「新漢學」的反感，他說：

> 則為學術而學術，其事又何可議？然學術與時代脫節，事終不美。此數十年來，國內思想潮流乃及一切實務推進，其事乃操縱於報章與雜誌期刊少數編者之手。大學講堂以及研究院，作高深學術探討者，皆不能有領導思想之力量，並亦無此抱負。轉若隱退事外，騰身雲霧。一國之眾，群在回惶迷惘中，驚擾震盪之際，而學術界遊心膜外，不僅無所主張建白，抑若此等無足厝意。遂使學者如堅瓠之不可食。此豈社會之所望？[43]

這段話反映出學術觀念從「致用」向「求真」轉型，學術的載體因而分裂為二：第一類，是以「致用」為訴求的報章與雜誌，接受的對象

---

42 錢穆：《國史新論・中國智識份子》，第30冊，頁187。
43 錢穆：《學籥・學術與心術》第24冊，頁160-161。

是廣泛大眾，特色是可立即針對時政問題為評議，至於真理的永恆
性、純學術的長久性並非所問。最具代表性的例證，莫如輿論界的驕
子梁啟超，梁氏之報論文章多過其純學術著作。《飲冰室文集》收錄
其發表於各報之政論文，「自序」中說「今之為文只能以被之報章供一
歲數月之迺鐸而已，過其時，則以覆瓿焉可也。」不過，文章本就以
「應於時勢」為要，今日大作，明日頓成「芻狗」亦在所不惜。[44]。
第二類，是以「求真」為旨歸的「大學」、「研究院」、「學報」，李濟
（1896-1979）、胡適、傅斯年等新派學者的理想，是將大學建設為研
究高深學問的地方，獨立於人生、社會之外，他們相信「應用」是研
究自然產生的結果，但不刻意在研究中求應用，「大學、研究所、學
報是三位一體，在此學術建制下，學者們應該將其研究成果發表於學
報，而不是報紙或是一般文化讀物上，⋯⋯而學報的標準及方向基本
上是面向學術社群，⋯⋯不考慮它對社會的立即用途。」[45]所以錢穆
指責大學講堂以及研究院，作高深學術探討者，卸卻領導思想之力
量，不符中國社會對知識份子的期望。

除了批判清儒誤取自然科學家「為知識而知識」的宗旨外，錢穆
還進一步指出，在宗教氛圍相對較薄弱的中國，人文學擔負修身成德
的使命，不能化為科學考證的中性知識，他說：

> 經學本帶有宗教氣味，中寓極濃重的人生理想，但清儒經學則
> 不然。清儒經學，其實仍還是一種史學，只是變了質的史學，
> 是在發展路上受了病的史學。經學在外面是準則的，在內面是
> 信仰的，因此治經學者必帶幾許宗教心情與道德情味。[46]

---

44 梁啟超：〈飲冰室文集序〉，《飲冰室合集・文集》，第1冊，頁1。
45 王汎森：〈事實與價值的分離？──民國的新史學及其批評者〉，收入氏著《中國近
代思想與學術的系譜》（臺北：聯經出版事業公司，2003年），頁448。
46 錢穆：《中國學術思想史論叢・略說乾嘉清儒思想》，第22冊，頁6-7。

這段話確立了作為人文淵泉的中國經學的屬性：是近似「宗教」，而非以嚴密科學方法求得的中性「知識」。以西方學者看來，宗教對於教徒來說，「首要的和高於一切的，就是向自己的邪惡和私欲開戰」，[47]宗教首要培養內心的自我反省，去除人性惡端，使人由生物本能向神聖境界提升。而在自我修練和自我提升的過程，雖是內在心靈的運作，但卻須藉助外在儀式以轉化自我。儒學所謂的「明體達用」，即是通過道德修練，發明本體善性，而後從善人推闡出善政。儒家經典即是一套「如切如磋，如琢如磨」的修身歷程，所謂的「慎獨」、「自省」、「涵養」、「盡心」都指向個人去其「小體」，從其「大體」的修養歷程，而「懲忿窒欲」、「存天理去人欲」雖屬個人內心的鍛鍊提升，卻不時倚賴各種外在的禮儀制度，由「禮」的導引，歸極於「理」的昇華。這的確都有近似宗教的一面。因此錢穆說：「經學在外面是準則的，在內面是信仰的」，治經學是要以之作為人生的箴言，而非僅是考據的對象；是抱著虔敬的宗教和道德情味，通過篤實踐履，以成聖成賢；而非秉持科學家「求真求是」的懷疑精神，施以考據。所以錢穆用「變了質」、「受了病」這種強烈的語氣，批判清儒經學將帶有宗教情味的人文「學科」便「變質」為人文「科學」。

　　錢穆又指出，清儒經學無法如宗教般為人生指引方向，他說：

但清儒經學……只是文字的訓詁注釋，尤其是在與人生道義與教訓無關的方面，換言之，是那些隔離人生較遠的方面。他們治《尚書》，並不是為的政治楷模；治《詩經》並不是為的文學陶冶；治《春秋》並不是為的人事褒貶；治《易經》並不是為的天道幽玄。他們只如史家般為幾部古書作校勘與注釋的整理工作。再換言之，他們只是「經學」，而非「儒學」。……清

47　〔英〕洛克著，吳雲貴譯：《論宗教寬容：致友人的一封信》（北京：商務印書館，2009年），頁1。

> 儒經學則只有學究氣，更無儒生氣。總之是不沾著人生。他們
> 看重《論語》但似並不看重孔子。他們只看重書本，但似不著
> 重書本裡所討論的人生。這如何算得是經學呢？[48]

清儒經學的特色，是「與人生道義與教訓無關」、「不沾著人生」、「不
著重書本裡所討論的人生」，總之，是與「人文」無關，把「人」的
價值淹沒於「學」的意義之下，向自然科學類化。錢穆看來，《尚
書》著眼於人群政治的理亂關鍵；《詩經》是以賦比興的文學手法，
陶育溫柔敦厚的人格。《春秋》以「見諸行事」的具體事蹟，展現天
理不滅。《易經》更是昭示天道人事之常與變。《五經》之要，在溯及
天理天道，化育人品人格，輔翼政教綱常。但清儒治《易經》以辨偽
功夫，掃蕩宋儒無極太極、先天後天之說。治《尚書》，力證東晉
《偽古文尚書》及孔安國傳之偽造。治《詩經》重在解釋名物，如：
陳啟源《毛詩稽古編》、陳奐《詩毛氏傳疏》。但錢穆看來，清儒經學
是「隔離人生較遠的方面」，近乎有一種純知識的興味。

二 「客觀化」的治學方法

對於清儒「科學化」的治學方法，錢穆所以未多稱揚，這不能僅
簡單解讀為對西方科學的肯定與否，這問題應深化到晚清民初以來，
客觀知識的主體性，對「讀書以發明吾心」的傳統形成莫大挑戰。但
傳統觀念裡，讀書的目的，固然不廢文字的整理，其最高境界仍在藉
外向的經典，發明吾人內心的天理。換言之，經書中義理，並非古聖
人憑空創作的客觀知識，而是天地寓託於人心的共通大道，聖人優於
凡俗，故先於凡夫以文字出之，這麼一來，讀書的意義，在於通過文

---

48 錢穆：《中國學術思想史論叢・略說乾嘉清儒思想》，第22冊，頁6-7。

字，指點吾心與聖賢共通的靈明，則讀書的方法，就不僅只是科學化的歸納、演繹，更須潛心、玩味、熟讀的心靈運作，才能直契「聖人先得，我心所同然」的最高義理。人文學以「人」本身為研究對象，研究主體與客體無法隔離，但自然科學以外於吾身之「物」為對象，因此可用嚴謹的考證，獲得客觀知識。所以錢穆說：

> 人文學者亦應能實事求是，但較科學研究更難。若只在考據上求是，所考據的遠在身外，此與科學精神尚易近似，稍屬省力。[49]

考據學與「與科學精神尚易近似」，但未得錢穆好評的原因，在於：「所考據的遠在身外」，人文學貴在調節、運轉、充實生命，若採自然科學重分析、尚考證之方式研治之，則所得僅是無益人生的知識，如前述，自然科學之知識，儘管發明之初，看似與人生實用無關，但尚可期待他日「無用之用，適成大用」，但人文學若無法支撐生命的厚度，似乎僅流於概念遊戲。[50]

　　以科學方法治人文學是錢穆對清代考據學的一貫評價。或有認為「錢穆對清代學術史的研究晚於梁啟超，無疑受梁氏的影響，特別是早年出版的《國學概論》論清代考據學部分多處引用梁氏觀點，並加以發揮。後來所撰《中國近三百年學術史》更多的是發揮己見，超越梁啟超，可謂後來者居上。」[51]此語或可商榷，錢穆作於1928年左右的《國學概論》中並非無條件地認同梁氏觀點，對清代考據學的總結

---

49 錢穆：《中國學術通義·學問與德行》，第25冊，頁354。

50 關於知識與生命的互動，還可參見鄭宗義：〈生命的學問──當代建構「中國哲學」的一個嘗試〉，收入景海峰編：《拾薪集──「中國哲學」建構的當代反思與未來前瞻》（北京：北京大學出版社，2007年），頁259-273。

51 汪學群：《錢穆學術思想評傳》，頁241。汪學群、武才娃：《大家精要──錢穆》，頁74。

性評語也與梁氏有明顯歧異，他說：

> 今綜觀有清一代學術，則顧氏「經學即理學」一語，不可不謂
> 為其主要之標的。彼輩欲於窮經考古之中，發明一切義理，其
> 愚而無成，可弗待言。然乾、嘉諸儒以下，其治學方法之精
> 密，則實有足多者。近人胡適，盛稱以為合於科學的精
> 神。……梁啟超著《清代學術概論》，亦推極其學風之
> 美。……蓋自有清儒之訓詁考覈，而後古書可讀，誠為不可埋
> 沒之功。其學風之樸誠篤實，亦自足為後人所慕仰。然其間工
> 詣既有高下，得失亦復互見。……最其所至，實亦不過為考史
> 之學之一部。（柳翼謀《中國文化史》：世尊乾、嘉諸儒者，以
> 其以漢儒之家法治經學也。然吾謂乾嘉諸儒獨到者，實非經學
> 而為考史之學，不獨趙翼《二十二史劄記》，王鳴盛《十七史
> 商榷》，……諸儒治經，實皆治史。……或輯一代之學
> 說，……或明一家之師法，……於經義未有大發明，特區分畛
> 域，可以使學者知此時代此經師之學若此耳。其於《三禮》，
> 尤屬古史之制度。諸儒反覆研究，……皆可謂研究古史之專
> 書。……其他之治古音，治六書，治輿地，治金石，皆為古史
> 學，尤不待言。……」）[52]……又以限於時代，缺點尚多。發
> 揚光大，正有待於以後之努力。……要其風尚所歸，略與兩漢
> 經生及隋唐注疏、繙譯同其情趣。整理積疊，以貽後者多。空
> 所依傍，自關戶牖，殆非所長。以視夫先秦、魏晉、宋明諸
> 朝，直抒己見，稱心而道者，則為不同道也。此清代漢學之大
> 較也。[53]

---

52 括號部分為錢穆轉引柳翼謀之語。

53 錢穆：《國學概論‧清代考證學》，第1冊，頁350-357。

治經的最終目的，是否在於「古書可讀」即可？這是錢穆與胡適、梁啟超最大歧異之所在？因此他雖引用梁啟超、胡適的觀點，認同考據學方法具有西方科學精神。但卻屢屢強調，以科學方法整治古書，終究是見小忘大，甚至是「愚而無成」。他認為以歸納通例、羅列證據、參照群籍、會通諸經的科學治學方法，至多達到「整理積疊」的成績，但傳統觀念裡，讀書的目的，固然不廢文字的整理，其最高境界仍在藉外向的經典，發明吾人內心的天理，因而錢穆指摘清儒治學方法之精密，「實有足多」，卻遺忘「發明一切義理」，而理在心內，考古考史的科學方法，這是無法契及的領域，唯有「直抒己見，稱心而道」，根據我心直觀地覺悟，怵惕惻隱之心的情感流露處，才能見得古聖賢之真理。因此，他引用柳翼謀的觀點，說明清儒將經學視為考據的史料，僅還原古代的客觀真相，「諸儒治經，實皆治史」、「於經義未有大發明」，清儒不能以虔誠的宗教心情，通過經義以印證吾心本有之義理。錢穆看來，他們僅作科學式的「求知」，遺忘「覺悟」、「發明」，在讀書乃「聖人先得，我心所同然」的傳統脈絡下，科學方法的研治故不可少，但以此為本身的目的，無異買櫝還珠。

　　1937年《中國近三百年學術史》成書，當中對考據學的評論，仍接續《國學概論》的見解，他說：

> 近世盛推清代漢學家尚證據，重歸納，有合於歐西所謂科學方法者。[54]

清儒治學富含科學精神，這是相當值得肯定的，例如：顧炎武、江永由《詩經》的用韻，發現古今韻之不同，以《詩經》入韻字為「本證」，以先秦兩漢文獻如《周易》、《左傳》、《楚辭》、《戰國策》、《韓

54　錢穆：《中國近三百年學術史》，第16冊，頁193。

非子》、《孟子》、《史記》為「旁證」，並參酌經籍中的異文異讀、漢魏音讀音訓、《說文》反切、雙聲、疊韻，以此釐定古音體系，及其嬗變規律，然後再反過來將所得之古音體系證之以《詩經》及先秦韻文，檢測其正確與否。而戴震、段玉裁、孔廣森、江有誥等人對古音的流變、搭配，也到達前無古人的精善地步。王念孫、錢大昕也善用科學方法，對古聲紐的研究，頗具貢獻。此外，清儒訓詁學之精，也是歷代之冠，他們或歸納古書通例，並以此為原則，整理古書。或通過行文修辭的歸納，便於理解古書，不致產生歧異；或掌握古書流布過程中，致誤錯訛的規律，以還原古書原貌。且由於古音學的發達，清儒通聲音、明假借，不受字形的拘束，不致望文生義，段玉裁《〈周禮漢讀考〉序》、盧文弨《史記正義·諡法解》都是善用歸納法，得出通則，以訓釋古書的代表作。凌廷堪《禮經釋例》、焦循《易學通釋》均善用客觀歸納法，貫通一書之例。[55]

但傳統觀念下，讀書既是藉文字以提點良知的歷程，良知內在我心，所以錢穆看來，假使不能深入內心，即便科學化的方式治學，則人文學所得的知識，其價值何在，他說：

> 近人言治學方法者，率盛推清代漢學，以為條理證據，有合於今世科學之精神，其說是矣；然漢學方法，亦惟用之訓詁考釋則當耳。學問之事，不盡於訓詁考釋，則所謂漢學方法者，亦惟治學之一端，不足以竟學問之全體也。[56]

錢穆認同清代漢學具歐西所謂之科學方法，但又說「漢學方法者，亦惟治學之一端，不足以竟學問之全體也。」這或許不宜一逕歸諸錢穆「崇宋黜漢」門戶之見，更應注重晚清民初學術，隨著學術觀念從

---

55 漆永祥：《乾嘉考據學研究》（北京：中國社會科學出版社，1998年），頁85-92。

56 錢穆：《中國近三百年學術史》，第16冊，頁516。

「明體達用」向「求真求是」轉換，治學方式，出現「對象化」（objectification）的取向，研究主體與客體之間，是「我與它」的關係，研究者是不帶情感、不帶意志地去看待研究客體，研究客體屬於第三者的「它」，是不能介入研究者生命脈絡、不能與研究者聲息相通的、無生命的外向世界，[57]有別於傳統人文學主客交融的情感聯繫，這樣科學化地研究方式，固然可以探求客觀的「事實」，但卻無法為人樹立終身倚之的「價值」、「信仰」。固然可以比照自然科學家「實事求是」的態度，但人文學的重心，不僅「是」的層面，還有「應該」的境界。所以錢穆肯定清儒以科學方法治經，承認這是治經必要途徑，同時也強調這並非人文學的終點，因此他說「學問之事，不盡於訓詁考釋」，以漢宋之爭的觀點解釋這段文字，恐怕忽略晚清民初，學術轉型的重大契機。

如前述，研究自然科學，當「無我」、「忘我」，把研究對象視為外於我身之物，摒除喜怒哀樂，以嚴謹、實測的方式，追求外向知識，研究過程中，作為研究主體的「人」，沒入「學」當中，只見有「學」不見其「人」，才能獲致客觀真理，但經史學乃中國人文精神的嚮導，清儒卻將「學」的意義，凌駕於「人」之上，錢穆指摘他們，不作聖「人」，僅作「學」者，他說：

> 他們不想作相與作師，不在現世活人身上打主意，不關切人群大共體，他們只把興趣集中在幾本遙遠陳古的書籍上，他們遂真成為一些書生與學者。他們不注意「人人可為聖人」的活教訓，他們只想教人能讀聖人書。而其讀聖人書……而重在其版本字句、聲音訓詁、事物考證，總之是避免了**以人文作中心**。[58]

57　參見林安梧：《中國人文詮釋學》（臺北：臺灣學生書局，2009年），頁8-10。
58　錢穆：《國史新論·中國智識分子》，第30冊，頁187。

清儒治學雖具歐西科學方法，但卻「避免了以人文作中心」，他們所以重在版本字句、聲音訓詁、事物考證，目的不在效慕經書背後的「聖人」，以發明內在道德本體，僅以治經為本身的目的。他們讀書的目的並非效用政治，為「現世活人」、「人群大共體」、「為相為師」，經世濟民，只把興趣投向幾本遙遠陳古的書籍。所以錢穆批判他們不作明體達用的「聖人」；僅作「為知識而知識」的「學者」。把自然科學與人文領域混淆，將「學」與「人」的本末關係顛倒。

三　「窄而深」的「分科式」研究範疇

如前述，自然科學研究的對象「只放在某一細微之點上」、「越鑽越深」，才能「發現」「真相」。但人文學不僅要「發現真相」，還須「確立方向」，換言之，人文學不能停留在「發現」的層次，必須提升到「創見」的高度。因而，研治人文學，是否應採「細微」範疇的研究，仍有爭議。

晚清民初以來，隨著科技崇拜的風氣，西方科學的判準被大量應用到所有學門，傅斯年等「科學史學派」將作為人文學的史學，化為科學的分支，這的確有其必要，但矯枉過正的結果，檢測證據發現真實即其本身的目的，研究範疇日益窄小，末流所至不免有見樹不見林之之譏，未能在「事實」之上探尋「價值」。錢穆認為民初以來，人文學門「見樹不見林之弊病」，除了盲從西化外，更受清代考據學的誤導。在〈文化與教育〉中，錢穆說：

> 最近中國大學教育之偏重學術專門化，也是追隨西方的。……
> 若論中國學術界，在道咸以來，即就中國學問的本身流變說，
> 乾嘉經學的舊規模，早已墜地而盡。支離破碎的學風，早已使

人見樹不見林。[59]

中國近代教育的弊病，在於學術偏重專門化，以知識本身的專精為治學首務，這也限定了研究範疇的窄小，畢竟「窄」才可「深」。以一職一技之養成為要，失卻大綱大領，流於瑣碎細節，這不盡是盲目西化風潮的席捲，乾嘉考據學發展到極致，將「致用」的目的拋卻，專務「通經」，力求經典知識本身的專精，道咸以來學風支離破碎，即便沒有西學的影響，「早已使人見樹不見林」。

　　通經之目的，本在求致用，儒者之所以研經考史，並非「為治經學而治經學」、「為歷史而歷史」，而在匡濟世宙、輔翼政教。但乾嘉以後的經學，逐漸發展出以治經為本身目的的傾向，伴隨而生的，是原本治經之工具，如文字、聲韻、訓詁、輯佚、校勘、辨偽、曆算、方志、譜牒等考據學的分枝學科，各自獨立為專業學門，有自身的研究方法、理論依據，並產生代表性的著作。清儒以人治一經，學精一業的分科形式，進行窄而深的研究。[60]文字學方面，段玉裁依據南唐徐鍇版本，為許慎《說文解字》作注。訓詁方面，有王念孫《廣雅疏證》、阮元《經籍纂詁》。音韻方面，清儒最大貢獻在古韻分部的重新釐定，將唐代之兩百零六韻歸併為若干部，以推求先秦古音，代表性著作有孔廣森《詩聲類》、江有誥《音學三書》。清儒校勘學一改宋儒臆書改書之習氣，大量校釋先秦古籍，《墨子》一書，先有汪中《述學·墨子敘》、畢秋帆《墨子注》，光緒年間孫詒讓覃思十年，集前人大成，而有《墨子閒詁》十四卷。《韓非子》一書，先有王念孫《讀書雜誌》拾補考證十四條，後王先慎《韓非子集解》薈萃眾說，後出轉精。清代考據學的發展，從清初顧炎武通經以致用，「考文」、「知音」以通經的進路，逐步呈顯「附庸蔚為大國」的態勢，文字、聲

59 錢穆：《文化與教育·理想的大學教育》，第41冊，頁232-233。
60 漆永祥：《乾嘉考據學研究》，頁263。

韻、訓詁、輯佚、校勘、辨偽等學門，擺脫工具意義，獨立為一專業
學門，有自身的學術價值，窄小的研究範疇，分科式的研究型態，才
能滿足專精化的要求，於是學者有時難免疏略《詩》《書》寬大之
氣，轉向專業學門的窄深鑽研。從知識自身的角度來看，這有助於學
術的深化進步；但若著眼於學術對人生社會的功用而言，分支細碎的
專門之學，無助學者整體人格的陶育，更無力總覽全局，引領社會。
如前述，錢穆說：凡屬自然科學方面的知識都是「越鑽越深」，窮畢
生精力向某一細部問題「鑽進去」，才能有所成就。人文學可否比照
為之，劃定一個窄小範疇「鑽進去」？在錢穆看來，清代考據學正是
採自然科學的方式，研治作為中國人文學淵泉的《六經》，他說：

> 厥後清儒治經，自號曰「漢學」，而實無漢儒通經致用之心。
> 乾、嘉一時期之學術，乃若有類於近人所謂之專家。……專於
> 此而窒於彼，如蠻如觸，只鑽牛角尖，學非通學，斯人非通
> 人。此在中國傳統中，固所不貴。[61]

清儒雖以「漢學」自命，但已失漢儒通經致用精神。漢儒以〈禹貢〉
行河，以《春秋》決獄，博綜會通以求其大用。不過清儒卻近似歐西
科學式的治學進路，學術分科分業，音韻、校勘、版本、辨偽、輯
佚，各有專門，各自追求自身領域的專精，殊途而不同歸，不再一同
指向人倫共通的大道，所以錢穆譏其「鑽牛角尖」，「專於此而窒於
彼」，他又說：

> 在中國人觀念中，凡屬專門知識，皆如鑽牛角尖，入而不出，
> 則不免有蠻觸之爭。[62]

---

61 錢穆：《中國學術通義・中國學術特性》，第25冊，頁218。
62 錢穆：《中國學術通義・中國學術特性》，第25冊，頁229。

「鑽牛角尖」式、「窄而深」的研究，的確能深化知識，但強化各門知識的主體性，使其具有與其他學門區判的專業領域，有自身的研究方法，自我的內在規律，流弊所及，各門專業知識互不相通，「學」的意義凌駕「人」之上，各有所屬的專業知識，無法會通成完整的人格，所以錢穆說：「凡屬專門知識，皆如鑽牛角尖」難免「蠻觸之爭」。

取徑狹窄的範疇，作「鑽牛角尖」式地研究，究竟有無意義，這取決於學者的心態，是「為知識而知識」或「為人生而學問」？民初詞人夏承燾（1900-1986）於1940年1月的日記中說：

> 謂有譏近人治學為鑽牛角尖者。……**以學問言，牛角尖非貶詞，治學與應世，應世與謀生，謀生與餬口，皆分兩途。**[63]

這段話一反傳統「經世致用」、「通經致用」的觀念，將「治學與應世」別為兩途，「以學問言，牛角尖非貶詞」，若以知識的追求為自身的目的，則當採用分科的、窄仄的方式，人人研讀一科一系，如同清儒分治一業一經，以求專攻。但若以「應世」而言，如此「鑽牛角尖」式的分科研究，喪失整體人格的提升，無力擔負全體社會的陶育教化。

余英時說：「清代中葉的學術已開始走上了分途發展的專業化途徑。毋怪乎對學術流變最為敏感的章實齋要屢言『業須專精』，又特重『專家』之學了。」[64]錢穆也將現代學術專家分科的模式，歸源於清代考據學，他說：

---

63 夏承燾：《天風閣學詞日記（二）》（杭州：浙江古籍出版社，1992年），頁169，
　1940年1月19日條。

64 余英時：《論戴震與章學誠——清代中期學術思想史研究》（北京：生活・讀書・新
　知三聯書店，2005年），「自序」，頁5。

……其後漢學家輩出,當時人做學問遂似明顯地走上了為學問
而學問之途徑。……在清代學術中,才始更透出了我們今天所
看重的專家分科精神。在他們的學問上,各自有一套嚴肅之方
法與態度,故近人謂清學近似於西方之科學方法,此語自亦有
理。即如王引之撰《經傳釋詞》,又如段玉裁窮畢生之力為
《說文解字》一書作注。可見在學問上之專家分科精神,到清
儒手裡,是更見完成了。[65]

清代考據學「專家分科精神」,「近似於西方之科學方法」,人治一
經,人精一業,如:王引之撰《經傳釋詞》,又如段玉裁窮畢生之力
為《說文解字》一書作注。小學的各門分支學科非但有理論的建設,
更有研究實例的展現。一門一業有各自的研究方法與態度,例如:校
勘學有對校法、本校法、他校法、理校法、綜合校勘法、「不校校
之」、「相形而不相掩」等理論的建樹。[66]清代考據學將中國學術從會
通大道,走向近似西方科學的專業分科,開啟現代學術的濫觴。

　　但偏屬人文門類的經史學,宜不宜比照自然科學,人人分科為窄
小專業的研究?傅斯年說:「中國學術向以造成人品為目的,不分科
的。清代經學及史學正在有個專門的趨勢時,桐城派遂用其村學究之
腦袋叫道,『義理詞章考據缺一不可』!學術既不專門,自不能發
達。」[67]清代逐步出現獨立於「致用」之外的「通經」之學,文字、
訓詁、曆算、版本、辨偽等各種「說經」的工具,近乎宣告獨立,促
成的小學體系的嚴謹專精,而桐城派義理、考據、詞章兼通的主張,
則意在矯專業分科之弊,就學術自身的發達而言,分科以求專門是有

---

65 錢穆:《中國學術通義‧有關學問之系統》,第25冊,頁291。

66 漆永祥:《乾嘉考據學研究》,頁263-274。

67 傅斯年:〈改革高等教育中幾個問題〉,《傅斯年全集》(臺北:聯經出版事業公司,
　　1980年),第4冊,頁22。

其必要的，因此傅斯年揄揚考據學，貶抑桐城學派；但錢穆著眼學術
與時世的互動，做出相異的評價，他說：

> 桐城派古文家，議者病其空疏。然其文中尚有時世，當時經學
> 家所謂「實事求是」者，其所為書率與時世渺不相涉。則所謂
> 「空疏」者究當何屬，亦未可一概論也。[68]

清代漢學以考據方式治經，各門小學紛紛脫離「致用」的目的，獨立
為不相隸屬的專業知識，發展至極，「其所為書率與時世渺不相涉」，
反不如桐城派之文以載道，文中尚有「時事」。

　　民國以來，人文學門仿效自然科學，以文、史、哲、美術、音樂
等分科分系、分組分群的方式，從事「窄而深」的研究，錢穆對此並
不認同，他說：「故言學術，中國必先言一共通之大道，而西方人則
必先分為各項專門之學，如：宗教、科學、哲學，各可分別獨立存
在。以中國人觀念言，則苟無一人群共通之大道，此宗教、科學、哲
學之各項，又何由成立而發展。故凡中國之學，必當先求學為一人，
即一共通之人。」[69]如同《春秋》中有尊王攘夷的政治思想，書與不
書之間，寓有懲惡勸善的倫理教化，而各國外交的記載，又是寶貴的
史料。但當今大學將一部《春秋》，分裂到政治系、哲學系、歷史
系，由各個專家分別「研究」。但《春秋》的精神，不是「研究」，而
是「實踐」，是養成儒者浩然正氣，以此完成政教合一的理想。以人
人專攻一藝的方式研治學術，忽略了背後的人倫大道，恐怕是「鑿破
渾沌而渾沌亡」。錢穆將現代學術專家分科的模式，歸源於清代考據
學「窄而深」的分業研究，並懷抱人文與科學不能類同的觀點，批判
清學。

---

68 錢穆：《中國近三百年學術史》，第17冊，頁746。
69 錢穆：《現代中國學術論衡・略論中國哲學》，第25冊，頁46。

四 「疑而後信」的治學心態

明清鼎革易代，儒者面對天崩地解的大勢，紛紛懷疑宋明儒者解經但憑胸臆，背離經書原意，以致學術無力救國，並期盼通過考文、知音的紮實功夫，回歸經典本意，使經世濟民的大道重見於斯世，一返三代之隆盛。[70]於是，清初興起群經辨偽之學，姚際恆之《尚書通論》、《古今偽書考》，閻若璩《尚書古文疏證》，胡渭《易圖明辨》，黃宗羲《易學象數論》，而崔述《考信錄》雖非辨偽之作，但對先秦古書多表懷疑，俞樾《古書疑義舉例》對古人誤讀妄改或傳抄舛訛以致失真之處，均一一糾謬指正。但懷疑宋明舊說以回歸經典原貌，目的在「通經致用」，懷疑駁難只是其手段。不過考據學發展至末流，懷疑駁難成為學術自身的目的，讀書未竟一部，即疑某書為偽，某字句有誤，某篇章錯簡。[71]

假使學術有自身的價值，那麼勇於懷疑，推翻前說是值得肯定的；反之，若學術的意義，在提供安身立命、經世濟民的方針，那麼治學的心態，固然不廢知識上的後出轉精，但更重實際生活的躬身體踐。錢穆堅持，人文學門不同於自然領域，不能以「求真求是」為第一義，如前述，自然科學大可於別人見不到處尋覓新證據，就知識本身的價值而言，學如積薪，後來居上，是當然之理。但中國人文學的意義，在躬身體踐一套永恆的大道，換言之，是先有結論才講方法，而非以科學家「於不疑處有疑」的態度，使用嚴謹的邏輯方法，檢驗「事實」，獲得結論。[72]因此，治人文學的態度應是「信而後疑」；至自然科學當「疑而後信」。但錢穆看來，考據學發展至末流，錯將自

---

70 這部分還可參看：林慶彰：《清初的群經辨偽學》（臺北：文津出版社，1990年），第二章〈清初辨偽風氣的興起〉，17-64。

71 錢穆：《中國近三百年學術史》，第17冊，頁650，788-794。

72 方朝暉：《「中學」與「西學」──重新解讀現代中國學術史》，頁134-142。

然科學與人文學門混同。

在〈近百年來諸儒論讀書〉中，錢穆以陳澧「士大夫之學」，抨擊清代考據乃「博士之學」，前者略觀詩書大義，悟之於心，反之於身；後者專務聞見之博，「與做人辦事一切世道仍無關」、「而且博士之學，正因其不究大義，只從難解難考處留心，所以又漸漸養成了一種驕矜之心，其讀書似乎只是在尋求古人罅隙，有意和古人為難，卻並不能把前人所著書平心靜氣從頭細讀。」博士之學，使求學和做人脫鉤，人品的提升並非目的，學術的博大即其本身的意義，但「陳氏論學，極提倡『博學以知服』的風氣」，因而屢屢針砭乾嘉末流，未能虛心潛玩，專執古人縫隙處，反駁糾彈，以自矜廣博。[73]

中國人文學並非科學的一環，考證事實固然重要，但並非第一義；實踐儒家的價值才是學人於穆不已的使命。治學即治心，求學即做人，深思厚積，沈潛濡染的功夫，遠較勇於懷疑，善於考據更為切要。因而，錢穆區辨兩種不同的治學心態，其一，是「我愛吾師，我更愛真理」，大膽懷疑經典，非考證則不信；另一是「述而不作，信而好古」，以「博學知服」的態度尚友古人。他說：

> 陳氏（陳澧）所說當時學術界的種種病痛，也多還未能洗滌淨盡。似乎現在一般的讀書風氣，也還脫不了極狹的門戶之見，也還看重在小節目上的訓詁考據之類，而看輕從學問大體上來求大義之融會與貫通。也還只像是多數走在博士之學的路上，以「為學術而學術」之語調為護符，而實際則學術未必有裨於身世。……也未見大家肯細心來讀一部書，從頭到尾心性靜細來讀，也還只是隨手翻閱，隨意駁難，距離「博學知服」的風氣，似乎還尚遠。學者的心地，不僅全要掩蓋先賢，即在並世

---

73 錢穆：《學籥・近百年來諸儒論讀書》，第24冊，頁84-85。

師友，亦多輕心凌駕。說到此層，則似乎更不如乾嘉當時。學
者驕矜之氣，似乎比前益甚。只聽說「我愛吾師，我更愛真
理」，究竟真識得真理者未必多，而尊師服善之心，則全為其
重道愛真理之一句堂皇話頭所犧牲了。……今日學術界的風氣
與路徑，卻還是乾嘉舊轍。[74]

假使學術的首要目的，在檢驗知識的真偽，則尊師服善之心，在真理
面前都應退讓，所以說「我愛吾師，我更愛真理」，只要能以科學證
據、科學方法，推翻前說，便是一大貢獻；但如果學術的要義，在品
德的琢磨鍛鍊，則治學之初，恐怕不宜存有過多懷疑前賢，尋覓破綻
的心態，「博學知服」才能透過文字的指點，濡染前賢的人格風範，
俾使為學與做人融通一體。但錢穆指出其當身時代仍不脫「乾嘉舊
轍」，還是走上「博士之學」的風氣，「以『為學術而學術』之語調為
護符，而實際則學術未必有裨於身世。」學者們研經讀史的目的，不
是探尋安身立命的人生準則，而是純粹還原古史之真相，疑古辨偽的
風氣，發展至末流，「隨手翻閱，隨意駁難」，學術的目的，僅在以博
大新奇的知識，競勝前賢，凌駕師友，過度強調知識自身的主體性，
「疑而後信」的心態太過膨脹，則聞見之廣，無益德行之提升。

　　錢穆又說：

西方哲學盡歸入專業化，自成一項學問，與其他學問分離隔
別，哲學地位日高，乃其距離普通人生亦日遠。……故西方哲
學家言：「我愛吾師，我尤愛真理。」然果真裡，而偏於主觀
之自我創造，則真理亦將日趨於分歧。中國人觀念則不同，真
理必具共同性，不能謂我得於此，而他人絕無得於彼。……孔

---

74 錢穆：《學籥·近百年來諸儒論讀書》，第24冊，頁91。

> 子則曰：「述而不作，信而好古」，主要在從會通中醞釀出大道
> 觀。不使分裂，使求道成為專家化。[75]

假如學術的性質，是專業化的、分科式的客觀知識，那麼任何結論，
都可以通過科學方式，予以推翻，科學式的「真理亦將日趨於分
歧」。如前述，西方人文學的屬性是科學，所以蘇格拉底對先前的哲
學作否定；亞里斯多德又對柏拉圖作否定；黑格爾否定康德；尼采批
判整個西方哲學的傳統。但中國人文學的性質並非科學，孟子談性
善，並非通過心理學的實驗而得知天賦四端；《周易》重宇宙間的
「生生」之道，也不是採用天文學的實驗而獲知。「性善」、「生生」
都是科學所無法評估的「價值」層次。不論清儒或民初胡適等人的
「新漢學」，均以檢驗事實的心態，研治作為人文學典範的經史學，
在錢穆看來，意義不大，中國人文學的核心，是通過典籍，上契聖凡
共通之大道，因此，治經的態度應是「述而不作，信而好古」，而非
處處懷疑，託言「吾愛吾師，更愛真理」，消磨一切「博學知服」的
人格養成。

　　在〈學術與心術〉中，錢穆指陳乾嘉考據學對當前學風的誤導，
他說：「晚近學術界，因尊考據，又盛唱懷疑論，古人亦言：『盡信書
不如無書。』又曰：『學必會疑始有進。』然疑之所起，起於兩信而
不能決。學者之始事，在信不在疑，所謂『篤信好學』是也。信者必
具虛心，乃能虛己從人。」[76]懷疑而後施以考證，並非不重要，但其
非治學之初的首務，因為，錢穆認為讀書的目的在養成聖人氣象，因
此必先虛心服善，而非動輒懷疑古人。但在當時「為學術而學術」的
風氣下，學者「乃曰：『我知實事求是，我知考據而已。』」「書籍只

75　錢穆：《中國學術通義・中國學術特性》，第25冊，頁229-230。
76　錢穆：《學籥・學術與心術》，第24冊，頁164。

當是一堆材料」、「一若手中把握有科學方法，即是無上工具。憑此工具，對付此一堆材料，即可成為我之專門絕業。」於是相競於材料中「找罅縫」、「尋破綻」，其讀書的態度，是發現新知識以競勝前賢，而非篤行萬古不變的大道以成就德行，所以錢穆說以科學考據方式治經，「心術已非，而學術隨之。」[77]科學求真，人文至善，懷疑是治自然科學必要的心態，但錢穆看來，人文學的研究，必「信而後疑」才能以「學術」端正「心術」。

第三節 「無益明體達用」：論清代考據學的歷史定位

從人文領域「求用」與自然科學「求真」不可類化的觀點出發，錢穆不滿清代考據學以「知識」代替「信仰」，抽離與萬物感通一體的主觀情感，將研究對象視為外於己身的客觀之物；以「疑而後信」的方法，從事「窄而深」的研究，致使帶有宗教情味，擔負修己治人之功用的經學，成為「求真求是」的實證史學，近乎承認客觀知識具本身的價值，不須回應政治、社會的問題。這也使中國學術由標榜人生啟迪、政治導航之實用性，轉化為純粹知性的認識活動。

錢穆認為相較於（漢代）漢儒「通經致用」，宋儒「明體達用」，[78]清儒卻走入「無用之學」，錢穆說：

> 清代乾嘉學者以訓詁考據，上尋漢儒「家法」，其精神不在政治社會，即亦不在整個的人生上。其所以如此之故，當為清係異族，處處予漢人壓迫。著書立說，稍涉政治社會，即遭文字之禍。清代文字之獄，其株連之多，洵前古所無。故雖欲對政

---

77 錢穆：《學籥‧學術與心術》，第24冊，頁165-166。

78 參見第壹章。

> 治社會發表意見，奈處淫威之下，毫無自由發揮之餘地，不得
> 已只有從考據訓詁上做無聊之研究，遂成此病態之發展。……
> 而儒術乃走入絕路，**成為無用之學矣。**[79]

清代考據學「其精神不在政治社會，即亦不在整個的人生上」，因而成為「無用之學」，該如何評價這種「無用之學」？繫乎評價的尺度，如果學術的目的，在「為真理獻身」，那麼清儒是值得歌頌的；假若學術的宗旨，在指導人生，提升政治，那麼近似歐西科學家「求知」精神，卻不強調政治人生之實用的考據學，就是「無聊之研究」、「病態之發展」。錢穆以後者為標準，責備清廷文化專制政策，扭曲「學以致用」的中國傳統，致使學術無法對「政治社會發表意見」。

在〈新時代與新學術〉中，錢穆說：「乾嘉時代，學術與人事脫節，循至政荒於上，民亂於下。」[80]《六經》是中國人文學的價值根源，但清儒治經與「人事脫節」，混淆科學家的「求知求是」與人文學的「明體達用」，消解了對政治人群的引領力量。乾嘉學者標榜知識自身的價值，末流甚至以知識為炫博矜奇的工具，紛紛在小隙縫處施以科學考據，以競勝前賢，但錢穆卻堅持：

> 凡人用心，必有所從入。學問非以爭奇而炫博，非以鬥勝而沽
> 名。求以明道，求以濟世，博古通今，**明體達用，**此真學問從
> 入之大道。[81]

學問的意義，在明體達用。「博古通今」更要於「專精一業」，必須以虛心服善的人格，把握學術整體格局，方能濟世。

---

79 錢穆：《中國學術思想史論叢‧漢學與宋學》，第22冊，頁578。
80 錢穆：《文化與教育‧新時代與新學術》，第41冊，頁101。
81 錢穆：《學籥‧學術與心術》，第24冊，頁167。

錢穆又說:「清代由於異族政權之高壓,政治理想無可展布,學者們因此厭惡政權,⋯⋯而清代經學乃逐漸變成為只重校勘、訓詁、考據。他們雖自稱漢學,其實和兩漢經學精神甚不同。兩漢經學注重政治實績,清代經學則專注心力於書本紙片上之整理工夫。」[82]如前述,(漢代)漢學精神在「通經致用」,訴求政治的改革;宋學精神,在「達用」之前,更強調「明體」的功夫,清代考據學雖以漢學相標榜,但其精神已無漢學鮮明的「致用」色彩。錢穆持「為人生而學問」的判準,認為學術須有助人格境界的提升,以及由個人「修身」推展至天下「治平」,因此對考據學頗多譏彈。

第四節 「人文」與「科學」之異同: 錢穆與胡適、梁啟超之比較

錢穆、胡適、梁啟超對考據學的評價,正顯現其如何安排「人文學門」與「自然科學」的分際。

唐君毅說:「人於其自己對自體與社會,所發生之感應與行為,又能在自覺的回顧反省,以自感而自應,此亦即人之心靈與精神,對其自己之行為之表現。人由此而有其內在的心靈生活精神生活:亦由此而有各種人文學藝術之創造。」[83]人文學的研究對象,是人類自身個體以及群體社會,而非外於人的自然物質。因此人文研究不能僅停留在「求真」的層次,「求善」、「求美」以豐富心靈、提振精神才是最高理想。因而,人文學的研究方法,不在於以歸納、演繹求取客觀知識,它更重「自覺」、「自感」、「自應」。

然而在胡適看來,一切的學術,僅有「科學」與「不科學」區辨,無所謂人文學門與自然科學的鴻溝,只要是通過歸納、演繹而得

---

82 錢穆:《中國學術通義・四部概論》,第25冊,頁11。

83 唐君毅:《中華人文與當今世界》(上)(臺北:臺灣學生書局,1975年),頁197。

的知識，不問其研究對象屬人文生命的開展，或自然物質的探微，均
是有價值的「科學」；反之，則是意見、是情緒、是無價值的「反科
學」。胡適視「為真理而真理」的科學精神，為一切學術的共通原
則。他考證《水滸傳》、《紅樓夢》、《西遊記》，又說：「我對於小說材
料，看做同化學問題的藥品材料一樣，都是材料。」直言自己考證小
說的動機是「想用偷關漏稅的方法來提倡一種科學的治學方法。」[84]
小說乃作者以騰挪跌宕的情思，寄託個人感慨或諷喻人群社會，但胡
適卻認為，屬於人文門類的小說，如同化學藥品，只要施以一番科學
方法，便可化腐朽為神奇。

　　相較之下，錢穆嚴格區辨人文學門與自然科學之差異，故屢屢指
摘清代考據學，以科學方法研治人文學，致使經學喪失宗教情味，僅
是一堆零散的材料。而胡適既然肯定人文與自然間可毫無縫隙地貼
合，也就對清儒考證工作的「科學精神」多所稱揚。

　　胡適在〈清代學者的治學方法〉中，從大方向上總括漢學家的方
法：

> 他們的方法，從根本觀念可以分開來說：
> 1 研究古書，並不是不許人有獨立的見解，但是每立一種新見
> 　解，必須有物觀的證據。
> 2 漢學家的「證據」，完全是「例證」，「例證」就是舉例為
> 　證。……
> 3 舉例作證是歸納的方法。舉的例子不多，便是類推。舉的例
> 　多了，便是正當的歸納法了。類推與歸納，不過是程度的區
> 　別，其實它們的性質是根本相同的。

---

84 胡適：《胡適演講集・治學方法第一講》，歐陽哲生編《胡適文集》，第12冊，頁
134。

> 4 漢學家的歸納手續不是完全被動的，是很可能用「假設」
> 的。……他們觀察了一些個體的例之後，腦中先已有一個假
> 設的通則，然後用這個通則所包含的例來證同類的例。他們
> 實際上是用個體的例來證個體的例，精神上實在是把這些個
> 體的例所代表的通則，演繹出來。故他們的方法是歸納與演
> 繹同時並用的**科學方法**。[85]

他推許清代漢學家用「科學方法」治經考史，首重客觀的、「物觀的
證據」，而非「先立乎其大者」的主觀價值確立。為推闡這種科學化
的治經方法，胡適詳細介紹歸納、演繹，歸納便是「類推」的擴大，
是將眾多具體的例證排比參詳，而得出一個抽象通則。若將這個抽象
通則，再落實到具體例證，便是演繹。[86]所以說，他們燦爛的治學成
績，是善用西方人所說的歸納、演繹法。至於用歸納、演繹等邏輯方
式治經，能否為人生提供價值、為生命充實意義，並非所問。

　　〈清代學者的治學方法〉中胡適一一詳述清儒在音韻、訓詁、校
勘方面所使用的科學方法。他說：「我現在要舉幾個最精密的長例來
表示漢學家的**科學方法**」在音韻學方面，錢大昕將歸納與演繹雙軌並
用，從《詩‧釋文》、《檀弓‧注》、《王制‧釋文》中，不斷假設、驗
證，得出「古無舌頭、舌上之分」的大通則。「三百年來的音韻學所
以能成一種有系統、有價值的科學，正因那些研究音韻的人，……都
能有這種**科學的精神**。」[87]再就訓詁學而言，王念孫、王引之的《經
傳釋詞》善用歸納、演繹的方法，胡適給予高度肯定，他說：「漢學

85　胡適：〈清代學者的治學方法〉，頁290。
86　胡適所理解的「演繹」是從通例中推演通則，再反向檢驗個別案例。但近代科學
　　實驗所謂的演繹，並非僅停留在具體的「以例證例」，更重以概念檢驗概念。詳參
　　汪暉：《現代中國思想的興起》（北京：生活‧讀書‧新知三聯書店，2004年），頁
　　1232。
87　胡適：〈清代學者的治學方法〉，頁293。

家的長處就在他們有假設通則的能力。因為有假設的能力，又能處處求證據來證實假設的是非，所以漢學家的訓詁學有科學的價值」、「漢學家的方法精密，就是宋學的死黨也不能不心服了。」[88]再以校勘學為例，胡適稱許畢沅、阮元留心各家版本文字之異同，先定古書正訛，再評義理高下，以免厚誣古人，也不致誤導今人。他說：「我們看了這種校勘學方法論，不能不佩服清代漢學家的科學精神。淺學的人只覺得漢學家斤斤爭辯的一字、兩字的校勘，以為支離破碎，毫無趣味。其實漢學家的工夫，無論如何瑣碎，卻有一點不瑣碎的元素，那就是一點科學的精神。」[89]「校勘學的頭緒紛繁，很不容易尋出一些通則來。但清代校勘學卻真有條理系統，做成一種科學。」[90]至於作為人文學淵泉的經史之學，能否類同自然科學之「為知識而知識」，以邏輯方法，追求客觀真實，不回向主觀身心，胡適看來這是不證自明的問題。

清儒考釋《六經》，《莊子·天下》說明《六經》的實用價值：

> 《詩》以道志，《書》以道事，《禮》以道行，《樂》以道和，《易》以道陰陽，《春秋》以道名分。

《詩經》的功用，是寄託個人鬱而難發的心志，或超然不俗的器識，而顧炎武、阮元以《詩經》為考察古音的底本，將經書從價值引導的功能，化為事實檢證的材料，使其脫離與人類社會的關聯，進入純知識系統的追求，《詩經》作為中國人文美學的典範，能否套用自然科學「為知識而知識」的規律？胡適顯然是肯定的。再如《書》、《禮》、《易》、《春秋》，莫不指向天道人事的一貫明通，但卻成了清

---

88 胡適：〈清代學者的治學方法〉，頁296。

89 胡適：〈清代學者的治學方法〉，頁301。

90 胡適：〈清代學者的治學方法〉，頁302。

儒據以訂正訛字、辨偽正謬的標準,這是否使經學從與「人事」緊密
關切的學問,向中性的客觀知識擺盪?

胡適晚年所作的〈四十年來中國文藝復興運動留下的抗暴消毒力
量──中國共產黨清算胡適思想的歷史意義〉,仍堅持自然科學「為
知識而求知識」的精神,可全面套用到人文領域,他說:

> 這一種「無所為」的求知精神,是當時在《新青年》雜誌上翻
> 譯赫格爾或講述自然科學的一班朋友不很了解的。在中國學術
> 史上,我覺得只有十七世紀以下的漢學家、樸學家──從顧炎
> 武到高郵王念孫、王引之父子,往往真有這種「為知識而求知
> 識的科學精神」。[91]

自然科學的精神,是「『無所為』的求知精神」,是「為知識而求知識
的科學精神」,「從顧炎武到高郵王念孫、王引之父子」才真具此精
神。胡適看來,從顧炎武下迄戴段二王,他們研治的材料,是有濃厚
人文氣息的《六經》,以科學化的、歸納、演繹的治學方法,將《六
經》「知識化」,使其由中國人言行思想的依歸,化為不帶價值取向的
客觀知識。胡適相當肯定此一做法。這與其把科學求真求是的標準,
位移到人文學門的主張,是同聲一氣的。

論者有認為:「梁啟超《學術史》」完成於20年代,所以很清晰地
帶有那個時代的烙印,胡適及當時的新漢學運動對梁的影響值得注
意。應該說,《學術史》是梁在『整理國故』潮流影響下的一個產
物。在書中梁表現出的對科學的態度,**對學術獨立的態度**,對清學正
統派的態度等和當時的新學人都是比較一致的。」[92]這段話仍有可商

---

91 胡適:〈四十年來中國文藝復興運動留下的抗暴消毒力量──中國共產黨清算胡適思
想的歷史意義〉,《胡適手稿》(臺北:胡適紀念館,1970年),第9集,頁501-504。

92 周國棟:〈兩種不同的學術史範式──梁啟超、錢穆《中國近三百年學術史》之比
較〉,《史學月刊》,頁116。

權之處，「學術獨立」是以追求知識為第一要義，能否帶來政治功效、確立人生目標，並非所問。但梁啟超從1904年作〈近世之學術〉，1920作《清代學術概論》，1924年作《中國近三百年學術史》，不斷追問的是：「為知識而知識」的科學精神，用於人文學界，是否有意義？換言之，清儒對經史等中國人文學的源泉，施以一番考證功夫，縱然求得客觀歷史知識，但這樣的活動，其價值為何？這是梁氏追問的重點。

　　〈近世之學術〉中梁啟超說：「本朝漢學家……其精神近於科學。所謂分業的組織何也？生計家言，謂社會愈進於文明，則分業愈趨於細密。此不徒生計界為然也，學界亦然。晚近實學益昌，而學者亦益以專門為貴，分科之中，又分科焉。碩儒大師，往往終身專執一科以名其家。蓋昔之學者，其所研究博而淺，今之學者，其所研究**狹而深**。……學愈進則剖析愈精，而學者之分業愈行。」[93]他和錢穆同樣見到清代考據學，已有現代學術分科，研究範疇「狹而深」，以求學術自身之專精的特質。錢穆質疑「其窄深所得，往往與世事渺不相關。」[94]梁啟超同樣指出，專業分科的研究，如同自然科學般人人究心一枝一節的問題，但這種窄小範疇的研究，宜不宜推展到人文學界？梁氏說：「然平心論之，其研究之方法，實有不能不指為學界進化之一徵兆者，至其方法何以不用諸開而用諸閉，不用諸實而用諸虛，不用諸新而用諸陳？」顯然他認為，為求知識之專精，而採取小範疇的、分析式的方法，用於「開新」（自然界）或許能成其大用，但清代考據學施於傳統人文學的經史舊籍當中，梁氏以為不得其法。

　　《清代學術概論》指出乾嘉考據學的特徵是「喜專治一業，為『窄而深』的研究」、「為學問而學問，治一業終身以之。」[95]「殊不

93　梁啟超：《論中國學術思想變遷之大勢・近世之學術》（上海：上海古籍出版社，2001年），頁114。

94　錢穆：《學籥・學術與心術》，第24冊，頁161。

95　梁啟超：《清代學術概論》，頁78，79。

知凡學問之為物，實應離『致用』之意味而獨立生存；真所謂『正其誼不謀其利，明其道不計其功』，……晚清之新學家，欲求其如盛清先輩具有『為經學而治經學』之精神者，渺不可得。」[96]他似乎轉變態度，肯定了清儒將窄而深的研究範疇，用於經史等人文學，不過他仍然期待，「由博古的考證引起自然科學的考證之明驗也。故清儒所尊之途徑，實為**科學發達之先驅**，其未能一蹴即幾者，時代使然耳。」[97]顯然仍舊在乎「為知識而知識」的態度，用於自然界或人文界的問題。在一九二四年所作之《中國近三百年學術史》，就表露得更明白，他說清儒「若肯把精力用到別個方向去」、「成就斷不只此」。「僅用之幾部古經」，「算是白費」，「已覺十分可惜」。[98]他還是相當在意科學方法，究竟用於人文學或自然界。相較於胡適不責求清代考據學的功效價值，認定知識即自身的目的，梁氏與錢穆較相近，傾向「學以致用」，「為知識而知識」的精神，用於自然界的考察，所獲客觀事實，即便一時看似無用，他日亦可能導致某種重大發明，因此，自然領域可「求真」，但人文學，尤其中國人安身立命所在的經史學，在錢穆、梁啟超看來，都不應向自然科學類化。

劉夢溪《中國現代學術要略》說：「我們有理由說，清中葉的學風和治學方法中，似乎已經開始有了現代學術思想的一些萌芽。」[99]清代考據學，或專金石、或研地理、或析聲韻、或考曆算，近乎以分科分業，窄而深的範疇，追求知識本身的專精，的確頗效現代以「求知」為第一義的學術型態，學者們在評騭清代考據學時，往往將他們對人文與科學之間的區辨或類同，投注於其歷史詮釋當中。

96　梁啟超：《清代學術概論》，頁163-164。

97　梁啟超：《清代學術概論》，頁173-174。

98　梁啟超：《中國近三百年學術史》，頁197。

99　劉夢溪：《中國現代學術要略》（臺北：風雲時代出版公司，2008年），頁28。

第五節　中國人文學之宗教意涵：錢穆所論之得失

　　學術對於錢穆而言，不僅是研究的對象，更是修身之準繩，[100]在〈學問之入與出〉中，錢穆說：「做學問自然首先要能『入』，可是到最後，卻不一定要能『出』。」「但自民國以來，苦無真學問真能應付時代之需，身世之用者。」[101]他認為學術不當全是外乎其身的客觀知識，尤其人文學，更當是入乎其內，與個人身世、時代，生氣相感的學問。因此，他從人文「學科」不可化為人文「科學」的角度，評騭清代考據學。這使其論述有所見，亦有所不見。

　　錢穆再三指摘考據學「為學術而學術」，未能負擔引領政治的使命，[102]胡適推崇清代考據學具有西方「為真理而尋求真理」、「為知識而尋求知識」的科學精神。[103]梁啟超認為清代考據學是「為治經學而治經學」[104]，他們都將考據學視為「純學術」，以知識的本身為其價值，不問政教的實用性。但這種說法，卻頗有可商榷處。清代考據學家標榜的「實事求是」與「為學術而學術」的西方傳統，表象相似，本質卻相反。清儒所謂的「實事」指《六經》古籍，「求是」是《六經》中先驗的、絕對的道理。換言之，他們治學時，是先立一個「志在聞道」的成見，預設六經的大義是不容置疑、盡善盡美的，他們以漢儒為階梯，回復被曲解的古義，最終目的要上契「聖人之道」，以達撥亂反正的政治目的。換言之，他們經典研究的目的，不是證明某種客觀的事實，而是印證經書義理的合理完足。這種「為政治做學

100　吳展良：〈學問之入與出：錢賓四先生與理學〉，頁63-98。

101　錢穆：《學籥·學問之入與出》，第24冊，頁173，190。

102　錢穆：《國史新論·中國智識份子》，第30冊，頁187。

103　胡適：〈四十年來中國文藝復興運動留下的抗暴消毒力量——中國共產黨清算胡適思想的歷史意義〉，頁556-557。

104　梁啟超：《清代學術概論》，頁173-174。

問」的精神,與「為學術而學術」的旨趣,恰好背反。[105]

　　不過,錢穆著眼於中國人文學的宗教性質,反對將人文學化為「科學」,也具合理性。如第一章所述,中國經學帶有「宗教情味」,是內在信仰及外在準則,清儒卻將經學化為「受了病的史學」,僅考證客觀歷史事實,忽略價值的建立。他又指出,西方人文「科學」同樣無法提供安身立命的依據,因而西方在文藝復興之後,即便重新發現人的價值,卻依然要乞靈於宗教,而在宗教氛圍淡薄的中國,人文學如果「科學化」,那麼整體社會將失去精神引領,錢穆說:

> **中國文化體系缺乏宗教,向來中國人則用經學來補償此缺憾。**一,是天人合一的觀念,對於宇宙真理與**人生真理**兩方面一種最高合一的崇高信仰,在《五經》中最顯著,最重視,而經學成為此一信仰之主要淵源。二,是以歷史為基礎的**人文精神**,使學者深切認識人類歷史演進,有其內在一貫的真理,就於歷史過程之繁變中,舉出可資代表此項真理之人物與事業及其教訓,使人有一種尊信與嚮往之心情,此亦在經學中得其淵源。三,是一切學術宗旨,應能創造出**人物與時代**來為此項真理作實證。四,是一切學術應在此項真理下會通合一,不應有過分的門戶壁壘。……上述四項,可說即是中國儒家的精神與理想所在。……若儒家精神漫失了,專來講經學,那是一種無靈魂的經學,不是真經學,**清代經學便有此趨勢。**[106]

---

105 此部分可參見羅思鼎:〈評乾嘉考據學派及其影響〉,頁444-467。侯外廬:《近代中國思想學說史》(上冊)(上海:生活書店,1947年),頁370-372。郭穎頤:《中國現代思想中的唯科學主義》(蘇州:江蘇人民出版社,1989年),頁77-78。林毓生:〈民初「科學主義」的興起與含意〉,《中國傳統的創造性轉化》(北京:生活‧讀書‧新知三聯書店,2011年),頁286-308。

106 錢穆:《中國學術通義‧四部概論》,第25冊,頁14-15。

「中國文化體系缺乏宗教，向來中國人則用經學來補償此缺憾。」但清代經學漫失宗教精神，以「科學態度」追求「事實」問題，遺忘人文「價值」的建立，而這正是錢穆批判清代考據學的所在。《五經》彰顯「宇宙真理與人生真理兩方面一種最高合一的崇高信仰」，但在西方人政教明確區分的脈絡下，[107]人生真理屬宗教領域，賦予人生價值，而後使人具有力行不懈的奮鬥目標，使心靈有依歸，這都屬宗教的功能。法律僅保護個人外在的人身、財產，不過問內在價值的問題。西方人說「凱撒的事歸凱撒管，上帝的事歸上帝管」，道德統之宗教，政治則憑藉法律，各有所屬。但中國欠缺濃厚的宗教色彩，法律也較不完備，整體社會所倚恃的，是學術。因此中國學術的理想是「明體達用」，內在「本體」的昇華，繫諸學術提點良知，扮演宗教功能，政治「致用」的部分，也是有賴學術完成「修己」目標，進一步「治人」。因此，中國經學不僅是客觀知識，更扮演西方宗教及法律的功能。它必須以實際人物的言行，昭示人生真理，創造使人鼓舞奮發的「人文精神」，錢穆看來清代經學喪失此精神，把「科學求真」與「人文致用」錯位，使中國學術走向歧途。

　　1942年錢穆作〈中國傳統教育精神與教育制度〉，批評國民政府於民國十八年頒布注重實用科學的教育原則，並說「論新學，則以政法經濟乃至文哲諸科與聲光電化一例等視，昧蔑其國性，誇耀夫新知。」[108]他反對將「文哲」等人文學與「聲光電化」等自然科學，完全類同。[109]這個立場，不能僅歸於文化保守主義，更是出於「國性」

---

107 關於西方政教分離，可參閱〔美〕伯爾曼（Harold J. Berman）著，梁治平譯：《法律與宗教》（北京：生活・讀書・新知三聯書店，1991年）。〔德〕魏德士（Rüthers）著、丁曉春、吳越譯：《法理學》（北京：法律出版社，2003年）。

108 錢穆：《政學私言·中國傳統教育精神與教育制度》，第40冊，頁220。

109 關於人文領域的善、創造性與自由，能否完全為科學之中性知識所含括，尚可參見：成中英：《科學真理與人類價值》（臺北：三民書局，1974年），頁2。沈清松：《現代哲學論衡》（臺北：黎明文化公司，1986年）第9章，頁231-265。

的特殊考量,也就是說,中國沒有宗教,以經學為宗教,「文哲諸科」等人文學乃由經學分化而來,因而不能向「為知識而知識」的自然科學靠攏。錢穆是懷抱這樣的時代背景來關照清學。

不過,誠如朱維錚所說的:「我們的論史著作,曾經特好譴責清代漢學與政治的疏離,是不對的。例如譏之為『鑽故紙堆』,便是不明學問與政術本有區別,倘若沒有『為歷史而歷史』的學者們世代努力,中國的傳統文化豈能躍出『故紙堆』而生輝人間?」[110]錢穆提倡寬廣的研究範疇、潛心玩味的治學方法,虛心服善的求學態度,固然有益於人格的陶育,但其缺失則是無法客觀看待知識,有時把個人情感與學術思想,混同一氣,研究主體無法和研究客體拉開距離,難免產生偏弊。

---

110 朱維錚《求索真文明──晚清學術史論》「題記」,頁4。

第參章
「經義」與「政事」
——論常州學術

問題緣起：政治思想的詮解視角

「常州學派中人身為科舉文人」[1]，「正是出身於八股舉業⋯⋯借褒貶議論以明聖人大義微言，正是常州莊氏治學的基本原則。這一脫胎於舉業文章的治學特色，也使其論述之際，無法完全與宋學脫離關係。所以即便他們早已脫離桐城派之專主程、朱而高標西漢，然而從其傳記中，作傳者每每強調其於舉業文章之造詣，至於著作中每可見宋學身影，亦早已為前人所見。」[2]出於八股制義的要求，有別於漢學家以訓詁考據解經，常州學派以策論形式通求義理，即便脫逸程、朱，高舉西漢，但藉褒貶闡抉微言大義的論述，則近於宋儒。

然而，令人納悶的是：錢穆既崇仰宋學，何以對殊於漢儒考字詁經，近於宋儒發揮大義的常州學派，未充分肯定。原因之一，或許欲對民初以來「疑古辨偽」學派作「拔本塞源」之舉。莊存與（1719-1788）善董賈文章，此乃其究心聖王天道之憑藉，與作為皇家導師的職責密切相關，最初無明顯的今文學意識。[3]但近代學者對晚清今文學的歷史敘述，往往探源常州一脈，以為常州今文學從訓詁名物，轉

1　蔡長林：《文章自可觀風色：文人說經與清代學術》（臺北：臺灣大學出版中心，2019年），頁27。

2　蔡長林：《從文士到經生：考據學風潮下的常州學派》（臺北：中央研究院中國文哲研究所，2000年），頁106-107。

3　蔡長林：《常州莊氏學術新論》（臺北：臺灣大學博士論文，2000年），頁123-218。

向微言大義，始而紹繼董、何《公羊學》，從公羊三世轉出今文學意識，周予同說：「到了清代的中末業，因社會政治學術的各方面趨勢的匯合，……今文學忽而復活，居然在學術界有當者披靡之象。當時所稱為『常州學派』、『公羊學派』就是這西漢博士的裔孫。」[4]又因信今文而疑古文，繼而衍為康有為《新學偽經考》的疑古高峰，民初以顧頡剛為代表的「古史辨派」，多乞靈於康有為，故錢穆欲作一番「拔本塞源」的學術工作，乃從康有為上溯常州學術，徹底掃蕩疑古風潮。[5]

　　另一原因，是從學術與世運消息的觀點，將晚清以來百年黑暗的世運盛衰，與學術正變連成一氣，將晚清今文學無力救國，歸責於常州學術源頭不正、根基不穩，乃至有「卒之學術、治道，同趨澌滅，無救厄運」之嘆。[6]

　　錢穆自言，中國政治的理亂問題，是其「畢生從事學問」的立基點，[7]其對常州學術的價值評斷，背後的深心微識，除了文化上維護古史傳承，延續民族命脈以外，[8]「明學術」、「正人心」、「撥亂世」、「興太平」的一貫信念，更是其念茲在茲的責任。常州學術雖不同於錢穆斥為「無用」的乾嘉箋注之學，其近於宋儒以文章發明大義，以聖王天道經世的理想，也頗似宋儒擔當天下的情操。但其對大義的闡揚，走向漢儒的「通經致用」，與宋儒在「達用」之前，更強調「明

4　周予同：〈經學歷史序言〉，皮錫瑞撰，周予同注釋《經學歷史》（上海：商務印書館，1929年），頁5。

5　路新生：〈錢穆《中國近三百年學術史》中幾個值得商榷的問題〉，頁15-16。陳勇：〈不知宋學，則無以平漢宋之是非——讀錢穆先生《中國近三百年學術史》〉，頁203-204。姜虹：《錢穆的清代學術史著作研究》，頁22。

6　錢穆：《中國近三百年學術史》，第17冊，頁679-680。

7　錢穆：《八十憶雙親、師友雜憶合刊》，第51冊，頁36。

8　關於錢穆對疑古學派的批評，可參見李廷勇：〈錢穆與中國古史考辨〉，《西南師範大學學報（人文社會科學版）》第28卷第4期（2002年7月），頁96-101。徐國利：《錢穆史學思想研究》，頁27-32。

體」功夫，仍有一間之隔。因此，錢穆對常州學術與其說是出於「尊崇宋儒之心，以及信仰朱子之執著」而「痛詆」之[9]，不如說是「深惋」之。錢穆評價常州學術時說：「則由乎其先之非有深心巨眼、宏旨大端以導夫先路，而特任其自為波激風靡以極乎其所自至故也。」[10]常州莊氏起於舉業文章，最初無鮮明的今文意識，即至龔自珍、魏源等人因時局之「波激風靡」，始以經術做政論，取法西漢今文學「通經致用」途轍，倡言變法改制。錢穆肯定其救時政之弊的熱忱，但以為圖求致用，「達用」之前未先養心「明體」，如同無源之水、無根之木，缺乏「深心巨眼、宏旨大端」，急於應付時局，擅言制度變革，終非可大可久之學術宏旨。因此，欲探究錢穆評價常州學術，當由其政治理想切入。

本文認為，欲全面探究此問題，或許須在研究取徑上，作大幅度的擴充。質言之，現代學術論文以「問題意識」為核心，要求用語清晰。但錢穆有時將客觀史料與主觀感受，交織為文，以致一篇文章，未能完整將一個專題本末畢具地交代清楚。所以陳祖武所說的：「錢賓四先生著《中國近三百年學術史》，雖不像梁任公先生同名論著之闢為專題討論，但真知灼見，則每在字裡行間。」[11]錢穆行文「專題討論」的議題設定上，有時不夠明確。因此，欲得錢著之真知灼見，不得不在《錢賓四先生全集》的字裡行間，大量梳理尋繹，將其慣用詞語置於整體學術格局的視野下，才能確定其指謂，明白其意涵。這樣的研究路數雖耗時費力，但卻是契悟錢穆學術思想必須下的功夫。

錢穆《中國近三百年學術史》成書於1937年，以第11章〈龔定盦〉述常州學術。而《清儒學案序目》，乃1941年國民政府欲為宋、元、明、清四朝學案之簡編，以清代委諸錢穆，當中本有〈默深學

9　汪榮祖：〈錢穆論清學史述評〉，頁99。

10　錢穆：《中國近三百年學術史》，第17冊，頁679-680。

11　陳祖武：〈錢賓四先生論乾嘉學術──讀《中國近三百年學術史》札記〉，頁265。

案〉，但於1941年抗戰勝利，返回南京途中，沈於長江，僅存「序目」。1947年錢穆又作〈論清儒〉，登載於南京《中央週報》，1995年聯經出版事業公司《錢賓四先生全集》更名為〈略說乾嘉清儒思想〉。1976年又作〈讀古微堂集〉，當中說：「晚清今文學驟起，以樹異於乾嘉經學，其主要人物，群推魏默深、龔定菴。余著《中國近三百年學術史》，詳龔略魏，斯篇乃以補其缺。」[12]因此，本文以《中國近三百年學術史》第11章〈龔定菴〉及〈略說乾嘉清儒思想〉、〈讀古微堂集〉三文為討論核心，並且大量參照《錢賓四先生全集》中，論學論政之雋語要言，以求其真意。

本文首先指出，錢穆對常州學術的總體評語為「輕古經而重時政」[13]，並遺憾其學術經世的途轍，未能「向史學中耐心覓取」[14]，這兩句話經常被忽略，而筆者通過錢穆一系列的文章，確認「古經」與「時政」之意涵；「史學」與「經學」、「心學」的關聯，而後得知錢穆批判常州學術的方向，落在「治人」與「治法」兩種政治思想的差異。之後，由「人」與「法」的輕重，論及錢穆對常州諸賢，尤其龔自珍（定菴，1792-1841）、魏源（默深，1794-1856）學說的評述。最後通過與梁啟超的對比，得知兩人同樣反對乾嘉考據學近似「為知識而知識」的學風，同主學以濟世，但經世路徑上卻有差異，大致而言，錢穆強調「義理」與「經濟」之間的體用先後，反對急求富強的學風。梁啟超較輕忽義理養心的內聖功夫，重視學術的「切用」價值。錢穆的理想是「明體達用」，其淑世之方是隱身教育界「講學論道」；梁啟超的重心，是通經「切用」，其救世之殷，往往躍

---

12 錢穆：《中國學術思想史論叢（八）‧讀古微堂集》，第22冊，頁445。

13 姜虹：《錢穆的清代學術史著作研究》，頁21。雖引述此語，卻未解釋「古經」、「時政」，在錢穆思想座標中，究竟具何種意義？

14 汪學群：《錢穆學術思想評傳》，頁233。郭齊勇：《錢穆評傳》，頁232。兩書僅將此語引述帶過，似乎未仔細梳理錢穆所謂的「史學」究竟何指？

登政壇「立法變制」。「明體達用」與「通經切用」這兩種政治思想，側面反射於兩人對常州學術「輕古經義理」，「重時政變革」的評價。另，本文以林毓生關於制度與道德兩種解決政治危機的方法、海耶克（Hayek, 1899-1992）對於「法律」與「立法」之間的矛盾，檢討錢穆立說之得失。

第一節　「古經／時政」：錢穆用語釋義

　　既有文獻，論及錢穆對常州學術的評騭時，經常引用錢氏之兩段話，但似乎僅將這兩段話作為錢穆好惡的偏頗立場，未能就好之所由，與惡之所出，作進一步分析，以致歸結為錢穆執「宋學正宗」的門戶偏私之見，抨擊常州學術。或者由世變與學術消息的角度，聯繫錢穆對民初疑古辨偽學風的抨擊。這樣的見解，固然有其理據，但本文嘗試參酌錢穆其他相關著作，分析這兩段引文，抉發其更深刻的意涵。

　　第一則常被引用的文句，是錢穆說：

> 其實則清代漢學考據之旁衍歧趨，不足為達道。而考據既陷絕境，一時無大智承其弊而導之變，徬徨回惑之際，乃湊而偶泊焉。……而常州之學，乃足以掩脅晚清百年來之風氣而震盪搖撼之。卒之學術、治道，同趨漸滅，無救厄運，則由乎其先之非有深心巨眼、宏旨大端以導夫先路，而特任其自為波激風靡以極乎其所自至故也。[15]

這段話指明學術經世的兩種類型，一者是出於時局的「波激風靡」之下，「湊而偶泊焉」，以儘速應付時局之須的學問型態。另一，是「深

---

15 錢穆：《中國近三百年學術史》，第17冊，頁679-680。

心巨眼」、「宏旨大端」的學說,前者僅在應付時代的問題,縱然掩脅一時,震盪搖撼,終究隨時代起落,「卒之學術、治道,同趨澌滅,無救厄運」,此種學術產生於時代的需要,缺乏沈潛的根柢,最後也無法真正解決時代的問題,充其量,僅是一種風氣。後者,卻足以為時代「導夫先路」,是可大可久的真生命、真學問。

第二則常被引用的文句,是錢穆說:

> 默深……著《海國圖志》及《聖武記》諸書,感切時變,有志經濟,而晚節仍以辨漢儒經學今古文名家,則甚矣時風世業之難迴,苟非大力斡旋氣運,足以驅一世而轉趨,則仍必隨逐因循至於途窮而後已也。晚清今文一派,大抵菲薄考據,而仍以考據成業。然心已粗、氣已浮,猶不如一心尊尚考據者,所得猶較踏實。其先特為考據之反動,其終匯於考據之頹流,魏、龔皆其著例也。[16]

此處指出,常州今文學並非源自學術自身厚實的淵泉,僅是「考據之反動」,是「感切時變」,有睹考據學無濟實用,「有志經濟」,方才興起。這種在時代潮流的激發下,出現的學術,心粗氣浮,急迫躁進,以求速解時代危機,必然「因循至於途窮」,依循時代潮流之起落,窮途末路,無法斡旋氣運,轉驅一世。魏源《海國圖志》及《聖武記》期盼透過邊防武備、財用吏治等時政制度的更革,以求驟至富強,在錢穆看來,都僅是應付此時代的問題,並非宏端大綱,不足挽救頹勢。

在〈學術與心術〉中,錢穆又再次談及「學術」與「時政」的關聯,他說:

---

16 錢穆:《中國近三百年學術史》,第17冊,頁688-689。

> 至於學術之於時務，其事可相通而不必盡相合。時事之變，瞬
> 息異狀。即以此三四十年而言，變化多端，幾難回想。若必以
> 追隨時變為學的，曲學阿世譁眾取寵者勿論，而學術探究，必
> 積年歲；時務需要，迫在當前；其事如夸父與日競走，心意淺
> 露，程功急促……使潛心學術，一旦有所成就，轉可多方霑
> 漑，宏濟時艱。[17]

這段話並不是說，學術大可遠離時代處境，「為知識而知識」。而是討
論學術之深沈與時務之切用，兩者之間「可相通而不必盡相合」。「時
務」有其「迫在當前」的危機，「學術」有其「必積年歲」的堅持，
「若必以追隨時變為學的」，則學術缺乏宏大深遠的生命力，「心意淺
露，程功急促」，不如絜根經史義理的涵養，以學術陶育人心，俾
「學術」與「心術」合一，將來出而為政，自然可多方霑漑。

　　由上分析可知，錢穆對常州學術的主要批評，在於其僅致力於
「時務」問題，忽略學術根柢的涵養。以下再比對錢穆其他的評語，
更可印證此觀點。

　　《中國近三百年學術史》對常州學術有一段提綱挈領的分析，但
現有的研究，較少重視這段話：

> 常州言學，既主微言大義，而通於天道、人事，則其歸必轉而
> 趨於論政，否則何治乎《春秋》？何貴乎《公羊》？亦何異於
> 章句訓詁之考索？故以言夫常州學之精神，**其極必趨於輕古經
> 而重時政**。[18]

常州學術從古典書齋重新回到現實人事，再次昂揚儒學的經世精神。

17 錢穆：《學籥‧學術與心術》，第24冊，頁160。
18 錢穆：《中國近三百年學術史》，第17冊，頁689。

「時政」問題的關切，又成為儒學的重心。在《中國近三百年學術史》「自序」中，錢穆引用乾隆御製〈書程頤論經筵劄子後〉，說明清廷文化專制政策，凌辱士人氣節，使之僅居於皇朝家臣地位，莫敢以天下為己任。錢穆接著感慨：「夫不為相則為師，得君行道，以天下為己任，此宋明學者幟志也。今曰『以天下治亂為己任尤大不可』，無怪乾嘉學術一趨訓詁考訂，以古書為消遣神明之林囿矣。」[19]不過，隨著清政漸衰，兵餉激增、銀荒漸虧，繼之捻亂、太平天國之役，烽煙四起；外又有英法侵擾，貧弱交困的時代之下，晚明清初經世致用的觀念，剝極生復。龔自珍便將常州學術與清初經世傳統，承接一線。在〈與江子屏牋〉說：「本朝自有學，非漢學。……瑣碎餖飣，不可謂非學，不得謂漢學。……本朝別有絕特之士，涵詠白文，創獲於經，非漢非宋，亦惟其是而已矣，方且為門戶之見者所擯。……國初之學，與乾嘉初年以來之學不同。」[20]他抨擊乾嘉考訂之瑣碎無用，倡導經世學風，並將常州一脈的淵源，上探清初顧、黃、王、顏，以為清學之正宗。學術逐漸從近乎純知識的追求，轉而關懷「時政」問題，百年來的文字刀鑊下，並未完全扼殺學以救時的儒學傳統。錢穆當然傾向學以經世的立場，反對以純知識的汲取，為治學第一要義，但其所以負面評價開導經世思潮的常州學術，在於其「輕古經而重時政」，「時政」問題固然切要，但不可忽略於「古經」中涵養義理，啟迪心性的功夫。換言之，經世之用，本乎義理之體，切斷「明體」而談「達用」，如無源之泉，乾涸速致。因此，他指陳常州學術的盲點，是「輕古經而重時政」。

　　研究錢穆清學史，若把視域放寬到清學史以外，錢穆所著其他相關文獻，往往能得到更周全的關照。筆者儘量廣讀《錢賓四先生全

---

19 錢穆：《中國近三百年學術史》「自序」，第16冊，頁16。
20 〔清〕龔自珍：《龔自珍全集‧與江子屏牋》（臺北：河洛臺影印初版，1975年），頁347。

集》，而後發現，「古經」與「時政」這對一概念，在錢穆著作中層見迭出，具有「道德」、「政治」合一，「修身」「為政」體用不二的特殊意義。

例如：1937年出版的《中國近三百年學術史》「引論」高度揄揚胡瑗（安定，993-1059）「以明體達用之學授諸生」，其「蘇湖教法」分「經義」與「治事」兩齋，前者重道德心性的陶育，後者強調兵農訟獄等實際政務的實行，先樹立人心道德本體，再究心實際政事，善人自能完成善政，[21]對此錢穆稱譽再三，他又說：

> 「修聖人之經」，即安定之**經義其體也**；「新天下之法」即安定**之時務其用也**。安定存其說於學校，希文、永叔、介甫欲見其績於朝廷，彼其措心設意，夫豈相遠？[22]

> 故言**宋學精神**，厥有兩端；一曰革新政令，二曰創通精義，而精神之所寄則在書院。革新政治其事至荊公而止；創通經義，其業至晦菴而遂。而**書院講學**，則其風至明末之東林而始竭。東林者，亦本經義推之政事，則仍北宋學術真源之所灌注也。[23]

在一九四二年所作的〈中國傳統教育精神與教育制度〉中，他說：

> 胡瑗掌教事，學者所稱安定先生者是也。胡氏居蘇州湖州教授，……當時蘇、湖教法，分經義、治事二齋，經義則擇心性疏通，有器局可任大事者，使之講明《六經》。治事即一人各治一事，又兼攝一事，如：治民、講武……蓋**經義所以闡人生**

---

21 錢穆：《中國近三百年學術史》「引論」，第16冊，頁2-3。
22 錢穆：《中國近三百年學術史》「引論」，第16冊，頁5。
23 錢穆：《中國近三百年學術史》「引論」，第16冊，頁7-8。

之大道，治事所以備切實之服務。明體達用，有本有末。[24]

錢穆書中，「經義」與「時務／政事／治事」是一對不可分的範疇，研析「經義」不僅是考古求是的活動，更在「義理養心」，陶育士人心性，道德主體樹立之後，才可從事「時務」，如此「古經」為「體」，「時務」為「用」的「明體達用之學」，方有本有末，可大可久。由此可知，錢穆指出常州學術「趨於論政」，卻「趨於輕古經而重時政」，其意在於：相較於乾嘉樸學，常州諸賢從書齋中重新面對時代問題，「學以濟世」固是值得肯定的，但「濟世」之方卻不可直接訴諸「時政」之「用」，必須以「古經」義理樹立道德本體，否則有用無體，乾涸速致。「本經義推之政事」的「明體達用之學」，才是本末俱全的學術體系。

一九四〇年《國史大綱》初版印行，當中說：

> 蘇湖教法，分「經義」、「治事」二齋。「經義」則選擇心性疏通，有器局可任大事者，使之講明《六經》。「治事」則一人各治一事，又兼攝一事，如治民、講武、堰水、曆算等，使以類群居講習。時時召之，使論其所學，為定其理。……或即當時政事，俾之折衷。……黃百家《宋元學案》謂：「就安定教法，窮經以博古，治事以通今，成就人才，最為的當。」[25]

這段話再度突顯「經義」與「治事」的體用關係。「治事以通今」，「治事」齋所習的，是「通今」的「時政」問題，例如：治民、講武、堰水、曆算等外在的制度。而知所以仍設「經義齋」，講求「窮經以博古」，正在疏通士人心性、開展學子器識，以為政事理亂的基

---

24 錢穆：《政學私言‧中國傳統教育精神與教育制度》，第40冊，頁210。
25 錢穆：《國史大綱》（下），第28冊，頁898。

礎。換言之，「經義」所論雖是往古，但之所以須折衷於經義，意在以之陶育心性，端正人倫，從而淨化政治。

《國史新論》所收〈中國歷史上的傳統教育〉作於1974年，當中以胡瑗為宋代第一大教育家，其蘇湖教法，分「經義」與「治事」兩齋，前者講求人生大道，以涵養「通德」、「通識」；後者習刑律、治民、講武、堰水等「時務」問題，以切時用。「經義」與「治事」體用相即，則德行不淪玄虛，政治不墮權術。[26]1984年所作〈中國教育思想史大綱〉中，錢穆明言，「經義」與「治事」兩齋，標示中國政學合一的理想，他說：

> 胡瑗蘇、湖講學，分經義、治事兩齋，會學術、政治為一途，尤為作育人才一最大規模。[27]

錢穆理想的學術，並非「為知識而知識」，而是兼具人格陶育，以及政治引領的角色，扮演西方宗教及法律的功能。[28]胡瑗經義為體，治事為用，「會學術、政治為一途」，把政治的撥亂反正，繫諸學術的正心啟明，是道德、政治、學術合一的明體達用之學。錢穆說：「中國教育精神先重『行』，次重『知』；先『為己』，再『及人』。從學則稱『弟子』，最高則上達為『聖賢』，聖君賢相，政治上最高人物，亦當以身作則為人群之教育表率，此乃中國人之文化理想。修齊治平，一以貫之，則為儒學精神。」[29]中國教育宗旨，不僅是追求高深的學問，培育專業技能，更在培養「聖君賢相，政治上最高人物」，因此，學術不僅是純知識的追求，更重提升德行，先「為己」，再「及

---

26 錢穆：《國史新論·中國歷史上的傳統教育》，第30冊，頁242。
27 錢穆：《中國史學發微·中國教育思想史大綱》，第32冊，頁282。
28 參見第壹章。
29 錢穆：《中國史學發微·中國教育思想史大綱》，第32冊，頁257。

人」，由個人道德的擴張，進而處理政治問題。胡瑗「經義齋」、「治事齋」，把政治時務的根源，溯導於人心道德，而在宗教氛圍較稀薄的中國，道德不仰賴宗教維繫，而是透過經書義理的濡染、感化。所以說「分經義、治事兩齋」，即是「會學術、政治為一途」。

由以上數例，可證明「古經」與「時政」是錢穆慣用的詞彙，其確切的意涵，在於道德與政治的體用不二，兩者本末畢具，便是錢穆最推崇的「明體達用」的「宋學」。政、學析離，則是「輕古經而重時政」的常州學術。而錢穆以政、學分合的角度，評騭常州學術，背後的視域，是民初以來，受西方法政思想影響，導致道德、政治裂解。

第二節 「徒法不能自行」：錢穆對常州學術之批評

錢穆對常州學術的發展脈絡，有扼要的勾勒，他說：

> 當乾隆期，武進莊存與方耕，於《六經》皆有撰述，而不漢不宋，自為一派。其猶子述祖葆琛，及外孫同邑劉逢祿申受、長州宋翔鳳于庭，推衍穿鑿，益廣益深，所謂常州之學是也。龔、魏說經皆本常州，定菴言古史源自實齋，默深言時務經世則發自善化賀長齡耦耕。[30]

莊存與（方耕，1719-1788）生當考據學隆盛時期，卻以「稽古之業，不如濟世」，[31]於是以《公羊傳》為主，採董仲舒《春秋繁露》與何休《公羊解詁》互為印證發揮，闡《公羊》微言大義，以論古今事勢。劉逢祿（申受，1776-1829）、宋翔鳳（于庭，1776-1860）均莊氏一門之外甥，劉氏「承其外家之傳緒，值時運世風之變，而治經之

---

30 錢穆：《中國學術思想史論叢（八）·清儒學案序目》，第22冊，頁616。
31 錢穆：《中國近三百年學術史》，第17冊，頁679。

業乃折萃於《春秋》，治《春秋》又折而趨於《公羊》焉。」[32]其《公羊何氏釋例》於張三世、通三統、異內外之義旨，次第發揮，使《公羊》作為變法改制的理論基礎，更加完備。宋翔鳳又「深推兩宋道學，以程朱與董仲舒並尊」，[33]其不滿考據學之瑣碎餖飣，既不廢程朱理學，又以《論語》微言通於《春秋》，推求孔子太平之道，素王之業。龔自珍（定菴，1792-1841）、魏源（默深，1794-1856）與常州莊氏一門雖無血脈姻婭，但魏氏受《公羊》學於劉逢祿，[34]龔氏從劉氏習《公羊春秋》，又深愛宋翔鳳，謂其「萬人叢中一握手，使我衣袖三年香。」[35]因此錢穆亦將兩人歸入常州學派。

《公羊》家本就具有變制改革，甚至革命的思想。「三世」、「三統」，意味著天下非一姓所有，萬世非一制可法。舊王若不賢，或禪或革均無不可。舊制若不美，改弦更張乃當然之理。[36]常州一脈議政變法之風，尤見於龔自珍、魏源，故錢穆以兩人為評述常州學派之核心。

一 變法有待於養才

龔自珍紹繼章學誠「六經皆史」之說，以為《六經》均先王實際施政之典制，揭示學術經世的主張。[37]錢穆說：

---

32 錢穆：《中國近三百年學術史》，第17冊，頁683。

33 錢穆：《中國近三百年學術史》，第17冊，頁584。

34 錢穆：《中國學術思想史論叢（八）・讀古微堂集》，第22冊，頁445。

35 錢穆：《中國近三百年學術史》，第17冊，頁709。

36 關於公羊家之變革思想，可參照陳柱：《公羊家哲學》（臺北：中華書局，1971年）。

37 錢穆：《中國近三百年學術史》，第17冊，頁692-294。此部分可再參照張壽安：〈六經皆史？且聽經學家怎麼說──龔自珍、章學誠「論學術流變」之異同〉，《文化與歷史的追索──余英時教授八秩壽慶論文集》（臺北：聯經出版事業公司，2009年），頁273-310。

清儒自有明遺老外，即少談政治。何者？朝廷以雷霆萬鈞之力，嚴壓橫摧於上，出口差分寸，即得奇禍，習於積威，遂莫敢談，不徒莫之談，蓋亦莫之思。精神意氣，一注於古經籍，……此乾嘉經學之所由一趨於訓詁考索也。嘉、道以還，清室日陵替，堅冰乍解，根蘖重萌，士大夫乃稍稍抒發為政論焉，而定菴則為開風氣之一人。[38]

滿族入主中原，以刀鋸鼎鑊、富貴利達交相為用，致天下士大夫徒就故紙堆中寄託精神，錢穆說：「滿清最狡險，入室操戈，深知中華學術深淺而自以利害為之擇，從我者尊，逆我者賤，治學者皆不敢以天下治亂為心，而相率逃於故紙叢碎中，其為人高下深淺不一，而皆足以壞學術、毀風俗而賊人才。」[39]不過，嘉道以還，清政陵替，士大夫議政精神重新昂揚，當中又以龔自珍開風氣之先。

錢穆指出，常州一脈牽綴群經，鉤沈家法，好博肆縱之風，出於蘇州惠棟，[40]而其援經議政，以為變制之基礎的學術活動，源自包世臣（慎伯，1775-1853），錢穆說：

安吳包慎伯著〈說儲〉，主罷八股，以明經術、策時務應之。……包書則正從正面立法以矯其弊也。包氏已大膽為清廷草擬改制書矣。經學家承其後，乃以孔子《春秋》相附會。[41]

---

38 錢穆：《中國近三百年學術史》，第17冊，頁690-691。

39 錢穆：《中國近三百年學術史》「自序」，第16冊，頁18。

40 參見：蔡長林：〈論常州學派的學術淵源——以錢穆《中國近三百年學術史》的評論為起點〉，收入氏著：《從文士到經生——考據學風潮下的常州學派》，頁47-118。
王應憲：〈錢穆「常州之學原本惠氏」說檢討〉，收入陳勇、謝維揚主編：《中國傳統學術的近代轉型》（上海：上海人民出版社，2011年），頁435-440。

41 錢穆：《中國近三百年學術史》，第17冊，頁697-698。

包氏以考證學為無用，從劉逢祿、宋翔鳳受今文家言，並倡言時政制度的更革。其〈海運南漕議〉提出改革漕運弊端之方策。面對貪官污行，民不堪命的衰象，除了「保民而王」的道德提醒外，他更倡議從最切實的經濟政策作調整。舉凡人才之考銓、冗員之刪汰、言路之廣開，乃至兵刑農工，包氏均主張以「立法以矯其弊」的方式，化解危機。[42]

不過，對於龔自珍援經議政的學術活動，錢穆卻頗有捨本逐末之感嘆，他說：

> 定菴之學業意趣，乃亦一反當時經學家媚古之習，而留情於當代之治教。於是盱衡世局而首唱變法之論，其意見於〈乙丙之際箸議第七〉。其言曰：

> 拘一祖之法，憚千夫之議，聽其自斃，以俟踵興之改圖，……孰若自改革？……天何必不樂一姓？（此文亦名〈勸豫〉。……又安吳包世臣為〈說儲〉，在嘉慶辛酉，已切實為清廷擬新制矣。越後以《公羊》言改制最激者，極於戊戌之變政，然如廢八股、開言路、汰冗員諸要端，包氏書亦一一先之也。）[43]

龔自珍〈乙丙之際箸議第七〉接續包世臣〈說儲〉之後，兩者共通的特色，是較疏忽道德自覺的「修身齊家」層面，直接訴求法制更革，以解決政治危機。包氏「立法以矯其弊」，龔自珍承其後，則「首唱變法之論」，兩者均突顯「法制」的切要。〈乙丙之際箸議第七〉指出：「一祖之法無不弊，千夫之議無不靡，與其贈來者以勁改革，孰

---

42 詳見：馮天瑜、黃長義：《晚清經世實學》（上海：上海社會科學出版社，2002年），頁103-107。

43 錢穆：《中國近三百年學術史》，第17冊，頁696。

若自改革？抑思我祖所以興，豈非革前代之敗耶？前代之所以興，又非革前代之敗耶？何莽然其不一姓也？天何必不樂一姓耶？鬼何必不享一姓耶？奮之，奮之！將敗則豫師來姓，又將敗則豫師來姓。」[44] 所謂「豫師來姓」、「自改革」即不待異姓革命，便預先採用新朝代的法制典章，以挽時局之敗。龔氏力挽狂瀾之途轍，不特別強調人為的修德，風俗的純化，而是著力法制的改革。

不過「當嘉道之際，去雍、乾盛世未三十年，一世方醺嬉醉飽，而定菴已憂之，曰『將敗，其豫師來姓』，汲汲為一氏勸豫，人其孰信？抑且目為狂。」[45]

龔自珍〈五經大義終始論〉，主張《五經》均有「三世」之法，不獨《春秋》，已開康有為以《公羊》通群經之說。又以「中古文」為不可信，《周官》為後世之說，其〈泰氏答問〉，將馬、鄭古文與今文本一併疑之。而其經說的最終目的，在為變法改制，提供合理性的基礎。[46]所以劉師培說：「常州今文學自龔、魏煽其流，⋯⋯以詞華飾經訓，⋯⋯兼言經世。」[47]錢穆也讚賞龔氏敢於針砭時風的魄力，他說：

> 定菴自負其才氣，敢為出位之言，是年即為〈東南罷番舶議〉及〈西域置行省議〉，⋯⋯其後合肥李鴻章〈黑龍江事略序〉亦言之，曰：「古今雄偉非常之端，往往刱於書生憂患之所得。龔氏自珍議西域置行省於道光朝，而卒大設施於今日。」[48]

---

44 〔清〕龔自珍：《龔自珍全集・乙丙之際箸議第七》（臺北：河洛出版社，1975年），頁6。

45 錢穆：《中國近三百年學術史》，第17冊，頁696。

46 何佑森先生認為：「對於當時現實問題的深入批評，而終極以重士養士為歸宿，才是定菴學術精神所寄。」何佑森：〈龔定菴的思想〉，收入《何佑森先生學術論文集（下）：清代學術思潮》（臺北：臺灣大學出版中心，2009年），頁279。

47 錢玄同等編：《劉申叔先生遺書》（南京：江蘇古籍出版社，1997年據民國25年「寧武南氏排印本」重印），頁1539。

48 錢穆：《中國近三百年學術史》，第17冊，頁702。

嘉、道以降，隨著清王朝走向衰頹，沙俄及英國對中國西北地區虎視
眈眈，造成日益嚴重的邊疆問題，負經世之志的士人，將目光投注於
邊疆，徐松（1781-1848）著《西域水道記》、《邊疆事略》，明要塞、
察風土。龔自珍承其後，有《西域置行省議》從行政區域的重劃、軍
事力量的布署、居民的遷置、經費的挹注等制度面向，解決邊疆動
亂。〈東南罷番舶議〉面對鴉片氾濫、白銀外流，龔氏主張管制貿
易，限制外商進出。面對西北邊疆，東南沿海的民困時艱，龔自珍力
圖建制立法，以救疲弊，對於民風土習等道德方面，較少著力。

　　然而錢穆認為，立法以矯其弊並非根本之道，振衰起弊，仍在人
才的培育，也就是說「人」重於「法」，因此他感嘆：

> 定菴抱掩世之才，具先覩之識，危言高論，不足以破一世之訑
> 訑。其後三十年而洪、楊難作，定菴所謂不遠者，乃不幸言
> 中。夫徒法不能以自行，而變法則尤有待於一世之人才，人才
> 則有待於百年之培養，而定菴之世何如者？[49]

> 定菴又極言之於與人之箋，曰：「縛草為形，實之腐肉，教之
> 拜起，以充滿於朝市，風且起，一旦荒忽飛揚，化而為泥
> 沙。」嘻！何其言之沈痛深刻耶！以若是之世界，若世之人
> 才，又何以言變法？[50]

這兩段話突顯了「法」與「人」的本末先後關係。「徒法不能以自
行，而變法則尤有待於一世之人才，人才則有待於百年之培養。」
「若世之人才，又何以言變法」。法制方面的改弦更張，可翻騰一
世，速見功利；人才方面的陶育涵養，必須百年教化之功，但卻收效

---

49 錢穆：《中國近三百年學術史》，第17冊，頁697。
50 錢穆：《中國近三百年學術史》，第17冊，頁701。

廣遠。龔自珍〈明良論四〉說：「仿法古以行之，正以救今日束縛之
病，矯之而不過，且無病，奈之何不思更法，瑣瑣焉，屑屑焉，惟此
之是行而不虞其陟也？」[51]龔氏託言今文學，以先王舊法，壓倒時王
制度，意在建構變法改制的基礎。然而錢穆卻說：「以若是之朝廷，
士大夫出而仕，奈何開口言政事？更奈何言氣節廉恥？又奈何言人
才？」[52]他認為龔氏最大盲點，在於只執著在「法」的層面，未能從
教化著手，啟迪人心，敦厚風俗，以養成百年之人才。因此縱「抱掩
世之才，具先覯之識」，「危言高論，不足以破一世之訑訑」。

嘉道以還，治世之能臣輩出，如：包世臣、陶澍（1778-1839）、
林則徐（1785-1850），錢穆何以感嘆世無人才，徒法不足為政？觀其
〈新原才〉，可知其所謂「才」，並非法政兵農等技藝層面，而是自淑
誨人、成己成物的君子，如此方可為政局導夫先路。[53]錢穆認為，當
世所以無修己治人之君子，一方面由於清廷的文化專制政策，另一方
面，宋學義理棄置不講，內聖不修，則外王難以施展。

錢穆舉《定菴集》中〈太倉王中堂〉、〈杭大宗逸事狀〉，指斥清
廷文字獄摧折人才，「糾虔士大夫甚密」。[54]又引龔自珍〈乙丙之際箸
議之第九〉，以「公羊三世」分「世有三等……皆觀其才。治世為一
等，亂世為一等，衰世別為一等。」方今乃天地閉、賢人隱的衰世，
無才相、無才史、無才將、無才士、無才民。「當彼其世也，而才士
與才民出，則百不才督之縛之，以至於戮之。」[55]清廷以文化高壓政
策，剝奪士人氣節，使之無廉恥、無思慮、無作為。

不過，錢穆更強調，「無人才」的原因，除了政治威嚇力外，學
術自身的偏弊，也難逃其咎。質言之，「把事功消融於學術裡，說成

51　〔清〕龔自珍：《龔自珍全集・明良論四》，頁35。

52　錢穆：《中國近三百年學術史》，第17冊，頁700。

53　錢穆：《文化與教育・新原才》，第41冊，頁171-177。

54　錢穆：《中國近三百年學術史》，第17冊，頁689-700。

55　錢穆：《中國近三百年學術史》，第17冊，頁696-697。

是一種於義理」，[56]這是宋人理想的政治型態，所謂義理學，不同於西方以思辨為特徵的哲學，而是一種充實博大的人文精神，以此鍛鍊道德充沛的人品，開展宏闊的政治事業。一旦義理學棄置不講，則人才凋零，政事蜩螗，所以錢穆引用沈子敦（1798-1840）之語說：

> 漢、宋諸儒，以經術治身則身修，以經術飾吏治則民安，立朝則侃侃嶽嶽，宰一邑則俗阜人和，今世通經之士，有施之一縣而窒者矣，有居家而家不理者矣。甚至恃博雅而傲物，借經術以營利。……古人治經，原求有益於身心；今人治經，但求名高於天下，故術愈精而人愈無用。[57]

錢穆對這段話所標注的案語是：

> 學術人才衰壞之來源。[58]

錢穆將清世人才凋零，歸咎於考據學的「術愈精而人愈無用」，學術文章與政教實用脫節，與漢代、宋代學術迥異。漢宋之學「以經術治身」、「經術飾吏治」，既可修身，又可推而用世。而聯繫「修身」與「用世」者，為義理養心之學。換言之，經書義理的濡染，不僅是純粹的求知活動，更重人品氣質的轉化，而後由善人開啟善政。因而錢穆把政、學皆壞之禍源，追究於考據學厲禁言理，如此則人才零落，士風傾頹，政局無人撐持。

世運轉晦為明之樞要，在養才而不在變法，而如何養才？錢穆說：

56　錢穆：《國史大綱（下）》，第28冊，頁627。詳見第壹章。

57　錢穆：《中國近三百年學術史》，第17冊，頁724。

58　錢穆：《中國近三百年學術史》，第17冊，頁724。

> 然而陶鑄人才，其事固不僅於排布配搭，而更有其尤要者，則
> 曾氏所謂「轉移風俗」是也。「風俗」之與「人才」，如影隨
> 形。有一時之風氣，斯成一時之人才。人才即由風氣出，而為
> 風氣所限。……惟其人才不能超出於風氣之外，所以陶鑄人
> 才，其道無他，端在轉移風氣。[59]

人才即由風氣出，故欲陶冶幹旋世道的人才，首重轉移風氣，而非變
制立法。

因而，錢穆引沈子敦〈風俗篇〉之語：

> 天下之治亂，繫乎風俗。天下不能皆君子，亦不能皆小人。風
> 俗美則小人勉慕於仁義，風俗惡則君子亦宛轉於世尚之中，而
> 無以自異。是故治天下者以整厲風俗為先務。[60]

之後，錢穆說：

> 子敦二論之意，蓋特有感於時病而發。[61]

「天下之治亂」不在於兵農漕運等制度之興廢，而是「繫乎風俗」，
俗美風淳，則人才輩出，在野為士君子，在朝為士大夫，為相為師，
莫不河清海晏。沈氏之語，乃「感於時病而發」，鑑於當世急於求
治，捨「整厲風俗」不由，逕取變法改制之捷徑，以致富強不可驟
致，久安又難以期待。

張灝分析中國政治思想時說：「道德理想主義是指一個政治秩序

---

59 錢穆：《文化與教育・新原才》，第41冊，頁173。
60 錢穆：《中國近三百年學術史》，第17冊，頁721。
61 錢穆：《中國近三百年學術史》，第17冊，頁721。

的建立必須從個人修身開始。一個善良的社會是建築在善良的個人上面。」而嘉道以來的經世之學卻非如此，「它是講究如何由制度的安排，政府多種政策的運用，以及法令規範的約束以求政治社會秩序的建立。」「晚清經世之學突出的地方不過是在特別強調宋明儒所謂『治法』的重要性，已有別於許多理學家由過分重視修身觀念所衍生的『人格本位政治觀』」。[62]常州今文學的核心，是以董何口說，為現行制度的改革，預作鋪墊。由上分析，可見錢穆對常州學術的批評，一方面如論者所言，僅是從「純學術」的立場，對今文學的疑經，下迄民初以來疑古辨偽學風，作拔本塞源之舉。但更重要的是，錢穆批判常州學術的著眼點，除了「純學術」之外，一直不離「治人」與「治法」的兩種政治面向。

二　求治太速，不遑教化

　　論者談錢穆對常州學術的批評，經常忽略〈讀古微堂集〉，錢穆自言，此文之作，乃為補《中國近三百年學術史》，詳龔略魏之缺失，[63]因此必須將該篇與《中國近三百年學術史》並覽，才能完整釐清錢穆對常州學術的批判所在。〈讀古微堂集〉藉由魏源經史一體、理事合一的思想，意寓世運盛衰之樞機，在於人心義理，所以說「法出於人」，與其「變其法」不如「得其人」。

　　魏源學術以「經世致用」見稱，齊思和在〈魏源與晚清學風〉中說：「至道咸以來，變亂迭起，國漸貧弱。學者又好言經世，以圖富強，厭棄考證，以為無用，此學風之三變也，其代表人物為魏默深先

62　參見張灝：〈宋明以來儒家經世思想試釋〉，頁12，16。

63　錢穆：《中國學術思想史論叢（八）‧讀古微堂集》，第22冊，頁445。

生。」[64]章太炎也說:「道光末,邵陽魏源,夸誕好言經世,嘗以術奸
說貴人,不遇;晚官高郵知州,益牢落,乃思治今文為名高。」[65]章
氏對魏源雖有負面評價,但也以「經世」點明其學術。魏源長於兵刑
獄吏、食貨經濟,鹽漕河運等直接效用於當世時務的「經世」之學。
不過,錢穆評騭魏源的角度,卻刻意淡化經世致用的學風,更加突顯
其早歲由「宋學」入門,及至中年,暢談經濟之餘,仍不忘義理,在
「達用」之前,先下一番「明體」的功夫。

　　《中國近三百年學術史》中,錢穆說魏源最初自宋明儒學入手。[66]
〈讀古微堂集〉亦言魏源崛起湖湘,早年從姚學爽問宋學、從胡承珙
問漢學,又別受《公羊》於劉逢祿,詩詞古文則與龔自珍相切磋。但
濡染最深者,則姚氏所傳之宋學,其最先之著作,如:《大學古本》、
《孝經集傳》、《曾子章句》諸書,均帶宋學氣息。且受湘學流被所
及,有志經世,留心時務。[67]即便中年轉入今古文之辨,作《詩古
微》、《董子春秋發微》諸書,仍作周、程、朱、陸、楊慈湖、王文成
諸人之贊,可見其對宋明儒學之初衷,矢志不渝,然而「默深所志,
乃在通經、史,融漢、宋,會古今,而又情切於當前之致用。凡其獲
得當時交遊間之欣賞讚譽者,終限於經學考據與經世實用之兩途。其
閎識孤抱之較深入者,急切未得他人之共解。」[68]錢穆所謂之「閎識
孤抱」即是以宋明心性之學為體,以當前經世之務為用,體用合一。
既能於經學中陶育德行,又兼以史學濟其用,如此則性理不流空談,
用世不淪霸術。既能博考往古,又可切於時用。俾使學術兼綜性理養

---

64 齊思和:〈魏源與晚清學風〉,張灝等著,周陽山、楊肅獻編:《近代中國思想人物
　　論——晚清思想》(臺北:時報文化出版公司,1980年),頁193。

65 章太炎著、徐復注《訄書詳注・清儒第十二》(上海:上海古籍出版社,2002年),
　　頁157。

66 錢穆:《中國近三百年學術史》,第17冊,頁686-688。

67 錢穆:《中國學術思想史論叢(八)・讀古微堂集》,第22冊,頁445。

68 錢穆:《中國學術思想史論叢(八)・讀古微堂集》,第22冊,頁459-460。

心以及事功實利。因而，錢穆就事功與心性兼貶，法制與人心相濟揄揚魏源之學。

錢穆引用《古微堂集》說：

〈內集〉卷三〈治篇〉一又曰：
自古有不王道之富強，無不富強之王道。王、伯之分，在其心，不在其跡。後儒特因孟子義利、王伯之辯，遂以兵食歸之五伯，諱而不言。曾亦思足民治賦，皆聖門之事；農桑樹畜，即孟子之言乎？[69]

王伯之辨，只能說明事功本於心性，卻不能理當推闡為心性外於事功。否則將淪為鏡花水月，畫餅望梅。宋代以後，「修身」與「為政」更密切地結合，乃有二程、朱熹以心術分王霸，王者以德行仁，其心純乎天理；伯者以力假仁，其用心全在利欲上，[70]但「王、伯之分，在其心，不在其跡」發展至極，重義去利，儒者只知懲忿窒欲，不知功成事濟。所以魏源主張「足民治賦」、「農桑樹畜」，亦皆王者之事。

道德修身與政治事功，在傳統脈絡下，是一體兩面，荀子〈解蔽〉曰：「聖也者，盡倫者也；王也者，盡制者也。」執政士人的端正心術，與國家的長治久安被認為是一體的。「首領、貴族們的個體『內聖』本是與其能否成功地維繫氏族團體的生存秩序的『外王』，相緊密聯繫在一起的。」[71]宋儒統合義理與事功，內聖與外王，且於其間的本末先後，多所著意，必先「發明本體」，而後自然功成事遂，反對捨棄內聖功夫，「速求致用」。魏源從宋學入手，固然重視兵

---

69 錢穆：《中國學術思想史論叢（八）‧讀古微堂集》，第22冊，頁456。
70 吳懷祺：《宋代史學思想史》（合肥：黃山書社，1992年），頁66-67，171-180。
71 李澤厚：《中國古代思想史論》（臺北：漢京文化事業，1987年），頁257。

農錢穀之用,其〈《聖武記》序〉、《古微堂內集》三卷曰《默觚》,分上中下,下卷〈治篇〉,雖多言朝廷財用、人事之弊端,並建言從官制吏政、農桑鹽賦等制度面作變革,但錢穆卻同時強調:

> 魏源《古微堂集》〈治篇〉三說:
> 立能行之法,禁能革之事,而求治太速,疾惡太嚴,革弊太盡,亦有激而反之者矣。用人太驟,聽言太輕,處己太峻,亦有能發不能收之者矣。兼黃、老、申、韓之所長,而去其所短,斯治國之庖丁乎?[72]

「求治」是儒者經天緯地的志業;「革弊」乃士人無可謝卻的責任。但求治過急、革弊太嚴,而一逕以「立法」方式出之,不增其益,先受其害。清中葉以後的今文學變法以圖強,卻忽略了,良法美意必須立基於社會長久形成的穩定秩序,這些秩序可能源自共同生活的群體對傳統風俗、對道德文明的信賴。變法過頻過速,則不斷打亂正在形成的規則、正在生長的新風俗、正在轉變的新道德。風俗、道德的移易,非有長遠的時間,難見成效,「求治太速」的心態下,「立法」、「變法」乍看可立竿見影,但「太驟」、「太峻」,用國家強制力支撐的法律,排除了社會內生的秩序(例如:禮制、道德、風俗)等,恐怕也是矯枉過正。錢穆稱引這段話的用心,意在說明「治法」以應時務之急,固然切要,但人心風教不可輕易去之。

此外,錢穆又從「會通經史」的層面,說明魏源學術融通內在心性與外在事功。魏源於史學頗有著力,著有《元史新編》等。錢穆說:「要其(案:指魏源)平生之學,主張融會經、史,漢、宋,通

古今而濟世用。」[73]如果與錢穆討論「經」、「史」的文章參看，更可釐清其評價魏源之判準。在〈象山龍川水心〉一文中，錢穆把陳亮（龍川，1143-1194）朱熹（1130-1200）王霸義利之辨，歸結為經、史之爭，他說：

> 其實此一爭論，亦可從當時經學與史學之分線上來稍加說明。經學重理想，所謂唐、虞、三代，可謂是經學上之理想國。儒家一切理想，俱託之於唐、虞、三代，而咒詛現實，則歸罪於漢、唐。[74]

經學標榜理想，史學面對現實。如前述，錢穆對經史關係的安排是：經學講「王道理想」端正心性；史學為開展事功，難免「偏心雜霸」。宋代史學「先經後史」，必以經書綱常月旦史事，意味著治平之道寓託於心性之中。這與宋人進一步綰合「修身齊家」與「治平天下」的政治思想，是一體的兩面。

　　錢穆強調德行、政事須本末兼具，既要經學「尊德行」的涵養，但為免空談心性，無益實用，也要博覽史書中的前言往識，下一番「道問學」的功夫，以求致用當世，所以他說：

> 宋學宗旨，本求內外一體，**心性功利匯歸一源**；其分理、氣，分心、性，敬、義兩翼，內、外一體，圓宏細密處，卻看似支離分散，象山太看重此心，把外面事務不免忽了，故只重「尊德行」，而擱輕「道問學」，水心則不喜觸到本體幽玄上去，不喜重內而輕外，故多在人事現實上立論。象山要引朱子向內，

---

73 錢穆：《中國學術思想史論叢（八）‧讀古微堂集》，第22冊，頁460。
74 錢穆：《中國學術思想史論叢（五）‧象山龍川水心》，第20冊，頁440。

專從心性本原上用力。龍川要引朱子向外，專向功利實事上建樹。[75]

朱熹主張「先經後史」，若論實用，史學較經學為多，但若不能「以經正史」，則讀史只能觀其權謀詐術，「只如看人相打」，所以他批評陳亮「一生被史壞了。」[76]「尊德行」必求諸經書義理，而博考史冊的「道問學」功夫，更能切中當世之弊，以為救時之藥。而作為錢穆理想學術典範的宋學，是「內外一體，心性功利匯歸一源」，以內在心性為本，企求外在功利實用。陸九淵（象山，1139-1192）重內輕外，於事功方面有所不足；葉適（水心，1150-1223）好掌故經濟之學，陳亮即便不荒廢經書中的三代聖王之治，但更留心史籍中，唐宗宋祖建功立業處，其「要引朱子向外」。兩者均未能兼顧內聖與外王。

錢穆對魏源史學的概括是：

事必本乎心，心必驗於事，法必本於人，人必資於法，今必本夫古，古必驗於今。[77]

事乃現實之情勢，心是純粹之天理，前者見於史冊載籍，後者彰顯於經書義理，兩者必須交互為用，既不淪功利，亦不至迂闊；人性的德化是天下盛衰的根本，法制的建構是不得不備的選擇，本末之間應彼此呼應，否則徒善不足為政，徒法不能自行。稽考經典中的三代古制，必驗諸眼前實用，欲明當前大勢，又必然取決於古經中萬古不變的義理大道。如此，則內聖與外王體用相備，因此，錢穆從經史不二、事功性理合一、漢宋會通的角度，闡發魏源學術之精義。

75 錢穆：《中國學術思想史論叢（五）‧象山龍川水心》，第20冊，頁444。
76 參見吳懷祺：《宋代史學思想史》，頁170。
77 錢穆：《中國學術思想史論叢（八）‧讀古微堂集》，第22冊，頁453。

由上可知，錢穆稱許魏源，「融會經、史」，「通古今而濟世用」，意在讚譽其於人心道德與政治時務兩方面，可兼籌互濟，所以錢穆又說：

> 其〈默觚〉上有曰：「學之言覺也，以先覺覺後覺，故莘野以畎畝樂堯、舜君民之道。學之言效也，以後人師前人，故傅巖以稽古陳恭默思道之君。覺伊尹所覺，是為尊德性。學傅說之所學，是為道問學。自周以前言學者，莫先伊、傅二聖，君子觀其會通焉。」乾嘉學尚經，默深則必由經通史。故其言學，兼「覺」與「效」，即兼「尊德性」與「道問學」。如此言之，**經必成為史，史必上承經。即所謂「心必驗於事，事必本於心。人必資於法，法必本於人。今必本夫古，古必驗於今」之旨也。**[78]

魏源言「學」「兼『覺』與『效』」，既有內心之「覺悟」本體，發明良知，又「效用」於外在事務，既可避免智力把持，摻雜人欲；又不流於性理空談，鏡花水月。心性的「覺悟」仰賴讀經，「尊德行」於內，專重從政者之教化，故曰「事必本於心」；「效用」則兼綜觀史，增進文史知識，以得嘉謀嘉猷，以為治事之法度，以免空言心性，迂闊難行，此乃「道問學」的層面，故曰「心必驗於事」。而為學之方，必先讀經以先立其心之大者，之後才以史事以驗證吾心天理之然否，以歷代鹽法、錢穀、治河、屯田、官制、獄政等等法制之因革，尋求理亂之方。所以說魏源學術融通經史，「心必驗於事，事必本於心。人必資於法，法必本於人。」「治法」與「治人」並行不廢。

「經」乃上古三代內聖外王的理想，「史」能針對近代現實問

---

78 錢穆：《中國學術思想史論叢（八）・讀古微堂集》，第22冊，頁454。

題，提供解答，但錢穆批評常州學者「輕古經而重時政」，指其忽略
經書義理養心，驟求時政制度之變革，以速致富強。因此錢穆又引用
引用魏源《古微堂集》〈治篇〉說：

〈治篇〉五有序曰：

> 莊生喜言上古，徒使晉人糠粃襪法而禍世教。宋儒專言三代，
> 徒使功利之徒以迂疏病儒術。君子之為治也，無三代以上之心
> 則必俗，不知三代以下之情事則必迂。無他，親歷諸身而已。
> 讀黃、農之書，用以殺人，謂之庸醫。讀周、孔之書，用以誤
> 天下，得不謂之庸儒乎？又使天下之人不信聖人之道。[79]

三代以上堯、舜、禹、湯相傳不滅的道心，與歷代損益存亡之史事，
兩者缺一不可。無前者則鄙俗功利；無後者則迂闊無用。儒者必然以
三代以上之道心，涵養察識；以切近當代的史事，實行實用，才可將
「致良知」與「成大業」統合為一。

　　錢穆反對「為知識而知識」，他當然重視學術的實用效益，但更
強調在「達用」之前，必先下「明體」的內聖功夫。「成己」與「成
物」之間，具體用的關係。內在於人心本體的道德涵養，才是世運盛
衰的根基，因而，急切於時務之用，恐非長久之計。他又引魏源《古
微堂集》說：

〈治篇〉第十一又曰：
> 三代以上之人材，由乎教化。三代以下之人材，承乎氣運。乘
> 氣運而生者，運盡則息。惟教化出之無窮。[80]

---

79 錢穆：《中國學術思想史論叢（八）‧讀古微堂集》，第22冊，頁457。
80 錢穆：《中國學術思想史論叢（八）‧讀古微堂集》，第22冊，頁458。

朱熹認為，漢、唐以後，堯、舜、禹、湯、文、武以來轉相授受之心
不明於天下，故漢、唐之君有時雖暗合天理，但其心只在利欲之上。
合於以義理者常小，而不合者常大。[81]三代以上以教化行之，其天道之
相傳綿延無窮；三代以下偶有萬物阜藩之時，但其政治之運行，並不
是仰賴宇宙間最高的道義，以及其落實於人間的倫理秩序，故即便也
有暗合天理之處，也不過是「乘氣運而生」，「運盡則息」，隨時代而潮
起潮滅，本身無彌貫天地的道德根源，自然欠缺可大可久的生命力。

　　最後，錢穆指出，道咸以下的今文學，急求切用，忽略「明體」
的「教化之功」，因此，人們特意標舉魏源學術中足以「致用」當前的
經世實學。於其「道德」、「政治」一體的思想，則未受看重。錢穆說：

> 默深為學，殆可謂有其志未竟其業，引其端未伸其緒，樹其門
> 牆而尚未備其百官宮廷之美富。而**時變已亟**，群震於其《海國
> 圖志》之類，方競於通洋務；又如河漕海運，醢政銀制，凡默
> 深所用心者，後人馳逐其小節，而茫昧其大體；是亦氣運所
> 乘，而**教化之功有所不遑**。晚清一代之學運，讀默深《古微
> 集》，誠使人感慨於無既也。[82]

錢穆遺憾，在「時變已亟」的急迫情況下，人們自然「輕古經而重時
政」，對於魏源學術「茫昧其大體」，「馳逐其小節」。如前述，魏源學
術之大體，是從三代以上之道心，成就三代以下的實際功業。但其學
術受人矚目者，均〈海國圖志〉之類的富強之學，該書是魏源在林則
徐《四洲志》的基礎之上，薈萃外國資料，詳介域外地理、國情，使
中國人「開眼看世界」的第一本書，當中著眼禦武圖強，查考英國在
世界各地的擴張態勢，東南亞淪為殖民地的教訓，介紹外國的船隻、

81　參見吳懷祺：《宋代史學思想史》，頁171-180。
82　錢穆：《中國學術思想史論叢（八）·讀古微堂集》，第22冊，頁459。

砲彈、兵法乃至工商實業，又讚揚美國聯邦及民主制度，英國國王與
議會職權之制衡，最後提出「師夷之長技以制夷」的富強方針。稍後
王韜（1828-1897）、康有為（1858-1927）均以此書乃講西學、師夷
技的基礎。[83]而魏氏又長於「河漕海運，醢政銀制」，其《古微堂外
集》有〈籌醢篇〉、〈道光丙戌海運記〉析論其平抑鹽價之法，擘畫漕
運之事。[84]但錢穆看來，這些均非「默深所用心者」。晚清以來，朝野
疲困，腹背受敵的情勢，使儒者無暇於「治人」、「治道」等「體」的
層面，直接效力於「用」的實際價值。這表現在對魏源學術的重此輕
彼。錢穆理想的政治，是以道德教化行天下，執政者端己正南面，百
姓風行草偃，天下政通俗美，[85]教化之功，乃潛移默運，必須百年的
培育，學術乘時局之變，驟求強邦存國之急效，終非治本之道，所
以，錢穆對道咸以下今文學的批判，「氣運所乘，而教化之功有所不
遑。」氣衰運乖之時代的危機感，使人求治太切、救弊過急，唯恐教
化之功，難收立竿見影之效，於是捨棄書院講學正心之道，逕著力於
政治體制的變革、兵農財用等一切法度的更新。

　　所謂的「教化之功」，並非僅是知識的傳播，傳統的書院不同於
民初大學之「為知識而知識」的宗旨，而是以個人之正心、誠意為治
國、平天下的基礎，把政治視為人格的擴大，因而，長治久安的根
基，在於百年的教化之功，不在一時的變法改制。所以錢穆又指出，
魏源學術的精神，不在「事」、「法」的層面，而是在「人」、「心」的
端倪處用力，他說：

　　　　又《內集》卷三〈治篇〉四有曰：

83　詳見馮天瑜、黃長義：《晚清經世實學》「第五章　道咸年間經世派的史地學」，頁
　　248-311。
84　關於魏源經世致用思想，還可參見劉廣京：〈魏源之哲學與經世思想〉，《近世中國
　　經世思想研討會論文集》（臺北：中央研究院近代史研究所，1984年），頁359-392。
85　參見第壹章。

〈郡縣〉、〈生員〉二論，顧亭林之少作，《日知錄》成而自刪之。〈限田〉三篇，魏叔子三年而後成，友朋詰難而卒燬之。君子不輕為變法之議，而惟去法外之弊，弊去而法仍復其初矣。不汲汲求立法，而惟求用法之人，得其人，自能立法矣。[86]

錢穆對此語的評語是：

> 晚清諸儒，競以今文學言立法、變法，若知默深此義，為禍亦不若是其亟。[87]

這裡提出兩種解決政治危機的方法：變法去弊或教化正心？今文學偏向前者，這正是錢穆指摘所在。他認為顧炎武〈郡縣〉、〈生員〉從國家行政權力的劃分，以及人事取才的制度，謀求救民水火的方針，之所以遭「友朋詰難」，是因其捨本逐末，忘卻人心的百年教化之功，急於速解時局之危。雖可立竿見影，卻難收效於百年之後。

錢穆引述魏源《古微堂集》〈治篇〉諸語後說：「上列諸條，義旨深允，而包蘊宏達，不僅乾嘉諸儒不能言，即此下今文學家，亦鮮能窺及。」[88]乾嘉諸儒既非漢儒通經致用，也無宋儒明體達用。清中葉以後，時局動亂，學非所用的指責，此起彼落，今文學託言經術以求切用，但其由軍事、經濟、賦稅、番舶、輿地著手，把學術直接兌換為功利價值，速求切用之下，於心術之微，學術之醇，有不遑深求之處。錢穆對常州乃至晚清今文學，最主要的批評，落在「治人」或「治法」兩種政治路線的差異，他說：

---

86 錢穆：《中國學術思想史論叢（八）‧讀古微堂集》，第22冊，頁457。
87 錢穆：《中國學術思想史論叢（八）‧讀古微堂集》，第22冊，頁457。
88 錢穆：《中國學術思想史論叢（八）‧讀古微堂集》，第22冊，頁458。

而後人言默深，惟主其追隨乾嘉經學，而目之為今文家言；與其論運漕、水利、鹽政、海防、外務、夷情，而目之為經世之學。此皆在晚清學術思想界發生影響作用。……如默深中年以前想像之通儒境界，則音沈響寂，終無嗣韻。及胡、陳「新文化運動」起，主張「全盤西化」，……然自龔、魏下迄胡、陳，其意皆主經世，則經世之學，又豈易言哉！[89]

錢穆指出，魏源學術的重心，在「通儒境界」而非「經世之學」。錢穆說：「默深論學，主要並不在兩漢經學之今古文，而尤要在辨乾嘉經學之無用。故主融經、史，會漢、宋，求惟一有用之通儒。」[90]魏源以讀經存養道德，通史致用於當前。又會通漢宋，有別於乾嘉學術之「無用」。他抨擊乾嘉經學摒棄宋明儒者之躬行踐履，又責難其並非真正的「漢學」：漢儒以《易》占變知來；以〈洪範〉匡世主；以三百篇為諫書，以《春秋》決獄，但乾嘉諸儒的經學研究，僅資逃避世事。因而，魏源希冀以宋儒之天理修身為體，漢儒之禮制為用，明體而達用。[91]不過後人矚目的，是立刻效用眼前的「經世致用」之學。例如：其《聖武記》成於道光22年（1842），是年鴉片戰爭大敗，與英人簽訂南京條約。該書乃有為而發，歷數清朝開國以來，武功之勝，國威之強，以古諷今，蒿目時艱，呼籲朝廷培養人才，禦武抗敵。又如：魏源代賀長齡（1785-1848）作《皇朝經世文編》於吏政、禮政、兵政、刑政、工政等實際的「治法」層面，多所留心，並考歷代典章制度之因革，以切當前實用。錢穆認為，後人「目之為經世之學」者，僅其學術之末端，「會通經史、漢宋」，使法政不離人心，才是其學之根本。

---

89 錢穆：《中國學術思想史論叢（八）・讀古微堂集》，第22冊，頁461-462。
90 錢穆：《中國學術思想史論叢（八）・讀古微堂集》，第22冊，頁450。
91 錢穆：《中國學術思想史論叢（八）・讀古微堂集》，第22冊，頁451-452，448。

在《中國近三百年學術史》中，錢穆也說：

> 是默深之說經，本主擺脫傳注，直求經文，（此意較後來陳蘭甫為強）[92] 又主以躬行踐履求經文也。（**此則幾由漢返宋矣**）故曰：「明之季，梁谿、蕺山以躬行返天下之虛習，敦於實際，**體明用光**，厥施未昌，而國初諸子裂之。守朱者曰戶庭之儒，考經者曰途轍之儒，皆將以矯虛就實，而叩其自得則瞠然，以所見諸用則瞠然。……魏氏《詩》、《書》古微之作。，則路徑更窄，更不實際，更無所謂「體明用光」矣。是魏氏晚年之所致力，即其當身之所呵斥也。[93]

魏源本從宋學入手，不滿乾嘉漢學末流，瑣碎無用，離開文字的糾葛，直契宋儒躬行實踐，從修身力行貫通內聖外王。不過錢穆仍遺憾魏源最終仍走入今古文之辨，失卻早年「由漢返宋」、「體明用光」「明體達用」的心志。常州之學，原以《公羊春秋》為核心，但尚未有明顯的今文意識，如：劉逢祿既治《公羊》又不斥《毛詩》。但魏源則謂《毛詩》晚出，據齊、魯、韓三家撰《詩古微》；又申《史記》《伏生大傳》及《漢書》載歐陽、夏侯、劉向遺說以難馬、鄭，為《書古微》；又撰《董子春秋發微》，之後今文意識始分明。[94]錢穆說魏源「感切時變，有志經濟，而晚節仍以辨漢儒經學今古文名家。則甚矣時風世業之難迴，苟非大力幹旋氣運，足以驅一世而轉趨，則仍必隨逐因循至於途窮而後已也。」[95]

可以說，錢穆負面評價常州學術，除了著眼於反對民初疑古史學

---

92 括弧之處，表錢穆自標之小注。
93 錢穆：《中國近三百年學術史》，第17冊，頁686-687。
94 錢穆：《中國近三百年學術史》，第17冊，頁685。
95 錢穆：《中國近三百年學術史》，第17冊，頁689。

等「純學術」上的動機，更見到常州諸子的政治企圖，他對常州學術
的批判，恰好著眼「道德」與「政治」的體用關係。

第三節 「經義」與「政事」之先後：錢、梁分判標準之異同

相較於錢穆批判常州學術「輕古經而重時政」，梁氏卻頗稱揚其
「以經術作政論」、「譏切時政」之風氣。兩人同樣對「為知識而知
識」的考據風尚，有所保留，同主學以濟世，但「學術」能否直接致
用於時政議題，或者應先經一番發明良知，樹立本體的「蓄德」階
段，方可「致用」？這是兩人論常州學術所以抑揚互異之因，以下試
申述之。

一 錢、梁論常州學術之比較

錢穆遺憾，龔自珍離開考據學的舊書齋，展現力挽狂瀾的決心，
但徒務「豫師來姓」等制度方面的更易，遺漏士習人心的提升，無異
見小忘大。但梁啟超卻推許龔氏變革主張，對近代自由思想的啟導之
功，在〈近世之學術〉中，他說：

> 當嘉、道間，舉國醉夢於承平，而定菴憂之，傈然若不可終
> 日，其察微之識，舉世莫能及也。……近世思想自由之嚮導，
> 必屬定菴。吾見並世諸賢，其能為現今思想界放光明者，彼最
> 初率崇拜定菴。當其始讀《定菴集》，其腦識未有不受其刺激
> 者也。[96]

---

96 梁啟超：《論中國學術思想變遷之大勢‧近世之學術》（上海：上海古籍出版社，
  2001年），頁126。

梁啟超說「始讀《定盦集》，其腦識未有不受其刺激者也」，洋溢著對
龔氏的敬仰之心。他又讚譽龔自珍〈平均篇〉以縮小貧富差距的財經
政策，解決社會問題；又稱其〈古史鉤沈論〉、〈乙丙之際箸議〉、〈尊
任〉、〈尊隱〉、〈壬癸之際胎觀〉等篇，「皆頗明民權之議」。[97]可見，
以建立制度的方式，達成政治目標，是梁氏所稱許者。

如前所述，錢穆指出在時局之危，不遑教化的情勢下，後世對魏
源學術的看重，多在《海國圖志》之類的致用實學，對於其修身養心
為本，治平天下為用的主張，卻「茫昧其大體」。而梁啟超對魏源的
肯定，正在《海國圖志》等實用經濟一類。在〈近世之學術〉中，梁
氏說：

> 魏氏又好言經世之術，為《海國圖志》，獎勵國民對外之觀
> 念。……日本之平象山、吉田松蔭、西鄉隆盛輩，皆為其書所
> 刺激，間接以演尊攘維新之活劇。[98]

梁氏肯定魏源《海國圖志》對世界國情政務之介紹，並許為日本尊攘
維新的推手。

錢穆固然肯定常州學者留心政務，但卻指出運漕、水利、鹽政、
海防、外務、夷情等制度層面的籌畫，均屬「小節」，道德涵養、風
俗教化方屬「大體」。梁啟超卻對制度層面的「經世之學」特有好
感。在《清代學術概論》中，他指出道咸以後，考據學近乎「為知識
而知識」的學風，頗受非難，他說：

> 嘉道以還，……當文恬武嬉之既極，稍有識者，咸知大亂之將
> 至，追尋根原，歸咎於學非所用，則最尊嚴之學閥，自不得不

---

97 梁啟超：《論中國學術思想變遷之大勢·近世之學術》，頁126。
98 梁啟超：《論中國學術思想變遷之大勢·近世之學術》，頁127。

首當其衝。⋯⋯「鴉片戰役」以後，志士扼腕切齒，引為大辱奇戚，思所以自湔拔，*經世致用觀念之復活，炎炎不可抑*。又海禁既開，所謂*西學*者逐漸輸入，始則*工藝*，次則*政制*。⋯⋯於是以其極幼稚之「西學」智識，與清初啟蒙期所謂「經世之學」者相結合，別樹一派，向於正統派（考據學）公然舉叛旗矣。[99]

這段話指明兩種學術概念，一是「學非所用」的考據學，以知識自身之嚴謹為學術的目的。另一，則是「經世致用」的觀念，要求學術必須回應現實人生的課題。道咸以降，「大亂之將至」，清初「經世之學」復興。值得注意的是，梁氏所提倡的「經世之學」，不特別強調氣質的轉化、風俗的薰陶，而是落在「工藝」、「政制」等最切用的層面。

錢、梁同樣肯定常州學術的經世精神，但一者留意風教人心，另一者建構外在制度，所以錢穆以「**輕古經而重時政**」批判常州一脈之捨本逐末；梁氏卻對常州學者「**以經術作政論**」、「**譏切時政**」之風，揄揚讚賞，在《清代學術概論》中，他說：

段玉裁外孫龔自珍，既受訓詁學於段，而好今文，說經宗莊、劉；⋯⋯頗似法之盧騷，⋯⋯往往引《公羊》義譏切時政，詆排專制，⋯⋯晚清思想界之解放，自珍確有功焉。光緒間所謂新學家者，大率人人皆經過崇拜龔氏之一時期；初讀《定盫文集》，若受電然，稍進乃厭其淺薄。[100]

龔自珍〈明良論二〉、〈古史鉤沈論一〉均譴責「一人為剛，萬夫為

99 梁啟超：《清代學術概論》，頁118。
100 梁啟超：《清代學術概論》，頁122-123。

柔」[101]的君主專制，並譏刺歷代君主凌辱群臣，摧鋤天下之廉恥。梁氏推為晚清思想解放之一大功臣。對其引今文義法以「譏切時政」之舉，梁氏也以「若受電然」充分表露崇拜之情。相較之下，錢穆卻責備龔氏未能涵泳古經義理，直接致力「時政」問題，以致欠缺可大可久的生命力。

梁氏《清代學術概論》又說：

> 今文學之健者，必推龔、魏，龔、魏之時，清政既漸陵夷衰微矣；舉國方沈酣太平，而彼輩若不勝其憂危，恆相與指天畫地，規天下大計。考證之學，本非其所好也，而因眾所共習，則亦能之，能之而頗欲用以別闢國土；故雖言經學，**而其精神與正統派之為經學而治經學者則既有以異**。自珍、源皆好作經濟談，而最注意邊事；自珍作〈西域置行省議〉，至光緒間實行，則今新疆也；又著〈蒙古圖志〉，研究蒙古政俗而附以論議；源有《元史》，有《海國圖志》，治域外地理者，源實為先驅。故後之治今文學者，喜**以經術作政論**，則龔、魏之遺風也。[102]

這段話同樣列舉兩種學術類型，一者乃居清學「正統」之考據學，特色是「為經學而治經學」，是「為知識而知識」的學術型態，以「治經」為本身的目的，至於「通經」之後，能否「致用」，並非所問。另一，乃「以經術作政論」的常州今文學，「通經」並非本身的目的，致力於時務之用，才是宏旨。所以梁啟超說龔、魏「考證之學」「則亦能之」，但主要精神在於「指天畫地，規天下大計」。而非常值得留意的是，梁氏指出龔、魏「好作經濟談」，致力於邊疆、海防等

---

101 〔清〕龔自珍：《龔自珍全集・古史鉤沈論一》，頁20。
102 梁啟超：《清代學術概論》，頁126。

制度方面的建樹,至於其經濟之學,是否以「義理」為根柢,並非所問。錢穆理想的政治,是曾國藩所說的「義理明則躬行有要而經濟有本」[103],「經濟」必須出於「義理」,「達用」之前,須先下一番「明體」的功夫。錢穆指出常州一脈救世之心雖殷,但其盲點是「輕古經而重時政」,忽略古經義理的涵養,徒務外在經濟、制度的建樹。而梁啟超卻不強調「義理」與「經濟」的本末關係。

在《中國近三百年學術史》中,梁啟超介紹了乾隆中葉以後學術發展之態勢,他說:

> 那時候的學術情形怎麼樣呢?大部分學者依然繼續他們考證的工作,但「絕對不問政治的態度」,已經稍變,……欲知思潮之暗地推移,最要注意的是新興之常州學派。常州學派……他們的經學是《公羊》家經說。──用特別眼光去研究孔子的《春秋》,由莊方耕(存與)、劉申受(逢祿)開派,……在乾嘉間考證學的基礎上建設順康間「**經世致用**」之學,代表這種精神的人,是龔定菴(自珍)和魏默深(源)這兩個人的著述,後來給光緒初期思想界很大的影響。[104]

嘉、道以後,「為知識而知識」「絕對不問政治的態度」,已經稍變,內外憂患的局勢,使順康間「經世致用」之學,駸駸然復興,常州今文學即是此一學風的代表。值得關注的是,梁氏強調的「經世之學」,特色是可直接「致用」,可立刻兌換為實際功利的學問。因此,他推許龔、魏援經論政的學術活動。

由以上分析,可知錢穆、梁啟超同樣不滿「為知識而知識」的考據學,但兩人對常州學術卻有迥異評價,差異的標準,在於議論時政

---

103 〔清〕曾國藩,《曾國藩全集》(長沙:岳麓書社,1985),第1冊,頁55。
104 梁啟超:《中國近三百年學術史》,頁28-29。

之前，應否先潛研古經，以濡染義理？換言之，兩人之區別，在「經義」與「政事」先後問題上。

二 錢、梁致異之因

如第一章所述，錢穆反對將學術的最高旨歸，設定在客觀知識的追求，梁啟超也說：

> 現在人很喜歡倡「為學問而學問」的高調，其實「學以致用」四字也不能看輕。……學問是拿來致用的，不單是為學問而學問而已。[105]

很顯然的，梁氏不傾向「為學問而學問」，他強調學術的「致用」功能。

然而學術應如何濟世，錢、梁的看法，有相當的落差，這或許從一個有趣的史論可窺斑見豹──兩人對王安石變法的評論。

錢穆說：

> 似乎王安石是逕從謀求國家之富強下手，而並不先來一套澄清吏治的工作。[106]

> 安石的最大弊病，還在僅看重死的法制，忽略了活的人事。依照當時情況，非先澄清吏治，不足以寬養民力，非寬養民力，不足以厚培國本。非厚培國本，不足以遽希武功。安石的新政，一面既忽略了基本的人的問題，一面又抱有急速功效的心

---

105 梁啟超：《中國歷史研究法補編》，《飲冰室合集‧專集》之99，頁10。
106 錢穆：《國史大綱》（下），第28冊，頁635。

裡，……而忽略了為國家的百年長計。[107]

這段話指明了「人」與「法」的先後問題。錢穆認為熙寧變法之所以失敗，是捨本逐末。治國的根本，是「基本的人的問題」，必然先端正人心，之後吏治清廉，為民不偷，這須潛移默運的教化之功，但卻能徹底斡旋世道。而王安石卻「看重死的法制」、「逕從謀求國家之富強」，其青苗、均輸、市易、方田、免役等新政，企圖從制度的變革，挽救宋代內外交困的局面，錢穆認為，這僅是「急速功效」，終究非百年大計。

錢穆又指出，熙寧變法功敗垂成之因，在於「治人」與「治法」本末先後的錯置：

> ……迄乎南宋，心性之辨愈精，事功之味愈淡。東萊〈與朱子書〉，謂：「向見論治道書，其間欲仿井田之意，而科條州郡財賦之類，此固為治之具。然施之當有次第。**今日先務，恐當啟迪主心，使有尊德樂道之誠，眾建正人**，以為輔助。待上下孚信之後，然後為治之具可次第舉也。儻人心未孚，驟欲更張，則眾口譁然，終見沮格。」此正熙寧新法所以敗，而東萊慨切言之。[108]

施政必有先後次序，「啟迪主心」、「眾建正人」，正人君子在朝，是國政的根本。至於科條、州郡、財賦等制度層面，都是「治之具」，屬「末務」。王安石汲汲於「治之具」，遺忘「治之本」，有治法而無治人，本末不辨，難期長久之效。

---

107 錢穆：《國史大綱》（下），第28冊，頁647。
108 錢穆：《中國近三百年學術史》「引論」，第16冊，頁6。

　　而梁啟超正是從「抱有急速功效」、「逕從謀求國家之富強下手」的角度，高度評價王安石，他說：

> 以余所見，宋太傅荊國公王文公安石，……其文章起八代之衰，其所設施之事功，**適應於時代之要求而救其弊**；其良法美意，往往傳諸今日莫之能廢。其見廢者，又大率皆有合於政治之原理，至今東西諸國行之而有效者也。……若乃於三代下求完人，惟公庶足以當之矣。[109]

　　相較於錢穆指王安石指為「忽略國家百年長計」，梁啟超更重「適應於時代之要求」。前者強調學術可長可久的生命力，後者更重學術對時政問題的具體貢獻。錢穆責王安石重死的法制，不能從「活的人事」上「正人心」。梁啟超卻大讚王安石之青苗法、市役法為「良法美意」，推許為今日東西各國所以富強之因，從「三代下之完人」，可以看出梁啟超對王安石的高山仰止。梁氏又說：

> 荊公之學術，內之在知命屬節，外之在經世致用。凡其所以立身行己與夫施於有政者，皆其學也，則亦何必外此以更求公之學術。[110]

> （荊）公之所以自為學與詔學者以為學者，皆可見矣。傳之以心、受之以意，切問深思，而資所學以施於世，公之所以治經者盡於是矣。吾以為豈惟治經，凡百之學，皆當若是矣。苟不由此道，而惟恃在講堂上聽受講義，則雖記誦至博，終不能有

109　梁啟超等：《中國六大政治家‧王荊公》（臺北：正中書局，1962年），頁1。
110　梁啟超等：《中國六大政治家‧王荊公》，頁180。

> 所發明，一國之學，未能有進者也。[111]

梁啟超指出王安石學術的特色是可「施於有政者」、「資所學以施於世」，即是能直接效用於時政問題的財賦兵農之學。

由上可知，梁啟超所謂的濟世之學，傾向制度層面的法律、財用之學。錢穆批評常州學術「求治太速」，而「教化之功有所不遑」，以致「輕古經而重時政」，梁啟超卻以「時政」的功效，衡量學術的價值，他說：

> 吾輩之為文，豈其欲藏之名山，俟諸百世之後也，**應於時勢，發其胸中所欲言**。[112]

> 讀書要讀活書，別要讀死書；研究問題要研究活問題，別要研究死問題。……**應用你所學得的學理，切切實實來研究中國眼面前的迫切問題**。[113]

他肯定的學術價值，是「應於時勢」、「研究中國眼面前的迫切問題」，時政之疲弊迫在眼前，恐怕不遑於古經中研求義理以涵泳吾心，這也體現在梁氏之生涯抉擇，他固然不以「學者」自居，也無暇於書院中講道論學，與其說是「師儒」不如說是「政治家」，他究心憲法、財政等「時務」問題，非但議政，甚且參政。除主持晚清戊戌變法外，亦曾任「幣制局總裁」、「財務總長」。對軍閥失望，退回書齋，乃不得不的選擇。

相較之下，錢穆卻說：「中國之所謂學術人物，雖在此時代中出

---

111 梁啟超等：《中國六大政治家・王荊公》，頁185。

112 梁啟超：《飲冰室文集・原序》，《飲冰室合集》，第1冊，頁1。

113 梁啟超：〈續論市民與銀行〉，《飲冰室合集・文集》之37，頁40。

現，但由傳統中產生，不得謂其乃由此時代所產生。……**故各時代中之學術，未必能應付此時代。乃為近代國人所輕視。而孔子則有『道不行』之嘆。**」[114]從時代中產生的學術，以學術「致用」於「時務」問題，看似可「應付此時代」，實則「並無真學脈、真道統、真精神為之作中心，更談不到沈潛功夫。……時代一過，則全成虛偽，全成空無。」[115]因此，足以「指導政治」的學術，並不是自然科學、法政之學等「應付此時代」的學問，而是根於經史義理，富有飽滿智慧的道德修身之學，義理之體越醇，經濟之用益廣。所以錢穆又說：「清代中葉，龔定菴言：『但開風氣不為師』。中國歷史上，獨師者非僅開風氣於一世，乃可有師承傳統綿亙於百世。其僅開一時風氣者，……可謂政治變，學術也隨而變，……中國人之所謂學術，則必當能超乎風氣潮流之上，而有其獨立存在、承先啟後之意義與價值。不能僅在風氣潮流中出現，僅隨風氣潮流而俱變，此則不得謂之真學術。」[116]錢穆認為，「開風氣」不如「為師儒」，與其議政變法，推倒一世之智勇；不如講學正心，陶育百年的風俗，後者著眼風教的滌盪，看似無法立即解決時政問題，效果卻在百年之後。

因此，相較於梁啟超數度進出政壇，以效力時政之用，錢穆始終立足教育界，從事淨化人心的工作。余英時說：「錢先生畢竟是史學家而不是政治家，除了《政學私言》一書以外，他也很少論及實際政治社會的設施，他一生的主要貢獻在指示我們怎樣去認識中國的文化系統及其流變。」[117]但錢穆始終關懷政治，只不過他關心政治的方式，不是在朝為官，扭轉乾坤，而是效仿宋明儒者「把事功消融於學

---

114 錢穆：《學籥‧談當前學風之弊》，第24冊，頁221。
115 錢穆：《學籥‧談當前學風之弊》，第24冊，頁233。
116 錢穆：《學籥‧談當前學風之弊》，第24冊，頁222。
117 余英時：《現代儒學論‧錢穆與新儒家》（美國：八方文化企業公司，1996年），頁110-111。

術裡」[118]的方式,「本經義推之政事」「精神所寄則在書院」[119]。他說:

> 又《東萊遺集》謂:「嘗思時事所以艱難,風俗所以澆薄,推
> 其病源,皆由講學不明之故。若使講學者多,其達也自上而
> 下,為勢固易。雖不幸皆窮,然善類既多,氣燄必大,蒸蒸上
> 騰,亦自有轉移之理。」[120]

時事艱難在於風俗澆薄,風俗之壞,又出於「講學不明」。因此宋明
儒者的「講學」活動,並非僅是「為知識而知識」,但更重要的是端
正人心,化民成俗,「善類既多」,氣燄必大,世運自然轉移。換句話
說,客觀知識的傳播僅是第二義,直指道德本心,才是最終旨歸。朱
熹認為:「孝於親,友於兄弟,又能推廣此心」即是「為政」,「何必
居位乃為為政乎?」[121]就錢穆看來,「為政」之道,不在越登政壇,
倡議變法,而是隱身書院,談經論道,端正人心,轉移風俗,如此才
可從更廣遠之處,澄清政局。這也是他指摘常州學術「輕古經而重時
政」的原因。

　　而錢穆經常以主、客交融的方式,詮釋清學史,對常州學術重
「變法」立制輕「人才」風俗的批判,也與其自身的時代感受合一。
錢穆在〈最近期之學術思想〉引用戴季陶之語說:「其於中山學說為
透闢之發揮者,有戴季陶氏。戴氏極言中國國民自信力之消失,……
人的意義與做人的根本之忘卻,戴季陶〈青年之路〉:『前後三四十年
當中,我們細細審查中國的國民,尤其是有改革中國志趣的青
年,……對於救國方法的認識,除了孫中山先生一貫的『三民主義』

---

118 錢穆:《國史大綱》(下),第28冊,頁627。
119 錢穆:《中國近三百年學術史》「引論」,第16冊,頁7。
120 錢穆:《國史大綱》(下),第28冊,頁896。
121 〔宋〕朱熹:《四書集注》(臺北:世界書局,2004年),頁71。

而外，一般都是忘卻了人的意義，忘卻了做人的根本。……**只看見政治法律制度，而不曾看見人**。中山先生說：『國者，人之積也。而人者，心之器也』。既不曾看見人，自然失了心。連人心尚且失卻，還從何處建國，何處救國？』」[122]晚清民初繼受西方法政思想，政治與道德割裂，「治平」與「修齊」無關，僅是制度的運作，法律的束縛，重「法」輕「人」，錢穆正是以此視域批判常州學術。

第四節　政教一體的學術特質──錢穆所論之得失

梁啟超在〈近世之學術〉中說：「數新思想之萌蘗，其因緣固不得不遠溯龔、魏。……凡社會思想，束縛於一途者既久，驟有人焉衝其藩籬而陷之，其所發明者，不必其遂有當於真理也，但使持之有故、言之成理，則自能震聾一般之耳目，而導以一線光明……今文之學，對於有清一代學術之中堅而懷疑者也。……而我思想界亦自茲一變矣。」[123]陳寅恪也說：「考自古世局之轉移，往往起於前人一時學術趨向之細微。迨至後來，遂至驚雷破柱，怒濤振海之不可禦遏。」今文學初起不甚為人注目，但伏流之姿，終至波濤洶湧，不可扼抑，「遞演為改制疑古，流風所被，與近四十年間變幻之政治、浪漫之文學，殊有聯繫。」[124]侯外廬也說：「今文家在復古的外衣下，揭開了思潮的一新頁，這就是魏源、龔自珍所代表的早期改良主義變法思想。」[125]常州學術雖尚未展開全面的變法，卻是康、梁戊戌政變的思想淵泉，龔、魏對君權專制的排詆，援引《公羊》三世，說明制度變

---

122 錢穆：《國學概論・最近期之學術思想》，第1冊，頁403。

123 梁啟超：《論中國學術思想變遷之大勢・近世之學術》，頁127。

124 陳寅恪：〈朱延豐《突厥通》考序〉，《寒柳堂集》，《陳寅恪文集》（上海：上海古籍出版社，1980年），頁144。

125 侯外廬：《中國思想通史》（北京：人民出版社，1958年），頁627。

革的合理性，對清末民初之政治碓有驚雷破柱，怒濤振海之影響。

　　錢穆固然對常州學術無太多好評，但除了如論者所言，從「純學術」的脈絡，批評常州今文學臆斷疑經之治學途轍以外。他更指出常州學者的弊病，在於「徒法不能以自行，而變法則尤有待於一世之人才，人才則有待於百年之培養」，而養才的方法，並非如晚清民初般，廣設法政學院、理工學系，而是從經書義理的涵育陶冶當中，培養心性端正之人才，俾其出而從政，徹底翻轉世運。錢穆又指道咸以下的學術發展，急於解決時政問題，未能「向史學中耐心覓取」，未能由史學中汲取斡旋世道的道德義理。甚至他認為晚清以來，「求治太速」，僅關注魏源經濟、鹽政、漕運等「經世致用」之學，「教化之功有所不遑」，以致無法引領時局，僅是因應時代困境而生的致用實學，缺乏根深柢固的傳統生命。換言之，錢穆對常州學術的負面評斷，聚焦在政治關懷，遺憾其捨心性教化之大端，徒務變法更制之末節。

　　錢穆強調「教化之功有所不遑」，是常州今文學無力挽救頹局的主因，這樣的論述，植根中國政學不二、政教一體的脈絡。[126]他說：

> 　　中國古代政教合一，自春秋、戰國之際而始變，百家繼起，自由講學代握教權，儒墨開宗，皆趨嚮於此，而儒家獨傳於後世，故**中國儒家非宗教，而實兼宗教之功能**。其為教，傳道之師，猶崇於授業與解惑。東漢以下，儒學衰，而佛教東流，先則沙門不拜王者，明教權之不能屈抑於治權。其次則君相之尊皆頂禮膜拜於佛寺，此無論南、北朝皆然，至隋、唐亦無不然，時則奉僧人以「國師」之尊。直至宋、明，儒學又與佛教為代興。王荊公、程伊川皆為經筵講官，爭坐講不立，此又一沙門不拜王者之意。蓋惟如此，乃使人知政府不為舉世之至

---

126 錢穆之所以重視道德修為，不應僅視為保守主義，或宋學道統的門戶立場，更應看見其由政教之間的分合，評價中西政治迥異的發展脈絡。

貴，人間猶有尊於從政者，人道之大端，在師統，不在君統。
故中國近世雖無宗教，而猶得使政府不踞獨尊之位。[127]

「中國儒家非宗教，而實兼宗教之功能」，儒學即便至無聲無臭，仍重在此生今世的政治問題，所以說，它非宗教，但卻「實兼宗教之功能」，指其通過教育的力量，提升道德，淨化人心，以此改進政治，使政治不淪為權術詐偽，也不僅是權力分配、利益調節的機制，因此，中國政治向來就帶有道德的色調。與馬基維利、霍布斯以權力架構為核心的「政治」有別。這個觀念反映在具體的面向，便是以「師統」教化「君統」，如王安石、程頤任「經筵講官」都力圖通過經典義理以啟迪主心，屬於「經義其體」、「時務其用」的政治進路，與常州學派「輕古經而重時政」有別。所以說，以儒學為主流的中國學術，兼具宗教和政治的功能，是政教合一，政學不分的學術體系，較乏「為知識而知識」的傳統。

但受西方政治思想影響，學術、政治與道德分裂，政治、教化一體、政學不二的系統遭到裂解，[128]西方人說「凱撒的事歸凱撒管，上帝的事歸上帝管」，西方政治、經濟領域，雖非宗教所能干涉，不過宗教卻對西方法律發揮隱性的輔助作用，德國基本法前言說：「我德意志人民，認識到對上帝與人類所負之責任，願以聯合國歐洲中一平等分子之地位貢獻世界和平，茲本制憲權力制訂此基本法。」德國人將「對上帝之責任」納入國家根本大法中。余英時說：「中國價值系統因為沒有預設客觀化的、形式化的『上帝』的觀念，因此法律沒有絕對的神聖性，也佔不到最高位置。但作為次一級的觀念，『法』仍然是有普遍性的。」[129]中國社會穩定政治的基石，不僅是形式上的法

127　錢穆：《政學私言・道統與治統》第40冊，頁90。

128　詳見第壹章。

129　余英時：《從價值系統看中國文化的現代意義》（臺北：時報文化出版公司，1993年），頁78。

條，更在於儒家經典所提供的價值系統，儒學扮演近似宗教的功能。所以錢穆看來，在較缺乏宗教氛圍的中國社會，「時政」不能不仰賴「古經」義理的道德薰陶，就如同西方學者在政教分離之後，仍然看重宗教對政治的調和、穩定力量。因而，他批判常州學者「輕古經而重時政」，是有一定的合理性。錢穆在《人生十論》比較中西人生觀的異同，當中《中國人生哲學》「第一講」即開宗明義指出：西方法律僅要求人作「公民」，今日法政全盤西化，但忽略西方尚有宗教教人「做人」，[130]「徒法不能以自行」這在中西方皆同，但西方政治還有宗教的輔翼功能，則中國也不當全盤漠視經書義理近似宗教的陶育功能，他對常州學術的抨擊，有其時代意識的投射，亦有對中西政、教關係的深刻思考，恐怕不宜以迂闊保守或宋學門戶之儒視之。

哈耶克（F. A. Hayek, 1899-1992）區分「法律」與「立法」，「法律」是社會生活內發的規則，且需要時間的推移，才得以醞釀、成熟。這可能是切合一個民族人文精神的習慣、風俗、規則。而「立法」是以國家的強制力創設某些秩序，這些秩序，有時是對既有習慣、風俗的明文承認，有時則與社會自發的秩序對立。將法律等同立法，變法太急等於不斷進行「立法」活動，容易將一個社會長期以來自動生成的習慣、風俗排除在外，反不利社會內部自我的調整。[131]清中葉後發皇的常州學術，雖尚未如康有為般引進西方法律，也不似民國時期直接移植西法，但它基本上仍是走一條立法以求速變的道路，所以錢穆批評其「求治太速」，「教化之功有所不遑」，亦是有頗能切重其弊端。

不過，從錢穆論常州學術，可知其較不認同由制度變革，解決政治危機，這也有其偏頗，林毓生《政治秩序與多元社會》說：「深受

---

130 錢穆：《人生十論‧中國人生哲學》第39冊，頁164-165。

131 F. A. Hayek, *New Studies in Philosophy, Politics and Economics, and the History of Ideas*, University of Chicago Press, 1978, pp.8-9.

儒家影響的中國政治哲學，總是把調門提得非常高，要求政治上的領袖人物是大聖大賢，由『內聖』而至『外王』，並且相信道德力量具有『奇理斯瑪』的（charismatic）功能，只要居高位的能成聖成賢，下面的百姓自然景從，所謂『君子之德風，小人之德草，草上之風必偃。』因此，基本上，政治的問題被認為是道德的問題。從這個理路思考下去，政治秩序當然是由道德意圖形成的。所有社會成員，在政治領袖美好的道德意圖感召之下，被認為自然能夠產生美好的道德意圖，於是便以為社會秩序會自然地形成了。……概括言之，中國的制度不能與西方法治觀念之下的制度相提並論。它們大多是技術性、業務性，為特定的目的服務的，大家並不把它當作產生政治秩序的最基本因子。」[132]某些問題，既是人之弊也是法之弊，龔自珍、魏源等人從政治結構、漕運鹽賦等制度解決時政問題，其貢獻亦是不可輕忽的。

　　錢穆何以負面評價常州學術？一方面固如論者所指：欲對民初疑古史學為拔本塞源之舉。但錢穆並非未見常州學術的「政治」影響力，他之所以批評常州學術「輕古經而重時政」，恰是著眼於「經義」與「政事」、「義理」與「事功」之間，體用本末的關係。換言之，其評價常州諸子的判準，仍不離知識、道德、政治合一的「明體達用之學」。當然，持守這樣的標準評價學術，容易混淆「事實」與「價值」。晚清援西漢今文學「通經致用」精神，由制度層面力圖改革，較荒疏義理養心以求「明體達用」，錢穆以為此重「治法」輕「治人」，並非力挽時局之正道，並因此罪及常州學術。錢穆本是「歷史主義」的奉行者，「歷史主義」強調每一個時代有自身的尊嚴，並非其他時代的墊腳石或過渡階段，史家必須以「同情的理解」去感受歷史深沈的脈搏。但錢穆卻出於對晚清政治革新的批判，估量常州學術的價值，忽略常州學術自有其特殊的發展脈絡，其「個體性」

---

132 林毓生：《政治秩序與多元社會》（臺北：聯經出版事業公司，1989年），頁41。

（individuality）應受到尊重，似有違其素來所奉行的歷史主義。[133]

　　又錢穆論政治時，一貫將士人心術看作是世運明晦的樞紐，相對上較輕忽人口增減、氣候變遷、農產量變化或物質條件對政治的影響。[134]這反映在其抨擊常州學術「輕古經」之道德義理涵養，重變法「時政」等層面。但天下興亡，除了士人之道義承擔外，常州諸子所重視的兵農鹽賦、河漕工商亦不可忽視。這似是錢穆論清學的局限處。

133　蔡長林：《從文士到經生：考據學風潮下的常州學派》，頁90-91。

134　胡昌智：《歷史知識與社會變遷》（臺北：聯經出版事業公司，1988年），頁244。

下編

錢穆論清代「學者」

　　關於錢穆如何評騭清儒？現有研究已具可觀成績，但尚未以知識、道德與政治合一的「明體達用之學」的裂解，作為詮解視域。因此，本文就此角度，論述錢穆評價清儒背後的時代意義。《中國近三百年學術史》凡十四章，第一章「引論」溯源宋明儒學對清學之哺育，自第二章以降，以人為綱，將清儒依時代先後，繫屬其間。第二章至第七章論清初，舉黃宗羲、王夫之、顧炎武、顏元李塨、閻若璩毛奇齡、李紱等領銜各章。但王夫之、顏李、李紱，雖抨擊晚明王學虛靈之病，卻未對經典知識與道德修身的關聯，提出理論，因此本文僅附帶論述之。而黃宗羲與顧炎武，均就「讀書之多」與「反求諸心」光譜兩端，提出許多承先啟後的理論，是理學向樸學轉進的關鍵人物，因此本文以黃、顧兩人為主軸，突出「知識」與「道德」的分合問題。而閻若璩與毛奇齡，被錢穆視為「博學於文」與「行己有恥」割裂的典型人物，本文亦附帶論及。第八章、九章論清中葉，以戴震與章學誠分峙並列，第十章，論焦循、阮元、凌廷堪對戴震義理學的繼承。論者一向由漢宋門戶立場角度，解釋錢穆對戴、章之間的抑揚，本文通過聯經出版公司《錢賓四先生全集》的廣泛閱讀、比對，以大量的論證，指出錢穆將章學誠「言性命必究於史」與戴、焦、阮、凌「訓詁明而後義理明」對照，透露民初以來，實踐的「義理學」向「愛智」的「哲學」轉型的軌跡。第十一章以後，進入清朝國勢由盛轉衰的時期，第十一章以龔自珍為核心人物，彰顯錢穆「徒法不足為政」的主張，此於本文論常州學術時已述及，不再重複。第十二章與十四章分別由曾國藩與康有為領銜，錢穆稱曾氏「有清兩百年第一人」，又責康有為「晚清學術末影」，一為清學中興名臣，另一則為清學輓歌，何以有霄壤之別？論者多歸因於錢穆崇宋尊朱的門戶之見，與曾國藩理學立場契合。但本文儘量廣稽《錢賓四先生全集》中，關於漢宋學的相關著作，發現錢穆眼中，宋學與漢學的異同，在於兩者同樣「以其學易天下」，並非「為知識而知識」的學風，強調

學術與政治的互動。但不同處是：宋儒在政治之「達用」前，先以經典知識潤澤身心，先下一番「明體」的道德修為功夫，以善人為善政的基礎；以「修己」為「治人」的前提；而漢學重「通經致用」甚於「明體達用」，直接託言經書中的三代古制，從外向的制度層面，速救政治危機。因此，錢穆抑揚曾國藩與康有為的視角，在於「道德」與「政治」之體用關係。回應的時代問題是，民初以後，引進西方憲政制度，道德與政治割裂。第十三章論廣東學者陳澧，論者認為陳澧所以得錢穆青眼相看，出於其調和漢宋，特中錢穆門戶之情懷。但本文仔細梳理錢穆對漢宋儒治經方法的評斷，發現錢穆明確指出，陳澧仍是漢學立場，實未調和漢宋。因而，本文認為現有的說法，仍有不少調整的空間，並指出，錢穆所以稱許陳澧，是因陳氏「政治、人才、學術」三者一體的主張，正是錢穆最推崇的「明體達用之學」。

論文主題範疇的設定，必須隨研究狀況而靈活調配。現有關於錢穆清學史的研究，於其論清儒之處，已有不少論斷，筆者也受益良多。因此，本文認為與其再次重述，不如專就「明體達用之學」的裂變，在清學史的投射，這一罕被注意的視角，就具典型意義的清儒，作詳細且能自出己見的詮釋。

第肆章

「求學」與「做人」的分合
──論黃宗羲與顧炎武*

問題緣起：「知識獨立」的新視角

　　丘為君在〈清代思想史「研究典範」的形成、特質與義涵〉中指出：錢穆與梁啟超綜論清學史的根本歧異，在於其如何認定清學與宋明理學的關係。梁氏採「反動─斷滅」史觀，依據「理學反動說」，視顧炎武為清學導師。而錢穆持「繼承─發展」史觀，認為清初思潮的主流，是對明末東林運動的紹繼，而東林運動又可遠溯至「明道經世」的宋學精神。錢氏並依據清初儒者餉遺宋明理學之多寡，衡定其學術地位之高下。[1]「錢氏以黃宗羲（1610-1695）上繼充滿陽明學氣息的『東林』傳統，（這不僅是由於其父黃尊素（1584-1626）本是『東林』名士，主要還是因為其業師劉宗周（1578-1645）、與陽明學有深厚的淵源），所以被列為第一位討論的思想家。至於王夫之（1619-1692），因為其學術系統源自北宋的理學家張載（1020-1077），也算是從兩宋學術中發展出來的，所以被錢穆列為第二位討論的思想家。而被梁啟

---

* 作者曾發表〈從陽明到朱熹：錢穆評價顧炎武、黃宗羲學術地位之前後異見〉，「臺北市立大學史地學術研討會」，臺北：臺北市立大學歷史與地理學系，2018年11月23日。依據中文學界慣例，研討會若無出版論文集，則非正式出版。且該文與本章之論述方向、使用資料均有不同處。又作者曾發表〈「為學」與「修身」分為兩橛──錢穆清代學術史對顧炎武之評騭〉於《臺北市立大學史地學術研討會論文集》，臺北：臺北市立大學歷史與地理學系，2016年12月，頁37-60。該文與本章之論述方向、使用資料均有不同處。

1　丘為君：〈清代思想史「研究典範」的形成、特質與義涵〉，頁468。

超稱為『生平最敬慕』的人士,『在清代學術界占最重要位置』的顧炎武,在錢賓四的《近三百年學術史》的系統裡,則被列為第三位,這是因為顧亭林雖然在學術旨趣上不喜談心性等形上的問題,不過他的學術源頭,本質上仍是接續於宋明儒學的餘韻。」[2] 錢穆對顧炎武屢有針砭,卻高度弘揚黃宗羲,丘為君以漢宋之間的偏好詮釋其抑揚之所在。這固然言之有理,筆者亦受惠於其啟發,但認為梁、錢對顧、黃之間的畸輕畸重,或有更具時代色彩的詮解意識。

　　錢穆有一段評價顧炎武、黃宗羲高下的要語,很少被研究者注意,他說:

> 然則梨洲所謂儒之大全,將以經史植其體,事功白其用,實踐以淑之身,文章以揚之世。其意趣之閎大,規模之恢偉,固足以掩顧、顏而上之矣。同時顧亭林論學,與梨洲異趣。其言曰:「博學於文,行己有恥」,學、行分成兩橛。是「博學」為一事,而「行己」又為一事也。……而其後考證之學,乃專趨亭林博學一邊;至於行己則「有恥」已得,不復深求。若自梨洲言之,則讀書多而不反求之心,仍不免為俗學也。[3]

這裡抑顧揚黃的標準,在於「學」與「行」的分合。顧炎武析「博文」、「行己」為二,「學、行分成兩橛」,致使學問脫離人品,突顯客觀知識外於主觀心性的地位,「其後考證之學,乃專趨亭林博學一邊。」錢穆看來,顧炎武開啟清代考證學幾近純知識的興味。相反地,黃宗羲「讀書之多」必然「反求諸心」,以人格之英華煥發,統

2　丘為君:〈清代思想史「研究典範」的形成、特質與義涵〉,頁469。

3　錢穆:《中國近三百年學術史》,《錢賓四先生全集》(臺北:聯經出版事業公司,1995年),第16冊,頁35-36。本文所引用之錢穆著作,均出《錢賓四先生全集》,以下僅標引文所屬之冊數、頁數。

攝經史學術之繁頤淵博。錢穆稱其「經史植其體，事功白其用，實踐以淑之身，文章以揚之世。」經史不僅是考證史料，文章非特是章句的雕琢，更直指人心本體靈明處，以此修養情性，俾客觀知識與主觀涵養融通於一，而修身也不僅停留在無聲無臭的內聖層面，更要開展為外王的政治事業，所以說黃氏學術最終旨歸仍在事功大用，實踐淑身。因此，錢穆推崇黃宗羲體用兼賅，明體達用，乃清初第一大儒，掩顧炎武而上。錢穆批評顧氏「學」、「行」二分，「博文」、「行己」兩歧，此是否要切，容後再論，但可以確定的是：其品評黃、顧之判準是：知識聞見與修身立行不可脫鉤。其論學的時代意識，是知識與道德分裂，以致學術之研究與學者之身心脫節。

第一節 「讀書」與「修身」不二：論黃宗羲

一 〈明儒學案序〉之「修德」、「講學」合一

〈明儒學案序〉乃黃宗羲晚年之作，此似乎可見其思想由原本重內向收斂、重歸寂以矯王學末流狂蕩之弊，轉而重外向之發用，兼及經驗世界的客觀知識，因此，每有梨洲晚年思想轉變之說。[4]但錢穆指出，「至其晚年而論學宗旨大變，備見於其所為〈明儒學案序〉。然此特就其爭門面、爭字句處看則然耳，其實梨洲平日講學精神，早已創闢新局面，非復明人講心性理氣、講誠意慎獨之舊規。苟略其場面，求其底裡，則梨洲固不失為新時代學風之一先驅也。」[5]黃宗羲不待晚年，即其平日講學，早已將經史博洽的文化體系，與充營天地的「心」

---

4 參見林聰舜：《明清之際儒家思想的變遷與發展》（臺北：臺灣學生書局，1990年），頁26-35。古清美：《黃梨洲之生平及其學術思想》（臺北：臺灣大學文史叢刊，1978年），頁109-126。

5 錢穆：《中國近三百年學術史》，第16冊，頁32。

靈活動，融攝為一，以「一心」統「眾學」，體用賅備。因此，錢穆最
關注的重點，不是黃氏與劉蕺山、與陳乾初（1604-1677）在心性內外
問題上的差異，而是明顯區辨其與後來近乎「為知識而知識」的乾嘉
考據學的迥殊。宋明理學內部各流派，不論其對「道問學」的倚重程
度為何，學問之目的在成就人品，卻是眾門之共識。而錢穆的時代，
宋明理學之千家眾戶，均已功成身退，時代的焦點，是知識可否脫逸
人之道德心性，獨立成一個求真求是的場域。所以，錢穆關照的面
向，在此不在彼。

1928年所作的〈清代考證學〉先引述黃宗羲〈明儒學案序〉：

> 盈天地皆心，變化不測，不能不萬殊。心無本體，工夫所至，
> 即其本體。故窮理者，窮此心之萬殊，非窮萬物之萬殊也。是
> 以古之君子，寧鑿五丁之間道，不假邯鄲之野馬，故其途亦不
> 得不殊。……夫先儒之語錄，人人不同，只是叩我之心體，變
> 動不居。……修德而後可講學。今講學而不修德，何怪其舉一
> 而廢百乎？[6]

之後錢穆說：

> 梨洲從學蕺山，其「盈天地皆心」之語，即本蕺山「心在天地
> 萬物之外，不限一膜」之意。於是重於心體引申出博學宗旨，
> 以藥晚明心學空疏褊狹之弊，而曰「只是叩我之心體」，「窮此
> 心之萬殊」，蓋陽明言致良知，尚側重行事一邊。今梨洲之言
> 「**修德而後可講學**」，雖仍是陽明致良知宗旨，而**已自行事復
> 推之於學問**。從此姚江良知，乃容得**博學**精神，實為蕺山證人

6　錢穆：《國學概論・清代考證學》，第1冊，頁280。

以後學術一大轉手。……故梨洲……以多讀書證斯心，精神猶是，體貌全非，此是學術思想之轉步處也。[7]

黃宗羲論學宗旨是：「盈天地皆心」，基本上不離陽明心學的立場，但其轉手之處在：「自行事復推之於學問」。「陽明言致良知，尚側重行事一邊」，所以錢穆闡發王學一向是就「行事」一進路而言。1930年錢穆作《王守仁》一書，1952年略作改定，易名為《陽明學述要》，當中說：陽明「直呼著『致良知』口號，來指點學者與世人。凡陽明說的『立志』、『誠意』、『事上磨練』等等的話，都要在此機關上看；陽明說的『致良知』，也只是如此。」[8]「致良知」並非空憑胸臆，在無聲無臭之際，索之冥冥，而是在事務之習行上發顯本心，強調外在事物與內在良知彼此的印證。所以在《陽明學述要》論及陽明「事上磨練」時，錢穆又說「至論對於本體方面心與物的爭端，……據普通一般見解，陽明自是偏向象山，歸入『心即理』的一面；其實陽明雖講心理合一，教人從心上下工夫，但他的議論，到底還是折衷心、物兩派。別開生面，並不和象山走著同一的路子。」[9]「所以陽明晚年講學，特地要說一個『必有事焉』，惟其有事，乃有心與物可見。」[10]陽明從外物發見本心，萬殊萬象，無不能窮吾人心中之理，非可隔絕萬物，於不聞不見處窮此一空靈之心。黃宗羲在「盈天地皆心」的前提下，不排斥於萬象紛呈之處窮理，其同於陽明，對外向的事物保持開放的態度，但轉手之處，是相較於陽明，其所謂外向之物，更指涉知識的積累、博古的工夫，所以錢穆說其「自行事復推之於學問」。「從此姚江良知，乃容得博學精神」、「以多讀書證斯心」。逐步偏向

---

7 錢穆：《國學概論・清代考證學》，第1冊，頁280。

8 錢穆：《陽明學述要》，第10冊，頁55。

9 錢穆：《陽明學述要》，第10冊，頁73。

10 錢穆：《陽明學述要》，第10冊，頁74。

智識的、外向的學術系統。不過，錢穆也強調黃宗羲仍非「為知識而知識」的學者，「『修德而後可講學』，雖仍是陽明致良知宗旨」，黃宗羲並未肯定知識可脫離「修德」目的之外，他認為宇宙間最高的義理，仍內在吾心，只是強調，修德有必要倚重學問的輔翼，以博古廣見代替空空窮理。「窮理」仍是「窮此心之萬殊，非窮萬物之萬殊也」，僅是兼取客觀知識，以印證「此心之萬殊」。換言之，相當接近朱熹藉外在格物窮理的功夫，積累既多，一旦豁然貫通，則可盡吾心全體之大用，既不務外遺內，也非冥心空談，鏡花水月，是以「讀書」為輔助求取客觀的經史知識，再將吾心所體驗的天理，與之交融。「多讀書」的目的仍是要「正斯心」，仍是王學精神。

　　1937年所作的《中國近三百年學術史》中，錢穆也稱述前所引之〈明儒學案序〉，之後他說：

> 此與自來講心學者，有絕可注意之異點。從來言心學多講本體，而此則重工夫，一也。從來言心學多著意向內，而此則變而向外，二也。從來言心學多重其相同，而此則變化萬殊，三也。[11]

明代心學發展至極端，重內向的本體，在心上用力，於主宰上收攝。黃宗羲則邁出一大步，強調外向功夫，欲「明理」不可僅求諸內在心靈的靜坐覺悟，尚須「讀書」，以外在的典籍知識，印證「聖人先得」，而「我心同然」的義理，否則難以確保吾心所得真是純淨天理。內在良知僅是一個天理，但通透萬物，才可藉「萬殊」認識「一理」，因此《明儒學案》以王學為主峰，廣論諸家宗旨，欲就萬殊眾學，以窮一心之理。錢穆在《中國史學名著》〈黃梨洲的《明儒學

11　錢穆：《中國近三百年學術史》，第16冊，頁31。

案》、全謝山的《明儒學案》〉中說：「《明儒學案》的價值所在，就在他能在每一家的集子裡提出他一家的一個講學宗旨來。這是極見精神的。」[12]「在《學案》裡，每一《學案》前有一篇小序，每一《學案》中有許多家，每一家各有一篇小傳。……梨洲又說：『通其變，使人不倦，故教法日新。理雖一而不得不殊。入手雖殊，而要歸未嘗不一。』這是說，時代變，思想學術也該隨之而變。所以要變，乃為來救時病。」[13]《明儒學案》雖因時勢更迭各家宗旨不同，但萬殊「未嘗不一」，各種變化不測，總歸於「盈天地皆心」之涵攝當中。

黃宗羲論學，已較王學中人更重經驗的、外向的知識，反對在內省活動中把握心體，主張兼重社會、歷史與文化。但其強調知識不離心體而獨立存在，這也是錢穆對黃氏學術一貫的見解。錢穆於1953年所作的《宋明理學概述》中，提及黃宗羲〈明儒學案序〉時，也說：「窮此心之萬殊的工夫，則正在窮萬物之萬殊，如是則格物窮理便是盡心知性。」[14]

余英時說：「梨洲推衍其師戢山之緒言，謂：『讀書不多無以證斯理之變化；多而不求於心，則是俗學。』晚年改撰〈明儒學案序〉，更有『心無本體，功力所至，即其本體』之名論。今按梨洲兩說實相通流：蓋讀書乃『道問學』中之事，而『道問學』故不能出乎『功力』範圍外也。」[15]「盈天地皆心」仍是黃宗羲一貫的論學宗旨，但心體之天理，必須落實到人類社會、歷史文明的創造活動中，純然內省的境界，無法把握心體。[16]換言之，黃宗羲仍是以「尊德行」為第一義，但同時強調「道問學」的功夫，不過，「道問學」僅是修德養

---

12 錢穆：《中國史學名著》，第33冊，頁355。

13 錢穆：《中國史學名著》，第33冊，頁359。

14 錢穆：《宋明理學概述》，第9冊，頁402。

15 余英時：〈儒家智識主義的興起〉，收入氏著《論戴震與章學誠——清代中期學術思想史研究》（北京：生活・讀書・新知三聯書店，2005年），頁21，頁29。

16 此部分尚可參見林聰舜：《明清之際儒家思想的變遷與發展》，頁34-35。

心的手段，黃氏並未突顯客觀知識獨立於修身以外的價值，其「修業」的目的，仍在「進德」，並非純知識興味的滿足。

　　梁啟超也推崇《明儒學案》，不過，其側重的要點非但不是「序言」中修身與為學之間體用不二的關係，反將《明儒學案》一書，視為純粹客觀的歷史著作，不再強調經典知識對道德修為的輔翼作用，梁氏說：

> 著學術史有四個必要條件，第一，敘一個時代的學術，須把那時代重要各學派全數網羅，不可以愛憎為去取。第二，敘某家學說，須將其特點提擎出來，令讀者有很明晰的觀念。第三，要忠實傳寫各家真相，勿以主觀上下其手。第四，要把各人的時代和他一生經歷大概敘述，看出那人的全人格。梨洲的《明儒學案》，總算具備這四個條件。[17]

梁啟超在此強調學術的客觀精神，不可有個人的愛憎，「忠實傳寫各家真相，勿以主觀上下其手」。他認為撰學術史的心態，應是以客觀、平等的眼光，整理一切歷史資料。但這與〈明儒學案序〉開門見山的論學宗旨「盈天地皆心」，強調學術與吾心主觀的彼此印證，頗有落差。《明儒學案》是否屬「學術史」？「學術史」是受西方史學影響而出現的體裁，它的基本精神，是「用歷史眼光整理中國舊學術思想」，所謂「歷史的眼光」[18]是把所有過往的學術發展、演變、流佈通通視為外於己身的客觀歷史資料，「學術史」的書寫，或許有興學救國、反思中西學術異同之寓意，但它的基本性格，仍是研究客體（過往學術）與「研究主體」（學者身心）之間清楚區隔，其對學問

---

17 梁啟超：《中國近三百年學術史》，頁54。
18 胡適：《四十自述·在上海（一）》（北京：中國華僑出版社，1994年），頁56-57。

的態度是「出乎其外」的，[19]而《明儒學案》卻是透過對明學的溯源竟委，闡發作者自己「盈天地皆心」的主張，其對學問的態度，是「入乎其內」的，典籍知識的存在，是為引證吾心已有的天理，所以黃宗羲說：「讀書不多，無以證斯理之變化。多而不求於心，則為俗學。」因此，《明儒學案》能否稱之為學術史，不無疑問？錢、梁同名作《中國近三百年學術史》同樣提及黃宗羲《明儒學案》，錢穆看重的是其序中所標舉的「修德而後可講學」的宗旨，強調黃氏修身、治學合一的傾向；梁啟超卻將當身時代勃興的「學術史」投射於其上，近乎把黃宗羲視為「為歷史而歷史」的現代史學家。這又可見，錢、梁兩人對學問態度的些微差距，梁啟超有時強調學以致用，有時卻又承認「殊不知凡學問之為物，實應離『致用』之意味而獨立生存。真所謂『正其誼不謀其利，明其道不計其功』，質言之，則有『書呆子』然後有學問也。」[20]較諸錢穆，相對上他可在一定程度內，肯定客觀知識自身的獨立地位，容許學問不必作為修身經世之用。

二 以「讀書」修正晚明王學流弊

王陽明（1472-1529）講學貴得之於心，是非真偽，不是取決於孔孟古經，而是求諸心之本體，《六經》不過吾心之記籍。但「心即理」的學說，過度擴張心的作用，卻忽略「人心」、「道心」同寓一處，吾心未必純是天理流行，如此推闡至極，則以私欲為良知，難免認賊作父。因此明代也漸有學者提出批判，如：羅欽舜（1465-1547）、王廷相（1474-1544）在功夫論上，更強調知識的積累對成德的重要性。

---

19 關於民初學術史的興起，可再詳見胡昌智：《歷史知識與社會變遷》（臺北：聯經出版事業公司，1988年），頁145-252。胡逢祥、張文建：《中國近代史學思潮與流派》（上海：華東師範大學出版社，1991年），頁256-271。盧鍾鋒：《中國傳統學術史》（鄭州：河南人民出版社，1998年），頁454-466。

20 梁啟超：《清代學術概論》，頁6-7。

即便王學內部，典籍知識與吾心良知的內外交養，也更被重視。王艮（1483-1541）以孔子雖為聖人，然必須學《詩》、學《禮》、學《易》，逐段研磨，方能臻吾心於明澈之至。泰州學派的焦竑（1541-1620）也頗有「回歸原典」的企圖，將先秦儒學典籍，比之為法家條例、醫家《難經》，主張超越魏晉，攻研漢人注疏，漢儒去古未遠，方可直迄聖人原意。[21]即便王學內部，亦不斷有人質疑心的可靠性，如果把是非的標準定在每個人心中，則每個人都可能把自己的意見誤認甚至膨脹為天理，如此則人人各自是其所是，非其所非。必然破壞道的統一性，因此應藉著「質諸先覺，考諸古訓」來印證心中的良知，晚明清初儒家智識主義由此興起。但必須留意的是：我們不能高估知識在明清之際的儒者成德工夫中的位置。就他們而言，「尊德性」仍是第一義，「道問學」僅只是為「尊德性」服務的，故絕不是純粹的「為知識而知識」。[22]

　　黃宗羲繼承晚明以來對陽明自信其心的修正，於「窮吾心之理」時，兼輔以先儒訓釋，禮樂名物，避免自信其心所生的流弊。錢穆說：「往昔理學家精神，在單純，在切己，其長為能徹底而敦實踐。然重行不重知，其弊則流而為空疏，為虛妄，流弊既著，後起者矯之以務博綜，尚實證。……梨洲自負得理學正統之傳，而其為學之務博綜與尚實證，則固畢生以之。不俟乎晚年之改悟。」[23]陽明一脈著重從自身的內省功夫，推及外在行事，固然不排斥客觀知識，但知識僅第二義，發展到末流只談一個空蕩蕩的心，黃宗羲「得理學正統之傳」，「先立乎其大者」仍是其治學大綱，不肯「外吾心而求物理」，所有經驗世界的事實，最終要反之於心、推之於世，但他與王學不同處，是「務博綜與尚實證」。錢穆說：

21　關於晚明學風的轉變，可參見：王汎森：〈「心即理」說的動搖與明末清初學風之轉變〉，《中央研究院歷史語言研究所集刊》，第65本第2分（1994年6月），頁333-373。

22　王汎森：〈「心即理」說的動搖與明末清初學風之轉變〉，頁334，359。

23　錢穆：《中國近三百年學術史》，第16冊，頁33。

梨洲本此論陽明，則謂陽明：「『致良知』一語，發自晚年，未及與學者深究其旨，後來門下各以意見攪和，說玄說妙，幾同射覆，非復立言之本意。先生之格物，謂：『致吾心良知之天理於事事物物，則事事物物皆得其理。以聖人教人，只是一個行，如博學、審問、慎思、明辨皆是行也。篤行之者，行此數者不已是也』。先生致之於事物，致字即是行字，以救空空窮理，只在知上討個分曉之非。乃後之學者，測度想像，求見本體，只在知識[24]上立家儅，以為良知，則先生何不仍窮理格物之訓，先知後行，而必欲自為一說耶？」[25]

錢穆緊接著說：

> 蓋梨洲論學，兩面逼入，其重實踐、重工夫、重行，既不蹈懸空探索本體，墮入渺茫之弊；而一面又不致陷入猖狂一路，專任自然，即認一點虛靈知覺之氣，從橫放任以為道也。[26]

錢穆指出，黃宗羲修正晚明王學猖狂懸空之病，以實際事務的實行代替渺茫之境的心體。黃宗羲認為陽明所以提出「致良知」乃因朱學牽瑣字句誦習之間，本體不能先立，事功無以落實。故起而矯之。李紱也說：「自南渡以後，學者……置其身於日用彝常之外，而勞其心於名物象數之中，未嘗一日躬行實踐。」[27]「自象山、陸子之教不明，士墮於章句訓詁者三百餘年，泊王陽明先生倡明絕學，然後士知有躬行實踐之功。」[28]但陽明僅是強調學術須落實於實事實功，不當以文

---

24 此處之「知識」指內在的良知、德性之知，不同於今人所說之「知識」（knowledge）。
25 錢穆：《中國近三百年學術史》，第16冊，頁28-29。
26 錢穆：《中國近三百年學術史》，第16冊，頁30。
27 李紱：《穆堂初稿·原學》（臺大圖書館複印道光11年珊城阜祺堂刻本），卷18。
28 李紱：《穆堂初稿·文學劉先生墓誌銘》，卷26。

字章句為學術。不過,他並不否認知識乃學術中之一事。所謂「致良知」並非專用力於內,逆覺良知本體。「致字即是行字」,良知的擴顯,必須通過外在事務的習行實踐,這些事務包括一切「博學、審問、慎思、明辨」。換言之,「致良知」亦涵蓋「博學」的知識層面。所以說,陽明從不排斥學問的積累,他僅是強調:「德行培養是統帥,是靈魂,在此前提之下,也不主張無條件地犧牲或摒棄知識問學的努力。」[29]因此,黃宗羲以事功及知識,發明王學「致良知」真義。

劉師培〈陽明像贊〉末四句說:「湛然虛明,廓然大公,知行合一,性道事功。」[30]。其〈王學釋疑〉說:

> 〈與夏敦夫書〉云:「學無內外,講習討論,未嘗非內。」〈答友人書〉云:「凡謂之行者,只是著實去做,若著實做學問思辨工夫,則學問思辨亦便是行,行便是學問思辨。」由前之說,則學問不妨於治心;由後之說,則學問又與躬行相輔,曷嘗區問學於德行之外哉?[31]

陽明本人雖以「治心」為最高旨歸,但並不完全否定客觀知識,「若著實做學問思辨工夫,則學問思辨亦便是行」,若能以良知統攝一切紛綸的外物萬象,則學問無礙治心,「曷嘗區問學於德行之外」?

〈王學釋疑〉更指出黃宗羲祖述陽明,「而學問本原,則皆求之於實際,雖設教之旨,似與陽明稍別,然王學之緒業,益以昌明。」[32]如上述,錢穆亦認為黃宗羲紹繼陽明本人將學術歸於實際事務的精神,以救晚明王學用心於內,不習外向、切用的知識之失。

---

29 陳來:《有無之境──王陽明哲學的精神》(北京:人民出版社,1995年),頁294。

30 錢玄同等編:《劉申叔遺書·左盦集·陽明像贊》(南京:江蘇古籍出版社,1997年據民國25年「寧武南氏排印本」重印。),頁14,總頁1290。

31 劉師培:《劉申叔遺書·左盦外集·王學釋疑》,頁4,總頁1531。

32 劉師培:《劉申叔遺書·左盦外集·王學釋疑》,頁5,總頁1531。

錢穆《中國近三百年學術史》「第二章　黃梨洲」後，還附「梨洲同時幾位學者與梨洲思想之關係」，當中提及陳乾初（1604-1677）與黃宗羲同受學劉蕺山，論學力斥「人生而靜以上不容說」的懸虛境界，以之為禪門之言，倡導「擴充盡才後見性善」，將本體落於外向的用事之中。[33]陳乾初與潘用微[34]均「分別孔、孟與宋儒異同，皆論宋後儒家雜禪，皆不喜懸空講心性本體，而主從實行實事推求，又因分析孔、孟與宋明儒學異點，而不喜沿用宋明以來所常用之幾許話柄。」[35]陳、潘兩人與黃宗羲同矯虛就實，注重將學術實踐於實事當中，但不同之處在於，黃氏更進一步以知識上的「博文」，導正晚明虛靈學風，錢穆說：

> 然陳、潘諸人雖其持論極度指斥向來諸儒蹈虛落空之病，然梨洲為學則早已走**務博**尚實之路。故論新時代學風之開先，梨洲影響，仍自在陳、潘諸人之上。此又論當時諸人議論異同者所不可不知也。[36]

陳乾初、潘用微尚且是宋明理學的末章，黃宗羲已是清學先聲，已開啟「**務博**尚實」，重視客觀知識的價值，以此為經世濟民所須之憑藉。

不過，錢穆特別強調，黃宗羲並不主張「為知識而知識」，他僅是修正王門後學自信其心，「現成良知」的空疏，體認到必須以知識輔助道德判斷，以免自欺良知，但其作為「王學干城」[37]的色彩，仍旗幟鮮明，絕對不同於後代考據家近乎歧知識、道德為二的動向，錢穆說：

---

33 錢穆：《中國近三百年學術史》，第16冊，頁53。

34 生卒年已不可考。

35 錢穆：《中國近三百年學術史》，第16冊，頁77。

36 錢穆：《中國近三百年學術史》，第16冊，頁82。

37 錢穆：《中國學術思想史論叢（八）・清儒學案序目》，第22冊，頁599。

> 梨洲亦自言之曰：「讀書不多，無以證斯理之變化。多而不求
> 於心，則為俗學。」其前一語，所以開時代之新趨，後一語則
> 仍歸宿於傳統之舊貫，是為梨洲論學之兩面。故梨洲為學，門
> 路雖廣，而精神所注，則凝聚歸一。蓋欲以博雜多方之學，融
> 成精潔純粹之知。以廣泛之智識，造完整之人格。內外交養，
> 一多並濟。仍自與後之專尚博雅者不同也。[38]

錢穆以這段話概括黃宗羲在明末清初的學風中，承先啟後的地位。黃
宗羲遍讀經史，博學廣識開啟清儒博洽多聞的徑路，但其「與後之專
尚博雅者不同也」。不同之處在於，其「廣泛之智識」之目的在於
「造完整之人格」。外在「博雜多方之學」並非僅是泅泳無涯學海，
而是以內在道德主體「凝聚歸一」，使知識的追求，不僅是去偽存
真，更能提升人品、陶育人格，「內外交養，一多並濟」。而在錢穆看
來「後之專尚博雅者」的乾嘉學術，求外物之理，遺內心之理，聞見
之多，未能以內在的先天善性，收攝歸一。換言之，錢穆強調，黃宗
羲是「學」與「人」合轍，後代考據家析「學」與「人」為二，前者
是「為人生而學術」，後者近乎「為知識而知識」。

三 「以經史證性命」的學術進路

　　錢穆說黃宗羲的經史學，並非客觀的知識考索，而是「以經史證
性命」[39]能將經史知識融攝於身心性命當中，不使知識離開人事，流
蕩不返。全祖望〈梨洲先生神道碑〉說黃宗羲「謂明人講學，襲語錄
之糟粕，不以《六經》為根柢，束書不觀，而從事於遊談，故受業者

---

38 錢穆：《中國近三百年學術史》，第16冊，頁34。
39 錢穆：《國學概論‧清代考證學》，第1冊，頁305。

必先窮經，經術所以經世，方不為迂儒之學，故兼令讀史。」[40]於是黃宗羲以經史實學藥空疏之弊。經不僅是三代陳跡所遺留的客觀史料，更是「載道之器」，其間義理是「聖人先得」而「我心同然」的天地間最高法則，因此，黃宗羲強調「研經」不能停留在客觀的考證知識，尚須「求之於心」，憬然領悟聖人垂範後世之理，俾使讀經與做人融通一體。其講《易經》〈泰卦〉以明君子小人之辨，以及治亂之由；談《尚書‧洪範》言及禍福善惡與理氣之關係，以闡明立身處事之道，古清美指出：「正可見出梨洲以經學之內容作為其溝通心學之所本。……想將講義理並求之於心的精神，作為其心學與經史學的橋樑的希望。……經學既要『求之於心』，又要不失實用；到底如何用呢？講義理不得以空言講，又應如何講法呢？從此處追下去，便伸入『史』的範圍了。這也就是梨洲學術中經史必不可分的原因所在。」[41]因此，黃宗羲主張性命之道，必於史事中發見，使義理學可以修身，更可應物。所以錢穆說：

> 梨洲於史學，尤為有最大之創闢。其言曰：「學者必先窮經，然拘執經術，不適於用。欲免迂儒，必兼讀史。」蓋梨洲以多讀書與反求之心二語，為體用之兼盡，而讀書又分經史二途論體用也。[42]

「讀書之多」與「反求諸心」乃黃宗羲「求理」的兩面進路，一方面他仍堅持「盈天地皆心」的立場，但另一方面，他以博綜的經史知識代替內向覺悟心體。換言之，其治經研史均不離我心，但與宋明儒者

40 〔清〕全祖望：《鮚埼亭集‧梨洲先生神道碑文》（臺北：華世出版社，1977年），卷11，頁54。

41 古清美：《黃梨洲之生平及其學術思想》，頁133。

42 錢穆：《中國近三百年學術史》，第16冊，頁36-37。

不同的是，其言心性，不徒取《周易》、《中庸》、《大學》等經典以談
誠意、正心，更兼讀史，以「經」確立處事之原則，以「史」觀事變
之窮極，以免有體無用，喪失儒者經世濟民的抱負。所謂性命之理，
即宇宙最高之義理，既是吾心本具之理，又左右世運盛衰，故欲明天
人性命之學，必然需擴充到史書所載的治亂之跡，興亡所由，凡山川
要塞、地理沿革等等。使性命之學，體用必具，潤身、及物兩全。經
是「一理」，史是「萬殊」，史統合於經，經統合於吾心之理，講心學
而不能窮經，則是不能真得「理」之所在。講心學而不能會通於史
學，則經不能切用，史流於功利霸術，必然要以「盈天地皆心」為前
提，方可貫通經史性命。

　　而言及史事，辨偽、曆算等考證功夫必不可免，因此，錢穆又指
出黃宗羲《易學象數論》，力辨河圖、方位之說，乃胡渭（1633-
1717）《易圖明辨》之先聲。黃氏又精通天文曆算，著《授時曆故》
等書，梅文鼎（1633-1721）《周髀》言天文，世驚為不傳之秘，實由
黃宗羲開之；又黃氏雖不應清廷修史之召，但《明史·曆志》實由其
審定之。《明史·地理志》亦多用其《今水經》之文，[43]但錢穆又再次
強調，黃宗羲史學與乾嘉考史風氣迥異，他說：

> 梨洲治史，特點有二。一曰注意於近代當身之史。嘗言其父忠
> 端公被逮，謂之曰：「不可不通知史事，可讀《獻徵錄》。」遂
> 自明《十三朝實錄》上溯《二十一史》，靡不究心。……此其
> 治史注意於當身現代之史，異於後之言史多偏於研古者一也。
> 二曰注意於文獻人物之史。……其治史注意於文獻人物，異於
> 後之言史多偏於考訂者又一也。此種重現代、尊文獻之精
> 神，……遂皎然與吳、皖漢學家以考證治史者並峙焉。[44]

43 錢穆：《中國近三百年學術史》，第16冊，頁38。
44 錢穆：《中國近三百年學術史》，第16冊，頁37-38。

黃宗羲的學術路轍，不僅追求客觀的、不帶倫理性的、去應用性的科學知識，他更強調學術經世的價值。其治史重經世實用，史料的意義不僅是考證真偽以還原古史真相，尚須指引將來的方向，與吳皖之考史風氣迥異，這表現在兩個面向，第一，其善治近代史，近代史的察考，往往可為當代興衰之徵候，抽絲剝繭。黃氏於晚明清初史事著墨尤深，著有〈行朝錄〉九種、〈魯紀年〉二卷、〈賜姓始末〉、〈鄭成功傳〉、〈張玄箸先生史略〉、〈海外痛哭記〉。所以說黃宗羲史學「異於後之言史多偏於研古者」，稍後的乾嘉學者，於明清之際的史事未敢多言，把目光投向遙遠的三代上古，在〈略說乾嘉清儒思想〉當中，錢穆也說：「清儒研經之外，亦治史學。但他們的治史，也像他們的研經，他們只研究古代史，不研究現代史。他們只敢研究到明代為止，當身現實則存而不論。他們的治史，亦只是為古書作校勘整理工作，卻不注意史書裡記載的真實而嚴重的人事問題。清代學風，即乾嘉時代的學風，總之是逃避人生。」[45]而黃氏異於乾嘉的第二個面向，是重文獻人物，於明清之際士大夫有高節義行者，均蒐羅遺文以述之，以啟迪讀史者之性情人格。也就是說，黃氏之史學，不獨是「為歷史而歷史」，更著重史學修身、經世的功能。其經史學必回向自家身心性命的印證、興發，而後發為修己治人之用，而非僅客觀地呈現過去的陳跡。

　　黃宗羲經史學和乾嘉諸儒最大差異，仍落在主觀的「窮此心之萬殊」與客觀的「窮萬物之萬殊」，黃氏經史學，時時關照本心的發明、致用，非僅止於客觀史料的的考據，所以錢穆說：

> 梨洲尤長史學，……一傳為四明萬氏，再傳而為鄞之全氏，所謂「浙東學術」者也。……浙東之學，言性命者，必究於史，

45　錢穆：《中國學術思想史論叢（八）·略說乾嘉清儒思想》，第22冊，頁7。

此其卓也。[46]

性命之學即義理學，宋明以來，談義理多在經學的領域內，朱熹《四書章句集注》便是集大成者。但黃宗羲卻要從「史」上去明義理，以此觀世運盛衰，人物賢奸。[47]「言性命必究於史」、「以經史證性命」的學術進路，相對於晚明王門諸子之全盤窮理於內心，則更顯外向實踐的廣博工夫。相較於後來乾嘉考據學之「訓詁明而後義理明」，窮理於經典考據當中，黃氏更重學術經世之意。使性命之理可與經史知識結合，更開啟雄厚的經世之學。

四　知識、道德、事功合一的學術成就

錢穆評價學術的尺度，一向重視心性的啟發與政治之實效，學術若僅是純粹知識的追求，難免「務外遺內」，但心性之啟迪，不可盡於冥心空談，形同釋道方外，尚須陶育偉岸的人格，發為政治實踐，方屬儒者經緯天地之學。所以錢穆稱許王夫之學術：「由船山之論，仁義廉恥禮樂之於民生衣食財用，皆一本之於心性。既與蔑事物而空談心性者不同，亦與重功利而忽棄心性者有別。」[48]王夫之上繼北宋張載之禮教，持人文化成觀點，兼顧先天氣性與後天發用，融合心性與功利。在〈李穆堂〉（1673-1750）一章，錢穆讚譽其「以博聞強記之學為陸王本心良知作發明，以考史論世為心性義理作裁判，學術、經濟、文章冶於一爐。」[49]〈顏習齋李恕谷〉一章，錢穆將顏元（1635-1704）得之於習行，驗之於事功的學術旨趣，歸源於陽明

46　錢穆：《國學概論・清代考證學》，第1冊，頁292-293。
47　古清美：《黃梨洲之生平及其學術思想》，頁134。
48　錢穆：《中國近三百年學術史》，第16冊，頁138。
49　錢穆：《中國近三百年學術史》，第16冊，頁355。

「事上磨練」的正傳。[50]可見，錢穆對宋明學術在清初的流衍，一向的著眼點，落在收斂本心與開展事功的體用問題上。而他亦是持此一判準，評騭黃宗羲之學。他引全祖望（1705-1755）之語說黃宗羲：

> **以濂、洛之統，綜會諸家**。橫渠之禮教，康節之數學，東萊之文獻，艮齋、止齋之經制，水心之文章，莫不旁推交通，連珠合璧，自來儒林所未有也。[51]

黃氏之學，廣及禮教、數學、經制、文章，門路雖殊，但綜歸於「濂、洛之統」，以宋明理學家「吃緊為人」的心態作學問，一切學問的最高旨趣，都在做人，為學志在成聖賢。而學聖哲的目的，也不僅作宗教上的「聖徒」，更要由「修己」推為「安人」，使學術、道德、政治會通為一。換言之，錢穆認為，黃宗羲之學即「明體達用之學」，所以他又說：

> 梨洲論學極重統整，而不主分析，嘗謂：「學問之事，析之者愈精，而逃之者愈巧。……夫一儒也，裂而為文苑，為儒林，為理學，為心學，豈非析之欲其極精乎？奈何今之言心學者，則無事乎讀書窮理。言理學者，……其所窮之理，不過字義之從違。薄文苑為詞章，惜儒林於皓首。……天崩地解，落然無與吾事。猶且說同道異，自附於所謂道學者，豈非逃之者之愈巧乎？……某雖學文而不能廢夫應酬，窮經而不能歸於一致。洒掃先師蕺山之門，而浸淫於流俗。絃急調哀，不知九品人物，將來何等？」[52]

---

50 錢穆：《中國近三百年學術史》，第16冊，頁229-230。
51 錢穆：《中國近三百年學術史》，第16冊，頁33。
52 錢穆：《中國近三百年學術史》，第16冊，頁34。

錢穆接著說：

> 其實欲冶文苑、儒林、道學於一鑪，重復古者儒之大全。其願
> 力之宏，氣魄之大，良可嘆敬。[53]

「學問之事」即成就「人格」上的「一儒」，不可依「知識」門類的
差異，析裂為儒林，為理學，為心學。「學問之事，析之者愈精，而
逃之者愈巧」，分門別類，人治一學，成就某一專業學術自身的精
深，卻遺落了統攝各學門的「明體達用」之學，人人只求知識之專，
無力於政教之用，一遇國難，無能救國。黃宗羲以其師劉蕺山「慎
獨」之心，統攝經術、史學、文苑，成就內聖外王之業。使「文苑、
儒林、道學」最終都綜攝於內聖外王之學下，所以錢穆推許「其願力
之宏，氣魄之大，良可嘆敬。」錢穆又說：

> 此則欲推學術、事功而一之，猶不僅儒林、文苑、道學之合轍
> 而已也。其論頗似顏習齋，而亦有其異。習齋感慨於俗學之泥
> 腐，乃欲絕去文字書冊以為學，而梨洲不然，其異一也。習齋
> 尊古，其極不達於時務而去事功仍遠，梨洲亦不然，其異二
> 也。[54]

黃宗羲與顏元之差異，在於其廣覽「文字書冊」，尊重客觀知識，較
諸顏學滅棄一切智識思維，更顯平正通達。但又不同於乾嘉學者，近
似「為知識而知識」，導致「求真」與「致用」分離，「為學」與「做
人」無涉。其學術最終旨歸，在提升心性人品，但不同於宗教之處
是：心性本體的發明並非終點，「淑身」之後還須上契「立人」的政

---

53 錢穆：《中國近三百年學術史》，第16冊，頁35。
54 錢穆：《中國近三百年學術史》，第16冊，頁35。

治抱負，所以說其「猶不僅儒林、文苑、道學之合轍而已也」，「欲推學術、事功而一之」，期能「達於時務」，使學術有益修身之用，再以善人為基礎，成就善政，換言之，其學是知識、道德、事功合一的「明體達用之學」。

第二節　「博文」與「行己」兩橛：論顧炎武

現有文獻論及錢穆如何詮釋顧炎武「博學於文，行己有恥」時，通常緣順錢穆行文的脈絡，體現顧氏博求經籍以及立身整峻，[55]但錢穆於字裡行間，指摘顧氏「學」、「行」二分，將清學引入純粹知識的無涯學海中。此卻很少被關注。又錢穆指出顧炎武「經學即理學」的之說，源自明人儒林與道學不可分離的說法，明中葉以後，在此一理論的指導下，讀書博古的「道問學」風氣漸起，此非顧炎武之功，並藉此質疑梁啟超奉顧氏為清學導師的說法。錢穆此一說法也已廣受學者們的注意。[56]但錢穆如何將民初以來，「知識獨立」的視域，嫁接到顧炎武「經學即理學」的論述上，卻罕受關注。論者又有關心胡適、梁啟超對此語的解讀，卻未接續民初以來，知識以求真為目的，獨立於修身之外的這條線索。[57]本文認為：梁、胡、錢如何評述「經學即理學」之意，體現的是他們如何看待傳統學術從「修己治人」向「求真求是」蛻變。而錢穆對顧炎武將「博文」、「行己」二分，學問離開人格的提升，另作真理的追求，每有不滿，這是否符合顧氏本意，容後再做檢討，但可以確定的是：錢穆以當身時代的處境，介入清學的脈絡。因此，本文從民初知識獨立的視角，映照錢穆對顧炎武的評析。

---

55 汪學群：《錢穆學術思想評傳》，頁193-196。

56 汪學群：《錢穆學術思想評傳》，頁197。林聰舜：《明清之際儒家思想的變遷與發展》（臺北：台灣學生書局，1990年），頁100。

57 李紀祥：《明末清初儒學之發展》（臺北：文津出版社，1992年），頁128-129。

一 「學」與「行」分離

余英時在〈儒家智識主義的興起〉一文中說:「亭林引《論語》
『博學於文,行己有恥』之言為教,顯已歧知識與道德為二。」[58]在
〈從宋明儒學的發展論清代思想史〉中說:「亭林的口號是『博學於
文,行己有恥』。這可以看作是把知識和道德清楚地分別開來。」[59]暫
且不論此語有無過度詮釋之處,[60]其對顧炎武學術宗旨的解讀,與其
師錢穆如出一轍。

錢穆由顧炎武〈與友人論學書〉拈出其論學宗旨,他說:

> 亭林論學宗旨,大要盡於兩語,一曰「行己有恥」,一曰「博
> 學於文」。[61]

顧炎武認為聖門為學,均從平易平實處入手。有別晚明以來的禪學空
談。孔孟論行,不過出處辭受的「行己有恥」,罕言性與天道。論學則
「好古敏求」,稽考文獻典制,先聖遺言。有別晚明理學「置四海之困
窮不言而終日講危微精一」,將經書典章束諸高閣,獨求鏡花水月、冥
心頓悟,流弊所致,遺忘立身大節,廉恥綱常,專求危惟精一。

而「行己有恥」及「博學於文」的關連性如何呢?梁啟超《中國
近三百年學術史》說:

> 亭林學術之最大特色,在反對向內的──主觀的學問,而提倡
> 向外的──客觀的學問。……亭林一面指斥純主觀的王學不足

---

58 余英時:《論戴震與章學誠──清代中期學術思想史研究》,頁21。
59 余英時:《論戴震與章學誠──清代中期學術思想史研究》,頁343。
60 此點容後再作檢討。
61 錢穆:《中國近三百年學術史》,第16冊,頁149。

為學問，一方面指點出**客觀方面許多學問途徑來**，於是學術界空氣一變，二、三百年間跟著他所帶的路走去，亭林在清代學術史所以有特殊地位者在此。……亭林所標舉「行己有恥，博學於文」兩語，一是做人的方法，一是做學問的方法。[62]

梁氏指「博文」與「行己」分別是「做人的方法」與「做學問的方法」，把學術與人格析離，因此，他視顧炎武所謂「博學於文」為「外向的」、「客觀的」學問，是外於自家身心之浸潤的外在知識，「博文」是純粹客觀的、不帶價值判斷、無關善惡的中性知識，與勵志修德、提點善心善性的主觀感悟有別。梁氏看來，顧炎武提倡纂輯古書、詳考金石音韻等「博文」功夫，均為「指點出**客觀方面許多學問途徑來**」，以救「**主觀的王學**」的弊端。

錢穆對顧炎武「博文」的解釋與梁啟超近似，都視為外向、客觀知識的擴充、汲取。在《中國學術思想史論叢・晚明學術》中，錢穆說：

宋、明儒一切工夫境界，都重內面的自證，現在則轉向外面的共證，只需這一個轉變，便把兩時期的學術，明白地劃開了。[63]

宋明儒重主觀的、內向的自我證悟，晚明儒者如顧炎武等，轉向文獻典籍，通過考據工夫，尋求共通的、客觀的證據。

顧炎武有別宋明儒者自發自悟之精神，於典籍等外向知識多所究心。其《日知錄》及《音學五書》以《詩經》重建先秦音韻體系，在此之前，三代之音流傳至後代，已難協韻和聲，後人面臨難以貫通處，則以己意改經，每多臆測之失，顧炎武據唐人以正宋人之失，據

---

62 梁啟超：《中國近三百年學術史》，頁63-64。

63 錢穆：《中國學術思想史論叢（七）・晚明學術》，第21冊，頁380-381。

古經以正沈約、唐人之失,從而三代以上音韻,條理秩如,而後《六經》之文方明白可讀。所以錢穆說:「亭林所論考文之工夫,與其言音之先後流變,同條共貫。其所指陳,又以後考證學派校勘經籍一大例也。」[64]

但錢穆固然肯定顧炎武對外向知識的探究,卻同時指出其「博學於文」有務外遺內之偏失。他說:

> 亭林則只以知恥立行,則別標博學於文,將學、行分兩橛說,博學遂與心性不涉。[65]

「博學於文」與「行己有恥」的關係是區而別之,分屬「學」、「行」兩端,顧氏既「將學、行分兩橛說」,則「博文」與個體的心性涵養、立身行事無涉,「博學遂與心性不涉」,僅是純粹外向知識的探研積累。

錢穆對此務外遺內之取徑,頗有針砭,在《國學概論・清代考證學》中,錢穆引張爾岐(蒿菴,1612-1677)之語說:

> 蒿菴答書云:「〈論學書〉特拈『博學』、『行己』二事,真足砭好高無實之病,愚見又有欲質者:性命之理,騰說不可也,未始不可默喻。侈於人不可也,未始不可驗之己。強探力索於一日不可也,未始不可優裕漸漬以俟自悟。如謂於學人分上,了無交涉,是將格盡天下之理,而反遺身以內之理也」。[66]

錢穆接著說:

---

64 錢穆:《中國近三百年學術史》,第16冊,頁165-166。

65 錢穆:《國學概論・清代考證學》,第1冊,頁302。

66 錢穆:《國學概論・清代考證學》,第1冊,頁285。

蓋亭林主知恥同於二曲，主博文同於梨洲，而絕不談心性，則
於當時為獨異。然其後乃成乾、嘉學風，專走考證一路，則真
絕不談心性矣。[67]

張爾岐認為顧炎武〈與友人論學書〉將「博文」獨立於「行己」之
外，頗有矯枉過正之虞，晚明王學講會，直截易行，教人當下澈悟良
知，省略經典的繁瑣考證，此固然有弊。但「性命之理」即便不能空
談口說，仍可躬身默喻、驗之身心。當下開示以見良知，固有「強探
力索於一日」之流弊，但「未始不可優裕漸漬以俟自悟」。張氏認為
顧炎武「博學於文」的主張，排斥內向心性修為，徒務外向知識，
「是將格盡天下之理，而反遺身以內之理也」反疏略一己身心之提點
滋養。錢穆更指出，顧炎武「博文」「行己」歧為兩端，開啟乾嘉考
證學擯棄心性涵養，致使知識擴充無益人格之提升。

在《中國學術思想史論叢・略論王學流變》中，錢穆說：

> 陽明良知之學，簡易直捷，明白四達，……演暢此愚夫愚婦與
> 知與能之真理，……而所至又汲汲以聚徒講學為性命，若飢渴
> 之不能一刻耐。故其學風淹被之廣，漸漬之深，在宋、明學者
> 中，乃莫與倫比。[68]

> 其實龍谿、心齋早有把良知做光景玩弄之意味，若論活潑快
> 樂，天機自在，此本人人可有，時時可有。但若張皇過甚，實
> 際是愚夫愚婦，砍柴擔水，卻定要說成天德王道，神機妙用，
> 則便成何心隱、李卓吾之流。……顧亭林《日知錄》謂：「龍
> 谿之學，一傳為何心隱，再傳為李卓吾、陶石簣」……如此則

---

67 錢穆：《國學概論・清代考證學》，第1冊，頁285。
68 錢穆：《中國學術思想史論叢（七）・略論王學流變》，第21冊，頁199。

良知學便走上了狂禪路子。[69]

陽明良知之學，簡易平切，以愚夫愚婦易知能行之方，教人澈悟本
體，故其「聚徒講學為性命」，蔚為風潮。浙中王畿、泰州王艮講良
知之學，將玩賞光景之意念視為天機聖德，其後何心隱、李卓吾更走
向現成良知，走上了狂禪路子。王門中人講學流風蕩於猖狂，弊端所
及，天下之人束書不觀，但言透悟良知。

因而顧炎武提出「博學於文」，要人博稽典籍，以矯廢經廢史，
空悟良知之弊，頗以講學為戒，但錢穆在《中國近三百年學術史》
中，引用歸莊（1613-1673）之語，針砭顧氏徒務博文典籍，荒疏講
學正心之偏失。他說：

> 亭林學侶歸玄恭論講學，其言亦較亭林為正。歸氏曰：「……
> 本朝儒者之講學，前則姚江，後則錫山為盛，而天下之謗議亦
> 叢焉。於是數十年來，士大夫遂安於不學，而以講學為諱。安
> 於不學，而人才壞矣；以講學為諱，而人心日喪矣。……夫世
> 變至今日，而以講學為事，誠駭世俗之觀聽，……然流俗後
> 進，惟知以《五經》、「四子」為干祿之具……正誼明道之論，
> 耳未嘗聞，念不到此。一旦聞先生長者，稱聖人之遺訓，……
> 能無惕然動於中乎？……人心正而天下知學術，人才出而天下
> 有事功，……則講學又曷可少哉？」……乃知講學於世道人心
> 良有補。[70]

顧炎武鑑於王門講學使「士大夫遂安於不學」，故一方面「以講學為
諱」，另一方面倡導「博學於文」，推闡客觀知識的重要性。《音學五

---

69 錢穆：《中國學術思想史論叢（七）‧略論王學流變》，第21冊，頁206-207。
70 錢穆：《中國近三百年學術史》，第16冊，頁161-162。

書》「此為亭林治音學之根本方法，亦即乾嘉考證學一最重要之方法也。」[71]其《天下郡國利病書》、《肇域志》開啟清代地理學、掌故學之研究風氣。如此雖使《五經》、「四子」為學人所鑽研，但博文之廣泛無益人品之提升，「以講學為諱，而人心日喪矣」，「講學於世道人心良有補」。

錢穆反覆指摘顧炎武為矯晚明束書游談之習氣，代之以「博文」之教，但「博學於文」與「行己有恥」歧為兩端，「博學」與心性無涉，同樣無力提升人心風教，顧氏人品氣魄狷介高節，但作此斬截之論，誤導乾嘉考證學聞見之博無法回歸心性之體。[72]

二 經學即理學

「經學即理學」是全祖望對顧炎武論學宗旨的概括。錢穆對此語有兩重略有差別的解釋，其一，是1928年所編纂的《國學概論》，當中仍未脫離梁啟超、胡適的影響。其二，1937年成書的《中國近三百年學術史》及其後的著作，較能體現自身的思路。

全祖望〈亭林先生神道表〉，介紹顧氏之學術時，說：

> 晚益篤志六經，謂古今安得別有所謂理學者，經學即理學也。自有舍經學以言理學者，而邪說以起。[73]

全祖望以顧炎武論學之宗旨，在於將理學回歸經學。

何謂「經學即理學」？梁啟超作於1920年的《清代學術概論》中說：

---

71 錢穆：《中國近三百年學術史》，第16冊，頁165。

72 錢穆：《中國近三百年學術史》，第16冊，頁162。

73 〔清〕全祖望：《鮚埼亭集‧亭林先生神道表》，頁144。

「經學即理學」一語，則炎武所創學派之新旗幟也。其正當與
否，且勿深論；──以吾儕今日眼光觀之，此語有兩病：其
一，以經學代理學，是推翻一偶像而別供一偶像；其二，理學
即哲學也，實應離經學而為一獨立學科。──雖然有清一代學
術，確在此旗幟之下而獲一新生命。[74]

梁氏主張「理學即哲學也，實應離經學而為一獨立學科」，他顯然是
以民初以來，學術分科的觀念，介入顧炎武的語境。他將「理學」隸
屬哲學，而經學即史學，是歷史考證的中性材料，[75]與個人行止之大
節、家國治平之大綱無關。因此，他認為顧炎武「經學即理學」的意
涵，在於把善談身心性命的理學，化為客觀的經典史料。

胡適在1925年所作的《戴東原的哲學》中說：

用「經學」來代替「禪學」，這是當日的革命旗號。……清朝
的經學有四個特點：（一）歷史的眼光（二）工具的發明
（三）歸納的研究（四）證據的注重。[76]

清初的學者想用經學來代替那玄談的理學，而他們的新經學又
確然有許多特殊的長處，很可以獨立成一種學術。[77]

1928年所作的〈幾個反理學的思想家〉中，胡適也說：

他（筆者案：指顧氏）又說：「古之所謂理學，經學也，非數

---

74 梁啟超：《清代學術概論》，頁19。
75 關於民初經學從匡濟政教的大道，化為純粹客觀史料，參見第壹章所述。
76 胡適：《戴東原的哲學》（北京：商務印書館，1927年），頁13。
77 胡適：《戴東原的哲學》，頁18。

十年不能通也。……」他講經學，也開一個新的局面。也反對那些主觀的解說，所以他提倡**一種科學的研究法**，教人從文字聲音下手。……「考文」便是校勘之學，「知音」便是音韻訓詁之學。清朝一代近三百年中的整治古書，全靠這幾種工具的發達。在這些根本工具的發達史上，顧炎武是一個開山的大師。[78]

胡適認為「經學即理學」，是「提倡一種科學的研究法」，以「整治古書」。換言之，「經學即理學」等同「用科學方法整理國故」，以經學家慣行的考文、知音、歸納等科學方法，還原古書客觀的面貌，用以反對理學家「那些主觀的解說」。也就是說，胡適認為，顧炎武提倡「經學即理學」，是欲去除治經者「主觀的」身心體踐，代之以客觀的學問。至於科學的「工具」、「方法」背後有無通經致用、明道救世的目的？胡適看來並非所問，所以他直接承認清代經學「很可以獨立成一種學術」，似乎考文、知音等「工具」、「方法」本身有獨立價值，可以超越「明道救世」的目的以外「獨立成一種學術」。

梁啟超、胡適對顧炎武「經學即理學」的理解，相當接近，大體而言，都是解作：以客觀的經典史料，取代理學家主觀的身心體驗。胡適甚至認為，顧氏此語，承認客觀經典知識即其本身的價值，頗有「為經學而治經學」之意，使經學成為獨立的學問，未必須作為修己治人的手段。

錢穆在1928年所作的《國學概論·清代考證學》，或許是受梁啟超、胡適的影響，對「經學即理學」一語的闡發，與梁、胡同出一轍，他說：

---

[78] 胡適：〈幾個反理學的思想家〉，歐陽哲生編：《胡適文集》（北京：北京大學出版社，1998年），第4冊，頁67。

> 時惟亭林，倡「經學即理學」之語，……亭林不喜言心性，遂
> 為此語。不知宋明理學自有立場，不待經學。經乃古代官書，
> 亦惟訓詁名物考禮考史而止，亦豈得謂「經學即理學」。亭林
> 此言，實為兩無所據，遠不如浙東「言性命者必究於史」一語
> 之精卓矣。實齋為梨洲、亭林二人辨析學術異同，可謂特具隻
> 眼，顧謂亭林原於朱子，則似矣而尚有辨也。朱子言格物窮
> 理，仍不忘吾心之全體大用，不脫理學家面貌。亭林……自與
> 朱子分途。[79]

「經乃古代官書，亦惟訓詁名物考禮考史而止，亦豈得謂『經學即理
學』」錢穆用「惟」「止」表述「經學」與「理學」的關係。他認為顧
炎武「經學即理學」是以窮理之方，惟在經學家常用的考文、知音功
夫，惟此無他。理學之止境，亦僅在考文、知音等治經功夫所獲之外
向知識。所以說，「經學即理學」是「亭林不喜言心性，遂為此語」，
在求理的過程，排除心性的內向體驗，徒務外向知識的積累。所以錢
穆以為顧氏不如浙東黃宗羲、宋儒朱熹之內外交養，兼顧博學與自
悟。浙東「言性命者必究於史」，研經讀史仍迴向自我身心，朱熹格
外物之理，仍不忘發明「吾心之全體大用」。相形之下，「經學即理
學」一語，將理學脫逸心性的浸潤涵養，化為客觀考證所獲知識。如
此，則理學成為獨立於吾身之外的客觀知識，大有近代「知識獨立」
之意味。

但1937年所作的《中國近三百年學術史》，錢穆已超脫梁、胡影
響，離開近代知識獨立的語境，[80]從學術史的發展，探究「經學即理
學」之意涵。晚明王學風行，流弊所及，廢棄經籍博文功夫，專求
語錄簡捷之方，學風浮躁輕薄，崇虛避實，也間接影響社會風教，乃

---

79 錢穆：《國學概論·清代考證學》，第1冊，頁302。
80 參見第壹章。

有「回歸原典」的呼聲。顧炎武「經學即理學」乃承此風氣而起。錢穆說：

> 亭林之治古音，乃承明陳第季立之遺緒。陳氏有《毛詩古音
> 考》、《屈宋古音義》，……其據古求證之方法，豈不已先亭林
> 而為之乎？……楊慎用修治古音，猶在陳第前，而不如陳之精
> 密。而亭林《唐韻正》猶有取於楊氏《轉注古音略》之說。
> 《四庫提要》子部雜家論方以智《通雅》云：「明之中葉，以
> 博洽著者稱楊慎，……次則焦竑，亦喜考證，……惟以智崛起
> 崇禎中，考據精核，迥出其上。風氣既開，國初顧炎武、閻若
> 璩、朱彝尊等沿波而起，始一掃懸揣之空談。」[81]

顧炎武以「考文」、「知音」之功夫，取證經典原文，以矯晚明空疏學
風，此乃承明儒而來。其《唐韻正》推求先秦古音，乃是繼陳第《毛
詩古音考》、《屈宋古音義》、楊慎《轉注古音略》之說。明儒陳第、
楊慎、方以智至清儒顧炎武、閻若璩、朱彝尊等人的論學宗旨，均是
敦崇實學，取證經史，「一掃懸揣之空談」。

　　所以，錢穆在《中國近三百年學術史》中不再以近代知識獨立的
角度詮解顧炎武「經學即理學」。他說：

> 亭林嘗謂：「讀九經自考文始，考文自知音始。以至於諸子百
> 家之書，亦莫不然。」又以為：「理學之名，自宋人始有之。
> 古之所謂理學者經學也。」故治音韻為通經之鑰，而通經為明
> 道之資。**明道即所以救世。亭林之意如是。**[82]

81　錢穆：《中國近三百年學術史》，第16冊，頁166。
82　錢穆：《中國近三百年學術史》，第16冊，頁164。

晚明儒者將政治腐敗的困局，歸結為學術誤國，指斥王學末流束書不觀，游談心性，廢棄《六經》實學，專執語錄空談。並期待由古經探尋聖王治平天下之大道，一返三代盛世，方才漸有以經學代理學之說。而欲究明古經，卻面臨音韻變遷，遺文垂絕的困境，於是「考文」、「知音」等治經方法，漸為學者所重視。也就是說，顧炎武治經的進路依次是「考文」、「知音」、「通經」、「明道」、「救世」。所以「古之所謂理學者經學也」意思是：探求天理大道的途徑必須借重經典文獻，不可僅憑良知的當下證悟。「通經」的工具是「考文」、「知音」，通經的目的是「明道救世」。因此，「經學即理學」並非徒務博文考證，而是倚重典籍知識彰明吾心本具之天理大道，而後明道救世，並無知識獨立的意味。

在1943年所作的〈清儒學案序目〉中，錢穆也指出：

> 亭林猶得晚明講學遺緒，故其書亦尚兢兢以世道人心為主，論學、論治皆推本焉，不似後人專務博雅考訂。[83]

顧炎武「經學即理學」、「博學於文」的論學宗旨並未務外遺內，其仍承宋明儒者教化天下的道義責任，與後世「專務博雅考訂」者迥然不同。

1973年所作的〈顧亭林學述〉更明言顧炎武「經學即理學」之說與乾嘉考證學精神迥異。錢穆說：

> 即其平素「經學即理學，捨經學安有所謂理學」之主張。自左丘明、卜子夏以下，迄於杜預、范寧二十二人，皆於傳註《六經》有功。程、朱乃及胡安國、蔡沈、陳澔亦然。……周、張

---

83 錢穆：《中國學術思想史論叢（八）・清儒學案序目》，頁600-601。

雖不傳經,於羽翼《六經》有功。在亭林之意,固未嘗為漢、
宋分疆,故經學中即包有理學,而理學亦不過為發揮經學。至
於明代中晚以下盛行之語錄,乃離異經學以為學,故亭林不以
理學許之。下及乾嘉,嚴分漢、宋,經學獨歸兩漢,理學全受
排斥,此又與亭林意見大為不同。[84]

「亭林意見」與乾嘉諸儒「嚴分漢、宋,經學獨歸兩漢,理學全受排
斥」「大為不同」。顧炎武「經學即理學」之說,僅是矯正「明代中晚
以下盛行之語錄,乃離異經學以為學」。窮理的功夫不取徑於經書典
籍的輔助,獨憑簡捷的語錄,難免猖狂之失。「經學即理學」之意,
乃指「經學中即包有理學,而理學亦不過為發揮經學」。治經窮理本
不可完全擯棄內在心性,僅以「考文」、「知音」推求外向知識。但亦
不可全盤「離異經學」,另憑語錄簡捷之途。換言之,「經學即理學」
僅是強化經典知識在窮理明道上的輔助作用,並無知識獨立的意味。

　　因而錢穆接著說:

　　　　(晚明王學)務求一歸於內,……而輕視學問,……此為亭林
　　　　所不滿。乃主於事為上見德性,於功業上講義理。亭林之於
　　　　《大學》八條目,可謂尤重「修齊治平」之後四項,與宋代理
　　　　學尤重「格致誠正」前四項者稍不同;然其精神命脈,固是一
　　　　貫相承,卻與此下乾嘉考證學大異其趣,此層不可不辨。[85]

顧炎武論學,矯正晚明「務求一歸於內」,輕忽外向知識及事功的偏
頗,重經典、重功業。但其「於事為上見德性,於功業上講義理」,
仍回歸內在之天道義理。與乾嘉考證學輕忽義理養心有別。

---

84 錢穆:《中國學術思想論叢(八)‧顧亭林學述》,第22冊,頁85。
85 錢穆:《中國學術思想論叢(八)‧顧亭林學述》,第22冊,頁93。

不過，錢穆固然區判顧炎武「經學即理學」之說，不同於乾嘉考據學輕忽心悟自得之弊，但卻也指摘顧氏此說，為後世誤解，致使學風轉趨博雜旁歧。錢穆說：

> 余又考方東樹〈漢學商兌序〉謂：「近世為漢學考證著書闢宋儒，以言心、言性、言理為屬禁，……若黃震、萬斯同、顧亭林輩，自是目擊時弊，意有所激，創為救病之論，而析義未精，言之失當。楊慎、焦竑、毛奇齡輩，則出於淺肆矜名，深妒宋史創立〈道學傳〉，若加乎〈儒林〉之上，緣隙奮筆，忿設詖辭。若夫好學而愚，智不足以識真，如東吳惠氏、武進臧氏，則為闇於是非。」……亭林「經學即理學」之說，雖意切救時，而析義未精，言之失當，誠有如方氏之所譏者。[86]

方東樹〈漢學商兌序〉認為顧炎武「經學即理學」之說，乃「目擊時弊，意有所激，創為救病之論」，並無意將理學限縮在「考文」、「知音」所獲知識。但其屬禁「言心性」、「言理」，致使後人誤解其意，徒務聞見之博，偏荒德性之善。[87]

錢穆又說：

> 蓋亭林論學，本懸二的：一曰明道，一曰救世。其為《日知錄》，又分三部：曰經術、治道、博聞。後儒乃打歸一路，專守其「經學即理學」之議，以經術為明道。餘力所匯，則及博聞。至於研治道，講救世，則時移世易，繼響無人，而終於消沈焉。[88]

---

86 錢穆：《中國近三百年學術史》，第16冊，頁168。
87 錢穆：《中國近三百年學術史》，第16冊，頁152。
88 錢穆：《中國近三百年學術史》，第16冊，頁160-161。

顧炎武「經學即理學」之說，意在「明道救世」，但其語意未精，致後人誤「以經術為明道」，研經以求博文。明道救世之志，遂繼響無人。顧炎武以「考文」、「知音」為「通經」之手段，以「明道」、「救世」為通經之目標。但其說析義未精，致使後人誤手段為目的，專趨聞見之博，荒枯心性之養。

第三節　錢穆說法之檢討

錢穆對黃宗羲「讀書」與「修身」不二的評價，頗見卓識。黃宗羲說：

> 《六經》所言唯理，抑亦可盡去乎？[89]

又說：

> 深求其故，取證於心。[90]

「盈天地皆心」是黃宗羲論學的最高宗旨。心具眾理，但發明義理，仍不可省略博綜的經史知識，應以《六經》及史學掌故，與我心彼此印證。

余英時說：「黃梨洲的名言：『讀書不多，無以證斯理之變化。多而不求於心，則為俗學。』……錢賓四師論上引梨洲之言曰：『其前一語（指『讀書』）正所以開時代之新趨，後一語（指『求於心』）則仍歸於傳統之舊貫，是為梨洲論學之兩面』。這真是一針見血的分

---

89 〔清〕黃宗羲：《南雷文案・明文案序下》（上海：商務印書館縮印「無錫孫氏藏初刻印本」）卷1，頁15。

90 〔清〕黃宗羲：《南雷文案・惲仲升文集序》卷1，頁7。

析。」[91]錢穆以「讀書之多」與「求之於心」概括黃氏學術宗旨，頗見精要。此前已論及，不再贅述。

比較須要留意的是，錢穆論顧炎武，似乎難掩偏頗之斷。他指摘顧炎武「博學於文，行己有恥」之說，將「學」、「行」剖判為二，「博學」為一事，「行己」又為一事，「博學」與心性無涉，僅是客觀知識的探索。回歸顧氏原文，恐有不然。

顧炎武〈與友人論學書〉，當中說：

> 愚所謂聖人之道者如之何？曰「博學於文」，曰「行己有恥」。自一身以至於天下國家，皆學之事也；自子臣弟友以至出入往來、辭受、取與之間，皆有恥之事也。[92]

「博學於文，行己有恥」並未將「學」與「行」分立。「博學」之對象廣含「一身以至於天下國家」，當然涵蓋「出入往來、辭受、取與」等「恥」之事。「博文」並非外於身心的純粹客觀知識。

李紀祥指出：

> 「博學於文」其實就是亭林的外王學，以「救世」為目標，以《五經》之文為核心。[93]

「博學於文」雖以《五經》之文為核心，但並非「為經學而經學」、「為知識而知識」，其探研經典知識僅是手段，背後之目的在明道救世。

---

91 余英時：《論戴震與章學誠──清代中期學術思想史研究》，頁29。

92 〔清〕顧炎武：《亭林文集‧與友人論學書》，《顧炎武全集》（上海：上海古籍出版社，2011年），第21冊，頁93。

93 李紀祥：《明末清初儒學之發展》（臺北：文津出版社，1992年），頁126。

顧炎武說：

> 竊以為聖人之道，下學上達之方，其行在孝悌忠信，其職在灑
> 掃應對進退，其文在《詩》、《書》、《三禮》、《周易》、《春秋》，
> 其用之身在出處辭受取與，其施之天下在政令教化刑法，其所
> 著之書皆以為撥亂反正，移風易俗，以馴至乎治平之用。[94]

聖人之道，寓上達於下學，不空言性與天道，而是在灑掃應對進退、
《詩》、《書》、《三禮》、《周易》、《春秋》、出處辭受取與之中，洞見
本性，上通天道，而後發為治平天下之大業。所以說聖人「其所著之
書皆以為撥亂反正，移風易俗」，其所著之書，所為之文，均關乎撥
亂反正，移風易俗之政教大業。此處又可見顧炎武所謂之「文」，乃
指「施用天下」、明道救世之憑藉，非僅純粹知識體系。因此，所謂
「文」是「人文化成天下之文」，廣及自身以至家國天下之儀禮度
數。《日知錄》「博學於文」條曰：

> 君子博學於文，自身而至於家國天下，制之為度數，發之為音
> 容，莫非文也。[95]

> 《傳》曰：「文明以止，人文也，觀乎人文以化成天下。」故
> 曰：「文王既沒，文不在茲乎！」而諡法「經緯天地曰文」。[96]

「文」不僅是客觀典籍知識，而是「文王」「經緯天地」之「文」，是

---

94 〔清〕顧炎武：《亭林文集・與友人論學書》，《顧炎武全集》，第21冊，頁100。
95 〔清〕清顧炎武：《日知錄》，卷七「博學於文」條，《顧炎武全集》，第18冊，頁
 308。
96 〔清〕顧炎武：《日知錄》，卷七「博學於文」條，頁308。

化成天下之人文，因此「自身而至於家國天下」均屬君子「博文」之
對象，舉凡一己身心之提點、出處取予等「行己之道」，乃至國家之
制度典禮，均「文」之所在。

由此可見錢穆指摘顧氏析離「博文」與「行己」，致使博文脫逸
心性道德，立身行事，此似有偏頗之虞。

至於顧炎武「經學即理學」究竟何指？侯外廬指出：

> 炎武在這裡是分別古今思想史的異同離合。他以為古人沒身於
> 經世之學而明理，今人則舍歷史制度（《六經》之所指）與客
> 觀現實（當世之務）而空談性理。[97]

顧氏此說乃針對「今人」，即晚明學人空談性理之流弊而發，並無意
以外向知識全盤取代宋明理學之內在涵養。

余英時也說：

> 「明道」則非研究經學不可，這就是亭林心目中的「理學」。[98]

顧氏心中之「理學」是植基經學之大本大源，而非僅語錄之談，以達
明道救世之目的。

錢穆在《中國學術思想史論叢‧晚明學術》中說：

> 同時崑山顧炎武，對王學更肆意抨擊。他在《日知錄》裡，對
> 當時所謂心學，屢有嚴厲的批評。彼屢引黃震東發《日鈔》裡
> 的話，如云：「……心所以具眾理而應萬事，正其心者，正欲

---

97 侯外廬：《中國思想通史》(北京：人民出版社，1958年)，第5冊，頁207。

98 余英時：《論戴震與章學誠──清代中期學術思想史研究》，頁345。

施之治國、平天下，孔門未有專用心於內之說也。用心於內，近世禪學之說耳。」[99]

晚明以來，王學末流，流連光景，直指良知，「專用心於內」，未能將心性本具之眾理發而為治國、平天下之實事實學。對此，顧炎武每多抨擊。

顧炎武〈與友人論學書〉，當中說：

今之君子則不然，聚賓客門人之學者數百人，⋯⋯而皆與言心言性。舍多學而識以求一貫之方，置四海困窮不言，而終日講危微精一之說。⋯⋯出處去就，辭受取予之辨，孔子、孟子所恆言，而今之君子所罕言。[100]

顧炎武所反對者，並非宋明整體學術格局，而是晚明以來聚眾講學，簡易直捷之教，高束經書，專就語錄言心言性，講危微精一之說。於實際人生的出處去就，辭受取予擱置不論，肇致四海困窮之禍殃。

顧炎武說：

形而上者謂之道，形而下者之謂器。非器則道無所寓，說在乎孔子之學琴於師襄也。已習其數，然後可以得其志。已習其志，然後可以得其為人。是雖孔子之天縱，未嘗不求之象數也。故其自言曰：「下學而上達」。[101]

「非器則道無所寓」，形上之道寓託於形下之器。理學當中心性、精

99　錢穆：《中國學術思想史論叢（七）・晚明學術》，第21冊，頁384。

100　〔清〕顧炎武：《亭林文集・與友人論學書》，「卷之三」，頁93。

101　〔清〕顧炎武：《日知錄》，卷一，「形而下者之謂器」條，頁43。

一等形上思想，應求諸於經書當中文字、聲韻、訓詁等形下之器，由具體可感的經書內涵，理解天理大道。

因此，顧炎武〈與施愚山書〉當中提出「理學」當取徑於經書的說法，他說：

> 愚獨以為理學之名，自宋人始有之。古之所謂理學，經學也，非數十年不能通也。故曰：「君子之於《春秋》，沒身而已矣。」今之所謂理學，禪學也。不取之《五經》，而但資之語錄，校諸帖括之文尤易也。[102]

這段話區分「古之所謂理學」與「今之所謂理學」，判分的標準在「取之《五經》」或「資之語錄」，「古之所謂理學，經學也」，是從經典當中領悟經世濟民、修己治人之大道。但「今之所謂理學，禪學也。」不從《五經》的篤實平切處入手，專執語錄以求當下澈悟。窮理過程中，捨棄《五經》先聖遺言的輔助，終日冥心靜坐，以鏡花水月、浮虛光景為天道聖德，甚至認私欲為良知。換言之，「古之所謂理學」與「今之所謂理學」的差異，不在於是否排斥心性領悟的內向工夫，反而是在心具眾理的共通預設下，窮吾心之理時，應否倚恃經典文獻。因此，顧炎武之所以反對「今之所謂理學」，並非否定心性內悟的進路，走向「為知識而知識」的科學性思辨，而是反對窮理功夫上，捨棄經典專求語錄。因此，顧炎武「經學即理學」，僅是窮理過程中，擴充經籍知識的重要性，而非將經書考據所獲之客觀知識，等同於吾人內心天賦之天道天理。

顧炎武「經學即理學」乃針對王學末流之偏失而發，必須置於晚明學術史的脈絡下做理解，錢穆《國學概論·清代考證學》對顧氏此語的理解，似乎是受梁啟超、胡適之影響，從近代知識獨立，學問

---

102 〔清〕顧炎武：《亭林文集·與友人論學書》，「卷之三」，《顧炎武全集》，頁109。

「對象化」為吾人身心外的另一物之角度做理解，將時代視域介入學術史論述當中，難免誇大失實之處。而其在《中國近三百年學術史》及〈顧亭林學述〉中，以為「經學即理學」是強化經典知識在窮理明道上的輔助作用，並無排斥內在修省之意，對比顧氏原文，此一理解較貼近原意。

第四節　錢穆評議黃、顧之時代意義

　　錢穆如何評價顧炎武在清學史上之地位？對此問題，論者[103]指出，錢穆所以不推尊顧炎武為清學開山祖，是因「經學即理學」的主張，並非顧炎武的原創，明人歸有光（1507-1571）、錢謙益（1582-1664）鑑於王學末流專執語錄之空疏，早已有不可「離經談道」之呼籲。[104]且顧炎武以本證、旁證的方式，架構古音韻部，此方法於明人陳第《毛詩古音考序》、梅鷟《尚書考異》已開其先，顧炎武不過沿波而起。錢穆據以上兩點駁斥梁啟超顧氏為「漢學開山祖」的斷案。[105]這樣的說法當然言之有據，但本文認為若從近代學術轉型，傳統知識、道德與政治合一的「明體達用之學」裂解的觀點，詮釋此一問題，或者更有鮮明的時代色彩。

　　「明體達用之學」是錢穆理想的典範，更是其衡酌清學的判準，學術的要義，在於涵養人心之道德本體，道德完善的人才出而為政，自然海宴河清。因此，學術必須有益於人格的培育、人心的端正，換言之，「學」不可獨立於「人」之外，只為滿足純粹知識的好奇。因此，錢穆以「學」與「人」的分合，評價顧炎武與黃宗羲。

---

103 盧鍾鋒：〈錢穆與清代學術研究〉，收入《紀念錢穆先生逝世十週年國際學術研討會論文集》（2001年，臺灣大學中文系主辦），頁240。

104 錢穆：《中國近三百年學術史》，第16冊，頁1169-170。

105 錢穆：《中國近三百年學術史》，第16冊，頁166。

但梁啟超從知識獨向立的面,視顧炎武為清學「新典範」(Paradigm)的開創人物。他說:

> 亭林一面指斥純主觀的王學不足為學問,一方面指點出**客觀方**
> **面許多學問途徑來**,於是學術界空氣一變,二、三百年間跟著
> 他所帶的路走去,亭林在清代學術史所以有特殊地位者在
> 此。⋯⋯亭林所標舉「行己有恥,博學於文」兩語,一是做人
> 的方法,一是做學問的方法。[106]

顧炎武對清學最大貢獻,在於矯正王學「自信其心」的弊病,「點出客觀方面許多學問途徑來」,其「行己有恥」樹立人格標竿,其「博學於文」確立清儒研究的軌轍。

梁啟超接著以《日知錄》說明顧炎武治學之「客觀精神」。他說:

> 你說《日知錄》這樣的書容易做嗎?他一年工夫才做得十幾
> 條,我們根據這種事實,可以知道,不獨著書難,即鈔也不容
> 易了。須知凡用**客觀方法**研究學問的人,最要緊是先澈底了解
> 一件事件之真相,然後下判斷,能否得真相,全視所憑藉之資
> 料如何?資料從量的方面看,要求豐富;從質的方面看,要求
> 確實,所以資料之蒐羅和別擇,實占全工作十分之七八。明白
> 這個意思,便可以懂得亭林所謂采山之銅與銅之分別何
> 如。⋯⋯後來王伯申的《經傳釋詞》、《經義述聞》,陳蘭甫的
> 《東塾讀書記》,都是模仿這種工作,這種工作,正是科學研
> 究之第一步。[107]

---

106 梁啟超:《中國近三百年學術史》,頁63-64。
107 梁啟超:《中國近三百年學術史》,頁68-69。

《日知錄》蒐羅豐富、真實的材料，加以別擇，推導出確實不易的結論。梁啟超許為「用客觀方法研究學問」，為清儒紮實的治經活動「導夫先路」，其後王引之的《經傳釋詞》、《經義述聞》，陳澧的《東塾讀書記》，都是承此而起。

胡適則嘉許顧炎武建構「獨立的科學」，他說：

> 考文是校勘的事，知音是文字學的事。後來這兩種學問陸續增長，多所發現，遂成兩種獨立的科學。[108]

> 清朝的經學所以能有那麼大的成績，全都靠這兩種重要工具的發達。[109]

「考文」、「知音」原是治經之工具，用以還原古書原貌，回復先秦古音。使先聖大義復明於今日，顧炎武原意在一返三代盛世。換言之，「考文」、「知音」僅是工具意義，並無獨立價值。但清儒用此兩種科學工具而獲致許多可檢證的客觀知識。「考文」、「知音」也逐漸發展為「兩種獨立的科學」。胡適由科學獨立、知識獨立的角度肯定顧炎武的學術地位。

梁啟超、胡適以近代知識獨立，不再作為修身明道之用的判尺，肯定顧炎武於清學上的地位。他們看重的是學術自身的意義，也就是能否以科學的邏輯檢證真理，至於學術對政治、社會的影響，並非所問。而錢穆恰好相反，其評價一門學術的判準在於「明體達用」，也就是說學術必須先發明內心本體之善性，之後由修己遞進治人之政教實用。因此，錢穆固然肯定顧炎武人格之崇峻，卻也屢屢指摘其析離「博文」與「行己」，「經學即理學」一語析義未精，致使後人誤解，

---

108 胡適：《戴東原的哲學·引論》，頁10。
109 胡適：《戴東原的哲學·引論》，頁10。

頓入茫茫學海，疏略反之一己身心，於內無法「明體」，於世不足「達用」。

錢穆在〈清儒學案序目〉中說：「其書亦尚兢兢以世道人心為主，論學、論治皆推本焉，不似後人專務博雅考訂。」[110] 顧炎武《日知錄》特重人心風教於世道明晦之影響，但後人「專務博雅」，僅泛覽於博洽的知識之海，無法回向一己之身心，於世道人心無所裨益。錢穆認為顧炎武之說，易引發後人誤解，使學術走入窄仄之窮途。他說：

> 惟亭林之判心性與學問為二途者，為可以安身而藏跡。故自乾、嘉以下，惟徽州一派，其間大師尚多不失浙東及顏、李精神者。至於氣魄較小、眼光較狹之流，則專借亭林「經學即理學」一語為話柄，於名物訓詁證禮考史外，不復知有學術矣。[111]

錢穆認為，顧炎武「博學於文」與「行己有恥」分而兩歧，使博文走入純知識探索的境域，無涉出處進退等「行己」層面。其「經學即理學」之說，析義未精，亭林本人氣魄雄大，尚持守修己立行之大端大節，但卻誤導後人於「名物訓詁證禮考史外，不復知有學術矣。」致使乾嘉以後之學術，喪失浙東以經史證性命，以及顏李習行中明性道的精神。

錢穆又說：

> 大抵明末諸遺老，激於世變，力斥心性空談，認為禍殃，然其制行立節，實仍是宋明理學家矩矱。潛邱與亭林、梨洲身世相接，而意氣精神竟全不同，……此種變遷，洵可嘆也。……亭

---

110 錢穆：《中國學術思想史論叢（八）‧清儒學案序目》，第22冊，頁600-601。
111 錢穆：《國學概論》，第1冊，頁303。

林「經學即理學，捨經學無理學」之論，在亭林氣魄大、得天厚，故為無病，而一再流傳，本意全非。若使亭林真見以後所謂經生讀書種子，恐亦不復為此斬截之說。而宋、明人治學，自有其不可及處，亦復於此可見。[112]

顧炎武鑑於晚明王門中人，捐棄經典，空談心性，以流連光景之空想代替修己治人之實學，流弊所及，風教輕浮，政事荒蕪。因而「力斥心性空談」，但其本身氣魄宏大，仍不忘修省養心，「制行立節，實仍是宋明理學家矩矱」。但其「經學即理學」之說，析義未精，「一再流傳，本意全非」，變質為擯棄心性涵養，徒務博文考訂，讀書之博大無益人品之提升。「潛邱與亭林、梨洲身世相接，而意氣精神竟全不同」。《中國近三百年學術史》第六章〈閻潛邱與毛西河〉特立「潛邱之考據及其制行」、「西河軼事及其著書之道德」兩目，指摘閻若璩（潛邱，1636-1704）及毛奇齡（西河，1623-1716）兩人學術考據之精核，與道德制行之卑鄙，「若使亭林真見以後所謂經生讀書種子，恐亦不復為此斬截之說」顧炎武側重經典文獻對成德功夫的輔翼，以矯晚明專執語錄之空談，但後儒誤解，遂入茫茫學海，博學於文，而不能約之以禮，遺忘身心涵養，只成「讀書種子」，失卻「聖賢氣象」。

因而錢穆給予顧炎武學術地位兩極化的評價：「為功之首，亦罪之魁。」錢穆假康有為之口說：

顧亭林鑑晚明講學之弊，乃曰：「今日只當著書，不當講學。」……後進沿流，以講學為大戒。……近世著書，獵奇炫博，于人心世道，絕無所關。戴震死時，乃曰：「至此平日所讀之書，皆不能記，方知義理之學可以養心。」段玉裁曰：

---

112 錢穆：《中國近三百年學術史》，第16冊，頁281-282。

「今日氣節壞，政事蕪，皆由不講學之過。」此與王衍之悔清
談無異。故國朝讀書之博，風俗之壞，亭林為功之首，亦罪之
魁也。[113]

這段話將「政事蕪」的惡果，追究到學術之偏廢，「義理之學」廢而
不談，其流弊不僅是學術內部的單調枯槁，更切要的是人心欠缺潤
澤，學人心術不正，殃及政事之禍。段玉裁的《說文解字》、戴震的
《考工記圖注》等書，均足證明其「博文」之成績，卻深感義理不講
之弊。戴、段尚且如此，等而下之者，更是到了「氣節壞」的地步，
學風之非，波及政風之弊，而錢穆將這一切，都歸責於顧炎武只當
「著書」以求「博文多學」，不「講學」以「啟迪心性」的學術路
徑，他說：「宋、明學者太看重講學了，流弊遂成只講學而不讀書。
顧亭林則只從此點加以挽救，不謂經歷清代異族高壓統治兩百年後，
學者只知讀書，不復知講學，於是所讀日趨於紙篇字面記誦考訂，而
與人文知行了無關。」[114]並以「國朝讀書之博，風俗之壞，亭林為功
之首，亦罪之魁也。」總結顧氏在清學史上的地位。而據以衡定其學
術地位的準據，是知識、道德與政治三者綰合的「明體達用之學」。

因而，錢穆認為黃宗羲「以經史證性命」較諸顧炎武「經學即理
學」更高明博大，他說：

梨洲矯晚明王學空疏，而主窮經以為根柢；此等處其影響後
學，豈在亭林之下？而後之漢學家不復數說及之者，正以亭林
「經學即理學」一語，截斷眾流，有合於後來漢學家之脾胃；
而梨洲則以經史證性命，多言義理，不盡於考證一途，故不為

---

113 錢穆：《中國近三百年學術史》，第17冊，頁829-830。
114 錢穆：《學籥‧近百年來諸儒論讀書》，第24冊，頁125。

漢學家所推也。[115]

此處將顧、黃對比，黃宗羲「經史證性命」，其研經考史不僅追求客觀的、外向的知識，最後必以主觀的「性命」統攝之。而顧炎武「經學即理學」易開啟後世漢學家將「經史之考索」與「性命之印證」裁成兩段，治學的目的，僅在蒐集史料，與身心涵養無關。

在〈清儒學案序目〉中，錢穆說：「梨洲師事劉蕺山，平生以捍衛姚江自任，而於王學末流亦痛斥至嚴，蓋屹然王學之干城也。然梨洲之學已從性理一轉手，博綜經史，務為廣大。」[116]相較於顧炎武極力抨擊王學誤國，黃宗羲所反對者，僅末流之空疏，其自身仍「以捍衛姚江自任」，乃「王學之干城」，因而其「博綜經史」，仍約之以「性命之理」，與後世騖外遺內之考證學有別。錢穆並遺憾，清學未能走向黃氏「經史證性命」的途徑。他說：

> 章氏「言性命者必究於史」一語，道出梨洲以下浙學精神。「孟子道性善，言必稱堯、舜」即是此意，與亭林「經學即理學」一語絕不同。乾、嘉以後，走入亭林「經學即理學」一路，而浙東精神未能大顯，此亦清代學術一至可惋惜之事也。[117]

黃宗羲乃清初浙東大師，浙東之學「言性命者必究於史」，其道堯、舜之事蹟，不僅在建構三代客觀的歷史，更重以前言往事，古人之嘉言懿行，啟發人人心中之善性，俾使知識與道德交融互益。但錢穆看來，清代考據學捨此不由，誤解顧炎武「經學即理學」之本意，走向知識與修身分離的歧路。

---

115 錢穆：《國學概論・清代考證學》，第1冊，頁305。

116 錢穆：《中國學術思想史論叢（八）・清儒學案序目》，第22冊，頁599。

117 錢穆：《國學概論・清代考證學》，第1冊，頁293。

　　受西方學術的影響，學問的分工愈加精細，每一個人只附屬在細小的分枝上越鑽越深，但自然科學可以用這種「越鑽越深」，距離實際人生「越跑越遠」的方式獲致外向知識，而中國經史學，均屬人文學，更擔負西方宗教確立價值、賦予意義的功能，因而不能比擬西方把人文「學科」變成人文「科學」[118]。在〈學與人〉中，錢穆指出，學術分科，人司一業之下，只見有學，不見其人，「故使學愈大而人愈小。人之地位，乃為其所學所淹浸而吞滅。」[119]「人的本身則別有其存在。此一存在，則有其理想與目的。即是說，人必該成為如何樣的一個人。而其從事於學，則只為追求此理想到達此目的之一種手段與工具。」[120]「人」是目的，「學」是手段，人才是主體，人存在的意義，首重「人必該成為如何樣的一個人」，即是追求「人之所以異於禽獸」的善性善端，而學問即是「到達此目的之一種手段與工具」。所以說，學問的目的，在提升「為此學之人」的人品，以成就士人之善性，作為澄清政治的精神資源。

　　錢穆之所以強調「學」與「人」不可分離，亦出自中國政治、教化合一的特殊文化脈絡。[121]作為學術主體的士人，不僅是西方所謂的「知識的貴族」，更在成聖成賢。修身成聖的目的，不在於宗教的救贖，應落實在治平天下，斡旋世道。德行的啟發、氣質的變化，則高度仰賴教育(尤其義理養心)的功能，而非宗教儀式的感召。錢穆指出，《中庸》所謂「天命之謂性，率性之謂道」，人性秉受於義理之天，乃純粹至善。「如何教人去率性？《中庸》又接著說：『修道之謂教。』」教人如何去率性，即在修明此道。《中庸》又說：『道不遠人。』在我未生以前，早有了人，便是早有了道。既是同類的人，人相同則性相

118　參見第貳章。

119　錢穆：《歷史與文化論叢‧學與人》，第42冊，頁148。

120　錢穆：《歷史與文化論叢‧學與人》，第42冊，頁149。。

121　參見第壹章。

同，在我以前的人，如何率性行道，已有榜樣在前。把此榜樣修明，便可教我們當前人如何去率性。」[122]「修道」的方式，不是宗教上的契悟神蹟，或者與靈媒溝通，而是尋求「在我以前的人」之榜樣，其榜樣即遺留在經史當中。文武之道，布在方策，《六經》是得道的孔子存跡示法的憑藉，因此治經的目的，是在探求「聖人先得，而我心所同然」之道。順著這個思路下來，讀書的目的，不能僅是「學」的擴充，更要是「人」的提升，學問的歸旨，在陶鑄完善的道德。顧炎武高揭「博文」之價值，其「經學即理學」之說，經後代考據家發展至極，變質為否定理學修身，徒務訓詁名物，學問無力回向身心，修身無憑，則治平天下的大業無法開展，因此較不受錢穆推崇。

　　「學」的意義在成就「人」，錢穆較不肯定獨立於人格陶育以外的知識系統。他極為強調經史不能僅是客觀歷史知識，必須關涉心性，也就是「言性命必究於史」、「以經史證性命」。錢穆說：

> 在中國學術史上，「史學」所占地位極為重要，堪與「心學」分庭抗禮，平分秋色。中國學術傳統主要在如何做人，如何做事。「心學」是做人大宗綱，「史學」則為做事大原本。我們要研究中國學術，此二者一內一外，最當注意。欲明儒家學術，則必兼備此二者。[123]

儒家學術即是修己治人，成己成物之學，「心學」即「做人大宗綱」，「史學」即「做事大原本」，「處事之要」不外「為人之方」，所以心學與史學「一內一外」交融一體。僅有心學，潤身不能及物；僅有史學，偏心雜霸，流於功利，必於史學中談義理、談心學，方屬內外交養之方。

122　錢穆：《中國思想通俗講話》，第24冊，頁30-31。
123　錢穆：《中國歷史研究法》，第31冊，頁94。

　　所以錢穆又說:「中國儒學傳統,大體不出『經學』與『史學』兩大部門。而就『經學即史學』言,便見儒學也即是史學了。因此中國歷史學家,其實也多是儒家分支……因史學所講,主要必有關修、齊、治、平」,[124]後世所謂「經學」即三代聖王治平事蹟,所以說經史不分。[125]中國史學除了客觀記述歷史真實之外,更重由歷史上實際治亂興亡之跡,以為讀史者「修、齊、治、平」之借鑑。換言之,客觀的、外向的經史知識,必須與讀史者主觀的心性修養,溝通融合,彼此交映,成就讀史者之人格道德,再由「修齊」進而開展「治平」大業。「學」被收納入「人心」之修德建業當中,用黃宗羲的話來說,叫做「盈天地皆心」。

　　錢穆揄揚黃宗羲「以廣泛之智識,造成完整之人格」,較不肯定顧炎武表彰「博文」之價值,致使後代漢學家析「博文」與「行己」為二,背後的時代意識,不僅如論者所言,因黃氏乃王學健將,而顧氏乃漢學導師,正好切中錢穆崇宋明貶漢學的門戶之見,其品評黃、顧所展現的時代意義,更是中國「明體達用之學」,面臨「學」與「人」二分,知識獨立於修身之外的新時代挑戰。畢竟,漢宋之爭,在民國以後,已非學術史上之大課題,「知識」與「道德」的離合,以及由此而生的政治效果,才是錢穆最關注的時代課題。

---

124 錢穆:《中國歷史研究法》第31冊,頁94。
125 錢穆:《中國歷史研究法》第31冊,頁93。

第伍章
「義理」與「哲學」的區判
——論戴震（附焦循、阮元、凌廷堪）與章學誠

問題緣起：「哲學」反思下的新詮釋

　　錢穆如何評騭戴震（東原，1723-1777）、及其後學焦循（里堂，1763-1820）、阮元（伯元，芸臺，1764-1849）、凌廷堪（次仲，1755-1809）之義理學，現有文獻大多集中在其義理與宋明立異處，而後在「體情遂欲」與「黜情滅欲」之間，抑揚漢宋。[1]對於「訓詁明而後義理明」的治學進路，關注者相對較少，[2]即便有所觸及者，多比附西方加達默爾（Hans-Georg Gadamer, 1900-2002）、胡賽爾（Edmund Gustav Albrecht Husserl, 1859-1938）等詮釋學理論，就「較好的」理解或「不同的」理解，展開分析。[3]又章學誠（實齋，1738-1801）乃

1　例如汪榮祖：〈錢穆論清學史述評〉，頁99-119。路新生：〈錢穆《中國近三百年學術史》中幾個值得商榷的問題〉，頁13-16。路新生：〈錢穆戴震學研究平議——兼與余英時先生商榷〉，頁193-215。較近期的有：張笑龍：《錢穆、余英時的清代學術思想史研究》，頁32-35。張冠茹：《梁啟超、錢穆對清代學術史的研究比較——以《中國近三百年學術史》為核心探討》，頁43-46。

2　劉巍：〈二三十年代清學史整理中錢穆與梁啟超胡適的學術思想交涉——以戴震研究為例〉，頁63-72。汪學群：《錢穆學術思想評傳》，頁224-232。兩文均提及錢穆不滿清儒「訓詁明而後義理明」的治經方法，但筆者稍感遺憾的是，兩文僅摘出一、兩則引文，而錢穆對此方法，最重要的批評，落在「義理統於故訓」、「義理盡於考據」、「身心未嘗體踐」、「無益實踐」等，卻罕見提及。且錢穆據以批判清儒的時代視角，與晚清民初以來，中國學術從「實踐」走向「求知」的轉變，有無古今交融之處？這些討論，還相當少見。

3　林啟屏：〈乾嘉義理學的一個思考側面——論「具體實踐」的重要性〉，收入林慶彰、張壽安主編：《乾嘉學者的義理學》（臺北：中研院文哲所，2003年），頁41-

身不顯名的一鄉文士,錢穆《中國近三百年學術史》卻大書特書,與
當時巨擘戴震分庭抗禮。其深意何在?或以為意在攻擊戴震等考據家
詆毀宋學;[4]或有認為錢穆藉章學誠批判胡適等席捲當代的考據學
風,並由章氏「矯風氣之偏」針砭民初以來蔚為風尚的「新漢學」。[5]

　　這些研究成績都可謂言之成理,頗具啟發。但相關研究無論取材
的範疇、檢證的對象,都略嫌狹隘,多僅集中在《中國近三百年學術
史》之文本。本文儘量擴充觀察的視角,通過《錢賓四先生全集》的
廣泛閱讀,合理推論,錢穆對戴震與章學誠學說的抑揚,側面突顯中
國義理學仿效「哲學」進一步「知識化」的背景。「哲學」是純粹的
知識系統,是愛智者的理性思辨,即便仍關懷人類社會,但並不直接
回應現實倫常、政治的問題。但「義理」乃個人道德與政教秩序的根
源,「義理學」正是要將經典知識回向個人之身心,直接改變「治義
理者」的人格,再由道德完善的個人,成己成物。換言之,義理學便
是串連知識、道德與政治的「明體達用之學」。

　　錢穆批判戴震及其後學焦循、阮元、凌廷堪「訓詁明而後義理
明」的治學進路,以推求、歸納古訓等近乎科學的方式,探求義理;
又讚揚章學誠「寓性命於實踐」,背後的時代意識,是傳統「義理
學」,應否質變為「客觀知識」,而後用近似科學式的歸納、演繹方法
獲致,而後與西方「哲學」接軌?這都是既有研究未觸及卻相當值得
關注的議題。

　　所以,本文僅集中在此一面向作討論以求深入,至於其他面向:
諸如:錢穆對戴震「理欲說」敗壞風教的抨擊、對章學誠治學重性

102。羅雅純:《朱熹與戴震孟子學之比較研究──以西方詮釋學所展開的反思》
　　(臺北:秀威資訊科技公司,2012年)。

4　汪榮祖:〈錢穆論清學史述評〉,頁107-108。

5　汪學群:《錢穆學術思想評傳》,頁228-229。張笑龍:《錢穆、余英時的清代學術思
　　想史研究》,頁10,27-40。

情、貴通識之肯定等等，前說論述已詳，筆者也受益良多，但既已廣
為人知，則不再重述。

第一節 空言義理，無當實踐：論戴震及其後學（焦循、阮元、凌廷堪）

　　戴震乃清代義理學的巨擘，但其弟子多半治字義、名物，不敢及
於義理，發皇其「由訓詁以尋義理」者，當推焦、阮、凌，且此三人
亦有「訓詁明而後義理明」之代表著作。但錢穆卻指摘此四人之義理
學，把身心性命從篤實力行，化為認知思辨，在躬身體踐的成德進路
外，另築一條由語言邏輯以通大道的途徑。

一　戴震義理無益習行修身

　　戴震為救宋明理學心悟心覺之失，主「訓詁明而後義理明」的治
學途徑，以匯集古訓，參核考證等較客觀的方式，推求義理。但錢穆
認為此一治學門徑推闡至極，使善言性命天道，人倫道德的義理學，
從身心服膺、實踐奉行的信仰，化為外向的、認知的純粹知識，使
「義理」的性質，從「行」轉化為「知」。所以余英時說戴震「專從
『道問學』的立場上立論，不再把知識問題與道德問題糾纏在一起
了。」[6]馮友蘭（1895-1990）也指出戴震持「知識即道德」之論。[7]以
下以戴震「訓詁明而後義理明」的治學途徑為詮釋核心，察考錢穆對
其求理於外，忽略行為實踐的批判。

6　余英時：《論戴震與章學誠——清代中期學術思想史研究》，頁30。

7　馮友蘭：《中國哲學史》（附補編）（臺北：藍燈文化事業公司，1989年），頁1000。

（一）「訓詁明而後義理明」之治學進路

皮錫瑞說：宋儒「改古人之事實，以就我之義理。」[8]宋明儒者傾向「《六經》皆吾心之記籍」，治學當向內「自信其心」、「自家拈出」，清儒鑑於晚明王學「猖狂賊道」之失，求理功夫，轉向以聖賢經典、文字古訓等較為客觀的、外向的方式，輔助吾心。於是先有顧炎武「經學即理學」之說，以「考文」、「知音」的方法探求義理，以救宋明求道於古經之外的偏失，建構「考文—通經—明道」的一貫進程，為經典詮釋提供理論和方法。吳中惠士奇（1671-1741）、惠棟（字定宇，號松崖，1697-1758）父子，以為漢儒去古未遠，學有家法，最契孔門大義，故纂類兩漢古訓以注解經義。

錢穆指出戴震年少自學時，就已萌發「因訓詁求義理」之意向，他說：

> 東原早歲之學同於江永，其說可徵之於〈與是仲明論學書〉。[9]謂：

> ……僕自少時家貧，不獲親師，聞聖人之中有孔子者，定《六經》示後之人，求其一經，啟而讀之，茫茫然無覺。尋思之久，計於心曰：「經之至者道也，所以明道者其詞也，所以成詞者字也。由字以通其詞，由詞以通其道，必有漸。」求所謂字，考諸篆書，得許氏《說文解字》，三年，知其節目，漸覩古聖人制作本始。又疑許氏於故訓未能盡，從友人假《十三經注

8　皮錫瑞：《經學歷史》（臺北：藝文印書館，2004年），頁280。

9　依據錢穆考證，〈與是仲明書〉應作於1749年，在戴震從學將永（1750）之前。（錢穆：《中國近三百年學術史》，第16冊，頁393-394。另可參見該書後「附表」，第17冊，頁985。）錢穆據此認為，戴震於從學江氏之前，治學規模已與其暗合。（錢穆：《中國近三百年學術史》，第16冊，頁396。）

疏》讀之，則知一字之義，當貫群經、本六書，然後為定。[10]

錢穆引述戴震〈與是仲明論學書〉之後，接著說：

此為東原主從字義明經義之理論。[11]

《六經》之要在「明道」，而明道之途，非如宋明儒者之豁然貫通，而是有階梯次序：字─詞─訓。由《說文解字》考篆書形義，再假漢唐注疏貫通經典大義。所以錢穆說「東原主從字義明經義」。

戴震早歲於徽歙之間從學江永，徽歙乃朱子故里，但錢穆指出：戴震與朱熹有根本之異：

朱子格物，在即凡天下之物而格，今則只求即凡《六經》之名物訓詁而格耳。清儒自閻百詩以下，始終不脫讀書人面目，東原漢學大師，又承江永門牆，最近朱子格物一路，然亦只格得《六經》書本上名物，仍是漢學家精神也。[12]

戴震與朱熹「格物」之差異，在於所「格」對象的不同。朱熹遍及周身切用之物，戴震「只求即凡《六經》之名物訓詁而格耳。」是「格」書本之物，與人倫日用的實際生活無關。

錢穆認為戴震起於徽歙朱子故里，卻將義理統合於故訓之下，乃受惠棟影響。錢穆說：

王鳴盛亦言：「方今學者，斷推惠、戴兩先生。惠君之治經求

10　錢穆：《中國近三百年學術史》，第16冊，頁393-394。
11　錢穆：《中國近三百年學術史》，第16冊，頁394。
12　錢穆：《中國近三百年學術史》，第16冊，頁398。

其古，戴君求其是，究之舍古亦無以為是。」謂「舍古無以為是」者，上之即亭林「舍經學無理學」之說，後之即東原求義理不得鑿空於古經外之論也。[13]

「舍古無以為是」乃吳派惠棟、皖派戴震共通的學術理念。惠棟之父惠士奇以為「經之義存乎訓，識字審音乃知其義，故古訓不可改也。」惠棟持守其父尊漢信古之理念，其《九經古義》以為「古字古言，非經師不能辨。是故古訓不可改也，經師不可廢也。」乃守古訓、尊師傳、守家法之漢學著作。[14] 其《易微言》會納兩漢古訓，輔以周秦諸子，依次列舉，發明義理。[15] 以古訓為義理之最終依據，此上承顧炎武「經學即理學」之說，下啟戴震「求義理不得鑿空於古經外」之論。

乾隆二十二年，戴震南遊揚州，於盧見曾幕府遇惠棟。其論學宗旨一改「漢儒得其制數，宋儒得其義理」之見，轉向義理統於故訓。錢穆說：

> 東原論學宗旨，其時以後蓋始變，此可以集中〈題惠定宇先生授經圖〉一篇證之。其文大意謂：「⋯⋯言者輒曰：『有漢儒經學，有宋儒經學，一主於故訓，一主於義理。』此誠震之大不解也者。⋯⋯故訓明則古經明，古經明則賢人聖人之理義明，而我心之所同然者乃因之而明。賢人聖人之理義非他，存乎典章制度者是也。松崖先生之為經也，欲學者事於漢經師之故訓，以博稽三古典章制度，由是推求理義，確有據依，彼歧故訓、理義二之，是故訓非以明理義，而故訓胡為？理義不存乎典章制度，勢必流入異學曲說而不自知。其亦遠乎先生之教

---

13 錢穆：《中國近三百年學術史》，第16冊，頁407。
14 錢穆：《中國近三百年學術史》，第16冊，頁402。
15 錢穆：《中國近三百年學術史》，第16冊，頁409-411。

矣。」東原是文作於乾隆乙酉，而議論與前舉已大異。其先以
康成、程、朱分說，謂於義理、制數互有得失者，今則并歸一
途，所得盡在漢，所失盡在宋。[16]

戴震早年持守徽歙學統，以「漢儒得其制數，宋儒得其義理」，在治
經門徑上將義理與制數等量齊觀，不以古訓典制涵蓋義理。但見惠棟
之後，改以「賢人聖人之理義非他，存乎典章制度者是也」、「以博稽
三古典章制度，由是推求理義，確有據依」，從而主張義理源自故訓
典章。「歧故訓、理義二之」，其所得理義「勢必流入異學曲說而不自
知」。所以錢穆說戴震受惠棟影響，一改其先「以康成、程、朱分
說」、「義理、制數互有得失」，轉而將義理、故訓「并歸一途」，義理
統於故訓，故「所得盡在漢，所失盡在宋」。

所以錢穆又指出戴氏言義理三書：《原善》、《緒言》、《孟子字義
疏證》均「義理存乎故訓」、「捨古訓無以明義理」之作，乃紹繼惠棟
之餘緒。[17]戴震自言：「僕生平論述最大者，為《孟子字義疏證》一
書。」[18]當中以理、天道、性、仁義禮智、誠、權等德行為標目，一
一匯聚故訓，加以歸納、分析，以發明《孟子》本義，建立不同於宋
儒的倫理道德。

（二）「理在心外」的流弊

錢穆在《中國近三百年學術史》中說：

段懋堂《戴先生年譜》，記東原初謂：「天下有義理之源，有考

16　錢穆：《中國近三百年學術史》，第16冊，頁407。
17　錢穆：《中國近三百年學術史》，第16冊，頁410，413。
18　〔清〕戴震〈與段若膺書〕〔清〕戴震：《戴震全書‧與段茂堂等十一札》
　　（合肥：黃山書社，1994年），第6冊，頁543。

覈之源,有文章之源。」……又曰:「義理即考覈、文章二者
之源也,義理又何源哉?而其後懋堂重刻《戴東原集》作序,
乃曰:

「玉裁竊以謂義理、文章,未有不由考覈而得者。自古聖人制
作之大,皆精審乎天地民物之理,得其情實,綜其終始。舉其
綱以俟其目,與以利而防其弊,故能奠安萬世。先生之治經,
凡故訓、音聲、算數、天文、地理、制度、名物、人事之善惡
是非,以及陰陽氣化、道德性命,莫不究乎其實。蓋由考覈以
通乎性與天道,既通乎性與天道而考覈益精,文章益盛。」[19]

戴震本謂「義理為考覈之源」。段玉裁(懋堂,1735-1815)乃戴震弟
子,其為《戴東原集》作序時,卻指出戴學的宗旨是:「義理、文
章,未有不由考覈而得者。」「蓋由考覈以通乎性與天道」。義理即天
地民物之倫常道德,推而為聖人制作之典制,其用意在興利防弊。經
書義理,乃「聖人先得而我心同然」者,理在心內,經典文字僅能藉
以呼喚內在於人心,呈顯於天地萬物之理。因此,義理之根源,在涵
養大道之吾心,和分殊的天地萬相。因而,求理的方式是當身事物的
仰觀俯察,以及當代制度典章的稽核致用,所以說:「義理為考覈之
源」。但戴震求理的方式,卻是由故訓、音聲、算數、天文、地理等
小學進路求之,錢穆看來,其義理並非溯源吾人內心「與聖賢之所同
然」,而是外向的考證方式,把天道、性、仁義禮智等義理,視為吾
人身心之外可由分析、解構等考文知音方法,而得的外在知識,如此
形同把性命道德從內在信仰的價值,化為外在研究的對象。所以段玉
裁以:「義理、文章,未有不由考覈而得者。」概括戴震學術。

錢穆認為段玉裁對戴震之理解是十分精當的。他說:

19 錢穆:《中國近三百年學術史》,第16冊,頁463-464。

東原以義理為考覈之源，而懋堂以考覈為義理之源，此非明背師說，乃正所以善會師說也。聖人制作，此義理為考覈之源也；後人鑽研經籍，因明義理，此考覈為義理之源也。[20]

東原……義理統於故訓典制，不啻曰即故訓即典制而義理矣。[21]

東原生平議論，亦始終未脫由古訓而明義理之一境，其言義理，仍是考訂素習。[22]

錢穆認為段玉裁以「考覈為義理之源」概括戴氏學術，可謂善會其師之說，因戴震治學進路乃「故訓即義理」，把義理化為文字分解而獲致的知識。但《六經》不是外向的知識，而是聖凡皆同之大道，聖人聰明睿智，先得於心，但其「於穆不已」的人格典範，受限於短暫的形體生命，不得不用「遺文垂絕」的方式凝鑄而成，永垂古今時空。後人聆聽聖賢垂訓，即是叩問自己心中本有的天命之性，換言之，義理必須緊扣個人身心，此時當然可藉助訓詁文字的輔佐，但若把程度誇大到「義理統於故訓典制」，採用「由字通詞」的「考訂素習」，無異將「義理」從統領萬世、活生生的大道，窄化為語言邏輯的遊戲。所以錢穆認為，戴震匯聚訓詁，發明《孟子》性命道德之義，把義理從「聖人制作」以切修身治人之「用」；轉化為純思辨活動，其所得的義理，是「認知的」，而非「實踐體驗」的。其《原善》、《緒言》、《孟子字義疏證》以「天人之道，經之大訓萃焉」的方式，[23]言仁義禮、言性善、言去私解蔽等倫理道德，但「其言義理，仍是考訂素習」，把倫常道德等義理，當作可考據的外在知識。

20 錢穆：《中國近三百年學術史》，第16冊，頁464。
21 錢穆：《中國近三百年學術史》，第16冊，頁407。
22 錢穆：《中國近三百年學術史》，第16冊，頁463。
23 錢穆：《中國近三百年學術史》，第16冊，頁413。

(三) 不同於顏、李之「習行以明性道」

錢穆指出,戴震以認知心追求性命仁義等道德,他說:

> 統觀《緒言》立論,亦主精察自然條理以建必然之則,即以必
> 然之則完成自然之極致,大體與《原善》並無不同,惟全書議
> 論多針對宋儒。其結論則以濂溪、陸、王為主本體、重自然,
> 與老、釋同斥;程、朱、橫渠則以不棄「道問學」一邊,與荀
> 子同為得聖學之一體。其論歸於重智,非智則無以精察自然以
> 立必然之則也。[24]

《緒言》以辨理、氣為核心,其斥陸、王之主觀體驗為老、釋異端,
主以「道問學」的方式求理,錢穆指出戴震「非智則無以精察自然以
立必然之則也」,智識心靈的運作,才是道德完善的確保。[25]錢穆甚至
認為,戴震「訓詁明而後義理明」,欲救宋明理學內觀冥悟之病,但
矯枉過正,把義理從內在信仰變質為外向的客觀知識,他說:

> 故吳、皖之學,推其極,終不出亭林「經學即理學」之一語,
> 而與浙東之以文獻證性命,顏、李之以習行修身心者,皆無當
> 也。[26]

錢穆此處以幾組人物的參照,突顯戴震學術之特色。就其同者而言,
戴震「訓詁明而後義理明」紹繼顧炎武「經學即理學」的進路,如前
述,錢穆指出顧氏「經學即理學」本意不在建立與內在心性無涉的外

---

24 錢穆:《中國近三百年學術史》,第16冊,頁437-438。
25 此部分可詳參張壽安:〈戴震義理思想的基礎及其推展〉,收入氏著《以禮代理──
　　凌廷堪與清中葉儒學思想之轉變》(石家莊:河北教育出版社,2001),頁203-211。
26 錢穆:《國學概論・清代考證學》,第1冊,頁330。

向知識，但後儒卻誤將考文、知音所得的外向知識，視為天理大道，戴震治學沿此進路，推闡至極，義理脫離主觀身心，倚賴客觀的考證功夫而獲致。就其異者而言，章學誠等浙東學術「以文獻證性命」，其文獻經史知識，回應自家身心性命。顏元、李塨之學，尤重切身習行之用，與戴震所建構的純知識型態迥異。至於錢穆假章學誠「浙東學術」的說法，批判戴震由訓詁求義理的進路，容後再述。

　　胡適認為戴震學術源自顏、李，他說：

> 我們看他的兩部哲學書──《孟子字義疏證》和《原善》──不能不疑心他曾受著顏李學派的影響。……我個人推測起來，戴學與顏學的媒介似乎是程廷祚。……程廷祚是徽州人，寄籍在江寧。戴震二十多歲時，他的父親帶他到江寧去請教一位同族而寄寓江寧的時文大家戴瀚。此事約在乾隆七、八年，後來乾隆二十年，戴震入京後，他曾屢次到揚州，都有和程廷祚相見的機會。他中試舉人在乾隆二十七年，他屢次在江寧鄉試，也都可以見著程廷祚。況且程廷祚的族孫程晉芳是戴震的朋友，戴氏也許可以從他那邊得見程廷祚或顏李的著作。[27]

戴震重氣質、肯定欲望，與顏李有近似之處。胡適因而牽合戴震與顏學的傳承關係，推測戴震與程廷祚可能有所交遊，並從中得窺顏氏之遺書。然而「兩位學者所處的時代不同，思想卻如出一轍的情形，學術史上本有極多例證，如果沒有經過廣泛的蒐集相關資料與縝密的考證過程，就逕自認定兩者之間必然有淵源傳承的關係，這種處理問題的方式過於草率，也容易產生誤導。」[28]顏元與戴震的思想有相同之

---

27 胡適：《戴東原的哲學》（北京：商務印書館，1927年），頁22-23。
28 夏長樸：〈試論與戴震學術淵源有關的一個問題〉，收入《文化的餽贈──漢學國際會議論文集（哲學卷）》（北京：北京大學傳統文化研究中心，2000年），頁236。

處，或許是英雄所見略同，未必其間有任何傳承淵源，胡適僅憑此而
斷定戴學來源，未免過於粗糙草率。

梁啟超〈戴東原哲學〉著眼戴震「訓詁所得的義理」與程朱背
反，而將其學術淵源歸導於同樣反理學的顏元。[29]錢穆卻強調戴震學
術源自惠棟，而非顏李，現有文獻早已關注此論點，並從學人間的交
遊脈絡提出檢討，[30]但本文更關心的是：錢穆論斷的依據，除了學人
交遊之考察外，另一個很重要的原因，在於「訓詁明而後義理明」的
治學進路，近乎肯定離開實際生活的「純知識」，背離顏、李強調道
在生活中的「習行」。錢穆說：

> 今考東原思想……一曰自然與必然之辨，一曰理欲之辨，此二
> 者，雖足與顏、李之說相通，而未必為承襲。至從古訓中明義
> 理，明與習齋精神大背。若徒以兩家均斥程朱，謂其淵源所
> 自，則誣也。[31]

> 惠、戴至近，何必遠尋之顏、李耶？[32]

> 惠、戴言義理，同從古訓出發也。[33]

> 其精神所注，卒均不脫於其所謂聖人之遺經，而惟日孳孳於故

---

29 梁啟超：〈戴東原哲學〉，《飲冰室合集・文集》（北京：中華書局，2003年），第5冊，
頁60-61。

30 劉巍：〈二三十年代清學史整理中錢穆與梁啟超胡適的學術思想交涉——以戴震研
究為例〉，頁66。路新生：〈錢穆戴震學研究平議——兼與余英時先生商榷〉，頁193-
215。

31 錢穆：《中國近三百年學術史》，第16冊，頁451。

32 錢穆：《中國近三百年學術史》，第16冊，頁452。

33 錢穆：《中國近三百年學術史》，第16冊，頁429。

訓與典章制度之間，則不徒吳派為然，雖皖派、戴學亦莫弗然
也。[34]

　　這幾段引文反覆指出，戴震與顏、李「明道」途轍的差異，在於「從
故訓中明義理」，或「習行修身心」以契符天理。錢穆看來，戴震承
繼惠棟「從古訓出發」，而後由字義上溯詞源，再由詞源貫通語意，
近乎以知性的方式理解性命之道，卻疏忽從實際的習作中見道，「明
與習齋精神大背」。

　　戴震的解經進路是：「經之至者，道也；所以明道者，其詞也；
所以成詞者，未有能外小學文字者也。」[35]對顏元而言，「經之至者，
道也」固然是不證自明的假設，但落實到「所以明道者」的問題時，
他卻強調「道」不在研經讀史，而在實際的窮理、處事。[36]所以相較
於戴震以「字義」、「疏證」的方式，貫通字詞，以闡揚性命道德，顏
元寓「性道」於「實行」，則頗獲錢穆讚揚，他說：

> 故性道正於禮樂，禮樂著於事物，事物通於習行。習齋之意，
> 在使天下皆習行於**實事**，而由習行以**自明性道**。[37]

> 性道既在禮樂之中，亦惟賴禮樂而性道始得完成其作用。……
> **由習行而明性道，由性道而見作用**，建功業，合內外，成人
> 己……，通身世，此習齋論學之要旨也。[38]

性道的發顯，正寓於實際生活中，子臣弟友的人倫應對、禮樂射御的

---

34 錢穆：《國學概論・清代考證學》，第1冊，頁322。

35 〔清〕戴震：〈古經解鉤沈序〉，《戴震全書・東原文集》，第6冊，頁378。

36 錢穆：《中國近三百年學術史》，頁202-203。

37 錢穆：《中國近三百年學術史》，第16冊，頁220-221。

38 錢穆：《中國近三百年學術史》，第16冊，頁221。

操練習作，並歸極於政治上的「建功業」、「成人己」。也就是說，顏元治聖賢義理，重在身心之體踐，於實際事務當中，透悟性命道德之理，並將此落實為政治功業。[39]因而錢穆認為戴震「訓詁明而後義理明」的治經宗旨，使義理從修己治人的實踐意義，變質為通過語言分析而得的客觀知識，其精神風貌與顏元迥異，未可逕將戴學溯自顏元。

二 焦、阮、凌以歸納、演繹法治義理

錢穆抨擊焦循、阮元、凌廷堪，用科學的歸納、演繹法治義理學，使義理脫離率履力行。

錢穆說：「今就芸臺、里堂兩家為學，合而觀之，其學風同源於東原，亦同主古訓明而義理明之說，而其用力之途轍，則兩家確有不同。芸臺長於歸納，其法先羅列古訓，……繼乃為之統整……；里堂則長於演繹，往往僅摭古書一兩字，引申說之，極於古今。」[40]阮元〈論語論仁論〉、〈孟子論仁論〉、〈性命古訓〉等篇，將周秦古籍中出現的「仁」、「性」、「命」等字，纂類而聚，歸納其義。凌廷堪〈復禮〉三篇、《禮經舊說》也依據《禮記》、《儀禮》、《中庸》論證「復禮」即「復性」。焦循《論語通釋》先闡發「一貫忠恕」、「禮」、「仁」、「聖」等道德之確解，而後徵引古書訓解以為發揮。

胡適亦指出清儒治學，善用歸納、演繹的科學方法，他說：「這種方法，先蒐集許多同類的例，比較參看，尋出一個大通則來，完全是歸納的方法。……當我們尋得幾條少數同類的例時，我們心裡已起了一種假設的通則。有了這個假設的通則，若再遇著同類的例，便把已有的假設去解釋他們，看他能否把所有同類的例都解釋的滿意，這

---

39 錢穆：《中國近三百年學術史》，第16冊，頁222-223。

40 錢穆：《中國近三百年學術史》，第17冊，，頁630。

就是演繹的方法了。……這是科學家常用的方法。」[41]本文試舉《論語·顏淵》「克己復禮為仁」一例，說明阮元、凌廷堪、焦循如何以歸納、演繹法治義理學。

「克己復禮為仁」如何解釋？朱熹《論語集注》將「己」字解作「身之私欲」，呼應其「存天理，去人欲」之見。[42]清儒挑戰其說，認為「克己」乃「約身」，以示人欲當節制，但不須去除。例如：阮元〈論語論仁論〉說：

> 顏淵問仁。子曰：「克己復禮為仁，一日克己復禮，天下歸仁焉。為仁由己，而由人乎哉！」顏淵曰：「請問其目？」子曰：「非禮勿視，非禮勿聽，非禮勿言，非禮勿動。」……
> 仲弓問仁。子曰：「出門如見大賓，使民如承大祭。……」
> 樊遲問仁。子曰：「愛人」……

> 元謂：「……若以『克己』字解為『私欲』，則下文『為仁由己』之『己』，斷不能再解為私。……孔子恐學者為仁，專待人而後並為之，故收向內言。……一部《論語》孔子絕未嘗於不視、不聽、不言、不動處言仁也。……此儒與釋之分也。又《左傳》昭公十二年，楚靈王聞右尹子革諷〈祈招〉之詩而不能自克，以及於難。仲尼曰：『古也有志，克己復禮，仁也。楚靈王若能如是，豈其辱於乾谿。』據此，可見『克己復禮』本是古語，而孔子嘗引之，且觀楚靈王之事，可知克己復禮則家國必仁，不能克己復禮則國破身亡。夫求鼎詬天，豈止不能

---

41 胡適：〈清代學者的治學方法〉，歐陽哲生編：《胡適文集》（北京：北京大學出版社，1998年），第2冊，頁295。

42 〔宋〕朱熹：《四書章句集注·論語集注》（上海：上海古籍出版社，1987年），卷6，頁49。

克己。究其始，亦不過因不能克己，充之至於如此耳。」[43]

阮元理解「仁」的方式，並非「自悟自得」，而是將《論語》中弟子問仁之處，從各章單獨抽出，纂輯對比，以歸納「仁」之意涵。解「克己復禮為仁」時，又將《論語》及《左傳》中涉及「己」字之古訓，薈萃而觀，通過上下文的聯繫、同類訓詁的參照，歸納出「己」字不當作「私欲」解，「克己」即「約身」，而非「去私欲」。以此證明孔子所謂之仁，是適切處理欲望，絕非如釋道般，將「仁」解為無私無欲，不動不言的玄想境界。

凌廷堪〈與阮中丞論克己書〉說：

> 前在甬上聞閣下談及《論語》「克己」之「己」字，不當作私欲解，當時即深以為然。……再以《論語》全書而論，如：「不患人之不己知」，……「無友不如己者」，「人潔己以進」，「仁以為己任」，「行己有恥」，「莫己知也」，「恭己正南面」……若作「私欲」解，則舉不可通矣。……馬氏之注以克己為約身，此論最得經意。[44]

凌氏的做法是將《論語》中的「己」字，從各章中抽繹出來，同類之例匯集而觀，得到一個大通則，證明「己」字不當解作「私欲」，這就是錢穆所說的歸納法。

焦循則善於先立一通則，而後詳徵相關古訓，以證其說之是，例如《論語通釋》「一貫忠恕」條曰：

---

43 〔清〕阮元：《揅經室集‧論語論仁論》（北京：中華書局，2006年），頁180-182。
44 〔清〕凌廷堪：《校禮堂文集‧與阮中丞論克己書》（北京：中華書局，1998年），頁234-235。

孔子以一貫授曾子。曾子云：忠恕而已矣。然則一貫者，忠恕也。忠恕者何？成己以及物也。孔子曰：「舜其大智也與？舜好問而好察邇言，隱惡而揚善，執其兩端用其中於民。」孟子曰：「大舜有大焉，善與人同，舍己從人，樂取於人以為善。」舜於天下之善，無不從之。是真一以貫之，以一心而容萬善，此所以大也。孔子告顏子曰：「克己復禮為仁。」惟克己斯能舍己，故告顏子以仁，告子貢以恕，告曾子以一貫，其義一也。[45]

焦循首先假設孔子「一貫」即「忠恕」之道，即「成己成物」之意，之後將此假設適用到《論語》、《孟子》的古訓中，得出相同的結論，以證明「一貫」即是「善與人同」的忠恕之道，非佛道「抱一」虛清之說。其先立一假設，再驗諸同類之例，錢穆指其「長於演繹」，應指此一方法。

錢穆並不否認清儒治經頗具近代科學歸納、演繹法，[46]但他質疑的是，「義理學」能否由此獲致？

《中國近三百年學術史》第十章〈焦里堂、阮芸臺、凌次仲〉，固然不全盤否定焦、阮、凌之論學大要，但對其「訓詁明而後義理明」的治學進路，仍多所批判。論及焦循時，錢穆指出其學雖重「通核」，但最後仍走向「尊聖信古」、「讀書博古」的路徑。[47]他說：

里堂論學，亦主以訓詁明義理，……其先嘗為《論語通

---

45 〔清〕焦循：《論語通釋・序》，嚴靈峰編：《無求備齋論語集成》（臺北：藝文印書館，1966年），頁2。

46 錢穆說：「近人言治學方法者，率盛推清代漢學，以為條理證據，有合於今世科學之精神，其說是矣。」（《中國近三百年學術史》，第16冊，頁516。）

47 錢穆：《中國近三百年學術史》，第17冊，頁591，592。

釋》,……其書體例即倣效東原《孟子字義疏證》而作。[48]

> 里堂因斥心悟、心覺之說,故其論性善,似偏於信服教義者
> 言,於開教創義之理未能深闡,故其言重「因」不重「創」。
> 則以當時漢學家讀書博古之風方盛,里堂浸染者深,遂不覺其
> 言之偏倚。陸王發明本心之論,即孟子所謂「彼人也,我亦人
> 也,我何畏彼」之義,其末流之空言心覺、心悟者固可斥,其
> **教人自發自悟,自開自創之風,苟言性善,決不能抹撒此路,**
> **又斷斷然矣**。[49]

焦循《論語通釋》「主以訓詁明義理」,博徵先秦、兩漢經訓,闡發《論
語》大要。但義理乃聖凡共通的大道,只不過聖人聰明睿智,先於凡
人而得,故治經雖仰賴文字的指引,但「言性善」萬不可抹撒「自發
自悟,自開自創」的心靈體驗,否則薈萃同類故訓,而後推衍「性
善」之義理,恐怕是把道德化為外向知識,而非親體親證的大道。

　　焦循治義理長於演繹,阮元善於歸納,但義理學能否全憑科學式
的歸納、演繹法,這在胡適看來是肯定的,他說:

> 阮元的《揅經室集》裡頗有不少的哲學文章。……從訓詁名物
> 入手,而比較歸納,指出古今文字的意義的變遷沿革,剝去後
> 人塗飾上去的意義,回到古代樸實的意義。這是歷史的眼光,
> 客觀的研究,足以補宋明儒者主觀的謬誤。[50]

他認為阮元歸納訓詁以治義理的活動,是「歷史的眼光,客觀的研

48　錢穆:《中國近三百年學術史》,第17冊,頁584。

49　錢穆:《中國近三百年學術史》,第17冊,頁591。

50　胡適:《戴東原的哲學》,頁139。

究」，是擺脫橫亙於當下時空的問題，還原古書之「客觀」真實，純是一種「為歷史而歷史」的科學態度，不同於訴諸身心體驗的「主觀的謬誤」。

胡、錢兩人學術立場互異，但對阮元的理解卻極其相似，錢穆說：

> 惠、戴論學……以古訓發明義理，……芸臺則聞其風而起者。今觀其集中如〈論語論仁論〉、〈孟子論仁論〉、〈性命古訓〉諸巨篇，皆所謂以古訓明義理之作也。伊川誨學者，將聖賢言仁處類聚觀之。張南軒祖之，類聚孔孟言仁，而朱子不甚謂然，云：「恐長學者欲速好徑之心，滋入耳出口之弊。」……惟領悟之淺深，仍不在此。[51]

阮元〈論語論仁論〉、〈孟子論仁論〉、〈性命古訓〉都是將古書中言及「仁」、「性」、「命」者，自各章中抽出，匯聚而觀，歸納其義理。但《論語》並非於開篇之首，先對仁義、忠恕等倫理道德作周延的名詞定義，然後才分述各章。其言倫理道德，是在各章實際生活情境下，針對弟子不同之處境，給予具體的指點。因此，讀《論語》割裂各章，「將聖賢言仁處類聚觀之」，僅是口耳之學，無當於身心之體踐，近乎是以語言邏輯鋪陳的「堅白異同之辨」。

對於凌廷堪，錢穆也做了類似的評價，他說：

> 次仲謂義因仁生，禮因義生，則先王制禮大原，端在此心之仁矣。故曰為仁惟禮，求諸禮始可以復性，是原仁制禮者惟屬古人，後人只能習禮以識仁，不得明仁以制禮。此亦與東原所謂「古訓明而古聖賢之理義明，古聖賢之理義明，而我心之同然

---

51 錢穆：《中國近三百年學術史》，第17冊，頁620。

者亦從而明」之說，為徑略似。……**使義理盡於考據，此則東原、次仲之缺也。**[52]

凌廷堪作《禮經釋例》、〈復禮論〉三篇，其基本的預設是：「識仁」之方，必須立基兩漢古訓，考覈古禮，因禮而識仁。但錢穆看來，憑藉經典知識輔翼吾心，固然無不可，但求理進路上，若任憑知識的比重不斷膨脹，甚至本末倒置為「使義理盡於考據」，則「仁」這個最高的倫理，近乎只是通過客觀考據，所獲致的純粹理性思維，與實際人生無關，未免疏忽「原仁制禮」的政教實行之用。

所以，錢穆抨擊清儒義理學，將倫理道德「知識化」，他說：

> 其後戴東原為《孟子字義疏證》，力辨宋儒言理之非，意亦謂孔子之道，忠恕反躬而已。焦里堂、凌次仲、阮伯元衍其說。**然乾嘉以來諸儒精力，多耗於文字之考釋，則其所謂忠恕反躬者，並不能著意於人倫日用之力行。其無當於恕谷之所謂悲天憫人之具，與用微所謂擔當天下者益可知。**……乾嘉而降，此意荒矣，內聖外王，於何遇之。[53]

「忠恕反躬」等倫理，要發見於「人倫日用之力行」，正如朱熹所說的：「聖人教人，大概只是說孝弟忠信日用常行底話。人能就上面**做將去**，則心之放者自收，性之昏者自著。」[54]如前所舉，「克己復禮」的真意為何？判斷的方法，是「做將去」，是求諸「天下歸仁」的實際政治效果，但錢穆看來，阮元、凌廷堪匯集《論語》「己」字，考據以求「克己復禮」之義理，這難免使「反躬忠恕」外於「悲天憫

---

52 錢穆：《中國近三百年學術史》，第17冊，頁637。

53 錢穆：《中國近三百年學術史》，第16冊，頁80-81。

54 〔宋〕黎靖德編：《朱子語類》（北京：中華書局，1999年），卷8，頁129。

人」的內聖功夫，與「擔當天下」的外王志業，倫理成為人倫日用之外的「純知識」。所以在《國學概論・清代考證學》中，錢穆批判戴震後學把「去私強恕」等道德，當作可以「考據」的知識。[55]

錢穆甚至直指戴震後學遺忘「率履實踐」，他說：

> 植之（即方東樹，1772-1851）又深斥自訓詁求義理之見，……其於考禮以易理之說，亦極致非難，謂：「……今欲申其蔑理之旨，舉凡事物之理，悉舉而納之《三禮》注疏，是尚未及率履之禮。李顒、顏元、李塨等有懲於明儒心學之失，務以躬行矯之……茲漢學者，僅欲以訓詁小學名物制度易程朱之統，又下於二曲、習齋輩一等。」[56]

顏元、李塨以「躬行」矯宋明末流求義理於玄虛之弊，但戴震及其後學卻出之以「訓詁」，同樣蹈虛不實，未及人倫日用之率履。

阮元著〈論語論仁論〉、焦循著《論語通釋》，但錢穆批評清儒講《論語》義理，遠離人生體踐，他說：

> 經學在外面是準則的，在內面是信仰的，因此治經學者必帶幾許宗教心情與道德情味。但清儒經學……只是文字的訓詁注釋，尤其是在與人生道義與教訓無關的方面，換言之，是那些隔離人生較遠的方面。……他們看重《論語》，但似並不看重孔子。他們只看重書本，但似不著重書本裡所討論的人生。這如何算得是經學呢？[57]

---

55 錢穆：《國學概論・清代考證學》，第1冊，頁329-330。
56 錢穆：《中國近三百年學術史》，第17冊，頁671-672。
57 錢穆：《中國學術思想史論叢・略說乾嘉清儒思想》，第22冊，頁7。

「經學」是人生的「準則」、「信仰」,但不是客觀知識,發明義理,必須求諸內心的自發自悟,以及行為的躬身體踐。然而,錢穆看來,在「訓詁明而後義理明」的宗旨下,清儒讀《論語》,目的不在孺慕孔子的人格風範,僅視為「研究的對象」,用語言邏輯的方式,解構書本。清儒經學「是在與人生道義與教訓無關的方面」、「是那些隔離人生較遠的方面」,近乎是遠離實際人生的「純知識」體系。

第二節　性命必徵於實用──論章學誠

　　關於章學誠之學術?現有研究[58]多集中在章學誠針砭考據學忽略義理,以致瑣碎無用。但本文認為,更值得關切的是:章學誠抨擊戴震等人的考據方法,非但用以治地理沿革、音韻流變、古字正訛,更擴展為治義理的方法。戴震等「訓詁明而後義理明」的路徑,通過纂輯、拾遺等功夫,匯聚古訓,進而歸納、分析以求義理。但章學誠主張「浙東之學,言性命必究於史」,認為道在古往今來人群生活的秩序、社會共通的刑政禮樂之中,其《六經》皆史」說,即是學術經世的理論依據。因此,他主張性命忠恕等義理,當在政教實踐處探尋,以此批判戴震及其後學,把義理視為外向的、客觀的考據知識。因而,以下先述錢穆對章氏學術經世、「《六經》皆史」等觀點的評論,再論錢穆如何評述寓「性命之道」於「實踐實行」的浙東學術。

一　學術不外人倫政教

　　錢穆引述章學誠〈原道上〉之語說:

---

58 陳祖武:〈錢賓四先生論乾嘉學術──讀《中國近三百年學術史》札記〉,頁272-274。姜虹:《錢穆的清代學術史著作研究》,頁20。

「道之大原出於天」，……天地生人，斯有道矣，而未形也。
三人居室而道形，猶未著也。人有什伍而至百千，一室所不能
容，部別班分而道著。仁義忠孝之名，刑政禮樂之制，皆其不
得已而後起者。……故道者，非聖人智力之所能為，皆其事勢
自然，漸形漸著，不得已而出之，故曰「天」也。[59]

錢穆稱此段話為「實齋所持最精義理」[60]，又於引文後接著點出章氏
〈原道〉之宗旨為：「實齋論道不外人倫日用」、「主求道於人倫日
用」。[61]

　　道是人群實際生活漸顯漸著的規範。具體而言，即是「仁義忠孝
之名，刑政禮樂之制」。章氏這段話意在說明宋儒求道於太虛，戴震
矯其空疏之弊，又陷入文字迷障的交纏，兩者均非求道之正軌，因
為，道並非懸虛渺茫之物，亦非獨立於人群生活之外的文字體系可獲
致的客觀知識，而是社會實際生活的秩序。所以錢穆說「實齋謂求道
不當守經籍，故亦謂學之致極，當見之實事實功。」[62]

　　錢穆又提出，章學誠學術經世的目標，必通觀學問大體，提出一
家之言，以引領時局，而非僅纂輯史料，因此章學誠批判戴震等人以
蒐羅零碎史料為學術之止境，致學術僅能反映過去之真相，無法指引
將來之方向。錢穆說：

　　實齋暢發之於《文史通義》內篇卷一之〈書教篇〉，其略曰：
　　「……夫『智以藏往，神以知來』，記注欲往事之不忘，撰述
　　欲來者之興起，故記注藏往似智，而撰述知來似神也。」[63]

---

59 錢穆：《中國近三百年學術史》，第17冊，頁488。
60 錢穆：《中國近三百年學術史》，第17冊，頁488。
61 錢穆：《中國近三百年學術史》，第17冊，頁489。
62 錢穆：《中國近三百年學術史》，第17冊，頁511。
63 錢穆：《中國近三百年學術史》，第17冊，頁507。

錢穆在引述章氏語後，接著說：

> 若論當時經學，比類纂輯，拾遺搜隱，正所謂藏往似智也。即
> 名物訓詁，典章考訂，究其極，亦藏往似智也。此皆記注纂類
> 之事，不得即以是為著作。……纂類記注為著述之所取資，實
> 齋非有所訾議，而纂類記注者不自知其僅所以備著述之資，而
> 自以為極天下之能事焉，……而學問之真境無由達矣。[64]

此處提出史學的雙重性質，其一，是「記注」，目標是反映過往之真
實，以「求真求是」為目的。所以說：「記注欲往事之不忘」、「記注
藏往似智」。其二，是「撰述」，目標是為當世提供指南，所以說「撰
述欲來者之興起」、「撰述知來似神」。而「鑑往」並非史學的最終旨
歸，僅是手段，「知來」才是史學要義所在。所以「記注」與「撰述」
的關係是，「纂類記注為著述之所取資」章學誠藉此批判當日考據學
家「不自知其僅所以備著述之資，而自以為極天下之能事焉」，把客
觀歷史知識的追求當作本身的目的，近乎「為知識而知識」的態度。

二　駁斥「《六經》均史料」的說法

民初以來，學術從「政教實用」向「求真求是」轉型，[65]學術的
意義，在探尋客觀知識，不再擔負指導政教的角色，隨著明道救世觀
念的淡化，學者們「通經」的目的，僅是建構三代歷史，「致用」的
色彩相對淡薄。學者們也逐漸認為，《六經》當中無彌貫千古、匡濟
政教的大道，僅是三代遺跡，當然，也無主觀上「我心同然」的義
理，僅是客觀的史料。

---

64 錢穆：《中國近三百年學術史》，第17冊，頁508。

65 參見第壹章。

民初經學裂解為史料性質，這個觀點有投射在學者們對章學誠「《六經》皆史」的詮釋上。「《六經》皆史」是章學誠《文史通義》提出的中心理論。梁啟超在〈治國學的兩條大路〉中說：

> 章實齋說「《六經》皆史」，這句話，我原不敢贊成。但從歷史家的立腳點看，說「《六經》皆史料」，那便通了。既如此說，則何只《六經》皆史，也可以說諸子皆史；詩文集皆史，小說皆史，因為裡頭一字一句都藏有極可寶貴的史料。[66]

梁氏將章學誠「《六經》皆史」，理解作《六經》的價值在於史料。而非載道之器，無從由其中探究歷世不變的大道。

胡適在《章實齋先生年譜》中也說：

> 「《六經》皆史也」一句孤立的話，很不容易懂得……其實先生的本意只是說「一切著作，都是史料。」又說：「先生的主張以為《六經》皆先王的政典，因為是政典，故皆有史料的價值。」「則先生所說『六經皆史也』，其實只是說經部中有許多史料。」[67]

「『《六經》皆史也』，其實只是說經部中有許多史料。」由此語可知，把胡適顯然以當身學術轉型的視域，詮釋章學誠之意。民初以來，「學術」獨立於倫理與政治之外，以求真求是為自身的目標，經學也隨之裂解，喪失明道救世的政教功用，轉化建構歷史真實的客觀材料。

---

66 梁啟超：〈治國學的兩條大路〉，《飲冰室合集・文集》，第5冊，頁111。

67 胡適著、姚名達訂補：《章實齋先生年譜》（臺北：臺灣商務印書館，1973年），頁137-138。

余英時《戴震與章學誠》指出：章氏認為《六經》也不過是三代之古史，當中無恆常的規範。欲求三代以後之大道，必須究心於後代的史學。所以余氏說「實齋不但用一個嶄新的史學觀點與東原所持的經學觀點相抗衡，並且進一步要以史學觀點來超越以至代替東原所持的經學觀點相抗衡。」「實齋此處所表現的史學觀點又隱然和東原的經學觀點相對峙。」[68]David S. Nivison（倪文孫）所撰的*The life and Thought of Chang Hsueh-Ch'en*（章學誠）[69]亦是將戴震與章學誠二分為經學立場與史學立場，強調章氏《六經》皆史意在與戴震經學爭一席之地。這樣的說法，應是沿襲胡適之解釋。

錢穆對章學誠「《六經》皆史」卻有獨特的闡述，錢穆在《中國史學名著》〈從黃全兩《學案》講到章實齋《文史通義》〉一文中說：

> 講他的「《六經》皆史」，此四字中的這個「史」字。我們近代學者如梁任公，如胡適之，都看錯了。他們都很看重章實齋，但他們對實齋所說「《六經》皆史」這一個「史」字，都看不正。梁任公曾說：「賣豬肉舖櫃上的帳簿也可作史料，用來研究當時的社會經濟或其他情況。」這豈是章實齋立說之原義？[70]

在《中國近三百年學術史》中，錢穆也說：

> 近人誤會「《六經》皆史」之旨，遂謂「流水帳簿盡是史料」。嗚呼！此豈章氏之旨哉！[71]

---

68 余英時：《戴震與章學誠》，頁57，59。

69 David S. Nivison, *The life and Thought of Chang Hsueh-Ch'en* (Stanford: Stanford University Press, 1966), 140-145, 151, 201-204.

70 錢穆：《中國史學名著‧從黃全兩學案講到章實齋文史通義》，第33冊，頁384。

71 梁啟超：《中國近三百年學術史》，第16冊，頁502。

「《六經》皆史」之「史」，並非作為經濟史、生活史的材料，胡適、梁啟超把經的價值，定位在追求古史真相的材料，而非載萬世大道之「器」。錢穆則不以為然。

錢穆看來，章學誠未視《六經》為史料，並未以「史」概括「經」，更未以「史學觀點」抗衡「經學觀點」。因為，就學術流變而言，經、史本為一體，同屬「王官學」，至《隋書‧經籍志》方才有所謂「經部」、「史部」之分，錢穆說：

> 又且「經」、「史」之別，這是後代才有的觀念。《漢書‧藝文志》，《春秋》屬「六藝」，而司馬遷《太史公書》也列入「春秋家」。《七略》中更沒有「史學」一類。可見古代學術分野，並沒有經史的區別。⋯⋯若據《漢書‧藝文志》，當時所認為學術大分野者，乃屬「六藝」、「諸子」之兩大類，入「六藝略」者為王官學，入「諸子略」者為「百家言」。[72]

錢穆從辨章學術，考鏡源流的觀點指出：經史子集的劃分，是後起之分部法，最早的學術分野，是「王官學」與「百家言」，前者是官府實際施政的檔案記錄，後者乃私人著述，後世所謂之經史，在當時，均屬「王官學」。[73]

錢穆並解釋《文史通義》中「六經皆史」的「史」字之意，他說：

---

72 錢穆：《兩漢經學今古文平議‧孔子與春秋》，第8冊，頁270。

73 錢穆論古無經史之分，惟有「王官學」與「百家言」之別，可再詳見宋家復：〈詮釋的歷史與（歷）史的詮釋：章學誠「六經皆史」說的再理解〉，《九州學刊》第7卷第1期（1996年），頁21-70。夏長樸：〈王官學與百家言對峙──試論錢穆先生對漢代學術發展的一個看法〉，收入《紀念錢穆先生逝世十週年國際學術研討會論文集》，頁45-80。許松源：〈專家與通識──章學誠的學術思路與錢穆的詮釋〉，《臺大歷史學報》第37期（2006年6月），頁267-300。

章學誠《文史通義》所謂「《六經》皆史」之「史」字，並不指歷史言，而實指的「官學」言，古代政府掌管各衙門文件檔案者皆稱「史」，此所謂「史」者，實略當於後世之所謂「吏」。古代之「六藝」，即《六經》，皆掌於古代王室所特設之吏，故稱「六藝」為「王官學」。而古代「王官學」中最主要者則應仍為近於後代歷史之一類。[74]

章學誠《文史通義》裡所謂的「《六經》皆史」這個「史」字，明明有一個講法；即在《文史通義》裡就特寫了一篇文章名〈史釋〉，正是來解釋這個「史」字，……他是說《六經》都是古代的「官司掌故」，如我們說現在說教育部、外交部多存有許多檔案，有些是教育部、外交部的職官必須時時翻閱的，此等檔案叫做「史」，掌管這些檔案的人也就叫做「史」。此「史」字猶如說「書吏」，他所掌管的這許多檔案也叫「史」，這即是「掌故」，……《六經》在古代，便是各衙門所掌的一些文件。所以說是「王官之學」。那麼我們真要懂得經學，也要懂得從自身現代政府的「官司掌故」中去求，不要專在古經書的文字訓詁紙堆中去求。這是章實齋一番大理論。清代人講經學卻都是講錯了路，避去現實政治不講，專在考據古經典上作工夫，與自己身世渺不相涉，那豈得謂是經學？[75]

「史」是當時官府保存之檔案，後來才衍生出「史部」的意義，因此，章學誠提出「六經皆史」的意義，在於鋪奠學術經世的理論基礎。[76]換言之，《六經》既是聖王施政教民的實際文書，而非私人純粹

---

74 錢穆：《兩漢經學今古文平議・孔子與春秋》，第8冊，頁278。

75 錢穆：《中國史學名著・從黃全兩學案講到章實齋文史通義》，第33冊，頁385-386。

76 關於錢穆以「六經皆史」即「學術經世」之理論依據，可再參見：周啟榮、劉廣

思辨（未曾落實）的著作，那麼，欲明白經中之道，當求之於今日之「官司掌故」，於兵農獄吏等實際的政務當中，而非如戴震等考之於文字經訓。

　　所以在《中國近三百年學術史》中，錢穆說：「實齋《文史通義》唱『六經皆史』之說，蓋所以救當時經學家以訓詁考覈求道之流弊。」[77]又說：

> 實齋曰：「學者昧今而博古，荒掌故而通經術，是能勝《周官》卿士之所難，而不知府史之所易也。故捨器而言道，舍今而求古，**舍人倫日用而求學問精微**，皆不知求府史之史通於五史之義者也。」[78]

道在當身實用之中。章氏此語，是譏諷戴震等人在「人倫日用」之外，另有一個與政教之實用無關的純粹「學問」領域。從「為知識而知識」的觀點來看，若知識的專精就是本身的目的，則學問的目標在「精微」，不在「切用」。因此章氏譏刺其「舍人倫日用而求學問精微」。

　　錢穆又說：

> 此為實齋「《六經》皆史」論之要旨。苟明「《六經》皆史」之意，則求道者不當捨當身事務、人倫日用，以尋之訓詁考訂，而史學所以經世，固非空言著述，斷可知矣。[79]

京：〈學術經世：章學誠之文史論與經世思想〉，收入《近世中國經世思想研討會論文》（臺北：中央研究院近代史研究所，1984年），頁117-154。鄭吉雄：〈論章學誠的「道」與經世思想〉，《臺大中文學報》，第5期（1992年6月），頁303-328。

77　錢穆：《中國近三百年學術史》，第16冊，頁499。

78　錢穆：《中國近三百年學術史》，第16冊，頁500。

79　錢穆：《中國近三百年學術史》第16冊，頁501。

錢穆認為章學誠「六經皆史」之用意，在為學術經世的主張，尋求合理依據。並以此針砭考據家捨棄實際事物，求道於訓詁考訂，致學術脫逸當身現實，無異「空言著述」。

三　浙東言性命，必切於人事

　　章學誠《文史通義》〈浙東學術〉一文，建立浙東與浙西兩派學術系統。浙西的傳承是南宋朱熹──清初顧炎武──清中葉戴震。而浙東的脈絡則是：南宋陸九淵──明代王陽明、清初劉蕺山、黃宗羲、萬斯大（充宗，1633-1683）、萬斯同（季野，1638-1702）──清中葉章學誠自己。錢穆並假章學誠〈浙東學術〉一文，抨擊戴震「訓詁明而後義理明」的進路。他引章氏說：

> （章氏）言曰：浙東之學，……多宗江西陸氏。……**絕不空言德行**，……至陽明王子，據孟子之良知，……**蕺山劉氏，本良知而發明慎獨**，……梨洲黃氏出蕺山劉氏之門，而開萬氏兄弟經史之學，……**天人性命之學，不可空言講也**。……故善言天人性命，**未有不切於人事者**。……近儒談經，**似於人事之外，別有所謂義理矣**。浙東之學，**言性命者必究於史**。此其所以卓也。[80]

錢穆引用章氏之語後，接著說：

> 此所謂浙東貴專家，善言天人性命而**切於人事**，史學所以經世，非**空言著述**，……皆自道其學統之精神也。[81]

80　錢穆：《中國近三百年學術史》，第16冊，頁496-497。
81　錢穆：《中國近三百年學術史》，第16冊，頁498。

「近儒談經，似於人事之外，別有所謂義理矣」，章學誠區判浙東與浙西之畛域，並非以義理與考據為別，而是著眼兩者求義理之不同徑路。義理學善談天人性命，其要義在成就個體德行之完善，再以此推及於世，完成修己治人之大業，乃是「明體達用之學」的核心。但戴震及其後學等浙西一脈，「於人事之外，別有所謂義理」，把義理與實際人事脫鉤，用歸納、匯集古訓等方式，考索求取之。而浙東學者如陽明、劉蕺山、黃宗羲、萬斯大、萬斯同「言性命者必究於史」，如前述，章學誠所謂的「史」當然包括史書，但更重經世時務，所謂「言性命者必究於史」，意指於實際的歷史事蹟、真實的人倫事務之中求義理。所以章學誠說浙東學者「絕不空言德行」，不同於戴震等以推求古訓的方式，將性命道德等義理學，化為可由邏輯思辨獲致（而不須訴諸實際人生體驗）的客觀知識。所以錢穆說浙東言天人性命均「切於人事」，不務「空言」。

在〈略說乾嘉清儒思想〉及〈從黃全兩學案講到章實齋文史通義〉兩文中，錢穆均指出章學誠「浙東學派」所建構的史學傳承系統，並不嚴謹，陽明學派亦未以史名家。但若著眼於大體精神，仍有清晰的學派宗旨：即於平易、通達的人生日用、政教實踐之處，得學問之大體。[82]章學誠所以標榜浙東史學，是因為「若求平恕，史學亦應較經學更平恕。」「史學要旨在切人事，尤在切合當世之人事。」[83]

錢穆認為陽明、黃宗羲、萬氏兄弟等浙東學者，均將義理落實於人倫政教等實事實功之中，1930年錢穆作《陽明學述要》，並於序言中說：

講理學最忌的是搬弄幾個性理上的字面，作訓詁條理的工夫，

82 錢穆：《中國學術思想史論叢（八）·略說乾嘉清儒思想》，第22冊，頁13-14。《中國史學名著·從黃全兩學案講到章實齋文史通義》，第33冊，頁382。
83 錢穆：《中國學術思想史論叢（八）·略說乾嘉清儒思想》，第22冊，頁14。

卻全不得其人精神之所在。……講王學，上述的伎倆，更是使不得。[84]

陽明講學，偏重實行，事上磨練，是其著精神處。講王學的人，自然不可不深切注意於陽明一生的事業。[85]

陽明談良知、重慎獨、講誠意、言立志，其論天人性命等義理之精，固不待言，而錢穆特別強調，研求王學義理，不可由「訓詁條理的工夫」而獲致，陽明「偏重實行，事上磨練」，注重實際事務的力行，因此讀者必須由自我當下之處遇，貼近陽明「一生的事業」，方可悟得「其人精神之所在」。也就是說，王學義理與陽明事業「理」、「事」合一，義理不外實際人事，因此錢穆所作的《陽明學述要》，依循陽明成學前之經歷、討平宸濠之變、險遭張忠、許泰之毀謗、晚年講學遺跡，開展王門義理，而非以字面訓解的方式理解之。錢穆並且說：「講王學的人，只要不忘了龍場驛的憂危，和征濠後的讒譏交作，便自明得先生這裡『正要在此等時磨練』的意義和來歷。」[86]又說：「可見講王學，還是該切實扣緊在實際人生上。」[87]王學義理要追隨陽明生命歷史的軌跡，並與讀者實際閱歷交融感通，字面訓解僅口耳之學。這便是所謂的「浙東之學，言性命必究於史」。

錢穆又引用章學誠之語說：

（實齋曰）性命非可空言，當徵之於實用。[88]

---

84 錢穆：《陽明學述要・序》，第10冊，頁3。
85 錢穆：《陽明學述要・序》，第10冊，頁3。
86 錢穆：《陽明學述要・序》，第10冊，頁77。
87 錢穆：《陽明學述要・序》，第10冊，頁115。
88 錢穆：《中國近三百年學術史》，第16冊，頁513。

（實齋曰）……秦王遺玉連環，趙太后金椎一擊而解，今日**性理連環，全藉踐履實用，以為金椎之解**。……宋儒輕實學，自是宋儒之病。……**顧以性命之理，徒博堅白異同之辨**，使為宋學者反唇相議，亦曰但騰口說，**身心未嘗體踐**，今日之學，又異宋學，則是燕伐燕也。[89]

錢穆又說：

求道者不當捨當身事物，人倫日用，以尋之訓詁考訂。[90]

錢穆批判戴震及其後學，在考據之外，雖亦言義理，但「身心未嘗體踐」、「以性命之理，徒博堅白異同之辨」，其義理不是來自於「身心體踐」，其「訓詁明而後義理明」，是通過推求訓詁的方式，以純粹邏輯思辨的方法獲致，故譏之為無益政教的「堅白異同之辨」。這可見錢穆批判之嚴峻。「離堅白」、「合異同」是先秦名家論辯的主題，馮友蘭稱其在強調政教實用的傳統裡，是極少見的「只有純理論的興趣之學說」。[91]錢穆卻藉此批判戴震等人「訓詁明而後義理明」的進路，本欲矯正晚明王學惟求我心，盡棄經籍之空疏。但以「據經而詁」代替「從心而悟」，卻又把性命道德等義理，化為純粹客觀知識，與晚明王門冥悟靜坐差別不大，只不過以「邏輯論證」代替「內心冥證」，同樣無當於「踐履實用」，兩者都如同「性理連環」，在空疏之處，交纏難解，前者頓入心象迷幻之境，後者卻又陷入客觀經典知識的茫然追逐，在人倫實踐之外，另構純知識的場域，「今日性理連環，全藉踐履實用，以為金椎之解」，惟有回歸浙東學術「言性命必

---

89 錢穆：《中國近三百年學術史》，第16冊，頁513。
90 錢穆：《中國近三百年學術史》，第16冊，頁501。
91 馮友蘭：《中國哲學史》（附補編），頁240。

究於史」，在實際歷史事蹟、政教實務中，體悟性命之道。

　　義理學的始點，是成就個人德行，終點是開展政治事功，義理必須與實際的人倫政教結合，所以錢穆繼續引用章學誠〈浙東學術〉一文說：

> 朱陸異同，干戈門戶，……究其所以紛綸，則惟騰空言，而不切於人事耳。……浙東之學，雖源流不異，而所遇不同，故其見於世者，陽明得之為事功，蕺山得之為節義，梨洲得之為隱逸，……授受雖出於一，而面目迥殊，以其各有事事故也。彼不事所事，而但空言德性，空言學問，則黃茅白葦，極目雷同，不得不殊門戶以為自見地耳，故惟陋儒則爭門戶也。[92]

錢穆又說：

> 實齋論學，徹頭徹尾主本當身事物實用，所謂學以經世，即空思義理，仍屬無當。[93]

戴震為首的浙西與章學誠所屬的浙東，分別承宋代朱、陸而來，所以干戈屢起，紛綸而爭，在於治學進路的差異，戴震等浙西學者是「空言德性」、「空言學問」、「惟騰空言」，「不切人事」，離開實際人生，將性命道德從躬身實踐，質變為邏輯論證，近乎在人倫力行之外，別有一知性認識的「道德」；似乎「德性」的體認，可不來自切身的道德實踐，而通過邏輯，推求古訓，便可成德。總之，戴震等「訓詁明而後義理明」的進路，把義理從「躬身篤行」化為「博學審問」。相反地，浙東「各有事事」，反對「空思義理」，其言性命道德等義理學，

---

92 錢穆：《中國近三百年學術史》，第16冊，頁497-498。
93 錢穆：《中國近三百年學術史》，第16冊，頁503。

必「切於人事」，把道德學問實行於「當身事物實用」。「空」相對於「實」而言，「實」指涉的是政教禮樂、日用人倫。錢穆肯定浙東一脈的王陽明、黃宗羲均躬行實踐之儒，他說：「**陸王之學，既以躬行實踐為主**，而躬行實踐，必歸輶於功業濟世，乃為內聖外王，有體有用，……此與從事章句訓詁，即於文字講論爭是非者絕不同。」[94]清初浙東餘姚黃宗羲將王門「良知說」，從收攝本體，轉向實行事務，其學「**重實踐，重功夫，重行。**」[95]所以錢穆稱許其「事功自其用，**實踐以淑之身**」。[96]相反地，戴震《原善》、《緒言》、《孟子字義疏證》卻以分析先秦兩漢古訓的方式，探究天道、性命、仁義禮智等概念，致使道德的講求，僅是文字的理解，錢穆因而以浙東之躬行實踐，反諷其「空言德性」「惟騰空言」。在錢穆看來，浙東與浙西的差異，不在考據與義理之爭，而在性命道德等義理學，其性質究竟是「認知」或者「實行」。

在〈略說乾嘉清儒思潮〉中，錢穆評述章學誠「浙東之學言性命必究於史」時，指出，「實齋史學要旨在切人事，尤切合當世之人事。……史學必能為人事籀公例，此即史學之義理。必於史學中見義理，此種史學乃可以經世。」「『孟子道性善，言必稱堯、舜』，必稱堯、舜，即史學也。而主性善，則由歷史籀出公例，即義理。發明性善義理，豈非經世一大法乎？」[97]義理不可空談，不論晚明或乾嘉，其言義理均未「切合當世之人事」，晚明過度用心於內，清儒為矯其失，在人事之外，另談一套由古訓的歸納、推演而得的義理，把義理從切身的體悟，變質為外向知識，從「行」化為「知」，又未免「務外遺內」。義理必須就人類歷史上實際發生的事蹟而獲致，所以孟子

94　錢穆：《中國近三百年學術史》，第16冊，頁353。
95　錢穆：《中國近三百年學術史》，第16冊，頁30。
96　錢穆：《中國近三百年學術史》，第16冊，頁35。
97　錢穆：《中國學術思想史論叢（八）》，第22冊，頁14-15。

以堯、舜史蹟言性善之義理。在《中國史學名著》中,對中國史學善言義理的特質,再三致意,論《春秋》時,讚譽孔子由齊桓、晉文之事,得出歷史的道義精神。[98]論《史記》時,錢穆說:「孔子曰:『我欲載諸空言,不如見諸行事之深切著明也。』空講幾句話,不如在過去的事上把我的意見表現出,……所以曰:『《春秋》以道義』孔子《春秋》只講個義不義,而在已往二百四十年的事情背後來表達。」[99]義理學既是倫理的彝常的基礎,又是政治秩序的根源,故必求諸於實際人事當中,因此孔子談義法,在二百四十年春秋史事中籀出公理。《史記》上承《春秋》,認為義理不可「載諸空言」,必「見諸行事」。論章學誠《文史通義》時,錢穆申述其「六經皆史」一語:「這是說,《六經》只是古代在政治一切實際作為上所遺留下的一些東西,並不是幾部空言義理的書。」[100]義理必然來自「實際作為」。並稱許章學誠能上繼鄭樵《通志》的精神,不僅直述史事,更以「筆削獨斷之專家」,自史事中得出義理。[101]

第三節　錢穆說法之檢討

一　對章學誠學術的精確把握

稽諸章學誠原文,可知錢穆對其學說有精確把握。章學誠在〈原道中〉說:

> 後人不見先王,當據可守之器而思不可見之道。故表彰先王政

98　錢穆:《中國史學名著》,第33冊,頁28。
99　錢穆:《中國史學名著》,第33冊,頁100。
100　錢穆:《中國史學名著》,第33冊,頁383。
101　錢穆:《中國史學名著》,第33冊,頁406。

教與夫官司典守以示人，而不自著為說，以致離器言道也。[102]

道不可見，必須即器而言之，方無蹈空之失。因此，政教掌故、官司典守等實際施政的檔案，才能把握大道。若在實際政教之外，另「自著為說」，構築純粹思辨、不曾落實於實際生活的「著作」，則是「離器言道」。

又章學誠〈朱陸篇〉說：

> 理，譬則水也；事物，譬如器也。器有大小淺深，水如量以注之，無盈缺也。今欲以水注器者，姑置其器，而論水之挹注盈虛，與夫量空測實之理，爭辨窮年，未有已也，而器固已無用矣。[103]

水須注於器中，方能如實呈現其盈虛，離開器皿，而另論水之挹注盈虛，則易蹈空，就如同道理在器用當中，必須親身體驗各種禮樂刑政、兵農錢穀，方得洞見天理。

因此，從道器合一，理氣不二，可推知言性善之義裡，必求諸「器」、「氣」等實際生活中。晚明王學於玄虛處求道，戴震及其後學離開實際人事，以為文字訓詁所得的外向知識即是道，兩者均離器言道。惟有將性命之理，寓託於實際政教人倫，方屬大道。

在《文史通義》內篇卷五〈史釋篇〉說：

> 或問：《周官》府史之史，與內史、外史、太史、小史、御史之史，有異義乎？曰：無異義也。府史之史，庶人在官供書役

---

102 章學誠著，葉瑛校注：《文史通義校注·原道上》（臺北：頂淵文化事業公司，2002年），頁132。

103 章學誠著，葉瑛校注：《文史通義校注·朱陸篇》，頁262。

者，今之所謂書吏是也。五史，則卿、大夫、士為之，所掌圖書、紀載、命令、法式之事，今之所謂內閣六科、翰林中書之屬是也。官役之分，高下之隔，流別之判，如霄壤矣；然而無異義者，則皆守掌故，而以存先王之道也。[104]

「《六經》皆史」之「史」，本義即「吏」，指掌管官府文書的「書吏」，及其所保存的施政檔案。因此，章學誠「《六經》皆史」之說，意在指明三代學術均實際施政之記錄，切合人事，不尚空言。錢穆的理解相當合理。

〈史釋篇〉又說：

先王道法，非有二也，卿士、大夫能論其道，而府史僅守其法。……三代以前未嘗以道名教，而道無不存者，無空理也；三代以前未嘗以文為著作，而文為後世不可及者，無空言也。蓋自官師政教分，而文字始有私門之著述，於是文章學問，乃與官司掌故為分途，而立教者可得離法而言道體矣。……學者崇奉《六經》，以為聖人立言以垂教，不知三代盛時，各守專官之掌故，而非聖人有意作為文章也。[105]

三代以前，無「空理」及「空言」。所謂的「道」、所謂的「理」存在實際的施政舉措當中，而這些官府檔案由「府史」保存，即後世所稱之《六經》。當時並無純粹思維、未落實施行的著述，政教合一，官師不二。後人卻誤以《六經》乃聖人憑空之思維，而求道於訓詁考證當中，不知求道於當身之政教禮樂。

由以上可推知，章學誠所謂「《六經》皆史」，用意在說明學術不

---

104 章學誠著，葉瑛校注：《文史通義校注‧史釋篇》，頁230。
105 章學誠著，葉瑛校注：《文史通義校注‧史釋篇》，頁230-231。

離政教，針砭戴震等人離開人倫實踐，另求學問精微。章氏並無意將《六經》視為歷史的材料，胡適等人的解讀，是滲入經學史料化的時代意識。[106] 相較之下，錢穆的理解比較合理。

二　論戴、焦、阮、凌之可商榷處

清儒的考據活動與「為知識而知識」的西化思潮，兩者間形貌近似，神韻乖離，此前人已談及。[107] 但既有文獻僅是單就清儒考據文字、音韻、地理、版本等學術活動而論，尚未及於其「以考據方法治義理學」——即「訓詁明而後義理明」的治學進路為評斷。因此以下欲探究的是：錢穆認為，戴震及其後學「訓詁明而後義理明」的治經方法，以知識系統，代替身心體驗、實踐而得之大道。其說是否得當？並與朱熹之讀書態度相較，試作檢討。

戴震〈題惠定宇先生授經圖〉說：

> 夫所謂理義，苟可以舍經而空憑胸臆，將人人鑿空得之，奚有於經學之云乎哉？惟空憑胸臆之卒無當於賢人聖人之理義，然後求之古經。求之古經而遺文垂絕，今古縣隔也，然後求之訓故。訓故明則古經明，古經明則賢人聖人之理義明，**而我心之所同然者乃因之而明**。[108]

由這段話可知，戴震把判斷學術真偽的最終權力，依舊託付「我心」。之所以要研求故訓，是「空憑胸臆」，恐以意見為天理，必須以

---

106 參見第壹章。

107 參見羅思鼎：〈評乾嘉考據學派及其影響〉，《中國經學史論文選集》（下）（臺北：文史哲出版社，1993年），頁444-467。侯外廬：《近代中國思想學說史》（上冊）（上海：生活書店，1947年），頁370-372。

108 〔清〕戴震：《戴震雜錄・題惠定宇先生授經圖》，《戴震全書》，第6冊，頁505。

古訓為階梯，才可確保「我心之所同然者」，乃天賦的、內在於心的
大道，而非人欲之偏私。換言之，「故訓」和「我心」之間，手段與
目的的關係，在戴震的學術系統中，有相當嚴明的區隔。

戴震反復強調「考證訓詁」與「發明吾心」的關聯，他說：

> 《六經》者，道義之宗而神明之府也，古聖哲往矣，其心志與
> 天地之心協而為斯民道義之心，是之謂道。[109]

> 學者大患在自失其心，心全天德，制百行。不見天地之心者，
> 不得己之心；不見聖人之心者，不得天地之心；不求諸前古賢
> 聖之言與事，則無從探其心於千載下。是故由六書、九數、制
> 度、名物，能通乎其詞，然後以心相遇。[110]

由此可見，在戴震學術體系中，訓詁名物固然占重要地位，但並未取
得獨立的價值，只是吾心契慕千載大道的工具。換言之，吾人既渴望
領悟天理，又恐自信其心，難免誤「欲」為「理」，故求諸較可靠的
訓詁知識，以為擔保。但戴震並未遺忘主觀心靈的體驗。

戴震訓詁所得義理雖與朱熹不同，但對待「經典知識」的態度，
與朱熹如出一轍，朱熹說：

> 蓋人生道理合下完具，所以要讀書者，蓋是未曾經歷見許多，
> 聖人是經歷見得許多，所以寫在冊上與人看。而今讀書，只是
> 要見得許多道理。及理會得了，又皆是自家合下元有底，不是
> 外面旋添得來。[111]

---

109 〔清〕戴震：《東原文集・古經解鉤沈序》，《戴震全書》，第6冊，頁377。
110 〔清〕戴震：《東原文集・鄭學齋記》，《戴震全書》，第6冊，頁409。
111 〔宋〕黎靖德編：《朱子語類》，卷10，頁161。

朱熹讀書的態度，並非以中立的史學家自居，他顯然把古經義理和
「自家合下元有底」交融一體，彼此激盪，以洞見吾心本具之千載聖
道。其基本的預設是：吾心本具大道天理，聖人聰明睿智，先得我心
而出之以文字，故可以文字為窮理之輔佐。這與戴震所說的，「訓故
明則古經明，古經明則賢人聖人之理義明，而我心之所同然者乃因之
而明」，[112]相當近似。不論朱熹或戴震，都未背離中國學術通經明道
的傳統，只不過訓詁在兩人「明道」的過程中，所佔之比例多寡不
同。錢穆指摘戴震等人「義理統於故訓」、「考覈為義理之源」，忽略
自心自悟，求義理於客觀的故訓，遺忘自家身心，此說稍嫌誇大。

又戴震《孟子字義疏證》是「訓詁明而後義理明」的扛鼎巨著，
其「序」自述著作動機：

> 《孟子》之書，有曰：「我知言」，曰：「遊於聖人之門者難為
> 言」。蓋言之謬，非終於言也，將轉移人心，心受其蔽，必害
> 於事，害於政。……其入人心深，禍斯民也大，而終莫之或
> 寤。辯烏可已哉！孟子辯楊、墨，後人習聞楊、墨、老、莊、
> 佛之言，且以其言汩亂孟子之言，是又後乎孟子者之不可已
> 也。苟吾不能知之亦已矣，吾知之而不言，是不忠也，是對古
> 聖人賢人而自負其學，對天下後世之仁人而自遠於仁也。吾用
> 是懼，述《孟子字義疏證》三卷。[113]

這段話的重點有二：第一，學術與政治聲氣相通，並非自給自足的封
閉系統，所以說「蓋言之謬，非終於言也，將轉移人心，心受其蔽，
必害於事，害於政。」學術言論的是非，涉及政治的理亂、人心的正
邪。第二，注經者的角色，並非僅是「學者」，必須就「古聖人賢

---

112 〔清〕戴震：〈題惠定宇先生授經圖〉，《戴震全書・戴震雜錄》，第6冊，頁505。
113 〔清〕戴震：《孟子字義疏證》「序」，頁1-2。

人」弘揚其道;對「天下後世之仁人」導夫先路,換言之,治義理學的目的,不僅是「為知識而知識」,而是「為往聖繼絕學,為萬世開太平」。戴震強調自己疏證《孟子》,是效孟子闢異端之精神,以「正人心」,以免宋儒參雜釋道之說,汩亂孔孟正學,使生民無法體情遂欲。也就是說,戴震採「字義」、「疏證」的訓詁方式追溯性命、仁義等倫理道德本義,並非以「歷史學者」的角度,建構先秦倫理學發展史,其最終目的,仍落在家國天下的政治實行。錢穆指其「空言德性」如同「堅白之辨」,僅邏輯興味,無益政教實用,稍有不當。

另外,焦循《論語通釋》亦承戴震「訓詁明而後義理明」的治經宗旨,其「自序」說:

> 自周秦漢魏以來,未有不師孔子之人……未有不讀《論語》者。然而好惡毀譽之私,不獨農工商賈廝養隸卒有之,而士大夫為尤甚。夫讀孔子書而從事於《論語》,自少且至於老,而好惡毀譽之私不能免,則《論語》雖讀,而其旨實未嘗得。讀《論語》而未得其旨,則孔子之道不著。孔子之道所以不著者,以未嘗以孔子之言參孔子之言也。[114]

可見焦循讀《論語》的目的,在於學孔子免除「好惡毀譽之私」的人格。《論語通釋》雖以「以孔子之言參孔子之言」,但以經正經,僅是方法,目的在釐清《論語》中「一貫忠恕」、「仁」、「聖」、「義」、「禮」等道德倫理之意,以為個人優入聖域的憑藉。錢穆指摘清儒「看重《論語》,但似並不看重孔子」,把義理學從修身的信條,轉化為外向的知識,這亦有不公允之處。

---

114 〔清〕焦循:《論語通釋・序》,嚴靈峰編:《無求備齋論語集成》(臺北:藝文印書館,1966年),頁1。

　　阮元〈性命古訓〉固然以「諸經古訓比而說之」的方式呈現，但歸納「性」、「命」之古義，而得知「君子祗命而節性，盡性而知命。」[115]主張人性有血氣情欲，聖人制禮以節之，而不去欲以窒之。最終的關懷，仍在生民之體情遂欲。換言之，其探究先秦性命之說時，並未將自己當身的時代處境抽離而出，並未用「出乎其外」的角度，「研究」一個觀念史的問題。而細讀阮元《揅經室集》，更見錢穆說法，略有誇大之嫌，阮元於該書「自序」說：

> 室名「揅經」者，余幼學以經為近也。余之說經，推明古訓，實事求是而已，非敢立異也。[116]

阮元「推明古訓」的用意，仍不外「以經為近」。「經」並不是身心之外的遠古歷史知識，而是「能近取譬」，是貼近個人的一切事理。北宋程明道有〈識仁篇〉，但阮元在〈論語論仁論〉中，強調「仁必須為」，主張「仁」不在於「端坐靜觀」之察「識」，而在近身親「為」。又說：「凡仁，必於身所行者驗之而始見」，必發用於「爾我親愛」，推及於宗族國家等實際政治事務之中。[117]可見其所謂的「仁」，既不是宋儒感性上的「覺識」，也不是錢穆所認為的「純知識」，而是「實行實事」。

　　而凌廷堪〈復禮上〉說明醴醮祝字之文、堂廉拜稽之文、笄次悅鬐之文、雉腒奠授之文，各種禮節儀文，都為適切安排父子、君臣、夫婦、長幼、朋友的互動，最後仍歸情於五倫之「率履」。俾使人回復至中至善的本性，而非空言釋氏復性滅情之「理」。[118]江藩稱譽凌

115　〔清〕阮元：《揅經室集・性命古訓》，頁212，211。

116　〔清〕阮元：《揅經室集・自序》，頁1。

117　〔清〕阮元：《揅經室集・論語論仁論》，頁180，176，179。

118　〔清〕凌廷堪：《校禮堂文集・復禮上》，頁27，29-30。

廷堪的《校禮堂文集》是「綜人倫」、「贊王道」之天地至文。[119]錢穆指其僅有「考覈之禮」，未及「率履之禮」，恐怕是稍嫌武斷。

　　「中國詮釋學的基本性質是一種『實踐活動，或者更正確地說，中國詮釋學是以『認知活動』為手段，而以『實踐活動』為其目的。』『認知活動』只是中國詮釋學的外部形式，『實踐活動』才是它的實際本質。」「經典解釋者將經典注疏的事業視為從『觀念世界』通往『行動世界』的手段。」[120]戴震、焦循、阮元、凌廷堪「訓詁明而後義理明」的詮釋進路，相對於歷代治經方法，最具認知色彩，但其仍未脫逸中國詮釋學寓「實踐」於「認知」的特色，他們歸納訓詁、演繹字詞而溯源性命之道，並非自覺地通過科學推理的方法，認知客觀倫理知識，而是清楚指向當身的實踐。[121]

第四節　錢穆貶戴中章之時代意義

　　錢穆詮釋清學史的視角，是知識、道德與政治合一的「明體達用之學」，學術必須反之於身，用之於世，不可僅是外向知識的追求，而貫通修身與用世者，即是「義理學」。義理學的目的，在變化一個人的氣質（「明體」），再由道德完善的主體，應物治世（「達用」），統合修身齊家與治平天下。若論中西學術之異同，就其同者而言，義理學所謂的「性命之道」，與西方「倫理」／「道德」哲學的研究範疇相近。但就其異者而論，「哲學」是「為知識而知識」的體系，西方哲學視道德、倫理為外向的、可通過歸納、演繹等科學方式驗證的客

119　〔清〕江藩：《校禮堂文集・校禮堂文集・序》，頁3。

120　黃俊傑：《孟學思想史論》（臺北：中央研究院文哲研究所，2006年），頁479。

121　清儒反對宋明末流「冥證於內」，透過經典考證的形式，連結政治社會領域的實行。此尚可參見張壽安：《以禮代理：凌廷堪與清中葉儒學思想之轉變》（石家莊：河北教育出版社，2001年）。張麗珠：《清代義理學轉型》（臺北：里仁書局，2006年）。

觀知識，與「自家身心拈出」的中國義理學大異其趣。且西方「倫理／道德哲學」與「政治學」是兩門獨立的學科，這和中國義理學統合個人修身之道德與治平天下之政治事業，也大相逕庭。[122]戴震及其後學焦循、阮元、凌廷堪等人「訓詁明而後義理明」的方法，較諸歷代學術，更重視邏輯推求，也有更多的知性趣味，且討論的議題，也集中在倫理、道德的闡釋，這與西方重知性分析、邏輯推演的「倫理」／「道德」哲學，有若干彷彿。錢穆對章學誠等浙東學者寓「性命之道」於人事實踐，與對戴震及其後學焦、阮、凌等人義理在人倫日用之外的批判，正是立基於義理學能否仿效哲學，「客觀化」成為「科學知識」的反省。他藉章學誠重視政教實踐的學術體系，批判戴震等人「理在心外」，其清學詮釋背後所探問的時代議題是：「義理學」實踐性的內省經驗能否「外化」為「科學知識」？

一　錢穆對「科學式」「哲學」的關注

如第壹章所述，在《中國近三百年學術史》成書（1937年）前，梁啟超、馮友蘭等人均由「求知」與「實踐」區別哲學與儒學義理之差異。但在中西格義的語境下，哲學仍舊與義理學接軌。早在錢穆撰《中國近三百年學術史》之前，清代義理學已被廣泛地稱之為哲學。1904年王國維作〈國朝漢學派戴阮二家之哲學說〉，推崇戴震、阮元乃我國哲學史上之大師。1905年、1906年劉師培作《東原學案序》、《戴震傳》，當中雖未直接將其義理學名為「哲學」，但引用日本學者井上圓了《哲學要領》、《哲學原理》等著作與戴氏之說相互發明。梁啟超在1923所作的《戴東原哲學》一書中，稱譽戴震本重智重學的科學精神以求義理，所求之「理」乃廣徵古訓而得千古共通之「客觀的

---

122 參見第壹章。

理義」，有別於宋儒發端自身體驗之「主觀的意見」。[123]胡適在1925年完成的《戴東原的哲學》中說：「戴氏的人生觀，總括一句話，只是要用科學家求知求理的態度與方法來應付人生問題。他的宇宙觀是氣化流行，生生不已；他的人生觀也是動的，變遷的。」[124]將戴震高度強調智識的義理學，比擬為西方以科學方法建立哲學。他認為戴震所謂之「理」是用分析、綜合兩種科學方法，以得「理」之客觀意義，有別於宋儒主觀之內省自覺。[125]

在撰述《中國近三百年學術史》（1937）之前，錢穆便已對西方哲學多所接觸。其回憶自己十多歲就讀果育學校時，一日讀嚴復（1854-1921）介紹的穆勒（J. S. Mill, 1806-1873）名學，詳論「演繹歸納法」，大受其師讚譽。[126]他並追憶1920年至1923年間，留歐習哲學之李石岑任上海《時事新報》副刊「學燈」之編輯，自己亦投稿撰文評論西方哲學。[127]筆者查詢《五四時期期刊介紹》之「學燈」著錄，得知錢穆曾發表〈伯格森沙中插指之喻〉（1921年3月）、〈讀張譯《創化論》[128]的我見〉（1921年4月）、〈讀羅素哲學問題論邏輯〉（1922年10月）。[129]諸文雖已佚失，卻可見錢穆對西方哲學的關注。而由《國學概論·最近期之學術思想》，可知其熟讀斯賓賽（H. Spencer, 1820-1903）《群學肆言》等西學名著。[130]1928年錢穆入燕京大學任教，1931年至1937年獲聘北大歷史系教授，期間與哲學家馮友蘭、湯用彤多所切磋。[131]可見其撰《中國近三百年學術史》之前，早

---

123 梁啟超：《戴東原哲學》，頁60-61。

124 胡適：《戴東原的哲學》，頁279。

125 胡適：《戴東原的哲學》，頁272。

126 錢穆：《八十憶雙親、師友雜憶合刊》，第51冊，頁43-44。

127 錢穆：《八十憶雙親、師友雜憶合刊》，第51冊，頁117-118。

128 1919年張東蓀翻譯伯格森《創化論》。

129 《五四時期期刊介紹》（北京：人民出版社，1959年），頁811、814、854。

130 錢穆：《國學概論·最近期之學術思想》，第1冊，頁359-411。

131 錢穆：《八十憶雙親、師友雜憶合刊》，第51冊，頁153-214。

已對西方哲學有所理解。

他同樣從「認知性」、「外向性」的角度，把握西方哲學作為「科學知識」的屬性，在〈漫談《論語新解》〉當中，錢穆說：

> 儒家思想主要是在具體的人和事，而孔子《論語》則為此下儒家思想之大本源所在。即如宋明儒言義理，其實也只緊扣於具體的人和事上來討論其義理所在。若抽離了具體的人和事，超越了具體的人和事，憑空來討論思索，那便近於西方哲學思想的格套。[132]

「義理」是「緊扣於具體的人和事」；反之，「哲學」是「抽離了具體的人和事」，所謂「宋明儒言義理」「緊扣於具體的人和事上來討論」，究竟何指？在《國史大綱》中，錢穆指出宋代義理學的精神是「明體達用」，以義理涵養個人身心，修身之後，上達治國平天下的理想，所以說宋儒「要把事功消融於學術裡，說成一種『義理』。」[133]換言之，義理不可僅是知性的理解，要從實際人生的修身治國處領略。而錢穆既以切近人事與否，區辨義理學與哲學，又指戴震及其後學「於人事之外，別有所謂義理矣」、其義理「不切人事」，是實際人生體踐之外，以思辨構築的純粹知識系統。這樣的批評有很可能出自「哲學」東來後，義理學從內發體驗，走向外在「科學知識」的反省。

錢穆又指出西方哲學的特色是「為知識而知識」，他說：

> 西方哲學所求是一套純知識、純理論。……他們只是為知識而知識，認為要獲得那套純知識、純理論，則應先超乎種種對實

---

132 錢穆：《新亞遺鐸·漫談論語新解》，第50冊，頁473。
133 錢穆：《國史大綱》，第28冊，頁627。

際事務之外之上來運用思想，然後其所得乃純乃真。[134]

西方哲學所謂的真理，並非從實際人生中體悟實踐，乃是運用歸納、演繹等科學方法，探究客觀知識。

「訓詁明而後義理明」是清代義理學的最高宗旨，但錢穆看來，清儒「已遠離中國傳統智識分子之舊路向」，「看輕了政治、社會、歷史、宗教等實際人生」，接近西方「為學術而學術」、「為知識而知識」的「科學精神」。[135]錢穆批判戴震、焦循、阮元、凌廷堪捨棄躬身體踐，以歸納、演繹法治義理，無異將義理學從實際人生的真實體悟，化為思辨式的「科學知識」。這樣的批評，或在回應哲學東來後，傳統義理學應否「知識化」的爭論。

二　反對「義理學」「知識化」

在1923年所作的《論語要略》中，錢穆指出：為學之道，不能停留在言說思辨的階段，而應在日常生活中踐履實行。[136]這樣的言論，可能是針對當時人將儒學義理比附西方哲學，離開實踐功夫，另作歸納分析，架構系統性知識。[137]

在1928年所作的〈孔子略史及其學說之地位〉中，錢穆說：

孔子學說所以得人信仰，和宗教一般，也因為他能感動我們內

---

134 錢穆：《中國歷史研究法》，第31冊，頁86。

135 錢穆：《國史新論‧中國智識分子》，第30冊，頁187。

136 錢穆：《四書釋義‧論語要略》，第2冊，頁18，119。

137 如第壹章所述，中國義理學的實踐性很強，不停留於概念王國思辨。如何將此一訴諸實踐、體驗的學術系統，納入西方哲學的範型，成為民初以來學者們深思的問題。可再參見：郭齊勇：〈中國哲學研究方法論三題〉，柴文華：〈論「中國哲學史的建構」〉，兩文均收入景海峰編：《拾薪集──「中國哲學」建構的當代反思與未來前瞻》，頁1-9，184-192。

部情感的緣故。……而孔子死後十年，希臘出了一個大哲人，叫做蘇格拉底，也是一個純粹的學問家，所以他說：「道德就是知識。」可見他偏重知識的精神了。……蘇格拉底的哲學……德國的康德，是歐洲近世的新哲學家，……他也是偏重知識一面的。……他們都偏重知識，而忘了情感。[138]

西方哲學家蘇格拉底說「道德就是知識」，錢穆用外於身心的「知識」，與內在於我的「情感」，區判西方哲學與中國思想之差異。

可見錢穆在作《中國近三百年學術史》（1937）之前，便對西方哲學濃烈的「知識」性質有所理解。這個視角也可能介入其論清學的視域當中。

1940年代起，錢穆對中西學術異同，有更多反思。更值得關注的是：其批判西方哲學的角度及用語，與對戴震等人的抨擊，高度雷同。如前述，戴震及其後學推求古訓以明義理，錢穆譏其「空言義理」、「託於空言」、「空言學問」、「空言德性」、「惟騰空言」，無當於「實踐實行」、無益於「實事實功」、「身心未嘗體踐」；僅是「語言文字」的歸納、演繹卻「不切人事」「不能著意於人倫日用之力行」、「人事之外別有所謂義理」。而他也是就此角度批判西方哲學。

如：〈中國固有哲學與革命哲學〉原是1944年的演講稿，當中說：

> 儒學植根於性情，歸宿於事功，故不主空言而尚躬行實踐。凡治中國固有哲學者，必以人物為模範，……自古大儒，以一身繫天下安危，……凡名人大集，擇要瀏覽，皆足為研究中國固有哲學之入門。即論唐漢諸賢，如賈誼之〈治安策〉、董仲舒之〈天人三策〉、諸葛亮之〈出師表〉……，當知研討中國固

---

138 錢穆：《孔子與論語・孔子略史及其學說之地位》，第4冊，頁4-5。

有哲學，應在此等處著眼，應得其真血脈真精神，若強以西方
哲學眼光尋求東方哲理，則絕找不到東方哲學之真園地。[139]

錢穆說儒學「不主空言而尚躬行實踐」，他一樣用「實踐」和「空
言」對比中西學術。儒學義理實踐於個人道德的提升，歸宿於政治事
功，因此「中國固有哲學」的精神應當在〈治安策〉、〈天人三策〉、
〈出師表〉等實際政治謀劃中求得，以純思辨的方式，無法闡發東方
哲學之精要。

抗戰時期（1937-1945）所作的〈黑格爾思想之根本錯誤〉中先
引述黑格爾（Hegel, 1770-1831）之語：「邏輯的目的，雖在求純思的
或總念式的知識，但不能因此便自真理開始。……建築在思想上的真
理須由思想予以證明。」[140]錢穆接著作按語：

按：儒家則建築真理於人事上，即以人事予以證明。[141]

哲學是用邏輯推演的方式，論證真理。而儒學強調實際人生中體驗而
得，方屬真理。

1948年所作的〈直覺與理智〉一文中說：

東方人愛「默識」，愛「深思」，較不看重語言文字之分析。在
西方崇尚理智的哲學傳統看來，像神秘，又像是籠統，不科
學。[142]

西方哲學驗證真理的方法，是仰賴語言邏輯的歸納、演繹，而非道德

---

139 錢穆：《文化與教育·中國固有哲學與革命哲學》，第41冊，頁139。

140 錢穆：《中國學術思想史論叢（四）·黑格爾思想之根本錯誤》，第19冊，頁454。

141 錢穆：《中國學術思想史論叢（四）·黑格爾思想之根本錯誤》，第19冊，頁454。

142 錢穆：《湖上閒思錄·經驗與思維》，第39冊，頁94。

踐履的當下，實際的經驗、感受，因此錢穆屢屢批評其虛空。而戴震等「訓詁明而後義理明」的進路，也是訴諸語言邏輯的推求，故不受錢穆肯定。

〈宗教在中國思想史裡的地位〉，是錢穆1952年的演講稿，當中說：

> 如孔孟、程朱、陸王等人所講的，都不是些徒託空言的哲學上的爭論，而是以嚴肅的態度，步步求實踐的。所謂「吃緊為人」，就是一種道德的人生。[143]

孔、孟、程朱、陸王之義理學，均是「道德人生」，是「吃緊為人」的道德實踐，而西方倫理／道德哲學把道德化為純粹思辨領域，故錢穆譏之為「徒託空言」。他同樣指摘戴震等人，看似客觀的求理方式，缺乏躬身體踐，乃「空言義理」、「空言德性」。這似又側面反映其對清學的詮釋，不離當身學界的反思。

如前述，戴震等人研經考古之目的，仍在求得吾人內在「與天地之心協」的「道義之心」。與西方哲學家以科學方法建立外於我心的「哲學」，仍有本質上差異。民初以來，義理學以西方哲學為標竿，進一步「知識化」。錢穆將其對義理學「知識化」的憂心，滲入清學史視域中，以致其所論有所偏失。

錢穆抨擊浙西戴震等人捨棄內省體踐，由外向的分析、歸納古訓方式，將天人性命之道，化為「科學知識」。反之，他對浙東章學誠「言性命必究於史」的稱揚，則著眼其不離具體人事，於實際歷史情境中體悟宇宙人生的哲理。抑揚之間，反映的是「哲學」與「義理學」之間的扞格。

---

143 錢穆：《世界局勢與中國文化‧宗教在中國思想史裡的地位》，第43冊，頁290-291。

錢穆在《宋代理學三書隨劄》中說：

> ……此條若用西方哲學思辨方式來做發明，恐終難達。朱子引
> 胡氏語，以舜至晏平仲諸人之具體行事說之，則本旨自顯。又
> 謂「到顏、閔地位，方知得此味」，但又「未到安處」。則中國
> 學人求知，亦顯與西方哲學家求知有不同。到了知處，猶未到
> 樂處，則又顯與西方哲學境界有不同。故西方哲學與史學分，
> 中國則絕無此分。而朱熹主張「格物窮理」之精義，亦由此
> 見。若定要把中國人所用「道德」二字，分立為道德哲學，則
> 自見與中國傳統意見大有乖離。[144]

中國義理學「若用西方哲學思辨方式來做發明，恐終難達」，因「中
國學人求知，亦顯與西方哲學家求知有不同」，中國人所謂的「知」
並非純粹思維邏輯的延伸，而是實際經驗的體悟。所以說「知」並非
人生最高境界，直觀式的、訴諸生命情境當下的「安」處、「樂」
處，方屬最高精義。所以中國義理學的核心概念，雖與西方「道德哲
學」的範疇，有重合之處，但欲探究性命之道，必溯源於實際的生活
體驗，因此朱熹以實際的歷史上人物，就其人生遭遇，以觀「安
仁」、「利仁」等境界，畢竟，離開實際的人生，並無所謂「道德哲
學」。西方所謂的「哲學」是抽象的、普遍的科學知識，可在實際人
生遭遇、實際歷史情境之外，通過歸納、演繹等邏輯論證，得出理性
的結論。而史學卻是具體的、特殊的現象，活生生的紛雜頭緒，未必
能通過推理，獲知理性的結論。西方哲學家用邏輯的三段論法，以抽
象的規律為「大前提」，以具體歷史發展為「小前提」，尋求兩者間的
合致，但他們為人詬病之處，是忽略了作為「大前提」的普遍規律，

---

144 錢穆：《宋代理學三書隨劄》，第10冊，頁36。

亦須從實際史事推知？這便是錢穆所說的必須「從歷史中求義理」。因此，展現具體人事的史學與談抽象思辨的哲學，在19世紀的西方，不得不分道揚鑣。[145]所以錢穆說，「故西方哲學與史學分」，但在中國「言性命必究於史」，天人性命等西方人所謂的「宇宙哲學」、「道德哲學」必須從實際人事、實際歷史情境中親身體悟而得。這正是錢穆讚許章學誠之因。

德國哲學家沃爾夫（Christian Wolf, 1679-1754）長期關注中國學術，在1721年所發表的〈中國的實踐哲學〉的演講中，他說：

> 中國人……為選擇德性而行善，……這種對於善惡是非的清楚辨別，只能通過對於事物性質與理由的深入認識而達到，比如孔子的名弟子曾子即通過帝國編年史以表示古代聖賢英雄們如何力求理性的進步，與日新又新。他們這項堅持的理由很好，因為他們覺得……若是不能克制靈魂的欲望與肉體上的行動，則不會行善避惡。再者，這些欲望與行動只有在真正愛善憎惡的人身上才能受制。因為這愛與這憎只可發自理性得來的辨別是非的真知識，**而且這真知識也不能只靠理性，還需要事物的性質與理由的檢討。**的確，**中國人不用許多論證來說明這一切。**他們缺乏目前仍然很少有的明辨事物的知識，**而依靠長久的體驗來極力肯定他們得自古聖賢英雄德性的啟發與他們本身力求行善的實踐方面的所學。**[146]

沃爾夫這段話的題旨，近於章學誠所說的「浙東之學，言性命必究於

---

145 劉昶：《人心中的歷史——當代西方歷史理論述評》（成都：四川人民出版社，1987年），頁339-340。二十世紀歷史與哲學的關係又重新建立，但所謂「歷史哲學」並不是將歷史擷取片段，納入特定系統的哲學思維當中。而是指歷史研究者主觀的哲學意識，如何影響其文本的取擇、書寫。

146 秦家懿編：《德國哲學論中國》（臺北：聯經出版事業公司，1999年），頁158-159。

史」。他指出：中國人談好善惡惡的倫理道德，並非以之為純粹客觀
的、外向的知識，因此不可全憑理性的邏輯推演理解之，所以說「中
國人不用許多論證來說明這一切。」反之，「依靠長久的體驗來極力
肯定他們得自古聖賢英雄德性的啟發與他們本身力求行善的實踐方面
的所學。」中國學術對於倫理、道德的體驗，來自實際歷史事蹟中，
古聖先賢的啟發，並將古今交融，在當下生活情境裡，通過「希
聖」、「希賢」的行為實踐，才真能「成德」。沃爾夫的言論，顯然對
中國作為「成德」之憑藉的義理學，有準確的理解，他指出「中國
人……為選擇德性而行善」對善惡標準、好善憎惡的理想品德，無法
全訴諸理性思辨，必須在「真正愛善憎惡的人身上」才能發顯，這便
是王陽明所說的「真知」必須伴隨「好好色，惡惡臭」的實際行為。
沃爾夫也看清楚，中國人所謂的善惡等理想品德，必須從實際「事物
的性質與理由的檢討」才可獲知。章學誠說陽明等浙東學者，即便因
時空差異，而呈顯迥異學術風貌，但共同精神是「各有事事」，迥異
戴震等浙西一脈的「空言德性」。沃爾夫也認識到：偉大歷史人物的
實際事蹟，是中國人成就德性的重要憑藉，「比如孔子的名弟子曾子
即通過帝國編年史以表示古代聖賢英雄們如何力求理性的進步，與日
新又新」，沃爾夫雖然將《春秋》的編纂者誤為曾子，但其的確把握
中國學術發端於實際人事，因此史學扮演「倫理學教科書」的特質。
倫理道德、天人性命，不可思辨而得，必來自實際歷史事蹟、實際人
生的體悟，這正是錢穆最為推許的浙東精神──「言性命必究於
史」，迥異於戴震等浙西一脈在「人事之外，別有所謂義理」。

　　錢穆揄揚浙東，貶抑浙西，這不獨是入主出奴的門戶偏見，其極
深廣的用意，在反省「義理學」可否仿效哲學，從「體踐」化為「認
知」？錢穆懷抱自身時代的意識，去探尋清學中與之相應的問題，在
回顧當中展望未來。他對戴震與章學誠的黜陟抑揚，體現的是作為道
德上的「明體」，以及政治上「達用」之基礎的「義理學」，能否化為

客觀的、與政治無涉的純粹知識，僅以門戶之見視之，則遺落了傳統
「明體達用之學」向現代知識型態換軌的極關鍵議題。

第陸章
「人心」與「法制」的體用
——論曾國藩與康有為[*]

問題緣起：西化「政治學」概念下可能的誤解

　　宋明理學在近代學術分科中，與「倫理／道德哲學」（ethic／moral）格義，淡化其政治意涵，[1]這或許也形成詮釋錢穆清學史視域的偏差。

　　梁啟超《中國近三百年學術史》對於曾國藩僅數語帶過，[2]但錢穆同名作折衷學案體與學術史，依據清儒出生年輩，次第序列，對於梁書所忽略的曾國藩特立專章，且大有晚清第一名儒之推許。錢穆何以對曾氏有高山仰止之嘆？汪榮祖稱錢穆以宋學為正宗，剖判清學高下，故與曾國藩在思想意識上相契。[3]朱維錚說：「汪榮祖教授對照梁、錢二書……以為兩書有同有異，『錢著與梁著立異之處，要在意識型態的不同，尚可見漢宋門戶之見的遺影，並未能在思想史方法上，有所突破。』就書論書，汪榮祖的批評，是平允的。尤其是指出錢穆對曾國藩的贊褒，對陳澧的揄揚，表明與他們思想與意識的相

---

[*] 作者曾發表〈「不通德行，不足以從政」：試論錢穆《中國近三百年學術史》表彰曾國藩之原因〉於《臺大文史哲學報》第88期（106年11月），頁73-117。〈「於人倫中產出學術，由學術領導政治」——錢穆論康有為新探〉《正學》（中國社會科學出版社，南昌大學國學院）第五輯（106年9月），頁139-157。兩文與本章之論述方向、使用資料均有不同處。

[1] 參見第壹章。

[2] 梁啟超：《中國近三百年學術史》，頁29。

[3] 汪榮祖：〈錢穆論清學史述評〉，頁99-119。

契，確屬事實。」[4]其他學者亦有相近的觀點。[5]但以門戶之見，概括
一位學者的論學宗旨，或有過度簡化之虞。又有從學術與世變消息的
角度，指出九一八事變使錢穆將國運剝極生復的期盼，投射於曾國藩
身上。[6]但若僅僅是激於國難而為若干向度的學術史評論，那麼嘉道
之後，訴諸制度變革的常州學派，主導戊戌變法的康有為，何以都不
得錢穆好評？可見，錢穆尊崇曾國藩之因由，有再細膩推尋之必要。

　　汪榮祖〈錢穆論清學史述評〉說：「康氏（康有為，號長素，世
稱康南海）論學，確常不顧證據，強詞奪理，梁啟超亦不諱言。錢穆
就純學術之觀點，批評康魯莽滅裂，亦不為過，然而不能不體會康氏
著作之微旨，原不在純粹的學術考證。康明欲學以致用，甚至以學術
作為達到政治改革的手段，亦因此能在思想界引發颶風和火山。」[7]
汪氏又說：「錢穆一本尊崇宋儒之心，以及信仰朱子之執著，痛詆今
文改制說之荒謬，甚不恥康之剽竊與武斷，視之為清學覆亡的罪魁禍
首。」[8]汪先生的說法當然難謂無由，但其指出錢穆負面評價康有為
的原因，有兩個基準點：其一，基於「純學術」立場，難以體會康氏
「學以致用」，「以學術作為達到政治改革的手段」。其二，基於「崇
宋尊朱」的門戶之見，而痛詆今文改制說之荒謬。然而本文認為尚可
思考的是，錢穆一向反對「為學術而學術」，主張「以學術領導政
治」，何以評騭康有為時，卻採取「純學術」立場，以致完全無見於

4　朱維錚：《走出中世紀二集‧關於錢穆研究》，頁142。

5　羅志田：〈道咸「新學」與清代學術史研究——《論中國近三百年學術史》導讀〉，
　　《四川大學學報（哲學社會科學版）》，頁5-15。李木妙：《國史大師錢穆教授生平及
　　著述》（香港：新亞研究所，1994年），頁62-63。姜虹：《錢穆的清代學術史著作研
　　究》，頁22。

6　梅樂：〈錢穆《中國近三百年學術史》專論曾國藩之原因探析〉，頁76-79。周國棟：
　　〈兩種不同的學術史範式——梁啟超、錢穆《中國近三百年學術史》之比較〉，頁
　　110-117。

7　汪榮祖：〈錢穆論清學史述評〉，頁114。

8　汪榮祖：〈錢穆論清學史述評〉，頁99。

康氏曲附今文經學背後的政治企圖？且如第壹章所述，錢穆所謂的宋學並非僅門戶偏私，而是知識、道德與政治合一的「明體達用之學」，汪氏全歸門戶之私見，是否允當？

路新生也指出，錢穆批評康有為「主要著眼於學術的價值而非政治的意義。」[9]，康有為偽經之說啟發民初顧頡剛等疑古辨偽思潮，故錢穆就此為拔本塞源之舉。錢穆負面評價康氏，固有不滿其淆亂攪擾群經之舉，但本文認為，更不可忽視的是政治思想的層面。

現有研究之所以形成錢穆漠視康有為政治思想的見解，出於西化知識分科體系下對「政治學」的概念，與傳統孔門四科中的「政事」範疇有重疊，卻也有無法完全對應之處。西方「政治」作為一個名詞，不論英文的"the political"，或法文的"le politique"，或德文的"das politische"，均從希臘文"polis"衍生而來，原指「城邦」之意，相關的意涵有「城邦公民共同團體」、「城邦共同遵守的法律」。[10]民初以來，所謂的「政治學」涵攝國家組織、政府權力運作以及維繫此一秩序的法律。康有為移植西法，倡言議會，力主君主立憲，此皆屬西方政治學的範疇，與所謂「倫理學」關係較疏遠。但孔門四科所謂的「德行」，與「倫理學」有互通之處，「德行」一科，統攝言語、政事、文學，因此，中國所謂「政事」，雖與「政治學」（political）同指國家事務，但更強調執政者端正己身，而後進行的道德教化活動。聯繫德行與政事之間者，乃義理學，義理所以養心，並非欲滌除俗氣，出世成佛，個人道德的優入聖域，最終要成就治平天下的大業。[11]因此，錢穆屢屢指摘康有為捨棄宋明義理養心，震驚西化法政，無異抱薪救火，現有研究，從西化後知識分科的觀點出發，形成視角上的若干遮

---

9 路新生：〈錢穆《中國近三百年學術史》中幾個值得商榷的問題〉，頁16。

10 詳見江宜樺：〈西方「政治」概念之分析〉，收入林毓生主編：《公民社會基本觀念》，頁285-334。

11 參見第壹章。

蔽，似乎未見錢穆弘揚宋明義理學背後的政治關懷，一逕以門戶之儒視之，恐有再商議空間。

而錢穆之所以揄揚曾國藩，也因其紹繼程朱義理學，以風俗道德為革新政治的根基，就中學傳統而言，「德行」與「政治」的緊密聯繫，不同於西方「政治學」與「倫理學」分門別域。現有研究者對「政治」範疇的架構，多是接受學科分裂後，西化「政治學」的範疇，以致逕直將錢穆崇仰曾國藩之因，簡化為漢宋門庭立場，忽略背後深刻的政治思想。

錢穆《中國近三百年學術史》論晚清學術，以曾、康對峙並列，並揚此抑彼，其間的判準，當然未脫宋學的標尺，但其所謂的宋學，並非哲學，也非朱熹、鄭玄注經異同，而是指知識、道德、政治合一的「明體達用之學」，質言之，學以致用固然值得嘉許，但政學間的互動，並非以財賦、科技、兵農、法政等實用之學，效力政治，中間尚須經過義理學的涵養、濡染，純化士人道德，出而為政，自是水到渠成。也就是說，錢穆認為，相較於乾嘉諸子接近「為知識而知識」的風尚，曾國藩與康有為重展儒者經緯天地的抱負，但曾氏在「達用」之前，先下「明體」的功夫，康氏急於求治，無暇義理養心之功，政治未以道德為根柢，徒騖「致用」，欠缺可大可久之功，終究灰飛湮滅。

第一節　厚風俗，正人心：論曾國藩

錢穆推崇曾國藩學術兼具道德涵養與經濟事功，以風俗人心的陶育，作為革新政治的基本方針。本文分別從曾氏會通漢宋，縐合「天理」與「禮制」的學術理想，以及著重風俗人才的政治主張，此兩方面申論之。

一　會通「理」「禮」的學術理想

　　論者多指錢穆對曾國藩青眼相看，乃出於其「崇宋尊朱」的「門戶之見」，曾氏確有會通漢宋之功，但錢穆所著眼者，並非僅「門戶偏見」，更歸諸經世實用。

　　方東樹（1772-1851）說：

> 顧、黃諸君，雖崇尚實學，尚未專標漢幟。專標漢幟，則自惠氏始。惠氏雖標漢幟，尚未屬禁言理。屬禁言理，則自戴氏始。[12]

　　清初的「理」與「禮」本未有激烈的爭論。宋明末流，近似禪學空談，專執語錄，其「理」流於空虛。清初顧炎武等倡《六經》中國家的大典大禮，且在「踐禮」之前，先施以一番「考禮」的功夫。[13]但顧炎武於「博文」之外，並未遺忘體悟天理。黃宗羲「讀書之多」仍落在證明「斯理之變化」。顧炎武、黃宗羲雖崇實學，尚未摒棄宋儒「修身養心」之「理」。[14]不過隨著漢學發展漸走向極端，「理」與「禮」的爭議日漸白熱化，「戴東原為《孟子字義疏證》，力辨宋儒言理之非」[15]；宋學則薄漢學務外遺內，徒有「考禮博文」，未能「自得天理」。

　　曾國藩則兼融宋學義理與漢學考據。在《學籥‧近百年來諸儒論讀書》中，錢穆先援引曾國藩〈聖哲畫像記〉：

12　〔清〕方東樹：《漢學商兌》卷上（臺北：臺灣商務印書館），頁22-23。
13　參見林聰舜：《明清之際儒家思想的變遷與發展》（臺北：臺灣學生書局，1990年），頁77-135。
14　參見皮錫瑞：《經學歷史》（臺北：藝文印書館，2004年），頁343-344。
15　錢穆：《中國近三百年學術史》，《全集》第16冊，頁80-81。

姚姬傳氏言學問之途有三，曰義理、曰詞章、曰考據。……
周、程、朱、張，在聖門則德行之科也，皆義理也。……許、
鄭、杜、馬、顧、秦、姚、王，在聖門則文學之科也。顧、秦
於杜、馬為近，姚、王於許、鄭為近，皆考據也。[16]

錢穆接著說：

當知乾嘉漢學之錮蔽，正為把考據範圍看狹了，專側重在許、
鄭一邊。於是他們的學術路徑，便不期然而然的趨向到校勘、
訓詁方面去。……現在曾氏把考據範圍放寬了，又特為闢出
杜、馬一路直到顧炎武與秦蕙田，那便在經學之外擴開了史
學，於是校勘、訓詁之外，又闢出了典章、制度。至少這樣一
來，更與陳澧所舉「於世有用」的一目標上，更易接近了。[17]

曾國藩讀書，兼採周、程、朱、張之義理學，以「理」涵泳德行。又
博及許、鄭、杜、馬、顧、秦、姚、王之考據學，增益智識。尤其特
出者，在其擴充考據門徑，不徒校勘、訓詁，又並舉顧炎武、秦蕙田
典禮制度之學，「於是校勘、訓詁之外，又闢出了典章、制度」，使
「禮」不僅是文字訓詁的考索功夫，更是國家實用之典章制度。曾氏
以「理」修養德行，發明本體，以典章制度之「禮」經世致用。其學
術體系切符「明體達用」的最高理想。
　　所以錢穆引曾氏之語說：

近世乾、嘉之間，諸儒務為浩博，惠定宇、戴東原之流，鈞研
詁訓，本河間獻王「實事求是」之旨，薄宋賢為空疏。夫所謂

16 錢穆：《學籥・近百年來諸儒論讀書》，第24冊，頁99-100。
17 錢穆：《學籥・近百年來諸儒論讀書》，第24冊，101。

「事」者非物乎？「是」者非理乎？「實事求是」，非即朱子所稱「即物窮理」者乎？名目自高，詆毀日月，亦變而蔽者也。[18]

戴震說：「惟空憑胸臆之卒無當於賢人聖人之理義，然後求之古經。求之古經而遺文垂絕，今古縣隔也，然後求之訓故。訓故明則古經明，古經明則賢人聖人之理義明，而我心之所同然者乃因之而明。」[19]漢儒通過訓詁、考據以「實事求是」，最終仍是要發明「賢人聖人之理義」，使我心同然之理因之粲然呈現。所以曾國藩會通漢儒之「實事求是」與宋儒之「即物窮理」。

錢穆推許曾國藩之因，固然與其崇仰朱熹的論學宗旨有所關連。但未可輕易歸於門戶之見，其據以尊仰者為何，更是值得關注之處。

在《朱子新學案》「朱子之禮學」中，錢穆說：「朱子於經學中，於《禮》特所重視。」「使經學、理學會歸一貫」[20]又說：

朱子治經，最知重考據，於禮最多涉及。清儒考禮，其所用心，僅在故紙堆中。朱子治禮，則以社會風教實際應用為主。[21]

朱子治禮，不廢考據，否則儀文節目錯亂謬誤，但其非僅於古經中考索名物，最終目的仍在通過禮制以維繫風俗教化，突顯宋代理學家特重風教的精神。

錢穆所以推許朱子，是其融合漢學之經學考據與宋學之理學修

---

18 錢穆：《中國近三百年學術史》，第17冊，頁759。
19 〔清〕戴震：〈題惠定宇先生授經圖〉，《戴震全書‧戴氏雜錄》（合肥：黃山書社，1994年），第6冊，頁505。
20 錢穆：《朱子新學案》，第14冊，頁127。
21 錢穆：《朱子新學案》，第14冊，頁128。

身，寓政治理想於風俗教化之中，以達經世大志。而錢穆所以高度評
價曾國藩之學術地位，亦本於此。錢穆說：

> 其言皆極持平，與當時牢守漢、宋門戶互相輕薄者不同。又進
> 而為漢、宋會通，則歸其要於禮家。其言曰：「乾、嘉以來，
> 士大夫為訓詁之學者，薄宋儒為空疏；為性理之學者，又薄漢
> 儒為支離。鄙意由博乃能返約，格物乃能正心，必從事於《禮
> 經》，考覈於三千、三百之詳，博稽乎一名、一物之細，然後
> 本末兼該，源流畢貫。雖極軍旅戰爭、食貨凌雜，皆禮家所應
> 討論之事。故嘗謂江氏《禮書綱目》、秦氏《五禮通考》，可以
> 通漢、宋二家之結，而息頓、漸諸說之爭。」[22]

婺源江永起於徽歙之間，朱子故里，流風未歇。江氏效朱子治禮，而
為《禮書綱目》。秦蕙田亦作《五禮通考》。曾國藩認為兩書既考據古
代禮制，且近則以禮教端正一己身心，遠則推為吉、凶、賓、軍、嘉
等邦國之制度典禮。融通宋學之義理養心，與漢學之考禮博文，並廣
及經邦治國之制度典禮。儀文節目，名物禮器的稽考，乃「博文」
「格物」功夫，「反約」則是「正心」修身，通過名物訓詁，進而理
解禮經中的禮教風俗，反之於己身，並且就軍旅戰爭、食貨凌雜等制
度典禮，推而用之於世。因此，曾國藩以「禮」為綱領，會通內在人
心之「理」與外向之禮制考據，並廣而為國家之典禮制度，兼綜宋學
義理、漢學考據，最終歸極於經世致用。以「理」為「體」，以
「禮」為用，明體達用，本末畢具。

　　錢穆特別強調，曾國藩之所以用漢學方法，詳考古代禮制，並非
僅出於求知的興趣，他引用曾國藩〈孫芝房芻論序〉說：

---

22 錢穆：《中國近三百年學術史》，第17冊，頁761。

古之學者，無所謂經世之術也，學禮焉而已矣。……自司馬氏作史，猥以《禮書》與《封禪》、《平準》並列……唐杜佑纂《通典》，言禮者居其泰半，始得先王經世之遺意。有宋張子、朱子，益崇闡之。聖清膺命，巨儒輩出，顧亭林氏著書，以扶植禮教為己任。江慎修氏纂《禮書綱目》，洪纖畢舉。而秦樹澧氏遂修《五禮通考》，自天文、地理、軍政、官制都萃其中，旁綜九流，細破無內，國藩私獨宗之。惜其食貨稍缺，嘗欲集鹽漕賦稅，國用之經，別為一編，傳於秦書之次。非徒廣己於不可畔岸之域，先聖制禮之體之無所不賅，固如是也。[23]

所謂「非徒廣己於不可畔岸之域」，是化用莊子的「吾生也有涯，而知也無涯」，在今日肯定學術具自身獨立價值的現代人看來，莊子此言似在鼓勵人追求無窮盡的客觀知識，實則傳統觀念下，傾力於外向知識的考索，是耽溺小道。而曾國藩以此表明自己治禮學的根本動機，更可見得學術興替的契機。清代漢學已漸漸發展出純學術的興趣和貢獻，考究禮制即其本身目的，大有「為考禮而考禮」的傾向，忽略禮學致用的抱負。[24] 曾國藩期盼重新返回「明道救世」的學術傳統。其所以比類纂集、梳文櫛字，以補秦蕙田所缺之「食貨」一門，其目的不在以「有涯之生」逐「無涯之知」，歸本乎「先聖制禮之體」才是其治禮之旨趣。而先王制禮之用意，落在「經世之術也」。「先王之道，所謂修己治人、經緯萬彙者何歸乎？亦曰禮而已矣。」[25] 禮制正是先王統領邦國的憑藉。舉凡財用、官制、鹽政、刑律、兵制，均禮制之一環。因此自司馬遷以後之史家，均留意禮制之因革，務求聖王

---

23 錢穆：《中國近三百年學術史》，第17冊，頁761-762。

24 此觀念參考朱維錚：《求索真文明——晚清學術史論》「題記」（上海：上海古籍出版社，1997年），頁1-8。

25 錢穆：《中國近三百年學術史》，第17冊，頁762。

制禮之用意，以此稽考政治之得失，推及當代之行政措施，上契學術
經世的理想。

戴震等乾嘉學者，不出顧炎武「經學即理學」、「故訓明則古經
明」的牢籠，以考經為窮理之途，忽略天理在躬行實踐的日常人生當
中，禮制在當代的施政舉措之內。因而，明理、踐禮之道，在因時損
益，而非考訂冗碎。而曾國藩考據禮制目的在「明道救世」，而非
「發明古經」，因此錢穆說：「且其言禮，又深能領『禮，時為大』之
意，以經世懸之的，與嘉、道漢學家繼東原後，專以考訂古禮冗碎為
能事者，迥不侔焉。」[26]

錢穆最初以漢學考據見稱世，《中國近三百年學術史》底本，乃
其於1931年至1937年北大開課之講義。此一時期，錢穆多考證之作，
如：1930年之〈劉向歆父子年譜〉、1935年之《先秦諸子繫年》，但其
幼年追隨紫翔師由朱熹《大學章句》始，再入陽明《傳習錄》，下及
曾國藩〈原才篇〉，對宋明學術的嚮慕「有以發之」，[27]從此奉為「潛
修之準繩」，[28]終身倚之。因而，錢穆在《中國近三百年學術史》中，
兼會漢宋之長，既發明宋學「義理」，也不廢漢學之「考禮」。所以他
讚譽曾國藩「以禮為之綱領，縮經世、考覈、義理於一紐，尤為體大
思精，足為學者開一新瑰境。」[29]曾國藩博稽名物禮器、儀文節目之
考據，之後約之以「理」，以禮教風化涵養一己身心，發明道德本
體。並且留心當世軍事、食貨、居官、民生等典禮制度，故其禮學，
兼綜博文考證、修身養心、經世致用，乃是有體有用的「明體達用」
之學。

---

26 錢穆：《中國近三百年學術史》，第17冊，頁764。

27 錢穆：《八十憶雙親、師友雜憶合刊》，第51冊，頁41-42。

28 錢穆：《宋明理學概述·序》，第9冊，頁8。

29 錢穆：《中國近三百年學術史》，第17冊，頁763-764。

二 重風俗人心的政治主張

余英時說:「我們不妨說,道光以下的理學與經世學是一事之兩面,統一在實踐這個觀念之下;所不同者,理學注重個人的道德實踐,經世則強調整體的社會、政治實踐。因此在精神上,兩者與乾嘉經學之為學院式的研究,恰恰相反。」[30]道咸之學的特色,是經世精神的高度昂揚,發而為兩個面向:其一,是曾國藩等「經濟之學,即在義理之內。」[31]的宋學一脈;另一,則是變法改制的今文學。曾國藩不獨在心性問題上發揚宋明理學,更欲以理學家重風俗、尚道德、正人心的理念,轉移世運,引導政治。

清代漢學起於吳、皖,流布於全國。唯獨湖湘之間仍傳朱子理學,罕被其風。嘉道之際,唐鑑(1778-1861)篤守程朱理學,並作《學案小識》十五卷,昌明清代理學道脈,以陸隴其、張履祥、陸世儀、張伯行四人為傳道之儒,餘為翼道、守道之儒。曾國藩推崇備至,為之作拔。又與倭仁(1804-1871)皆從其問辨。賀長齡(1785-1848)與唐鑑友善,倡經世之學,陶澍(1778-1839)及其姻婭左宗堂(1812-1885)、胡林翼(1812-1861),論學皆主經世。居移氣,養移體,曾國藩因而確立經世致用的論學宗旨。

當時理學家言心性之談,不獨純哲學的興味,更欲以正人心、厚風俗作為政治的基石。所以曾國藩說:「經濟之學,即在義理之內。」[32]因此,他們對漢學的抨擊,不僅是門戶偏見,更在吏治人心。桐城姚鼐(1732-1815)尊奉程朱理學,反對漢學家專求名物、訓詁、書數,

---

30 余英時:《歷史人物與文化危機‧曾國藩與「士大夫之學」》(臺北:東大圖書公司,1995年),頁5。

31 〔清〕《曾國藩日記》,道光21年7月14日。《曾國藩全集》(長沙:岳麓書社,1985),第16冊,頁92。

32 〔清〕《曾國藩日記》,道光21年7月14日。《曾國藩全集》,第16冊,頁92。

於程朱修己立德，篤實踐行之學，未稍有嚮慕，這無異是去學問之根本而獵其末技。姚氏主持鍾山書院時，門下學生有管異之（1780-1831）、梅伯言（1786-1856）。管氏於士習吏治多所留心，其言曰：「世事之頹，由於吏治；吏治之壞，根於士風；士風之衰，起於不知教化。」[33]士風衰頹，不能講明理學，無希聖希賢之志，則人心浮躁，出而為吏，不以生養百姓、化民成俗為本務，不養不教，「一旦有變，則樂禍而或乘以起⋯⋯天下以忌諱而釀成今日之禍。」[34]管異之〈擬言風俗書〉曰：「俗美則世治且安，俗頹則世危且亂。⋯⋯天下之安危繫乎風俗，而正風俗者必興教化」。[35]治亂之關，在風俗教化，天子以之化公卿；公卿以之化士庶，天下必能長治久安。梅伯言則主張，方苞等人疏通經義，雖有望文生義，揣合形似之說，但其扶植道義，於人心治術有所裨益。反觀當時漢學家，於前賢義理，矯之唯恐不過，其患更甚於宋學家之空疏。[36]此持論深識，頗獲錢穆認同，他說：「⋯⋯今讀其集，於當時吏治之窳，民心之不就寧，大禍猝發之無日，無往而不流露其深憂焉。」[37]

曾國藩有聞於桐城學風，強調政治的理亂，在人心風俗，不在兵農田賦等制度層面。錢穆引用曾國藩〈原才〉一文說：

> 風俗之厚薄奚自乎？自乎一、二人之心之所嚮而已。此一、二人者之心嚮義，則眾人與之赴義；一、二人者之心嚮利，則眾人與之赴利。眾人所趨，勢之所歸，雖有大力，莫之敢逆。世教既衰，所謂一、二人者不盡在位，彼其心之所嚮，勢不能不

---

33 錢穆：《中國近三百年學術史》，第17冊，頁742。
34 錢穆：《中國近三百年學術史》，第17冊，頁743。
35 錢穆：《中國近三百年學術史》，第17冊，頁743。
36 錢穆：《中國近三百年學術史》，第17冊，頁746。
37 錢穆：《中國近三百年學術史》，第17冊，頁746。

騰為口說，而播為聲氣，而眾人者勢不能不聽命而蒸為習尚，於是乎徒黨蔚起，而一時之人才出焉。今之君子之在勢者，自尸於高明之地，不克以己之所嚮轉移習俗而陶鑄一世之人才，而翻謝曰無才，謂之不誣可乎！然轉移習俗而陶鑄一世之人，非特處高明之地者然也，凡一命以上，皆與有責焉。[38]

曾國藩治學重實用，並非空談心性之輩，法政、官制、財用、河渠仍是其用心所在，但諸般「經濟之學」，均統攝於「德行之學」底下，也就是說「經濟之學，即在義理之內」。如此方能以學問養才，以人才轉移習俗。他認為轉移世運的力道，不在經濟實業、變法改制，而在人心風俗。上位士大夫一、二人心，若嚮義慕道，則風行草偃，人才出焉，天下歸仁。反之，則天下盡是率獸食人。畢竟風俗之感染力，大過制度的因革，內在的道德心性，更要於外在的「治法」層面。

曾國藩〈原才〉以一、二士大夫「心之所嚮」移風易俗，轉化世運。這正是紹繼理學家講學正心、教化天下，以改進政治的主張。此特得錢穆稱許。因此，錢穆屢屢徵引曾氏之語，說明救世之本，在一、二士大夫之心志，變法改制僅是末務。錢穆說：

其〈覆江岷樵左季高書〉有云：「今日百廢莫舉，千瘡並潰，無可收拾，獨賴此精忠耿耿之寸衷。與斯民相對於骨嶽血淵之中，冀其塞絕橫流之人欲，以挽回厭亂之天心，庶幾萬有一補。不然，但就局勢論之，則滔滔者吾不知其所底。」[39]

欲收拾千瘡並潰的晚清局勢，「獨賴此精忠耿耿之寸衷」，關鍵在人心方寸之間，不在兵農法政。士大夫若能以「精忠耿耿之寸衷」，風

---

38 錢穆：《中國近三百年學術史》，第17冊，頁749。
39 錢穆：《中國近三百年學術史》，第17冊，頁755。

行草偃，感召萬民，則可救人心風教，「塞絕橫流之人欲」、「挽回厭亂之天心」。

曾國藩在兵馬倥傯中，仍堅持政治之本在人心不在軍務。此點甚得錢穆特別嘉許，因此，錢穆又徵引其〈復彭麗生書〉所云：「足下稱『今日不可救藥之端，惟在人心陷溺，絕無廉恥』云云，國藩私見實與賢者相脗合。」[40]無兵無餉，法弊政衰，尚可挽回，惟一不可救藥者，在風俗人心之頹喪苟且。

曾國藩欲從人心風教著手，上至士大夫，下至眾庶百姓，天下之人均能淨化心性，政治沈痾，方能釜底抽薪。因此其論治道，不在錢穀兵農，而在理想人格之陶育。錢穆說：「夫將以己之所趨嚮，轉移習俗而陶鑄一世之人才，……滌生之所提倡，其秉諸性者曰剛直，其見之事業者則曰忠誠。」[41]錢穆並徵引曾國藩〈陳仲鸞父母七十壽序〉：「天之生賢人也，大抵以剛直葆其本真，……若孫夏峯、顧亭林、黃梨洲、王而農、梅勿菴之徒，皆碩德貞隱，年登耄耋，而皆秉剛直之性，寸衷之所執，萬夫非之而不可動，三光晦、五岳震而不可奪。故常全其至健之質，躋之大壽而神不衰。」[42]剛直之士，千萬人吾往矣，方足以趨轉世風，撥亂返正，以己之趨向，轉移習俗，振興人才。秉性剛直者任事必忠誠。因而錢穆又徵引曾國藩〈湘鄉昭忠祠記〉說：「君子之道，莫大乎以忠誠為天下倡。……克己而愛人，去偽而崇拙，躬履諸艱而不責人以同患。浩然捐生，如遠遊之還鄉無所顧悸。……嗚呼，吾鄉數君子，所以鼓舞群倫，歷九州而戡大亂，非拙且誠者之效與！」[43]

宋明理學著重「治人」與「治法」間本末精粗不可淆亂。曾國藩

---

40 錢穆：《中國近三百年學術史》，第17冊，頁754-755。

41 錢穆：《中國近三百年學術史》，第17冊，頁752。

42 錢穆：《中國近三百年學術史》，第17冊，頁751。

43 錢穆：《中國近三百年學術史》，第17冊，頁752。

紹承理學家政治思想，以「吏治人心」為振衰起弊之樞紐。錢穆說：

> （曾國藩）又曰：今日局勢，若不從吏治人心上痛下功夫，滌
> 腸盪胃，斷無挽回之理。[44]

> （曾國藩）又曰：天下滔滔，禍亂未已，吏治人心，毫無更
> 改。軍政戰事，日崇虛偽。非得二三君子，倡之以樸誠，導之
> 以廉恥，則江河日下，不知所屆。默察天意人事，大局殆無挽
> 回之理。[45]

這段話的重點是，法之弊生於人之弊。欲革新「軍政戰事」，不在變
法更制，而在「從吏治人心上痛下功夫」。由二三君子，以己之所嚮
「倡之以樸誠，導之以廉恥」，移風易俗，方屬溯源抉根之道。

所以曾國藩痛責當時學風：「二、三十年來，士大夫習於優容苟
安，……倡為一種不白不黑、不痛不癢之風，……國藩昔廁六曹，目
擊此等風氣，蓋已痛恨次骨。」[46]晚清局勢之頹廢，均出於士大夫氣
節之衰，故振興程朱理學，端正士人心性，乃提升政治的根本。

曾國藩出身湖湘之間，受程朱理學哺育，錢穆在《朱子新學案》
中說：

> 朱子論治道，實還是講理學。然除卻講明理學，試問又於何處
> 別有治道耶？……（朱子）曰：「……今世文人才士，開口便
> 說國家利害，把筆便述時政得失，終濟得甚事。只是講明義理
> 以淑人心，使世間識義理之人多，則何患政治之不舉耶？」此

---

44 錢穆：《中國近三百年學術史》，第17冊，頁757。
45 錢穆：《中國近三百年學術史》，第17冊，頁757。
46 錢穆：《中國近三百年學術史》，第17冊，頁756。

等議論，驟視若迂闊，細思實切至。為治須先識體，為人須先
明理。大本立，而後可以應變。徒重應變，不識體，不明理，
此世當為何世，此人當為何人乎？[47]

朱熹「講理學」的目的是「論治道」。「治道」所以要溯源「理學」，
因治亂之關，不在「時政得失」而在「人心義理」。所以剝極生復之
道，並非就軍政、田賦、河運等制度，進行變法。而是講明理學，端
正人心，「使世間識義理之人多，則何患政治之不舉耶」。所以說，錢
穆對曾國藩理學的推崇，固然與「崇宋尊朱」的心態不無關聯，但所
以「崇宋尊朱」，並非僅只是門戶之見，更深刻的原因，在政治思想
的層面。

曾國藩〈原才〉指出，理亂之道在風俗人心，對此錢穆揄揚備
至。並彷曾氏作〈新原才〉，他說：

風俗衰弊極矣，頗聞憂時之士，有主法家循名責實之論者。循
名責實非不佳，然只恐還是消極的懲塞，還不是積極的鼓舞與
興發。與其慕效張江陵，請仍師法曾湘鄉。[48]

在〈國史大綱〉、〈中國歷代政治得失〉中，錢穆指出明代張居正變法
更制，法度雖嚴，制度雖密，卻不足以服人之心。[49]職是，徒法不足
為政，仍有待於士人師法曾國藩，滌盪風俗，淨化政治。

由以上分析，可知乾嘉諸儒以言義理為大戒，所以深受錢穆責
備，正是著眼學術對政治的指引作用。義理學足以啟導士習人心，從
而成為廓清風氣、時局的指南。

---

47 錢穆：《朱子新學案（五）》，第15冊，頁3。

48 錢穆：《文化與教育・新原才》，第41冊，頁177。

49 錢穆：《國史大綱》（下），第28冊，頁759。《中國歷代政治得失》，第31冊，頁126。

晚清重臣張之洞說：

> 竊惟古來世運之明晦，人才之盛衰，其表在政，其裡在學。[50]

梁啟超說：

> 學術思想之在一國，猶人之有精神也。而政事、法律、風俗及
> 歷史上種種之現象，則其形質也。故欲睹其國文野強弱之程度
> 如何，必於學術思想焉求之。[51]

中國政治的砥柱，不是貴族或軍人，而在士人。士人之精神素質決定
國家之安危，學術風氣與政治局勢相為表裡。「學術」不獨是士人修
身治學的憑藉，還是成己成物、修己治人的依據。因此，中國歷代學
術史充滿強烈的現實關懷。曾國藩理學傾向，所以受錢穆崇仰，正在
其由淨化道德以改進政治。

錢穆在〈述清初諸儒之學〉中，稱許曾國藩上契晚明清初諸儒
「道德、經濟、學問，兼而有之」[52]的學問體系，「經濟」指涉法政兵
農等切用之術，但必以「道德」為根本，「道德」又溯源經書義理的
「學問」濡染。

錢穆又說：「故若捨經術而專言經世，其弊有不可言者。滌生之
歿，知經世者尚有人，知經術者則渺矣。此實同治中興所為不可久恃
一大原因也。」[53]「經世」之方，固不廢兵農法政，但此僅末務，其根
本在人心風俗，而人心風俗又繫諸經書義理的陶育，所以說「經術」

---

50 張之洞：《勸學篇·序》（桂林：廣西師範大學出版社，2008年），頁2。
51 梁啟超：《論中國學術思想變遷之大勢·總論》（上海：上海古籍出版社，2001年），
頁4。
52 錢穆：《中國學術思想史論叢（八）·述清初諸儒之學》，第22冊，頁1。
53 錢穆：《中國近三百年學術史》，第17冊，頁766。

為「經世」之本。但曾國藩去世後,「捨經術而專言經世」蔚成風潮,時局之危,使儒者們不耐義理養心,遽求變法改制,以速致富強。先有龔自珍(1792-1841)《西域置行省議》、《東南罷番舶議》從行政制度的更革鞏固國力,更取「公羊三世」觀變求通之精神,伸張民意,削弱君權。再有魏源(1794-1856)、包世臣(1784-1826)等人,從政治體制、賦稅囤田、保甲農政等制度面向,速救時局之危。最後有康有為(1858-1927)離開聖賢義理養心之道,主張法制的全面變更,錢穆假朱一新之口,批評其「易一法,適增一弊。故治國之道,必以正人心、厚風俗為先,法制之明備,抑其次也」。[54] 錢穆看來,曾國藩以義理養心為本的主張,將道德與政治合一,方是正道坦途。所以他說:「清代大儒,論其有體有用,文行並茂,當推湘鄉曾氏。」[55]「滌生之所成就,不僅戡平大難,足以震爍一時,即論學之平正通達,寬閎博實,有清二百餘年,固亦少見其匹矣。」[56] 在錢穆心中,清代第一大儒,捨曾國藩其誰?

由上可知,錢穆認為,「學術濟世」固然是儒者經緯天地的重責,但「經世」之道,必須以「經術」為體,「經世」為用,先以經書義理發明善心,之後才開展善政,以為經世之用。所以「捨經術而專言經世,其弊有不可言者」[57],是錢穆《中國近三百年學術史》指摘康有為之所在,亦是其揄揚曾國藩之所以。

第二節　捨義理,務變法:論康有為

錢穆於《中國近三百年學術史》第十四章論康有為(號長素,世稱南海先生)。該章中又分若干子目。但舉綱標目的標準不一,「康氏

---

54 錢穆:《中國近三百年學術史》,第17冊,頁862。。
55 錢穆:〈中國固有哲學與革命哲學〉,《文化與教育》,第41冊,頁140。
56 錢穆:《中國近三百年學術史》,第17冊,頁655。
57 錢穆:《中國近三百年學術史》,第17冊,頁766。

之長興講學」、「康氏思想之兩極端」以時間為斷限，區隔康氏早晚期
思想的變異。「康氏之大同書」以該書為核心，評述其思想。「康氏之
新考據」、「康氏之孔教論」則貫通康有為一生「六經注我」的主觀考
證活動，及自始至終的孔子崇拜情懷。這樣的分目方式，若不配合錢
書後所編列的「《中國近三百年學術史》附表」的清儒生平大要，讀
來頗感紊亂。因此，本文在不更動錢書基本架構下，大體以時間為軸
線，分述康有為學術發展三時期：第一，「受學及講學」時期：康氏
於光緒2年（1876）從學朱次琦（1807-1881），學養漸成熟後，於光
緒17年（1891）講學長興里。第二，「變法改制，主持國政」之時，
大體以《新學偽經考》、《孔子改制考》為始點，終衍為1894年甲午戰
敗後多次上書，1898年主持戊戌變法，事敗後，仍淆亂群經，名為託
古，實乃效慕西方法政體制。[58]第三期，大致是辛亥革命（1911）之
後，康氏解決政治危機的方略，從立憲共和回歸傳統修齊治平之學。
錢穆看待康有為的視角，取徑於道德本體與法制效用的本末關係。同
時代的學者蕭公權（1897-1981），其《康有為思想研究》則繞開「道
德與法制孰優先」這一大哉問，直接分析康氏所構思的各項制度。並
從理想制度的藍圖與現實情勢的調和，這兩個層面解讀康有為思想發
展。[59]以下試述錢穆對康有為之評騭，偶爾參照蕭公權之研究，以彰

---

58 但第一期及第二期有部分重疊，康有為於長興講學時，其講述內容，大體承守其師
朱次琦之矩矱，經濟、掌故、西學一歸於仁心義理之中。但私下著述，卻已為變法
改制建立理論基礎。錢穆指其《新學偽經考》作於光緒17年（1891年）四月，同年
七月刊成，正值講學長興時期。（錢穆：《中國近三百年學術史》，第17冊，頁
838。）但蕭公權根據康氏自編年譜，以1892年著手撰寫，1896年方完成。（蕭公權
著、汪榮祖譯：《康有為思想研究》，臺北：聯經出版事業公司，1988年，頁386，
註7。）根據梁啟超的追憶，康氏主講長興時期，仍以《宋元學案》、《朱子語類》
為旨歸，對於其頗具離形的託古改制之說，秘而不宣。（梁啟超：《清代學術概
論》，頁138。梁啟超：《中國近三百年學術史》頁33。）

59 蕭公權指出：「康有為的社會思想有兩個層次。一個是關注實際事務⋯⋯另一個是
神馳於理論與想像的領域，超脫現實。康氏常來往於兩層次之間，⋯⋯他可以說是

顯兩者視域之差異。

一　長興講學宗旨

　　錢穆於《中國近三百年學術史》之「引論」中說：「北宋以來書院講學精神，本人心之義理，以推之在上之政治」、「考近三百年學術思想之轉變者，於書院之興廢及其內容之遷革，誠不可不注意也。」[60]「書院」在中國的地位，不同於西方傳播知識的「大學」，它帶有講明義理，陶育士人心性，以此奠定政治基礎的重任。但現有研究談論錢穆對康有為的評述時，大都忽視長興講學時期。[61]

　　事實上，錢穆高度肯定康氏此時之思想。康有為年少時受學朱次琦門下。錢穆概述朱氏學術宗旨：

> 九江之論，則在納康成於朱子。故曰：「朱子又即漢學而稽之，會同《六經》，權衡《四書》，為百世師。」故東塾教人，不免於讀注疏，而子襄居九江，講學禮山下，詔學者以四行五學焉。其言曰：「修身之實四，曰：惇行孝弟，崇尚名節，變化氣質，檢攝威儀。讀書之實五，曰：經學、史學、掌故之學，性理之學，辭章之學。」[62]

陳澧（東塾，1810-1882）鑑於漢學家博文有餘，行己不足，因而提

扮演了雙重角色：實際的改革家與嚮往烏托邦的思想家。」完美的制度藍圖與實際的折衷方案，是蕭公權研究康有為的基本框架。（見蕭公權著、汪榮祖譯：《康有為思想研究》，頁385。）

60　錢穆：《中國近三百年學術史》，第16冊，頁24。

61　汪榮祖：〈錢穆論清史述評〉，頁113-115。路新生：〈錢穆《中國近三百年學術史》中幾個值得商榷的問題〉，頁15-16。

62　錢穆：《中國近三百年學術史》，第17冊，頁836。

倡讀一部書以陶鑄稽古服善之人品。錢穆以為，這仍是將聖賢之言局限在書本之內，而朱次琦講學禮山下時，徹底將「修身之實」與「讀書之實」融貫一體，經學、史學、掌故、性理、辭章等學問，都不在探索客觀知識，而是落在孝悌、名節、威儀之躬行實踐，其「四行五學」正矯治漢學末流學、行二分，重「博文」輕「行己」的偏頗。而以孝悌忠信為本，以歷史掌故之得失，通當代之用，體用兼備。

1891年康有為因梁啟超、陳千秋之請，講學萬木草堂，並著《長興學記》為學規。「此四行五學，即《長興學記》之所本。節目之間，大同小異，要之萬木草堂之規模，襲取之於禮山，其事甚顯。」[63]「長素長興規模，蓋有所受之，受之其師朱次琦也。」[64]錢穆並詳述康氏此時期之學術特色：

首先，錢穆引用梁啟超之追憶，概舉康有為長興講學綱領：「以孔學、佛學、宋學為體；以史學、西學為用，其教旨專在激勵氣節，發揚精神，廣求智慧。」[65]又以康氏「志道、據德、依仁、遊藝」的「四言」之教，乃是「『人文知行』之學」[66]是體用合一、知行不二的學術體系。錢穆並詳述長興學舍課程諸目：

> 志於道，四目：一曰格物……。二曰厲節……。三曰辨惑……。四曰慎獨……。凡此所列，主人生實行，不主訓詁考訂，與乾、嘉以來風尚絕異。宋儒理欲之辨，為戴東原所極詆，今則以「存天理，去人欲」訓「格物」，奉為入學之首義焉。因字義明經訓，為惠、戴所盛唱，今則謂其決不能冒大道之傳焉。曰厲節、慎獨，則求返之晚明東林、蕺山，亦乾、嘉

---

63 錢穆：《中國近三百年學術史》，第17冊，頁836。
64 錢穆：《中國近三百年學術史》，第17冊，頁835。
65 錢穆：《學籥‧近百年來諸儒論讀書》，第24冊，頁126。
66 錢穆：《學籥‧近百年來諸儒論讀書》，第24冊，頁124。

諸儒所絕口不道也。據於德，……依於仁，……遊於藝，四
目：一曰義理之學。二曰經世之學。三曰考據之學。四曰詞章
之學。……此分四學，較之戴東原、姚惜抱，**多經世一項**。[67]

康氏論學，有體有用，歸宿於實踐。其以宋明心性之學為體，一返晚
明東林、蕺山慎獨厲節之風，乃至宋儒理欲之辨，以此證立心性本
體，導向道德實踐。有別乾嘉諸儒「主訓詁考訂」、「厲禁言理」。就
其致用而言，「遊於藝」中之四目，多經世一項，課以歷代典制、西
方法政之學，且統之以「義理之學」，以求明體達用。可謂「博稽而
通其變，務致之用，以求仁為歸。」[68]

　　錢穆在《近百年來諸儒論讀書》中，指出清代漢學家誤解顧炎武
「經學即理學」之意，「博文」與「行己」斷裂，知識之博大，無益
行為之檢肅。並稱譽康有為長興講學大有導偏於正的氣魄，他說：

康氏則主張在讀書運動之上，先要有一個講學運動。讀書只是
講學中所有之一事，講學乃為讀書一事所應先決的問題。宋、
明學者太看重講學了，流弊遂成只講學而不讀書。顧亭林則只
從此點加以挽救，不謂經歷清代異族高壓統治兩百年後，學者
只知讀書，不復知講學，於是所讀日趨於紙篇字面記誦考訂，
而與人文知行了無關。換言之，社會只有了經師，卻不能有人
師。因此學術界也只能有學問，卻不再有人才。……康氏要在
讀書之上先安一個「講學」，即此一點，已可說是兩百年來未
有之卓識。[69]

---

67 錢穆：《中國近三百年學術史》，第17冊，頁830-832。
68 錢穆：《中國近三百年學術史》，第17冊，頁834。
69 錢穆：《學籥‧近百年來諸儒論讀書》，第24冊，頁126。

短短幾百字，卻區別兩種學術體系，一種是「人文知行學」，依賴「講學」活動以陶育人才。雖不反對讀書，但以發明本體為「先決問題」。另一種是外向的知識追求，日趨於紙篇字面考訂，忽略即知即行的實踐。顧炎武鑑於宋明空疏之病，力戒講學，但博文之學發展到極端，只知累積智識，卻無一心性端正的人才，政事緣此而壞。於此衰頹之際，康有為經濟、考據均歸本乎仁的講學精神，知與行合一的人文教育，從心性根源挽救人心，以改進政治，無異「兩百年來未有之卓識」。

康有為長興講學之規模，乃承朱次琦之風而起，錢穆在〈朱九江學述〉中，介紹其學術宗旨：「理學中本應包經、史、掌故。凡以經世致用之學，皆吾分內事。……故務功業者不能不通理學，而理學中自應有功業，非可排除功業以自成其為理學也。」[70]但康有為未能終身持守其師「理學中自應有功業」之歸趣，錢穆說：

> 惟九江之死，既盡焚其遺書，而南海奔波海內外，從政問俗之心殷，講道治學之日淺，亦似無梨洲晚年一番境界。此則長興學舍之成就，所由不能與證人並論也。[71]

朱次琦逝後，康有為逐漸背離其師明體達用之學，走向政治的變法改制，因而成就不如黃宗羲（世稱梨洲先生）晚年。錢穆指康不如黃，研究者因此解讀為錢穆抗拒西化，以致不見長興學舍培養晚清變法人才的貢獻。[72]但這樣的理解是否全面，本文嘗試提出檢討。

首先：錢穆軒輊康有為與黃宗羲的判準是：「從政問俗」與「講

70　錢穆：《中國學術思想史論叢（八）朱九江學述》，第22冊，頁497。

71　錢穆：《中國近三百年學術史》，第17冊，頁837-838。

72　武少民、閻玉環：〈錢穆對清代學者的比較研究〉，頁51。姜虹：《錢穆的清代學術史著作研究》，頁23-24。

道治學」，而不是全盤西化與捍衛國粹。「從政問俗」與「講道治學」
在錢穆思想座標中，是兩種革新政治的進路，[73]錢穆與梁啟超、梁漱
溟之趨舍異趣亦在於此。三人均有擔當天下之氣魄，非僅書齋中的學
者。但經世之方卻各有輕重之別。錢穆認同曾國藩從風俗人心徹
底革新政治的主張，這也是宋明儒者講學四方，端正人心之用意所
在。錢穆在《國史大綱》中說：「在范仲淹、王安石繼續失敗之後，
他們覺悟到要改革現實，更重要的工夫應先從教育上下手。所以關洛
學者便一意走上講學的路。」[74]范仲淹、王安石走的是「從政問俗」
的道路，從制度的更易振興政治。但此後之宋代儒者認為人心風教的
根本問題未能澄清，改制變法無異捨本逐末。因此「他們熱心講學的
目的，固在開發民智，陶育人才。而其最終目的，則仍在改進政治，
創造理想的世界。」[75]錢穆生涯的抉擇，也是捨「從政問俗」，尚「講
道治學」，一生未居官任職，長年從事教育，以提振人心。如同宋明
儒者般「他們對於在野的傳播學術，較之在朝的革新政治，興味還要
濃厚，並不是他們無心於政治之革新。」[76]中國政治之理亂，是錢穆
念茲在茲者，[77]他並非無心於政治，而是如同宋明儒者般將政治之基
石，寄託於教化之中。梁啟超救國之心殷切，激於時變，究心立法、
財政等問題，對於風習教化的霑漑潤化，未如錢穆重視。陳寅恪在
〈讀吳昌撰《梁啟超傳》書後〉中指出：論者每惜梁啟超「與中國五
十年腐惡之政治不能絕緣，以為先生不幸」，實則「先生少為儒家之
學，本董生國身通一之旨，慕伊尹天民先覺之任」，其從政變法、聯
省自治、裁抑軍閥，乃「勢不得不然」、「實有不獲已之故」[78]梁啟超

---

73 參見第壹章。

74 錢穆：《國史大綱（下）》，第28冊，頁896。

75 錢穆：《國史大綱（下）》，第28冊，頁908-909。

76 錢穆：《國史大綱（下）》，第28冊，頁897。

77 錢穆：《八十憶雙親、師友雜憶合刊》，第51冊，頁36。

78 陳寅恪：《寒柳堂集》（上海：上海古籍出版社，1980年），頁148。

與錢穆同樣「少為儒家之學」，但錢穆取法宋儒「明體達用」，發明人
心道德本體，以改進政治。梁啟超則「本董生國身通一之旨」，其所
取法者，為漢儒之「通經致用」，[79]效法董仲舒、賈誼等從外向的制度
層面導正政治。梁漱溟則致力農村改革，抗戰後更是積極斡旋政黨協
商。錢穆則以當前風氣習俗浮躁之際，提振風教、安定人心方為本
業。[80]「從政問俗」與「講道治學」在錢穆思想中分別代表「治人」
與「治法」兩種政治取向。因此，這段話較正確的理解應是：康有為
離開講學正心的根本之道，走向變法改制的末務。前人從「為知識而
知識」的立場，把「講學」理解為普及知識的管道，以致誤以為錢穆
未留意康氏政治思想的層面。

其次，錢穆說康有為日漸委身政務，「無梨洲晚年一番境界」，以
是「長興學舍」不如「證人書院」。黃宗羲晚年重振證人書院時，是
何等境界？現今研究者均未細論，甚且有斷章取義之處，其實在這上
段引文之前，還有一段話：

> 竊謂九江之有南海，蓋猶蕺山之有梨洲，問學請業，皆在早
> 年，而晚歲聲名，遠越師門。三百年學術，有此遙遙相對，足
> 成佳話。惟梨洲自言：「始學於子劉子，志在舉業，不能有
> 得，聊備門人之一數。天移地轉，殭餓深山，盡發藏書而讀
> 之，近二十年，胸中窒礙解剖，始知囊日之孤負。」[81]

黃宗羲早年從劉蕺山問學，蕺山重功夫甚於明本體，將儒學導向躬行
檢肅，以救泰州猖狂之失，並以此挽天下之世局人心。蕺山逝後，黃
宗羲致力起兵抗清，難免疏略心性涵養。後絕意國事，從事著述，成

---

79 宋儒「明體達用」與漢儒「通經致用」之別，參見第一章。
80 錢穆：《學籥·談當前學風之弊》，第24冊，頁234。
81 錢穆：《中國近三百年學術史》，第17冊，頁837。

《明夷待訪錄》，錢穆說：「《待訪錄》成於梨洲五十四歲，實為梨洲政治興味最後之成績。58歲重興證人書院講學，此後興趣，則轉入理學方面。」[82]〈黃梨洲〉一章特立一子目「梨洲晚年思想」，述其理學由內轉外，從本體推向功夫。傳統所謂的「理學」，並非道德哲學等知性上的研析，而是上承胡瑗所開創的「明體達用之學」，通過內聖功夫的鞭辟向裡，上達一返三代的外王事業，而其憑藉之力量，正在書院的講學正心。所以錢穆極度肯定朱次琦「理學中自應有功業」之主張。《明夷待訪錄》仍是企圖通過政治結構的重組以解決時代問題。完書之後，黃宗羲才重振劉蕺山「證人講會」，回歸其師以道德心性，挽時風頹勢的經世路徑。但康有為卻反向而行，離開其師朱次琦貫通修身與時務之學，徒言變法改制。因此，錢穆所謂的「長興學舍之成就，所由不能與證人並論也」，談的是學術經世之道，在於書院的講學正心，政壇上的翻天覆地，絕非百年基業。

二　變法主政時期

康氏穿鑿群經以為變法改制之張本，其治經背後的政治主張，錢穆並非無所見，其批評康氏的準則，仍不出「明體達用」的信念。

（一）「六經注我」的治學方法

康有為不滿乾嘉諸儒「我注《六經》」流於字面考證，無益通經致用。但錢穆對康氏「六經注我」的方式，亦有所針砭。他指出康氏治經「先立一見，然後攬擾群書以就我，不啻『六經皆我注腳』矣，此可謂之考證學中之陸王」[83]蕭公權也說：「公羊學啟發康氏的第二個特徵是此派在學術致知上不甚求史學之確切，……在康氏心目中……

82　錢穆：《中國近三百年學術史》，第16冊，頁39。

83　錢穆：《中國近三百年學術史》，第17冊，頁851。

歷史也並無學術研究的實質意義。……因康氏作為公羊學派的信徒，並不計較史實之是否正確，歷史的意義只是在闡明孔子所發明的大義。神話與傳說只要能夠用之於此一原則，其價值並不下於可靠的歷史事實。」[84]漢代公羊學者以為《春秋》乃孔子「受命於天」，以微言大義方式，為新王朝立法。又以託諸空言，不如見諸行事之深切著明，故假藉魯史申明新王朝之典制。建立「王魯」、「新周」、「《春秋》當新王」的系統性理論。這在一定程度上混淆了據然可信的史實與捏造的神話寓言，也給康有為極大的啟發。錢穆固然反對「為歷史而歷史」，[85]但「通史致用」之道，必然先求歷史之真，再求當世之用。因而，錢穆對於康有為摧毀歷史真實性的作法，一一攻駁。康氏作《新學偽經考》、《孔子改制考》，先是撼動經典的真實性，以為兩千年來的經學均劉歆之偽學。又混淆古史與寓言，以春秋信史均孔子託古改制之寓言。並且以公羊義法申講群經，而作《論語注》、《孟子微》、《中庸注》、《大學注》等。錢穆指出：徵諸《史記》、《漢書》無法支持劉歆作偽之說，《左氏》不傳經非即是偽書。今文十四博士並不同條共貫。〈王制〉、《論語》亦與《公羊》難合；推《公羊》家法說群經顯無法證立。又指康氏為掩飾攘竊廖平之跡，而將《禮運注》、《大同注》倒填著作日期。

　　如第一章所述，錢穆反對「為考據而考據」、「為治經而治經」，其研經讀史之目的在明道救世。他重視歷史的借鑑使命，但仍強調「致用」必然以「求真」為前提，他說：

　　　　現在再講到「學以致用」一問題，上面說過，科學本重在求「真理」，但人文學則主要求在社會上有「用」，否則又何需有此學！……試舉史學為例，司馬溫公撰《資治通鑑》，即就其

84 蕭公權著、汪榮祖譯：《康有為思想研究》，頁72。
85 錢穆：《現代中國學術論衡‧略論中國史學》，第25冊，頁149，154-155。

書名論，可見其著書本意主於用。但在溫公著手編撰之前，卻
預先作一《長編》，此乃史學之必然工作，則似與用無關了。
溫公在《長編》中，發現了許多問題，即如梁惠王遷都大梁，
此一事之年代有問題，太史公《史記》所載並不確，溫公乃將
此時代移前十年，而又載其說於《考異》中。今試問此一年代
問題，對於「資治」究有何等關係？……若只隨手隨意摘錄古
人幾百千條有關治道之格言，用來資治，亦何不可。但說不到
是史學。……但試問辨定此一年代，在實際人文界究有何
用？……在史學中不能不先把事情先後年代弄清楚，則許多麻
煩考據，縱說無用，到底也不能免。[86]

康有為以過往歷史為當前之用，固然符合傳統史學「通鑑」的精神，
但通經致用必然立基於實事求是之上，因此康氏穿鑿群經的手段，仍
受錢穆批評。

（二）捨宋儒義理，託言漢儒制度

錢穆對康有為託古改制的批判，不僅停留在學術的真偽問題，更
拉高到政治效果的追究。錢穆說：「故康氏之尊孔，並不以孔子之真
相，乃自以所震驚於西俗者尊之。」[87]康有為以儒家經典包裝西化憲
政，舊瓶新酒以推闡其政治理想。首先，是以《春秋》比附英國《大
憲章》（*The Great Charter*）。

《大憲章》是英王於13世紀對教會、貴族所做的權力讓步，被視
為近代民主憲政之濫觴。康有為在《春秋筆削大義微言考》中說：

《春秋》之作，何為也？鄭玄謂「大經《春秋》」。大經猶大憲

---

86 錢穆：《中國學術通義・學問與德行》，第25冊，頁357-358。
87 錢穆：《中國近三百年學術史》，第17冊，頁919。

章也。緯稱「孔子制法」，所謂憲法也。孔子，聖之時者也，知世運之變而與時推遷，以周用世，故為當時據亂世而作憲法。既備矣，更預制將來，為修正憲法之用，則通三統焉。孔子又為進化之道，而與時升進，以應時宜，故又備升平、太平之憲，以待將來大同之世修正憲法之時有所推行。各國之為憲法，限於一國及一時，《春秋》之為憲法，則及於天下與後世。[88]

公羊家認為孔子秉受天命，《春秋》乃其據亂世假託魯史，以為後世制法，以正朔、服色、居處方位之變革，象徵新王朝之正當性。康有為《春秋筆削大義微言考》進一步主張，孔子通進化之道，於《春秋》中藉微言大義以預為將來升平世、太平世立憲、修憲之用。錢穆說：「西洋有憲法，長素乃以《春秋》為憲法。」[89]

又因文獻證據支持度不足，康有為《春秋筆削大義微言考》轉而主張：

漢世廷臣引《春秋》之義，奉為憲法實行之，此皆成文憲法也。……今董仲舒、何休之傳口說，所謂不成文憲法，在孔門謂之微言，則多為升平世、太平世之憲法焉。[90]

康有為巧妙借用西方成文法、不成文法的概念，為董仲舒、何休改制變法說尋求正當性基礎。

之後，康氏《論語注》曲解經典，甚至任意更動文字，為君主立憲、議會制度提供資源。《論語》曰：「無為而治者，其舜也與？」康氏曰：

---

88 錢穆：《中國近三百年學術史》，第17冊，頁917。
89 錢穆：《中國近三百年學術史》，第17冊，頁917。
90 錢穆：《中國近三百年學術史》，第17冊，頁918。

無為之治，君無責任，此明君主立憲及民主責任政府之法。今
歐人行之，為孔子預言之大義也。[91]

康有為有睹於歐洲國家「虛位元首」的制度，而將《論語》「無為而
治」解作孔子預言中國將來必採虛君制度，以符民主共和之理。

其《論語注》又以「天下有道，則政不在大夫」之「不」字為衍
文，「政在大夫」表升平世君主立憲，但為虛君，實權由大夫掌之。
《論語》中的「天下有道，則庶人不議」在康氏曲解下，「不」字亦為
衍文，表孔子為太平世立法，天下之事交由國民組成之議院公議。[92]
康有為重解古經之用意，在為西化憲政制度尋求合理性的支持。

但康有為以舊瓶裝新酒的方式，削足經典文義語句，以牽就西方
法政制度，此一做法並不得錢穆嘉許。錢穆引用朱一新（1846-
1894）之語說：

> 《公羊》「通三統」之義，非後世所能行，辨之極精，亦仍無
> 益。漢時近古，猶有欲其行說者，故諸儒不憚詳求。……凡學
> 以濟時為要，《六經》皆切當世之用，夫子不以空言說經也。
> 後世學術紛歧，功利卑鄙，故必折衷《六藝》以正之，明大義
> 尤亟於紹微言者以此，宋儒之所為優於漢儒者亦以此。質文遞
> 嬗，儒者通其大旨可耳。周制已不可行於今，況夏、殷之制為
> 孔子所不能徵者乎？穿鑿附會之辭，吾知其不能免也。[93]

又錢穆於引文後特加一段案語：

---

91 錢穆：《中國近三百年學術史》，第17冊，頁921。
92 錢穆：《中國近三百年學術史》，第17冊，頁921。
93 錢穆：《中國近三百年學術史》，第17冊，頁861。

> 按：鼎甫舉學以濟時為說，而竟謂宋儒優於漢儒，則此意湛深，雖陳蘭甫亦所不憭，遙遙二百年，成隻眼矣。[94]

錢穆認同朱一新「宋儒優於漢儒」的論斷，並許為特具隻眼之卓見。這不能逕解為漢、宋門戶之見在清學評騭上的遺影，而應留意在「《六經》皆切當世之用」的大前提下，如何「致用」的問題。質言之，是宋儒「明體達用」或漢儒「通經致用」的路徑差異。漢代公羊學質文遞嬗，三統一通的說法，從古經中探尋制度的因革之跡，以為立制創法的基礎。但古制已不可詳考詳徵，何能切用於今。反不如宋儒讀經，發明義理，以端正人心，「折衷《六藝》以正之」，人心端正，政治方有清明之日。否則徒務創制立法，無異捨本逐末。

再廣稽錢穆其他著作，更可見他之所以高度認同朱一新「宋儒優於漢儒」的說法，恐非僅是門戶的意氣之爭。

在《中國史學名著》中，錢穆指出儒學有兩大骨幹：一為治平學，一為心性學。前者為「外王」，後者乃「內聖」。漢宋學均兼賅兩者，但互有輕重。「兩漢經學主要在治平之學上，關於心性方面，不免差些。」「宋、元、明三代理學興起，……理學家即治平之道而談心性。」[95]漢宋同有學術經世的理想，但相異處，在心性與治平的聯繫，漢學較重外向制度層面；宋學將事功的開展，奠基於內在德行的提升。在〈漢學與宋學〉中，錢穆將傳統學術別為三系：（漢代）漢學、宋學、及清學，他認為「清學」乃「無用之學」[96]而漢學派的精神在「通經致用」，宋學派的精神在「明體達用」，兩派學者均注重在「用」字。[97]兩者的差異在於，漢代學術的精神，偏向從制度層面改

---

94 錢穆：《中國近三百年學術史》，第17冊，頁861。
95 錢穆：《中國史學名著》（下），第33冊，頁412，413。
96 錢穆：《中國學術思想史論叢（八）‧漢學與宋學》，第22冊，頁578。
97 錢穆：《中國學術思想史論叢（八）‧漢學與宋學》，第22冊，頁579。

造社會，最終演為王莽的新政變法。「宋儒主張『存天理，去人欲』，修、齊、治、平之總綱即『天理』，亦即聖人所謂之『體』，由體便可達『用』。」[98]漢儒訴求外在禮法的重構，宋儒則以個人立身行止出發，兩者均能「以其學易天下」，與清學接近純學術的體系有別，但宋學更強調心性與治平的體用關係，將從政士人之道德與世運之興衰視為一體，通過義理學涵養道德，進而立身淑世。在《兩漢經學今古文平議》〈孔子與春秋〉中，錢穆指出宋儒「他們對當代皇帝進言，都把當朝的一切禮樂制度且擱在一邊，而先談格、致與誠、正。他們且先教皇帝做聖人，暫不想教皇帝當明王。他們認為只有成了聖人才能當明王，這正如由本以達末，這是宋學與漢學精神上的大差異。」[99]錢穆眼中的漢宋差異，是格致誠正之聖人修為與精通禮樂制度之明王，兩者之間先後本末的問題，而非朱子、鄭玄解經異同的差別。[100]宋學指以個人之聖德為本，開展政治大業的進路，連貫其中者，為善言格致誠正的義理學。

所以，錢穆以朱一新「宋儒優於漢儒」之洞見，抨擊康有為，其意在於，康有為救世之心固殷，但忽略人心本體的涵養，徒務西方制度、法律的移植，捨棄「明體」的根基，直接效用於外在制度法律的更易，以致未能克盡其政治大業。

錢穆頗惋惜康有為捨棄長興講學時期義理為本，西學、經濟為用，明體達用的學術體系，轉向附會公羊學，為變法改制尋找理論基礎。在《學籥·近百年來諸儒論讀書》「四、康有為」中，錢穆依據梁啟超《三十自述》追憶康氏長興講學之概要：

　　康氏說：「孔子之學，有義理，有經世。宋學本於《論語》，而

98　錢穆：《中國學術思想史論叢（八）·漢學與宋學》，第22冊，頁576。
99　錢穆：《兩漢經學今古文平議·孔子與春秋》，第8冊，頁298。
100　詳見第壹章。

《小戴》之《大學》、《中庸》及《孟子》佐之，朱子為之嫡嗣，凡宋、明以來之學，皆其所統，多於義理。漢學則本於《春秋》之《公羊》、《穀梁》，而《小戴》之《王制》及《荀子》輔之，而以董仲舒為《公羊》嫡嗣，凡漢學皆其所統，近於經世。義理即德行，經世即政事，言語、文學亦發明此二者。」[101]

在《新學偽經考》為清廷焚禁後，康有為避走桂林，作〈桂學答問〉，一改宋學《四書》體系的德行為本，添附西漢《公羊》義法，捨棄義理養心之本源，直接從制度面的重建以求經世致用。錢穆在《學籥·近百年來諸儒論讀書》中接著說：

康氏本以《論語》與《春秋》為孔學之兩途，⋯⋯現在康氏既專主《公羊》，則不得不拋棄《論語》，因而遂並拋棄了宋、明。⋯⋯總之，治孔學重《論語》，不失為是一條活路。若改重《春秋》，則是一條死路。此在宋儒早已看透，現在康氏仍捨活路而改走死路，還在《春秋》學中要專走《公羊》，則更是走進了牛角尖，更無出路，更無活意。人家說康氏攘竊了廖平的著作發明權而博得大名，我只說康氏上了廖平的大當而誤入歧途，葬送了他長興講學的前程，這實在是一件亟可惋惜的事。[102]

將錢穆這兩段話合併觀之，便可見其對康有為的惋惜，並非僅漢宋門戶之見，而是出於「德行為政事之本」、「義理為經世之源」的理想。宋代《四書》學的出現，是吸納禪宗思想轉向先秦儒學的治國、平天

---

101 錢穆：《學籥·近百年來諸儒論讀書》，第24冊，頁128。
102 錢穆：《學籥·近百年來諸儒論讀書》，第24冊，頁133。

下。其「明體達用」的學術體系,既不同於漢唐儒學,也有別於禪宗。漢唐儒學以《五經》為核心,固重經世致用,但對「達用」前的「明體」功夫,並未極力強調。「漢學則本於《春秋》之《公羊》、《穀梁》」,「以董仲舒為《公羊》嫡祠」,董仲舒發揮《春秋公羊傳》之遺緒,以孔子藉微言大義,為新王朝立法。其文質相循相替之說,為制度的更革提供理論依據。但在制度建構之前,未先有一番「內心洗滌」的功夫。反之,禪宗以洗滌淨盡為終極,「明體」之後便超凡出世,未能致用於政教。而宋儒在人欲滌淨之後,還要昭示「天理炯然」的境界,而後發顯此心此理,向現世翻轉為治國、平天下的大業。《四書》較諸《五經》更重天道義理、心性情欲之辨,有助宋儒嫁接佛學,建構誠意正心之功夫體系,發明道德本體,以為政治之用,完成明體達用的學術系統。[103] 所以錢穆說:「凡宋、明以來之學,皆其所統,多於義理。」「凡漢學皆其所統,近於經世。」「義理即德行,經世即政事」。《四書》體系即代表宋學融經世於義理的精神,以德行統合政事。而《五經》(尤其《春秋》公羊學)代表漢學直接從「王魯」、「新周」、「《春秋》當新王」等制度的更替,談經世之方。因此,錢穆惋惜康有為本以《四書》中的《論語》與《五經》中的《春秋》並重,後誤入廖平之歧路,走向「專主《公羊》,則不得不拋棄《論語》,因而遂並拋棄了宋、明」。其真意不在漢宋門戶之間的入主出奴,而是指康氏捨棄長興講學時期的心性義理之本源,徒務制度法律之更革。

　　錢穆所說的「宋儒優於漢儒」,遺憾康氏未能堅持長興講學的精神,「拋棄了宋、明」,此等之語尚屬隱而未發,錢穆再次徵引朱一新諫諍康有為之言,便說得明白直截了:

---

103 錢穆:《中國學術思想論叢(七)・宋明理學之總評騭》,第21冊,頁369-371。夏長樸:《北宋儒學與思想》(臺北:大安出版社,2015年),頁209。

乾、嘉諸儒，以義理為大禁，今欲挽其流失，乃不求復義理之
常，而徒侈言義理之變。將以吾聖賢經傳為平澹不足法，而必
以其變者為新奇乎？有義理而後有制度，……義理殊斯風俗
殊，風俗殊斯制度殊，今不揣其本而漫云改制，制則改矣，將
毋義理亦與之俱改乎？……法之弊也，非立法之失，而行法者
之失也。人心陷溺於功利，則凡行法者皆得借吾法以逞其私。
而易一法，適增一弊。**故治國之道，必以正人心、厚風俗為**
先，法制之明備，抑其次也。[104]

錢穆撮此段之要旨為：「義理風俗為制度之本，不可徒言變法」[105]

此處點出了「義理風俗」與「制度法律」的本末問題。康有為在
學術上淆亂群經、附會《公羊》三世，背後有更重大的政治目的：行
君憲、開國會。錢穆譏其空有摩頂放踵的赤誠，卻顛倒本末。道德風
俗是本體，法律制度是末務。所以說：「有義理而後有制度，……義
理殊斯風俗殊，風俗殊斯制度殊。」欲救今日之衰象亂局，應從講明
義理著手，詎料康有為捨此不由，「易一法，適增一弊」。而康有為卻
不知晚清政治之弊在當時士人「義理之不明，廉隅之不立，身心之不
治……謂宋、明無讀書之人」，不能由講明義理，提點人心徹底改進
政治，卻「謂富強有立致之術」，[106]以西漢今文學包裝西方政治制
度，無異抱薪救火。

（三）《大同書》欲速致富強

康有為《大同書》具體落實其去種界、去國界、去家界、去級
界、去形界的境界，其設計出邁向「太平世」的各項制度，這包括：

---

104 錢穆：《中國近三百年學術史》，第17冊，頁862。
105 錢穆：《中國近三百年學術史》，第17冊，頁862。
106 錢穆：《中國近三百年學術史》，第17冊，頁861。

大一統的世界政府，其下各區域的劃分；民選的總政府及區政府；無家族的、無私產的兼愛天下，財產公有共用的博愛世界。以及婦女養胎、兒童教養、老病安置、男女服役等各項具體措施。錢穆追溯其說淵源來自莊周寓言、墨子兼愛、釋氏之廣大，以及震驚西俗而附會孔子，大同思想之唐大不實、近於空想遊戲，也並非康有為所獨創。現有研究多從「學術之原創性」的角度，闡釋錢穆對《大同書》的負面評價。[107]這固然得其一端，但錢穆並不是「為學術而學術」的擁護者，在「求是」之上還有「致用」，依傍勦襲、穿鑿附會的做法，當然不得其首肯，但更大的著眼點，還是學術對政治產生的功效，錢穆說：

> 朱鼎甫嘗論之，謂：「足下自處甚高，……然冀足下剗去高論，置之康莊中，使坐言可以起行，毋徒鑿空武斷。……原足下之所以為此者，無他焉，蓋聞見雜博為之害耳。其汪洋自恣也取諸莊，其兼愛無等也取諸墨，……而又炫於外夷一日之富強，謂……可以旋至而立效也。……」鼎甫此言，雖不指《大同書》，然可謂洞窺康學隱微，而有以發其蔽矣。[108]

錢穆此處亦是藉朱氏之語，批駁康有為「炫於外夷一日之富強，謂……可以旋至而立效也。」其所反對者，不僅是著眼於康氏學說的原創性，更是其模仿西化制度、西人法律，以求速致富強的政治取徑。所以錢穆說：「（朱一新）《無邪堂答問》尚多鍼時之見，可取與康書並觀者」並羅列朱氏論氣節、論清議，以及「尤在乎厚風俗」之語，[109]與康有為反義對舉，說明救世之道，在此不在彼。

---

107 汪學群：《錢穆學術思想評傳》，頁237。姜虹：《錢穆的清代學術史著作研究》，頁23。

108 錢穆：《中國近三百年學術史》，第17冊，頁868。

109 錢穆：《中國近三百年學術史》，第17冊，頁863，864。

與錢穆觀點形成反義對舉的，是蕭公權的《康有為思想研究》，
全書共十四章，有破有立。第三至五章言康氏破解歷代傳注，重詁古
經，為嫁接西化制度預作鋪陳。第六到十一章引進西方法律，於政
治、行政、經濟、教育等層面建立新制度。各種制度均折衝於理想層
面與現實條件之間。不時引用孫中山之政治構想，西方烏托邦思想家
歐文（Robert Owen, 1771-1858）、傅立葉（Charles Fourier, 1772-
1837）之主張，以突顯康有為論點。全書的骨幹安置於康氏如何汲引
西方法律、政治制度。[110]反之，錢穆對康氏企求西法西政以致富強的
主張，頗有訶責。

三　民國建立後徹悟西法之弊

康有為於民國二年創《不忍雜誌》，又著《中國還魂論》，當中對
盡法歐美憲政的民初政治，卻又頗多不滿。他指出國會選舉，政黨政
治，均不如倚賴士人道德的賢人政治。[111]又認為：「日本維新老輩，
皆由宋學、陽明學而來」尚且以聖賢之教為體，施政變法為用，但中
國在「新律既改，舊禮盡除」後，西方「法律之前人人平等」的觀
念，打亂中國重親疏內外的人倫秩序。[112]

錢穆大力突顯康有為於辛亥後，徹悟盡變西法之弊。徵引康氏
語說：

> 今吾國一知半解之士，於歐美之立國根本茫然也，乃大聲疾
> 呼，曰一切法歐美；又操觚執簡而為憲法、律令，曰法歐美。
> 抄某國之條文，則曰足為自由之保障矣。……若是則數留學生

---

110 蕭公權著，汪榮祖譯：《康有為思想研究》。
111 錢穆：《中國近三百年學術史》，第17冊，頁891-893。
112 錢穆：《中國近三百年學術史》，第17冊，頁897。

> 稍抄寫各國憲法、法令、章程,而中國已治、已安、已富、已
> 強,無如皆為紙上之空文,而非政治之實事也。[113]

> ⋯⋯政治、法律皆施於人民,必與人民之性情、習俗相洽相
> 宜,⋯⋯非可執歐美之成文,舉而措之中國,而即見效也。豈
> 徒不效,其性情、風俗不相宜者,且見害焉。[114]

西方法律背後,有其特殊的文化背景及歷史發展脈絡。民初以來,中
國人不惜毀棄舊義理、舊道德,「竭吾聖哲無量之心肝精英而皆喪棄
之,所謂學步於邯鄲者,未得其國能,先失其故步也」。[115]康氏此時
徹悟聖哲相傳之道德,乃施政之本體,頗有以「正學術」改進政治的
意味。

第三節　錢穆取曾棄康之時代意義及其所論之得失

　　錢穆以「有清二百餘年,固亦少見其匹矣。」高度推崇曾國藩在
清學史之地位。[116]卻視康有為為「晚清學術之末影」[117],乃清學之輓
歌。兩者評價有霄壤之別,此何以故?如前述,現有研究多歸於漢宋
門庭偏見。然而,深讀錢氏相關著作,恐未必如是。

　　誠如第一章所述,錢穆昌明宋學所欲回應的時代議題,是「言政
則一以西國為準繩」,以致藉風教、師化等道德力量提升政治的宋明
儒學隱晦不彰,因此其以「通之人倫政事」[118]的宋明儒學,與道德、

113　錢穆:《中國近三百年學術史》,第17冊,頁890。
114　錢穆:《中國近三百年學術史》,第17冊,頁890。
115　錢穆:《中國近三百年學術史》,第17冊,頁889。
116　錢穆:《中國近三百年學術史》,第17冊,頁769。
117　錢穆:《中國近三百年學術史》,第17冊,頁899。
118　錢穆:《中國近三百年學術史》「自序」第16冊,頁18。

政治兩歧的西化憲政對比，並以此作為評騭清學之判準。在《中國近三百年學術史》〈自序〉中，他說：

> ……嘉道之際，在上之壓力已衰，而在下之衰運亦見。……起而變之者，始於議政事，繼以論風俗，終於思人才，**極於正學術**，則龔定庵、曾滌生、陳蘭甫其選也。然而皆無以大變乎其舊，則亦無以挽世運於復隆。南海康氏起，大聲疾呼，**學術有不暇正，人才有不暇論，風俗有不暇辨**，一切務以變法改制為救亡，而託附之於保皇。是復欲以天下治亂為己任。[119]

面對晚清世局之變，清儒覺悟到考據學發展至顛峰，促發「為知識而知識」的傾向，無力挽回世運。於是「學以致用」的呼聲重新昂揚，但經世致用卻又分為兩種路徑，其一，是曾國藩、陳澧所主張的「正學術」，即是一反對乾嘉近乎「無用之用」的純學術體系，回歸宋儒「明體達用之學」。以良風美俗及心術端正的人才，作為政治的根基。其二，是康有為所代表的「通經致用」，局勢促迫「學術有不暇正，人才有不暇論，風俗有不暇辨」，因此以西漢今文學的致用精神，包裝西化憲政制度，以速救時局之困。錢穆進退兩人之判準，仍是知識、道德與政治合一的「明體達用之學」，質言之，曾、康均思以其學易天下，但前者淨化道德，徹底改進政治；後者則速求法制，以圖富強。錢穆黜康揚曾，背後的時代意識，體現錢穆對民初以來，法政西化，道德與政治分離的反思。

---

119 錢穆：《中國近三百年學術史》「自序」，第16冊，頁17。

一　錢穆論曾、康之時代意義

余英時悼錢穆詩以「一生為故國招魂」[120]概括其學術精神，中國如何面對西方，乃錢穆終身困心衡慮之所在。法理學家王伯琦說：「吾國採納西洋文化，未有如法制方面之徹底者。」[121]但現有研究卻幾乎未曾注意到，錢穆如何評價近代政治，對西方法律的汲引甚至直接移植？錢穆《國史大綱》中說：

> 張之洞為〈勸學篇〉，亦云：「中學為內學，西學為外學；中學治身心，西學應世事。」……光緒〈定國是詔〉亦謂：「以聖賢義理之學植其根本，又須博採切於時務者，實力講求，以救迂謬空疏之弊。」一個國家，絕非可以一切捨棄其原來歷史文化、政教淵源，而空言改革所能濟事。……惜乎外患之侵逼日緊，內政之腐敗依然，一般人心再不能按捺，於是對全部政治徹底改革之要求蓬勃四起。晚清全部政治徹底改革之運動，亦可分兩節。第一節是戊戌變法，第二節是辛亥革命。[122]

中國傳統政治的根本之道，是以「聖賢義理」「治身心」，根本已植，才進一步學習法律制度以為「世事」之用，這就是宋代儒學所標榜的「明體達用」。但從康有為戊戌變法，以至民初憲法草案的制訂，法政領域唯西方馬首是瞻，只不過前者尚且包裝今文學的外衣，採取較含蓄的託古改制方式；後者則直接襲用西人體制。捨棄原來修身為本，政事為用的歷史傳統。只求「達用」，未能先就聖賢義理下一番

---

120 余英時：《錢穆與現代中國學術・一生為故國招魂——敬悼錢賓四師》（臺北：三民書局，1991年），頁17。

121 王伯琦：《王伯琦法學論著集・法治與德治》（臺北：三民書局，1999年），頁114。

122 錢穆：《國史大綱（下）》，第28冊，頁1013-1014。

「發明本心」的功夫。

錢穆《中國近三百年學術史》有段精彩的案語：

> 定制必先以精義，而行法尤待乎美俗；非精義則制不立，非美
> 俗則法不行。當時治《公羊》言改制者昧之，流弊迄於今茲。
> 習俗相沿，莫不以改制變法為急，惟易復古為崇外耳。[123]

曾國藩以程朱義理學為政治之根基，通過滌盪風俗徹底翻轉世運，開啟同治中興之新局；康有為卻震驚西化，以今文學嫁接西方法律制度，相對較荒疏宋明義理養心的功夫，以致難挽頹勢。「定制必先以精義，而行法尤待乎美俗」正是錢穆黜陟曾、康二人之原因。換言之，他之所以再三強調治國之道，在講明義理，用心不在程朱許鄭等門戶之間，而是企圖回應當日西化法政制度下，以西方憲政為速致富強之用，有「達用」無「明體」。

康有為引進引西方憲政制度，要求立憲法、開議會、倡民權。這套西化政治制度背後的精神，不同於傳統道德與政治結合，明體與達用合一的思想。荀子說：「君者，民之源也。源清則流清，源濁則流濁。」[124]傳統執政者的責任，是以身作則，感化萬民，使之歸於善。所以說，政治就是一種道德教化。但西方憲政出於對執政者心術道德的不信賴，故防止各種權力集中於一個部門，致使少數執政者權力擴張，並侵害人民，於是以最高位階的憲法及其他法律，將國家權力分為三，行政權必須「依法行政」；司法權必須獨立於行政權之外，才能依法制裁行政權之專斷。而作為人民代表的立法者，也不因取得法律制定權而可獨大，其僅擁有規範的制定權，規範之執行權仍屬行政

---

123 錢穆：《中國近三百年學術史》，第17冊，頁862。

124 王先謙：《荀子集解·君道》（臺北：藝文印書館，1988年），頁425。

部門。[125]所以民主即是法治：以法律設計三權彼此分立又彼此制衡的政治體制，畢竟任何一個執政者的道德，均不可信任，都必須以法律節制其權力，所以所以班迪克斯（Bendix, 1916-1991）在評論韋伯思想時說：「法治的興起乃是由於為了對抗絕對君權。因此，也就等同於民主。」[126]西方民主憲政制度，所預設的前提是：政治的根柢，在法制的健全，執政的道德不可信賴，唯有以法律節制其權力，政治才可安定。道德與政治／修己與治人，是兩個不同的領域，並無體用關係。

　　孫中山五權憲法雖兼採傳統的考試權、監察權，但基本上還是三權分立的政治架構。錢穆認為，孫中山憲政思想，與康有為一脈相承，無暇從人心風教徹底改進政治，逕直模仿西方法政，以速解政治之危。[127]錢穆說：

> ……近人王蘧常《嚴幾道年譜》載：「光緒三十一年嚴氏在倫敦遇孫中山，談次，嚴以『中國民品之劣，民智之卑，即有改革，害之除於甲者將見於乙，泯於丙者將發於丁，為今之計，惟急從教育上著手，庶幾逐漸更新。』孫曰：『俟河之清，人壽幾何？君為思想家，鄙人乃執行家也。』」長素主速變，頗近中山。[128]

政治問題的改革，應循何途轍？康有為、孫中山主仿效西法，速變以強國；嚴復主紮根教育，陶育人才，默化人民品德智識。錢穆在《中國近三百年學術史》「引論」中，便以北宋為藍圖，描繪理想的政、學互動：「『修聖人之經』，即安定之經義其體也；『新天下之法』，即

125　參見第壹章。

126　〔德〕Richard Bendix, Max Weber: *An Intellectual Portrait* (Berkeley: University of California Press, 1977), p.422.

127　錢穆：《中國近三百年學術史》，第17冊，頁887。

128　錢穆：《中國近三百年學術史》，第17冊，頁887。

安定之時務其用也。安定存其說於學校，希文、永叔、介甫欲見其績
於朝廷，彼其措心設意，夫豈相遠？」[129]朝廷與學校，研經與變法應
是體用不二，且本末有序，學校的道德啟蒙，足以轉移百年之人心士
習，遠勝政治上一時的立法改制。

　　錢穆認為，政治的根基在道德教化，不在變法改制。他說：「蓋
中國傳統觀念，國家與社會不嚴別，政治與教化不嚴別，法律與道德
亦不嚴別。」[130]傳統政治以成就人格為首要目標，義理學所以重要，
就在於主敬、涵養、切問、近思等功夫，足以陶育道德完善的士人，
士人入仕從政，自能將天道義理由自我修身推而為教化萬民，善人既
多，天下自然海晏河清。但民初以來，西方「修身」「為政」兩橛的
政治思想，為國人全盤接受，所以錢穆說：

> 我們天天說我們的法不夠，其實不夠的不在法，而在才。……
> 一個時代，總有一個時代的人才，也總有一個時代的法
> 制。……若專用法制來束縛人，使人人不獲盡其才，則必將會
> 釀亂。我們現在將如何酌采西方的新潮流，如何拿自己以前的
> 舊經驗，來替自己打開一出路，……這當然是我們這一代人的
> 責任。[131]

政治清明的前提，不是仿效西方「專用法制來束縛執政者」的憲政制
度，而是回歸傳統以經書義理恢弘人才志氣，才能走出自我的道路。
畢竟「不夠的不在法，而在才」，若論治國的根本，法律的立竿見影
尚屬次要，培養人才的百年大業，方是首務。

　　因此，錢穆憂心，中國教育大幅西化後，學步西方法律與道德分

---

129 錢穆：《中國近三百年學術史》「自序」，第16冊，頁5。

130 錢穆：《政學私言·中國人之法律觀念》，第40冊，頁240。

131 錢穆：《中國歷代政治得失》「總論」，第31冊，頁193-194。

離的體系,以致法政人才器識日卑,胸襟益淺。西方自宗教改革之後,國家法律與宗教道德逐漸分離,西方人說「凱撒的事歸凱撒管,上帝的事歸上帝管」,世俗政治領域倚賴法律,道德的提升,則憑藉宗教的力量。[132]政治的運作,便是法律的監督、制衡,道德色彩相當稀薄。但錢穆強調,中國政治必須維持法律「達用」,道德「明體」,的完整系統,他反對:「今日論者方務離法律與道德教化而二之,一意模仿西俗,於舊典多有不知其用意,而輕斥輕廢者。」[133]錢穆一向認為,移植西方法律,並非中國政治之坦途,在〈中國人之法律觀念〉中,他說:

> 中國人治法律,既不以習慣為尚,又不嚴奉宗教,則治法律者溯源於經義,此亦事理之可解者。……中邦法律與經學相通,則目為誕。甚矣其不知類也。……然中國人觀念,重活法不重死法,重心法不重文法,審法尤貴於審心,守法尤貴於守心,……故中國傳統觀念,遂有「重人不重法」之趨向,復有所謂「法外之意」者,……夫徒法不足以自行,終必仍有待於奉法、守法、知法、明法之人。**今法律既原本「經術」與「心學」,則求其人之奉法、守法、知法、明法者,自非深通於經術、深修於心術者不可。**此又中國傳統法律觀念下一種相隨而特有之精神。[134]

「中邦法律與經學相通」中華法系的靈魂源自經書義理,換言之,「律」並非政治秩序的最高指導原則,其僅是將「經」的價值具體

---

132 〔日〕大西直樹編:《歷史のなかの政教分離:英米におけるその起源と展開》(東京都:彩流社,2006年。)

133 錢穆:《政學私言・中國人之法律觀念》,第40冊,頁244。

134 錢穆:《政學私言・中國人之法律觀念》,第40冊,頁243。

化、細部化，所以余英時說：「中國價值系統因為沒有預設客觀化的、形式化的『上帝』的觀念，因此法律沒有絕對的神聖性，也佔不到最高位置。但作為次一級的觀念，『法』仍然是有普遍性的。」[135] 自蕭何訂定漢律後，「經」、「律」之間一直維持穩定的體用關係，傳統法律依「天人感通」的觀念，行刑論罪；依禮經宗法，劃定親屬身分尊卑關係。與西方自然及社會秩序彼此不相干，「法律之前人人平等」的思想，迥不相侔。[136]因而中國「重心法不重文法」，必以經學涵養人心，必求深通於經術、深修於心術之人，方足以知法、明法。換言之，「律」之上有「經」，則穩定政治秩序的力量，在「經」不在「律」。

在傳統「經」主「律」輔的體系下，經書義理是一切道德價值的根源，更是人心的指引。「律」以具體的規定，細部落實經典道德價值，「刑律」更是輔禮教之不足。在道德、法律合一的情況下，「經義其體」與「時務其用」組合成完整的「明體達用之學」。但民國以來的教育體系，以西方知識分科區別畛域，「經」化為歷史學的材料，而非身心浸潤的義理，[137]歸入文學院。「律」則屬法學院，以「道德」、「法律」二分的外國法為學習核心。當時中國法學教育有三大重鎮：公立的北大法學院，私人興學方面則有「北朝陽南東吳」，北大課程以研習日本法、德國法為核心，中國法制史僅聊備一格。朝陽大學創於民國元年，亦在培育新式法院所需人才。東吳大學法科由美國在華律師蘭金於1915年創設，由美國駐華法庭、駐滬律師工會主持法學教育。[138]近代法學院在課程上重西方法律的模仿，無《四書》、《五

---

135 余英時：《從價值系統看中國文化的現代意義》（臺北：時報文化出版公司，1993年），頁78。

136 此議題可參見黃源盛：《法律繼受與近代中國法》（臺北：黃若喬出版，2007年）。

137 參見第壹章。

138 李貴連：〈中國現代法學的百年歷程（1840-1949）〉，蘇力、賀衛方主編，《20世紀的中國：學術與社會（法學卷）》（濟南：山東人民出版社，2001年），頁214-319。

經》的涵養。師資上有外國律師,無經師人師。錢穆奮臂疾呼道:

> 法學院必應植基於文學院,文學院一應課程,如哲學、文學、
> 史學之類,在中國大學裡一樣沒有獨立性,……他們都已失卻
> 在現時代的領導作用。文學院打不出一條生路,法學院必然隨
> 著打不出一條生路,因而國家政治社會各部門、各方面都失卻
> 了獨立性,必然要偏倚在一邊,必然要一面倒。[139]

民初法學院目的在培育新式法院之人才,但西方政、教嚴格區別之
下,政治獨立在宗教的道德情操之外,仰賴法律規範,這也使法學教
育欠缺道德的濡染,僅是訴訟技巧的訓練。蔡元培〈法政學報週年紀
念會演說詞〉指法科學生道德墮落,空有技藝,並譏其喪失傳統書院
的道義精神,貶為「職業學校」。[140]胡瑗講學蘇湖,倡「明體達用之
學」,雖可「一人各治一事」以為兵農、法制、財賦等經世實務之
用,但必以人倫共通之「經義」涵泳本體。因此,錢穆堅持「法學院
必應植基於文學院」,透過《四書》、《五經》的義理涵養,樹立完善
的道德,之後方學習法律制度。在《現代中國學術論衡》一書中,錢
穆反覆指摘當代文史哲諸門學問,均以西方學術架構搪塞拆解,打散
中國體用合一的學術特質。文史哲失其特殊、獨立性,無法賦予法律
制度道德價值,法學院也必然徬徨歧路。對此現象,錢穆在〈改革大
學制度議〉、〈理想的大學〉中疾呼:文學院應捨棄「科學方法整理國
故」的歧路,回復「通人」之學,以人倫共通之道德為學問之全體。
文哲科系畢業後,始進入法學院研習。[141]意在將法政等經世時務,歸

---

139 錢穆:《文化與教育·理想的大學教育》,第41冊,頁227-228。

140 蔡元培:〈法政學報週年紀念會演說詞〉,孫常煒編:《蔡元培先生全集》(臺北:
臺灣商務印書館,1968年),頁751-754。

141 錢穆:〈改革大學制度議〉、〈理想的大學〉,《文化與教育》,第41冊,頁198-200,
頁212-213。

本乎經書義理。

錢穆還明確指出：

> 自然科學無國界，本無所謂獨立。不能有英國的物理學，法國
> 的數學，德國的天文學，一類的鴻溝。……只有人文科學，關
> 於某一國家之立國精神與其文化精神者，乃始有各自獨立之需
> 要。今天中國大學教育所最感缺乏獨立精神者，其實並不在自
> 然科學理工學院一面，而在人文科學文法學院的一面。尤其是
> 法學院。中國大學的法學院，只有講述西洋各國的政治制度、
> 社會經濟法律等各課程，中國已往的一概不提。……這才真是
> 中國大學教育沒有獨立性的最嚴重病症。[142]

在科學崇拜的心裡下，理工學院盡仿西制，但科學本無國界。而文學
院是一個民族精神的嚮導，更須為法學院「導夫先路」，但當代大學
之弊，在於文學院「以科學方法整理國故」的風尚，席捲一世，視義
理養心之學，為迷信玄學。法學院欠缺自身歷史文化涵養的根基，只
學習最末端的西洋各國制度，根柢已虛，枝葉枯弱。

中國法政制度的西化，始於康有為，錢穆論康氏，頗有借古諷今
之意。

正是有鑑於當代道德與政治歧離，「明體」與「達用」裂解，錢
穆才興發對曾國藩異代知音之感，曾氏以風俗之敦厚、人心之潛移默
化、士人心術之端正，為政治理亂的基礎，這正切合錢穆道德與政治
合一的主張，所以在〈略論中國政治學〉一文中，錢穆說：

> 晚清大儒曾國藩，有〈聖哲畫像記〉，羅列各代聖哲，多數與
> 政治有關。……國藩乃以鄉居辦民團，弭平洪、楊之亂，但國

---

142 錢穆：《文化與教育·理想的大學教育》，第41冊，頁227。

藩之自稱,則曰「粗解文章,由姚先生啟之」。是國藩亦自居
為一古文家,終不自承為一政治家。從來亦未有以古文名家而
不通治平大道者。……中國自古聖哲,亦絕少以政治家自命,
乃亦決不專以政治為學。[143]

如第一章所述,嚴復、梁啟超認為西方所以富強,在於「政治」「成
專科」、「列為專門」,不同於孔門四科的「德行」、「政事」不分。「政
治學」並非人人共通的道德修為,而是專談權力分配、制衡的一門專
學。但錢穆在此卻說:「中國自古聖哲,亦絕少以政治家自命,乃亦
決不專以政治為學」,因為政治不離古文辭中,聖賢所昭示之人格修
為,曾國藩以書生平定大亂,但「終不自承為一政治家」,「國藩之自
稱,則曰『粗解文章,由姚先生啟之』」因為為政之道,即在古文辭
的浸潤霑漑之中。

錢穆又接著說:

中國重禮治,一切人事皆重禮,政治只其一端。……大學之
道,即在教人以為人之道,即上通於為君之道,故曰:「自天
子至於庶人,一是皆以修身為本。」……西方重法治,……但
西方除法律有明文規定外,一切又儘可自由,縱蕩放肆,惟意
所欲,無復再有防止,此之謂人權,豈不可畏![144]

西方政治崇尚法律,以法律建構三權分立的制度,制衡執政者權力,
故執政者不得在法律之外,假教化之名,干涉人民自由,以此確保人
權。中國政治,即是「為人之道」,是執政者端正己身,教化萬民的
活動,因而「修身」之外,無須再有另一套「政治學」。

---

143 錢穆:《現代學術論衡・略論中國政治學》,第25冊,頁214-215。
144 錢穆:《現代學術論衡・略論中國政治學》,第25冊,頁225。

相較之下，梁啟超論清學史對曾國藩無太多關注，卻給予康有為極高讚譽。相較於錢穆反復指摘康有為捨宋明義理學，梁啟超卻極力表彰康氏對法制方面的建樹，在〈近世之學術中〉中他說：

> 吾師南海康先生，少從學於同縣朱子襄先生（次琦），朱先生……尤好言歷史法制得失。……疇昔治《公羊》者皆言例，南海則言義。惟牽於例，故還珠而買櫝；惟究於義，故藏往而知來。以改制言《春秋》，以三世言《春秋》者，自南海也，改制之義立，則以為《春秋》者，紬君威而申人權，夷貴族而尚平等；去內競而歸統一，革習慣而尊法治。此南海之言也。疇昔吾國學子，對於法制之觀念，有補苴，無更革；其對於政府之觀念，有服從，有勸諫，無反抗。……南海則對於此種觀念，施根本的治療也。三世之義立，則以進化之理，釋經世之志，遍讀群書，而無所於閡，而導人以向後之希望，現在之義務。[145]

梁啟超指出，康有為從學朱次琦，留心「歷史法制得失」。其《春秋》之「革習慣而尊法治」。並稱其比附西方民主憲政，確立人民反抗政府的觀念。

〈近世之學術中〉還稱許康有為將公羊學「導入政治問題」「發明當由專制進為立憲、共和之理」[146]並指其公羊三世之說，昌言歐美政體，大開學界風尚，喻之為日本的福澤諭吉。[147]在《清代學術概論》中稱許康氏《大同書》在制度方面的創新：「有為著此書時，固一無依傍，一無纂襲。在三十年前，其理想與今世所謂世界主義、社會主義者多合符契，而陳義之高且過之，嗚呼，真可謂豪傑之士也

---

145 梁啟超：《論中國學術思想變遷之大勢‧近世之學術》，頁128-129。
146 梁啟超：《論中國學術思想變遷之大勢‧近世之學術》，頁131。
147 梁啟超：《論中國學術思想變遷之大勢‧近世之學術》，頁131-132。

已。」[148]又說：「有為……今老矣，殆不復與世相聞問，遂使國中有一大思想家，而國人不蒙其澤，悲夫！」[149]

相較於錢穆對西化政治的大力抨擊，梁啟超乃興論界之驕子，對西方法政制度的介紹、倡導，居功厥偉。這正反映在兩人對曾國藩的重視與否，對康有為的評價面向。

錢穆說：

> 中國他日仍將有道德與教化，……相鼠有體，國亦宜然。體之既立，有不可盡變者。[150]

一個民族的政治體制，不可離開其文化歷史脈絡，專向異邦抄襲移植。中國自古政治與道德合一，教化與法律一體。因此，錢穆看來，康有為決裂道德與政治的體用關係，恐非長久之計。曾國藩敦厚風俗、淨化人心，以挽回世運，才是中國將來政治的坦途，而在宗教氛圍較淡薄的中國社會，風俗人心之所繫，並非上帝神喻，而是經書義理的薰陶，因此，經典不能僅是外向的知識，尚須內化為人人尊奉的信仰。其抑揚曾、康，體現「明體達用之學」在近代析裂的過程中，知識、道德與政治的分離。

二 錢穆所論之得失

但錢穆所論並非完美無缺，他指摘康有為企圖通過法制的建樹，解決中國政治、社會問題，卻忽略良法善制的基礎，在俗美風淳。徒有外向的法規，社會之人心道德若不能有所提振覺醒，則徒法不能自

---

148 梁啟超：《清代學術概論》，頁135-136。

149 梁啟超：《清代學術概論》，頁137。

150 錢穆：《政學私言·中國人之法律觀念》，第40冊，頁244。

行。但錢穆似乎忽略了，法制的成功與否，人心風教固是必要條件，但尚需有相當多的充要條件，例如：德國法理學家海克（Heck, 1858-1943）等「利益法學派」（Interessen Jurisprudenz）主張，一個國家法制的成功與否，在於立法及執法時，能否充分考量所涉事件中對立的各種利益衝突，這些利益，包含私人的利益、公共的利益、物質的利益、宗教信仰上或倫理道德方面等精神上利益，而後在各種衝突的利益中，由適當的機關、妥適的程序，對各種衝突的利益，排列保障之先後。道德利益僅是其中一種利益，尚須與其他利益權衡先後。[151]「經濟法學派」（Economic Analysis of Law）認為，法律的成功與否，取決於行政成本與行政效率間的平衡。以「經濟效率」原則作為法律之理性，通過「成本效益」（Cost-Benefit Analysis）與法律的預期利益，評估所投入的成本是否過大，避免「法規失靈」（regulatory failure）造成資源的浪費。「經濟法學」將經濟學上的「最小負擔」與「最大利潤」用於法律，有時犧牲倫理道德、公平正義，至今仍是一個受爭議的學說。但它的出現，顯示在現實社會政治中，道德並非治國唯一的條件。[152]

錢穆論學所預設的接受對象，是士大夫階層，因此較偏理想性，強調士人道德的端正，而現實政治卻有實質的層面。不過若政治僅是各種利益的衝突與調和，那麼人類社會將不斷沈淪。因此錢穆「徒法不能同行」的思想，亦能使政治有所提升，仍有其卓識深心。

1906年清廷下召立憲，梁啟超躊躇滿志，投入西方憲法學、財政學之研究，並著《憲政論》、《財政原論》，同時還著《王荊公》、《管子傳》，大有以變法改制的王荊公、求富圖強的管子自命之意。同門

---

151 〔日〕田中成明，深田三德，竹下賢，龜本洋，平也仁彥：《法思想史》（東京：有斐閣，2012年），頁162-163。

152 Richard A.Posner著，唐豫民譯：《法律之經濟分析》（臺北：臺灣商務書館，1987年）。

麥孺博致信勸以「治心」為本，勿尚法為治，捨本逐末。梁啟超回信曰：「然則我輩所當主者為何？必其在究當世之務，以致用於國家矣。為學日益之功，固在是；即為道日損之功，亦在是。此有所益，彼必有所損。古人所謂內外交養，不越此途。而辱示有根本枝葉之疑，鄙見未敢苟同也。」[153] 梁啟超否定「治人」與「治法」根本枝葉、本末輕重之分，他急於「究當世之務」，儘速「致用於國家」，追求的是可速致富強的西方憲政、法律、財政制度。梁氏救世之心甚急甚切，有時難免無暇陶育人心、淨化風俗的百年之業。這反映在其清學史詮釋上，便是對變法更制的康有為大加推尊，於滌盪風俗的曾國藩較為疏忽，與錢穆恰好成有趣對比。

但西方憲法學未必只訴求制度建構。德國學者阿列西（Robert Alexy）認為憲法不僅是外在的條文結構，其基本價值理念、內部原理原則，也必須符合道德規範下所謂之「正義」。[154] 德國法理學家魏德士（Rüthers）指出：「道德不僅是法的條件，也是法的目標。法為占統治地位的道德服務，法應該以國家制裁來實現作為道德基礎的世界觀，或保護它不受侵害。但是在自由的憲政國家，只有社會倫理的核心部分才受到法的保護。」[155] 西方法律不僅維持一套有形的憲政秩序，其背後更有倫理道德的價值理念，以及產生此一理念的世界觀、宇宙觀，只不過，民主國家為限制政府對人民的干預，僅以法律的強制力保障社會倫理的核心部分。其餘部分則賴宗教教化、社會風習的薰陶。但作為憲政秩序基礎的世界觀、倫理觀，仍屬最本源的依據。

---

153 梁啟超：〈致麥孺博書〉，丁文江、趙豐田：《梁啟超年譜長編》（上海：上海人民出版社，1983年），頁708。

154 〔德〕羅伯·阿列西（Robert Alexy）著，王鵬翔譯：《法概念與法效力》（臺北：五南出版社，2020年），頁115。陳清秀：《法理學》（臺北：元照出版公司，2020年），頁287-288。

155 〔德〕伯恩·魏德士（Bernd Rüthers）著，丁曉春、吳越譯：《法理學》（北京：法律出版社，2013年），頁180。

這便是宋代理學家念茲在茲的心性、風教問題。錢穆論政治，超越法律束縛、權力節制的制度層面，從文化的本源建構其政治理想，[156]其所訴求的是隱性的、潛在的、但卻更長遠的價值理念層次，也就是植根於一個民族的世界觀、道德觀，因此其揄揚曾國藩之重人心風教，自能深耕厚積，轉移百年世運。對於康有為以公羊學包裝西化憲政制度以速致富強，則有捨本逐末之嘆。錢穆抑揚曾、康的視角，是其政治理想的投射，這固有過度理想化的疑慮，疏略現實制度運作層面，但即便西方法理學亦訴求制度之上，更本源的價值層次。就此而論，錢穆之見，仍有其深心卓識。

---

156 參見第一章。

第柒章
「注疏、心術、政術」一以貫之：論陳澧

錢穆在《中國近三百年學術史》論晚清學術時，以陳澧（1810-1882）與康有為、曾國藩三足鼎立，康、曾兩人在晚清政治上的地位，居高厥偉，而陳澧雖任學海堂山長數十年，但論風響影從的學術地位，尚不及康、曾兩人，錢穆何以對其稱譽再三。本文認為，陳澧將知識層面的經典「注疏」，與道德立場的學人「心術」，以及天下興亡的「政術」，通貫為一，與錢穆知識、道德與政治一體的「明體達用之學」，彼此呼應。質言之，錢穆認為，陳澧所謂的「開新學風」，不僅是純學術上的追求新知，更重學者人品的砥礪，而人格的提升，不止於宗教意味的超凡成聖，在「仕學合一」的傳統政治結構下，士人求學明道，即是政治清明的保證。以下試就此申論之。

第一節　錢穆「風俗」、「人才」之用語界說

錢穆在《中國近三百年學術史》第十三章〈陳蘭甫〉之結語說：

> 今日者，**學風之壞**，有甚於東塾之當年。士情之嬾且躁，不肯讀一部書，而好以勝古人，東塾憂之，所謂足以亂天下者，方復見於今日。安所得東塾其人者，以上挽之於朱子、**鄭君**，相率趨於博學知服之風，而求以作人才、**轉世運**哉？此余於東塾之一編，所尤拳拳深致其嚮往之意也。[1]

1　錢穆：《中國近三百年學術史》，第17冊，頁811-812。

這段話是錢穆自剖心曲,說明其所以崇仰陳澧用意所在。但該如何解讀這一段話?現有文獻解讀錢穆此語時,把焦點置於兩處:其一,陳澧對「新學風」的倡導。其二,陳氏目睹晚清世局之壞,對人才之渴求。汪榮祖在〈錢穆論清學史述評〉中指出,錢穆論清學一秉「崇宋尊朱」的基本心態,其間「尚可見漢宋門戶之見的遺影。」[2]又說:「錢氏以東塾身值大亂衰世,能切中時弊,深知發明訓詁而不講義理的漢學家之失,故欲挽風氣,砭流俗,主漢宋兼採,有意提倡新學風。所謂新學風,以錢氏之見,只是不分漢宋,以求微言大義。」[3]「朱子鄭君云云,立見錢氏本人學術思想之歸宿,與夫論學好惡之所本。」[4]並將錢穆以專章論述陳澧的原因,歸導於其對當世學風的感慨。侯宏堂《「新宋學」之建構──從陳寅恪、錢穆到余英時》亦指出,陳澧所謂之新學風,即「漢宋會通」以竟學問全體,與錢穆傾向義理大體的宋學色調,彼此呼應,故得其青睞。[5]姜淑紅〈錢穆《中國近三百年學術史》特論陳澧之原因析論〉將錢書以專章評述陳澧的原因,歸為兩點:其一,陳澧溝通漢宋,切中錢氏學術立場。其二,錢穆身處國勢積弱,日軍侵擾的時代,急待求才,以救時局之危,與陳澧培育人才的宿願,相互映射。又指民初以來尚懷疑、重考證、求細節的學風,與清代考據學類同,以此詮釋錢穆清學史論述中,學術與世變相結合的特色。[6]

以上諸說扣緊「學風」與「人才」解釋錢穆清學建構的特色,此固然難謂無由。但論者似乎從現代學術的視角展開理解,與錢穆偏向傳統的學術體系,仍有相當距離。質言之,從現代學術的觀點而言:

---

2 汪榮祖:〈錢穆論清學史述評〉,頁99,106。

3 汪榮祖:〈錢穆論清學史述評〉,頁112。

4 汪榮祖:〈錢穆論清學史述評〉,頁113。

5 侯宏堂:《「新宋學」之建構──從陳寅恪、錢穆到余英時》(合肥:安徽教育出版社,2009年),頁141-144。

6 姜淑紅:〈錢穆《中國近三百年學術史》特論陳澧之原因析論〉,頁46-49+69。

「學風」指「研究趨勢」、「學界生態」；「人才」指「技術專家」、「知識菁英」。總之，是知識圈內部的範疇，與社會、政治關聯稀薄。但若果如此，則民初以來，新式學堂林立，法政工商之人才輩出，錢穆何以有無才之嘆？

因而，本文認為，欲理解錢穆何以用相當篇幅，評述、推許廣東學者陳澧，甚至將其與曾國藩、康有為並峙而論，必須回到錢氏自身的學術體系，以探其衷曲所在。

「學風」與「人才」在錢穆著作中，重見迭出，其指謂與現代學術用語下的「研究趨勢」、「知識菁英」迥異。由以下諸篇可推知錢穆之意。

在〈理想的大學教育〉中，錢穆說：

> 建國必先建人，興國必先興才，這仍是一條顛撲不破的大原則。先救學術，**先救人才，然後始能救國家**。……如何救學術、救人才……我們該注重會通的學風，該注重完整的人格。這兩件事，只是一件事。**有會通的學風，自能培養出完整的人格**。我們該把「人文主義」的教育來糾正唯物的、功利的教育。……我們該提倡做通學，我們才能期望有宏才。這是我們現代大學教育所應負的新使命。[7]

這段話把「學風」、「人才」與「救國」聯繫一體。所謂學風，指會通學術大體，有別於分科研究。前者以陶鑄學者「完整的人格」為要務，以「人」為主，「學」為從；後者以分業分工的方式，求學術自身的專精，以「學」為主，人人依其所學之知識，分屬各領域的「技術專家」。錢穆所重者，顯然是會通以成就完整之人格。因而，其所

7　錢穆：《文化與教育‧理想的大學教育》，第41冊，頁235。

謂的「人才」，指具備「完整的人格」，而非僅擁有專業的技術。而錢
穆所以嚮往「通學」、「宏才」，最終目的不在發現新知識、新技術，
而在「救國家」，近似宋明儒者擔當天下的「新使命」。也就是說，錢
穆欲以學者人格為政治的根柢，基址寬宏，自然豐茂隆盛。

在〈中國傳統教育精神與教育制度〉中，錢穆說：

> 故國家高等教育，斷當以「文化」與「人才」為中心。所謂人
> 文教育是也。其次乃有實業教育，則凡各實用科學，專門知識
> 技能……者屬之。……如此亦庶乎一洗……沉痾宿疾，使人知
> 於技術實用之外尚有所謂「學」，富國權利之外尚有所謂
> 「教」。不然則將見人才日以窄狹，人志日卑污，並此技術實
> 用富強權利而不可得。[8]

「人才」指具備「完整的人格」者，非僅具「實用科學」之「專業技
能」即可稱之為「人才」。人格的養成，並非來自宗教薰陶，而是倚
賴「人文教育」所營造的學風，人文教育的目標，在於啟迪人內在的
性靈善端，否則僅有一技一職的分科式實業教育，則「人才日窄
狹」、「人志日卑污」，「並此技術實用、富國權利而不可得耳」，此處
又將人才、學術與國家前景聯繫。

在〈新原才〉中，錢穆說：

> 改變風氣，則在反其道而行之。……正如湘鄉曾氏所謂「忠誠
> 耿耿，篤實踐履之士」……非如此，亦不足以轉風氣而勵人
> 才。……今日只貴有不可逾越之廉隅，不可侵犯之節操，……
> 必如此，而後有剛大之氣。亦必如此，而後有堅貞之守。非剛

8　錢穆：《政學私言·中國傳統教育精神與教育制度》，第40冊，頁223。

大堅貞，亦無以勝抗戰建國之重任。[9]

「抗戰建國之重任」需要性情「剛大堅貞」之人才，而人才之廉隅節操，源自學術「風氣」的潛移默化。

在〈近百年來諸儒論讀書〉中，錢穆說：

讀書人的習慣與風氣，對於世道，真有偌大的影響。[10]

錢穆指出，世道之盛衰，不在法政工農等外在制度層面，而在「讀書人的習慣與風氣」。

由以上分析可知，錢穆所謂的「學風」、「人才」，並非僅純學術上的研究取向、技術專家，而是與政治興衰密切關聯。換言之，其欲通過學術的陶育，開啟學者胸襟器識，提振其人品道德，在學而優則仕的傳統下，學人心術與政術互為表裡，而心術又受學術風氣的感召，因此，錢穆說：「安所得東塾其人者，以上挽之於朱子、鄭君，相率趨於博學知服之風，而求以作人才、轉世運哉？此余於東塾之一編，所尤拳拳深致其嚮往之意也。」[11]這段話固然提及「朱子、鄭君」，但漢宋會通並非陳澧「新學風」的目的，僅是手段，溝通鄭、朱意在營造「博學知服」的學風，以此培育人品完善的人才，進而轉移世運，革新政治。錢穆崇仰陳澧的原因，出發點未必全是「崇宋尊朱」的戶庭之見，他看重的不是「漢宋調和」的「立場」，而是「漢宋調和」所帶來的「博學知服」的「效果」，以及服善虛心的學者人格，所能「轉世運」的「功效」。也就是說，漢宋問題在民初學界，早已功成身退，錢穆無必要再捲入纏訟多年的舊案中軒此輕彼。錢穆

9　錢穆：《文化與教育・新原才》，第41冊，頁177。
10　錢穆：《學籥・近百年來諸儒論讀書》，第24冊，頁93。
11　錢穆：《中國近三百年學術史》，第17冊，頁812。

問的不是分疆別域的學術「立場」，而是欲以學術淨化道德，徹底改進政治的「信念」，並進而反省當身知識、道德、政治三分的西化風潮，這才是其最深刻的關懷。

第二節　陳澧「務乎大體」的學術宗旨

一　「士大夫之學」與「博士之學」

陳澧將「士大夫之學」與「博士之學」反義對舉。錢穆說：

> （東塾）但論學術，不尚博聞，尚博文往往瑣碎無統類，論學術則務乎大體，尚博聞往往與身世無涉，論學術則所以作人才，經世務。[12]

> 東塾又明辨之曰：「有士大夫之學，有博士之學。近人幾無士大夫之學。士大夫之學，更要於博士之學。士大夫無學，則博士之學亦難自立矣。此所以近數十年學問頹廢也。昌黎〈答侯繼書〉云：『僕少好學問，百氏之書，未有聞而不求，求得而不觀者也。然其所志，惟在其意義所歸。至於禮樂之名數，陰陽、土地、星辰、方藥之書，未嘗一得其門戶。』此即所謂略觀大意，士大夫之學也。《漢書‧藝文志》云：『存其大體，玩經文而已。』此即所謂略觀大意，不求甚解。不獨士大夫之學為然，即老博士之學亦然。老博士專明一藝，其餘諸書豈能皆求甚解哉？」[13]

---

12 錢穆：《中國近三百年學術史》，第17冊，頁796。
13 錢穆：《中國近三百年學術史》，第17冊，頁796-797。。

這兩段話的重點有二：第一，從治學的目的與研究的範疇，區判「士大夫之學」與「博士之學」的特色，就目的而言，「士大夫之學」與學者的身世相關，是解決生命困惑的學問；「博士之學」以「博文」為本身的目的，外向知識的博覽，未必能內化為個體生命的價值。就範疇而言，「士大夫之學」「務乎大體」「略觀大義」，把握學問通盤全貌；「博士之學」「碎無統類」，「專明一藝」，較重分枝分節的細部鑽研。兩者的差別，以韓愈〈答侯繼書〉自述的成學經歷可為具體適例。韓愈博觀百氏之書，「然其所志，惟在其意義所歸」，也就提煉典籍英華，約之以一己之情性，此乃「士大夫之學」；至於名數，陰陽、土地、星辰、方藥等旁衍遞分的知識，此乃「博士之學」，韓愈不過度鑽研，畢竟「博文」並非本身的目的，「約禮」才是治學之首務與旨歸。第二，錢穆進一步解釋陳澧所謂的「士大夫之學」與「博士之學」的關係，他說：「士大夫之學，更要於博士之學。士大夫無學，則博士之學亦難自立矣。」「博士之學」以「求知」為目的，但知識並非本身的目的，以裨身心才是求知的目標。「博士之學亦難自立」即是否定知識外於政教人倫以外的獨立地位。

錢穆認為，陳澧所謂的「博士之學」，指乾嘉以降，近乎「為知識而知識」的經史考證學，他說：

> 經學家既專務考據訓詁而忘義理，……東塾論之曰：「……試問今日說經者，非欲明其文義乎？明其文義之後，將再讀之乎？抑置之不讀乎？若置之不讀，則明其文義何為也？若明其文義，將再讀之，則注疏文義已明者甚多矣，何不再讀之乎？何以文義已明者不讀，而獨覓其文義未明者而讀之乎？願經師有以教我也。」[14]

---

14 錢穆：《中國近三百年學術史》，第17冊，頁785。

「士大夫之學」以有益身心為治學目的，訓詁考訂僅發明文義的手段，明其文義之後則重在義理養心，存其大體的涵養功夫，但當日考據學家以訓詁考訂為本身的目的，棄置整體文義的濡染體味，此無異買櫝還珠。

此一偏蔽的學風，源自考據家排擠宋儒太過。清代考據學乃緣顧炎武「經學即理學」之宗旨發皇滋衍，顧氏之說，原為救晚明王學將《五經》束諸高閣，專執語錄，明心見性，無濟政事之弊。但宋明儒義理並非無可取之處，皮錫瑞說：

> 宋儒之經說雖不合於古義，而宋儒之學行實不愧於古人，且其析理之精，多有獨得之處。[15]

> 乾隆以後，許、鄭之學大明，治宋學者已尟。說經皆主實證，不空談義理。是為專門漢學。[16]

宋儒之長處，在「析理之精」與「學行」之善，但乾嘉以後，清儒因其「經說不合於古義」，遂一併棄其長處。陳澧對當時漢學詆宋儒太過，也有所不滿，錢穆說：

> 東塾論之曰：「我未見貴遠而賤近者也，大都貴近而賤遠耳。於近時之風氣，則趨而效之；於古人之學術，則輕而蔑之。自宋以來皆如此。宋儒貴周、程而輕漢儒，近儒貴惠、戴而詆宋儒，吾安得貴遠賤近者而與之論學問哉！」[17]

---

15 皮錫瑞：《經學歷史》，頁344。
16 皮錫瑞：《經學歷史》，頁376。
17 錢穆：《中國近三百年學術史》，第17冊，頁793。

陳澧反對乾嘉以後「貴惠、戴而詆宋儒」之言。因此他主漢宋兼採以求微言大義，錢穆說：

> （東塾）又曰：「漢儒之書，有微言大義，而世人不知也。唐疏亦頗有之，世人更不知也，真所謂『微言絕，大義乖』矣。宋儒所說，皆近於微言大義，而又或無所考據，但自謂不傳之學。夫得不傳，即無考據耳，無師承耳。國初儒者，救明儒之病；中葉以來，拾漢儒之遺，於微言大義未有明之者也。故予作《學思錄》，求微言大義於漢儒、宋儒，必有考據，庶幾可示後世耳。」此東塾所主漢、宋兼采以求微言大義之說也。[18]

士大夫之學重通觀大義，以涵養身心，宋儒說經每有新意，而漢儒未嘗無微言大義。乾嘉以來所謂的「漢學」，僅訓詁聲音之學，「於微言大義未有明之者」。

漢宋均談義理，但其求理之方式有別。劉師培《兩漢學術發微》說：「漢儒之學，大而能博，釋訓詁、明義理，無所偏尚。」[19]漢儒寄義理於訓詁當中，宋儒則多主心悟自得，劉氏《漢宋學術異同論》又說：

> 覺悟之說，本於《說文》諸書（《說文》云：「學，覺悟也。……《白虎通》云：「學之為言覺也，以覺悟所不知也。……」），惟覺悟由於治學，非謂覺悟即學也。及宋儒重覺，遂以澄心默坐為先。此則易蹈思而不學之弊矣。[20]

---

18 錢穆：《中國近三百年學術史》，第17冊，頁799-800。

19 劉師培：《劉申叔遺書（上）·兩漢學術發微論》，頁535。

20 劉師培：《劉申叔遺書（上）·漢宋學術異同論》，頁541-542。

漢儒並非專言訓詁，不求義理，只不過其解義理的方式與宋儒有別。
漢儒以訓詁解義理，如《說文》、《白虎通》將「學」訓為「覺」，表
達「學」的概念乃「由治學而覺悟」，非「覺悟即治學」。宋儒卻捨棄
文字訓解的工作，以逆溯本心為學，「易蹈思而不學之弊矣」。

　　陳澧既以義理為旨歸，又云漢宋均有微言大義，故當左右採獲，
不專一家。但為免重蹈晚明不觀注疏訓解，任憑心性臆說，流於空疏
的覆轍，他強調由漢宋儒者之經訓注疏當中，發明義理。以此通觀大
義的士大夫之學，既可救漢學風氣之弊，又免步宋明空疏之舊塵。因
此其《東塾讀書記》於宋學當中，捨陸王心悟之說，教人讀朱子注
疏，錢穆介紹該書論「朱子」時說：

> （東塾）又謂：「朱子既謂窮理必在乎讀書，又以讀書為第二
> 事、第二義，窮理為第一事、第一義，然則第一事必在乎第二
> 事，第一義必在乎第二義也。除此第二事、第二義，更無捷
> 徑，若以為第二而輕視之，則誤矣。」[21]

朱熹治學以「窮理」為目的，但窮理之方，不可訴諸心悟心覺，必然
通過「讀書」以窮理。使外在的經典知識、訓詁注疏與內向的良知本
體交互為用。同時強調「窮理」為第一義：讀書屬第二義，但「第一
事必在乎第二事」，「若以為第二而輕視之，則誤矣」。

　　陳澧標榜通觀大義，潤身及物的「士大夫之學」，除了有明確的
學術理論外，其《東塾讀書記》更以實際的治學成績，示範「通觀大
義」的學術典範，該書本《學思錄》要旨綴集增定而成，薈萃陳澧一
生論學之精華，綜述《四書》、《五經》之大義，以及先秦下迄清初之
學術流變。錢穆稱：「所論皆各書宏綱巨旨，要義大端，融會貫串，有

21　錢穆：《中國近三百年學術史》，第17冊，頁782。

本有末。不尚空談，不事繁證。」[22]陳澧論經學，與當時尚「繁證」的考據學風有別，以大義為重，又言而有徵，不流「空談」。試舉卷三論孟子之言，可一窺陳澧所謂「通觀大義」的治學方法，陳澧說：

> 孟子道性善，又言擴充，性善者，人之所以異於禽獸也；擴充者，人皆可以為堯舜也。「人能充無欲害人之心，而仁不可勝用也；人能充無穿窬之心，而義不可勝用也；人能充無受爾汝之實，無所往而不為義也。」此三言「充」，即擴充之充也。充實之謂美，亦即擴充之「充」也。此外擴充之義，觸處皆是：「親親敬長，達之天下」，擴充也；「推恩保四海」，擴充也；「集義」、「養氣」、「盡心」、「知性」、「知天」，擴充也；「博學詳說」、「增益不能」，皆擴充也。取譬言之，則「山徑之蹊間介然，用之而成路也。」「原泉混混，不舍晝夜也」。若鄉愿「自以為是」，則不擴充者也。「苟失其養，無物不消」，不擴充，則牿亡之也。「枉尺直尋」，牿亡之端。「壟斷」、「墦間」，牿亡之極也。[23]

此條中，通觀《孟子》七章要義，說明「擴充」「性善」的重要性。此處可見其治學重在把握經書義理之大體，潛心默悟其深意，使義理能與自身人格彼此激盪。否則，若僅著重於一章一句之解析，則僅能得枝節之末，僅是客觀知識的積累，無法浸潤讀書者的人格。此條與乾嘉以來的考證之作，諸如：王引之（1766-1834）《經義述聞》、王念孫（1744-1832）《讀書雜誌》、孫志祖（1737-1801）《讀書脞錄》、俞樾（1821-1906）《群經平議》等，訂正古字之訛誤、釐定篇簡之錯

---

22 錢穆：《中國近三百年學術史》，第17冊，頁780。
23 陳澧：《東塾讀書記》（上海：上海古籍出版社，2012年），卷三「孟子」，頁41。

亂、考辨史事之真偽者，大相逕庭，陳氏之書，著眼義理的整體把
握，以此潤澤身心。

最值得留意的是：錢穆看來，陳澧以通觀大義的士大夫之學，藥
當日「博士之學」，其用意落在政治上的世運盛衰，非僅純學術上的
調和漢宋。在《近百年來諸儒論讀書》中，錢穆說：

> 陳氏既發見了考據學之錮蔽，遂漸漸轉移方向，注意於宋學義
> 理之探求，與學問大體之玩索。其最先完成的第一部書，為
> 《漢儒通義》，其書名「通義」，即是主張從事學問該從大體上
> 探索義理之表示。……陳氏要從「善言義理」這一點上來溝通
> 漢、宋之門戶，而以「有益於身」、「有用於世」二語，懸為著
> 書講學標幟。當時考據學之大病，正在持門戶之見過深，過分
> 排斥宋儒，讀書專重訓詁考據，而忽略了義理，因此其所學於
> 身世乃兩無關益。陳氏所言，可謂對症發藥。[24]

陳澧「主張從事學問該從大體上探索義理」，因此為矯漢學瑣碎之
弊，而主採獲漢宋學術之大義，如此方能「有益於身」、「有用於
世」。換言之，兼採漢宋義理，是為「學問大體之玩索」，而「學問大
體之玩索」，又是出於裨益身心的需求。由此觀之，會通漢宋的主
張，僅是「手段」，以學術完成身心性命的提升，以及世道興衰的政
治使命，方是「目的」。

錢穆又說：

> 而且如陳氏意，像當時那般做經解。縱使做得極好，亦只是訓
> 詁考據，無關大義，亦只成得一個博士，不成為一個士大夫。

---

24 錢穆：《學籥・近百年來諸儒論讀書》，第24冊，頁81-82。

「博士」最多只能知道了些人家所不知道的，卻與做人辦事一切世道仍無關。「士大夫」則須從讀書中明義理，來做社會上一個有用人物。[25]

這段話顯見，陳澧會通漢宋以通觀大義的「士大夫之學」，所以得錢穆肯定，並非純學術傾向上的認同，更涉及學術與「做人辦事」及「世道」盛衰的關聯。而「博士之學」所以不受重視，是因其近似純知識的追求，從細節處推尋客觀知識，「最多只能知道了些人家所不知道的，卻與做人辦事一切世道仍無關」，僅是知識的增進，無助人格的轉化以及政治的提升。所以錢穆又說：

（陳澧）又說：「今人只講訓詁考據，而不求義理，遂至於終年讀許多書，而做人辦事全無長進，與不讀書者等。……」當時學者，正以能考據訓詁，自負為最善讀書者。而陳氏卻直斥其與不讀書者等，又且加上他們一個造成世道衰亂的罪狀。由今論之，我們實不能不佩服陳氏的大膽與深識。……他們訓詁考據之所得，並不說是錯了，只是於身無益，於世無用。[26]

錢穆之所以否定乾嘉以還的漢學風氣，考量的標準，並非純出於學術的標尺（例如：取證之疏密、邏輯之一致、論述之多元豐富），而是出於學術以外「世道衰亂」的政治效應。換言之，錢穆是以政治效果來衡定一門學術的價值。漢宋會通以觀其大義的「士大夫之學」，能涵泳身心，士人身心得義理之浸潤，將來出而為政，必能政通人和。反之，「博士之學」僅聞見的擴充，較不涉「做人辦事」，「於身無益，於世無用」，士人若徒務此學，則學術無法滌盪心胸，在仕學合

---

25 錢穆：《學籥·近百年來諸儒論讀書》，第24冊，頁84。
26 錢穆：《學籥·近百年來諸儒論讀書》，第24冊，頁82。

一的傳統政治結構中，學人心術與政術互為表裡，所以錢穆說「加上他們一個造成世道衰亂的罪狀」，並不為過。

由上可知，就錢穆看來，會通漢宋的士大夫之學，所以值得嘉許，並非純學術上的漢宋門戶立場，而是以政治效果為考量的標準。

二　言在注疏，意在心術

陳澧認為，當日考據學的瑣碎，不僅桎梏學術規模，更使學者心志日狹日卑。錢穆說：

> 苟專務其難以求施我考釋之功，則前人學術大體有不暇問，而惟求於小節僻處，別出新解以凌跨乎其上，此又自然必至之勢也。東塾論之曰：「王西莊云：『大凡人學問精實者必謙退，虛偽者必驕矜。生古人後，但當為考誤訂疑；若鑿空翻案，動思掩蓋古人，以自為功，其情最為可惡！』此所謂博學以知服。」[27]

這段話並非從知識本身的去偽存真探尋有效的治學方法，而是從人格修養的層面看待乾嘉以還，漢學考據方法的負面影響。錢穆看來，漢學所懸目標是純粹知識的追求，故以求得新知為要務，傾向「於小節僻處，別出新解以凌跨乎其上」，反不究心「前人學術大體」以涵養身心。此風盛行下，學者養成驕矜自傲、「動思掩蓋古人」的風氣。

錢穆又說：

> 以好勝之心讀書，專務小節，不暇通體細玩之病也。繼此則復有一病相連而俱起者，曰浮躁。東塾論之曰：「近人治經，每

27　錢穆：《中國近三百年學術史》，第17冊，頁788。

有浮躁之病。隨手翻閱，零碎解說，有號為經生而未讀一部注疏者。……且浮躁者，其志非真欲治經，但欲為世俗所謂名士耳。」[28]

當日漢學家讀書的心態，不是發明「古人先得」、「我心同然」的人格修養，而是著眼知識本身的推陳出新，趨騖於「發現新知」，陳澧指出，以好勝之心讀書，則隨手翻閱，任意駁難，以競勝前賢，浮躁學風由此以起。

陳澧為救此浮躁學風，因而教人自首至尾讀一部注疏，養成博學知服的人格。錢穆引陳澧之語說：

若真讀注疏，自首至尾，於其疏誤而駁正之，雖寥寥數語，亦足珍。若不自首至尾讀之，隨意翻閱，隨意駁難，雖其說勝於先儒，而失讀書之法。此風氣之壞，必須救。[29]

讀注疏使學者心性靜細，大有益。[30]

專習一經以治身心。吾之學，如此而已。[31]

陳澧之所以提倡「真讀注疏，自首至尾」的治經方法，在於陶鑄「心性靜細」的人格，經典知識本身的紮實全面，反是次要目標。其自首至尾讀一部書的新主張，意在「治身心」、「救風氣」，而非僅治群經。

錢穆特別強調，陳澧「言在注疏，意在心術」，他說：

28　錢穆：《中國近三百年學術史》，第17冊，頁790。
29　錢穆：《中國近三百年學術史》，第17冊，頁788-789。
30　錢穆：《中國近三百年學術史》，第17冊，頁802。
31　錢穆：《中國近三百年學術史》，第17冊，頁804。

東塾所欲提倡之新學風，扼要言之，可謂是人通一經之學也。
何以謂之人通一經？……即人讀一部注疏之意也。……勸經生
讀一部注疏，故知人通一經，即是勸人讀一部注疏也。何以必
勸人讀一部注疏？以當時學者嬾而躁，至於不肯讀一部書，東
塾謂足以亂天下，故特舉此以為對症之藥也。[32]

錢穆將學風、政風連成一氣，指摘當日漢學導致學風浮躁，士人出而
為政，「足以亂天下」。在《近百年來諸儒論讀書》中，錢穆提及陳澧
教人讀注疏時，指出漢學隨意翻閱、競勝前賢，養成「嬾且躁」的學
風，「嬾是不肯平心靜氣，精詳閱讀；躁是急於成名，好出鋒頭，掩
蓋前賢，凌駕古人。待到讀書人全受此種風氣之薰陶，由他們出來領
導社會，主持時局，其勢自然足以使天下亂。」[33]

以讀注疏救天下之亂，看似迂闊，錢穆卻認為陳澧此說，實有深
意。他說：

東塾又謂：「大凡變法者，漸則行，驟則不行。」東塾乃欲以
漸變。當時學者方相矜以經學，故東塾以讀注疏通一經之說
進。其言在注疏，其意則在心術，此又東塾論學之微旨也。[34]

陳澧「其言在注疏，其意則在心術」，其「論學之微旨」不在「經
術」而在「心術」，其鼓勵學人讀一部注疏，著眼點不在純粹知識上
的「經術」，而在道德上的「心術」。之所以如此，因當日漢學大行，
順此經學風潮，較易收變革風氣之效，「大凡變法者，漸則行，驟則不
行」，故陳澧通過「經術」以滌盪「心術」。把經學研究回向學人的道

---

32 錢穆：《中國近三百年學術史》，第17冊，頁804。
33 錢穆：《學籥·近百年來諸儒論讀書》，第24冊，頁91-92。
34 錢穆：《中國近三百年學術史》，第17冊，頁806。

德修為，以矯漢學家研經過度重視客觀經典知識，忽略學術潤身的大旨，但潤身僅是始點，最終的目的，仍要及物應世，開展政治事業。

第三節　陳澧「不脫漢學」的治學進路

劉師培在〈南北學派不同論〉中說：

> 嶺南、黔中仍沿摭拾、校勘之學。嶺南之氏列阮氏門籍者，……以番禺陳澧為最著。澧學溝通漢宋，以漢儒不廢義理，宋儒兼精考證。惟掇引類似之言，曲加附合，究其意旨，仍與摭拾之學相同。[35]

劉氏指出，陳澧雖標榜溝通漢宋，實則僅巧取類似之言，牽強附合，其學仍不出阮元漢學進路。

錢穆亦有相同之見，他說：

> 東塾之學，淵源似在學海堂，其浸沈於漢學者深且久，乃有以灼知其弊而謀為轉變，故其論學尊阮元，曰：「阮文達公《詩書古訓》，後之講經學者，當以為圭臬。此真古之經學，非如宋以後之空談，亦非如今日所謂漢學之無用也。我輩宜崇尚之。」[36]

陳澧心中漢宋調和的典範人物是阮元。而阮氏守《詩》、《書》訓故以釋孔孟本義，以為如此方能超唐越宋，由兩漢上推七十子，契進先秦儒學之真實大義。阮元《詩書古訓》雖不同於當時學者僅言文字聲

---

35 劉師培：《劉申叔遺書（上）·南北學派不同論》，頁559。
36 錢穆：《中國近三百年學術史》，第17冊，頁800。

韻,尚能進一步推求義理,但其求理的進路,仍不外通過語言文字,推溯古訓之源,此與宋儒「天理從自家拈出」,得之於心,反之於身,推之於世的進路,趨舍異趣。[37]但陳澧卻視其為擷采漢宋英華的圭臬之作,「非如宋以後之空談,亦非如今日所謂漢學之無用也」。

因此錢穆又接著說:

> 是則東塾講學,所謂漢、宋兼采以求微言大義者,其實仍是經學盛時惠、戴所稱「古訓明而後義理明」之見解。東塾之意,不過欲挽漢學末流弊病,勿使放濫益遠,成所謂零碎纖屑、無關要緊之經學,而惟以發明古訓大義為經學考釋之範圍耳。……則東塾之意,似仍不出於古訓。[38]

陳澧所謂的溝通漢宋,仍只是由漢人訓詁以發明義理,不脫漢學家「古訓明而後義理明」的治學進路。其所謂的「大義」仍囿於經訓的範疇,與宋儒於躬身實踐中求理仍有別。

甚且,錢穆認為陳澧雖標榜兼採宋學,但其仍未識得宋儒義理特出之處,僅視為一種經訓注釋的治學方法,錢穆引其語說:

> (東塾)又曰:
> 宋儒經說,正當擇而取之,以為漢注、唐疏之箋,豈可分門戶而一概棄之乎?[39]

宋儒經說之要義,不在純學術上的傳承古籍,「創通經義」的目的,

---

37 錢穆:《中國近三百年學術史》,第17冊,頁621-622。

38 錢穆:《中國近三百年學術史》,第17冊,頁800-801。

39 錢穆:《中國近三百年學術史》,第17冊,頁801。

在於「革新政令」，[40]「歐陽修、王安石、司馬光，對於經史文學，都有大著作，堪與古今大儒，頡頏相比」，但他們的說經的用意是欲貫通「文章、政治、教育」，[41]然而，陳澧之所以肯定「宋儒經說」，是因其可作為「漢注、唐疏之箋」。換言之，陳澧認為，宋儒經說的價值在於其去漢唐未遠，較諸清儒更可切近漢唐古經原意，再由漢唐古訓一返孔門要旨。陳澧這種思考方式，與惠棟、戴震以為漢儒去古未遠，得七十子之傳，故其訓詁注疏乃孔門大義之階梯，兩者如出一轍，都將經典大義範圍在古經注疏當中，並以最先之古訓為最真且最精確的義理。

　　錢穆接著說：

> 則東塾所謂漢、宋兼採者，似以宋儒言義理，而當時經學家則專務訓詁考據而忽忘義理，故兼採宋儒以為藥。至於**發明義理之道，大要在讀注疏**，而特以宋儒之說下儕於漢注、唐疏之箋焉。故東塾所欲提倡之新學風，**與其謂之兼採宋儒之義理，毋寧謂其特重漢、唐之注疏也**。今《讀書記》中推尊漢、唐注疏之意，隨處可見。[42]

> 東塾……其言學問偏主讀書，……言讀書惟重經籍，……治經籍一依注疏，謂宋儒義理特如漢、唐注疏之箋，其說更可商，……而**仍無以出當時經學家之範圍**。[43]

宋儒義理不僅是經書訓解的知識，更以之為士大夫人格修養的憑藉，

---

40 錢穆：《中國近三百年學術史》「引論」，第16冊，頁7。

41 錢穆：《宋明理學概述》，第9冊，頁32。

42 錢穆：《中國近三百年學術史》，第17冊，頁802。

43 錢穆：《中國近三百年學術史》，第17冊，頁811。

由修己推而治人，開拓政治事功，所以錢穆說宋儒把「事功消融於學術裡，說成一種『義理』。」[44]但陳澧將宋儒經說「下儕於漢注、唐疏之箋」，其珍視宋儒經說的目的，仍在返回更早的漢唐古義，再由此溯源孔孟要旨，這很明顯仍是漢學進路。王鳴盛說：「方今學者，斷推兩先生。惠君之治經求其古；戴君求其是。究之，捨古亦無以為是。」[45]陳澧視宋人經說為漢注、唐疏之箋，這仍不脫乾嘉漢學「捨古亦無以為是」的思考邏輯。所以錢穆認為其仍不離乾嘉以來的漢學色調。

由以上論述可知，錢穆於漢宋問題，不強作調人，於大端大要之處，辨析毫釐，判分異同。**因而，現有研究指陳澧兼採宋學，切中錢穆心懷，特得其嘉許的說法，恐有調整之必要。**

陳澧針砭考據學流弊，而標榜略觀大義，有益身心、有裨世用的「士大夫之學」，錢穆一方面稱許其學術宗旨之純正，但又遺憾，其未能以具體的學術實踐，貫徹宗旨，仍囿於漢學訓詁之匡限內。他認為，陳澧距其所提倡的士大夫之學，仍有一間未及之處。曾國藩始克竟矯正學風之功。通過與曾國藩的比較，更可精確把握錢穆對陳澧的評騭。錢穆說：

> 讀書能選擇，實為守約之第一要義。而選擇的標準，應該「先務乎其大」，最可代表這種精神的，是曾氏的〈聖哲畫像記〉，他說：「書籍之浩浩，著述者之眾，若江海然，非一人之腹所能盡飲也，要在慎擇焉而已。……如文王、周公、孔、孟之聖，左、莊、班、馬之才，誠不可以一方體論矣。至若葛（諸葛亮）、陸（陸贄）、范（仲淹）、馬（司馬光），在聖門則以德

---

44 錢穆，《國史大綱》（下），第28冊，頁627。
45 見洪榜〈戴先生行狀〉所引王鳴盛所言，《戴震全書》，第7冊，「附錄二」，頁8。

行而兼政事也。周、程、朱、張，在聖門則德行之科也，皆義理也。韓、柳、歐、曾、李、杜、蘇、黃，在聖門則言語之科也，所謂詞章者也。許、鄭、杜（佑）、馬（端臨）、顧（炎武）、秦（蕙田）、姚（鼐）、王（念孫、引之父子），在聖門則文學之科也。顧、秦於杜、馬為近；姚、王於許、鄭為近。皆考據也。此三十二子者，師其一人，讀其一書，終身用之有不能盡。」[46]

曾國藩〈聖哲畫像記〉博采諸葛亮、陸贄、范仲淹、司馬光政事之學；於宋儒，亦不同於陳澧單標朱熹注疏，於周、程、朱、張之義理，兼攝多方；文學、辭章亦取為潤身之用。王氏父子於文字訓詁，多有考索，近於許、鄭。而顧炎武、秦蕙田考據的對象，非僅字義音聲，更重歷代典制沿革的察考，以為經世之用，近於杜佑、馬端臨。曾國藩並採其長。所謂博觀約取，即在綜覽客觀知識，而後取其精華，內化為個人一以貫之的人生價值。以此觀之，曾氏治學之基址較諸陳澧更顯博大，由博返約，自能較陳澧更可「先務乎其大」，真正落實「存其大體」、「求其大義」的士大夫之學。所以，錢穆又接著說：

大凡有意指導人讀書，終不免要做一番開書目的工夫。清代乾嘉學全盛時期的代表書目，便是江藩《國朝經師經義目錄》，以及接踵而起的《皇朝經解正續編》。這一類繁瑣的考證學，除非特殊環境以內的特殊人物，無法接近，亦無法研究。陳澧已識其錮蔽而思有以變之。然陳澧勸人讀注疏，仍不脫經師經義範圍。曾氏則不然，正因他早年沒有受錮蔽，故能徹底擺脫當時傳統考據學之束縛。此所以陳氏仍還是「博士」之學，而

> 曾氏始得謂真是「士大夫」之學。……又曾氏論考據學淵源，
> 分杜馬、許鄭為兩派，以顧秦接杜馬，以二王接許鄭，將考據
> 學範圍放大，更是一種絕大見識，為乾嘉諸儒所未逮。[47]

> 曾氏把考據範圍放寬了，又特為闢出杜、馬一路直到顧炎武與
> 秦蕙田，那便在經學之外擴開了史學，於校勘、訓詁之外，闢
> 出了典章、制度。至少這樣一來，更與陳澧所舉「於世有用」
> 的一目標上，更易接近了。而陳澧《東塾讀書記》的價值，所
> 以不免稍遜於顧炎武之《日知錄》者，其主要關鍵亦在此。[48]

若著眼於知識本身的專精，則研究範疇當窄小以求深入；但若讀書的
目的在人生境界的提升，則宜拓展閱讀的寬度，以多方會通，由博返
約，成就完整的人格。陳澧所謂的士大夫之學，強調學術有裨於身
心，因此其治學方法是「略觀大義」「得其大體」。不就枝節問題疲精
耗神。但相較於曾國藩，陳澧仍深受漢學風潮的影響，因而其治學視
野仍局限於古經注疏，曾國藩治學始能真正放寬眼界。尤其他所謂的
考據，不獨考文字音韻，更繼承杜佑、馬端臨、顧炎武、秦蕙田善治
典章制度，「更與陳澧所舉『於世有用』的一目標上，更易接近了」，
陳澧雖有革新學風的大志，但其仍糾葛於漢唐注疏之間，仍是書本文
字之學，未能徹底將學術導向個人身心的修為，經世實務的致用，所
以錢穆指出：「陳氏仍還是『博士』之學，而曾氏始得謂真是『士大
夫』之學。」

　　陳澧勸人讀注疏，乃欲學者培養細靜之心性，以此潤身及物，這
仍不離漢學攻研注疏的途轍。但曾國藩卻突破注疏的範疇，從詩詞的
玩賞中陶育人格，錢穆說：

---

47 錢穆：《學籥‧近百年來諸儒論讀書》，第24冊，頁100-101。
48 錢穆：《學籥‧近百年來諸儒論讀書》，第24冊，頁101。

曾氏研攻詩文，最愛韓愈、王安石，蓋取其雄直之性趣，倔強
之格調，與己相近也。曾氏說：「讀〈原毀〉、〈伯夷頌〉、〈獲
麟解〉、〈龍〉、〈雜說〉諸首，岸然想見古人獨立千古，確乎不
拔之象。」又云：「聞陶詩全部，取其大閒適者記出，將鈔一
冊，合之杜、韋、白、蘇、陸五家之閒適詩，纂成一集，以備
朝夕諷誦，洗滌名利爭勝之心。」[49]

錢穆又接著說：

蓋雄直倔強，曾氏性格之所長；恬憺閒適，曾氏性格之所短。
曾氏研攻詩文，著眼在此兩點上，切就己身，釋回增美，縱使
不以詩文名家，而此種研習方法，對於自己性靈修養上，也會
有絕大益處。**此仍是士大夫之學所以與博士學不同所在。**[50]

曾國藩讀詩詞，並非僅著眼於文學本身的美感特質，更以此調和自我
性情，使歸於中正平和。曾氏性情剛強，似韓愈、王安石，一方面，
他以韓、王詩，鍛鑄「確乎不拔之象」；另一方面，以陶淵明田園
詩，及杜、韋、白、蘇、陸五家之閒適詩，「洗滌名利爭勝之心」。其
讀詩之目的，不在吟風詠月，馳騁文彩，而在「切就己身，釋回增
美」，學術必須切己、就己身性情之長短，增益潤飾。此方屬「士大
夫之學」。

　　錢穆將曾國藩與陳澧對舉，可知他認為陳澧雖有意為調和漢宋，
略觀大義的「士大夫之學」，但仍不脫「訓詁明而後義理明」的漢學
進路，曾國藩始能把學問與修身、治世結合。所以，錢穆指陳澧學術
格局仍是漢學門庭。

---

49 錢穆：《學籥·近百年來諸儒論讀書》，頁105。
50 錢穆：《學籥·近百年來諸儒論讀書》，頁105。

第四節 錢穆專論陳澧之因及其所論之得失

論者普遍認為，錢穆藉陳澧調和漢宋的立場，針砭民初以來的近似乾嘉考據的「新漢學」風氣，故其《中國近三百年學術史》以專章討論陳澧。這樣的說法，當然言之有據。陳澧針砭考據學讀書未竟，即懷疑以競勝前人，以致學風浮躁。而民初以來胡適等人「用科學方法整理國故」，即是奉乾嘉考據學為典範，懷疑古書記載，就個別、窄小的範疇，施以考證功夫，以此「打鬼」、「抓妖」，診療傳統文化的病根。[51]再者，顧頡剛受清儒崔述《考信錄》的啟發，由古文字、古音韻的考證，及實地的考古功夫，大膽懷疑古史記載之可信度。疑古辨偽的學風，盛極一時，與錢穆同姓的錢玄同，甚至易其姓氏為「疑古」，錢穆說：「余則疑《堯典》、疑《禹貢》、疑《易傳》，疑老子出莊周後，所疑皆超於顧剛。然竊願以『考古』名，不願以『疑古』名。」[52]錢穆肯定實事求是的科學精神，但認為若自始即樹立「懷疑」的態度，即便可追求知識上的真理，但恐怕喪失虛心服善的人格。因此，其於北大開課時，即便錢玄同之子在坐旁聽，他仍堅守立場地說：「近乃有人不姓錢，改姓『疑古』，此何理？」[53]

又傅斯年雖反對盲目疑古風氣，但他所主張的「科學考證學派」，其學術來源有二，其一：德國歷史語言學；其二，乾嘉考據學。其治史傾向「窄而深」的研究，與陳澧提倡的通觀大義恰好相反，相較於錢穆強調由「通史」當中，把握民族整體發展，以求得歷史智識，作為當代之指南。傅斯年專治斷代史，重視局部問題的考證之功，傅、錢於北大同事期間，各領風騷。[54]錢穆揄揚陳澧「通觀大

---

51 參見羅志田：《國家與學術：清季民初關於「國學」的思想論爭》（北京：生活・讀書・新知三聯書店，2003年），頁307-358。
52 錢穆：《八十憶雙親、師友雜憶合刊》，第51冊，頁171。
53 錢穆：《八十憶雙親、師友雜憶合刊》，第51冊，頁167。
54 錢穆：《八十憶雙親、師友雜憶合刊》，第51冊，頁171-173。

義」的士大夫之學，也有借古諷今之意。

但必須留意的是，錢穆對民初以來，乾嘉遺緒的抨擊，不僅停留在純學術上的異同，更從知識、道德與政治互動的角度，闡發此一問題。質言之，其所以「矯學風之偏」，並不僅是純知識上的「辨明真理」，用意更在藉此「正心術之非」，以及「導政風之善」。

在〈學術與心術〉中，錢穆說：

> 晚近學術界，因尊考據，又盛唱懷疑論。……然疑之所起，起於兩信不能決。學者之始事，在信不在疑，所謂篤信好學是也。**信者必具虛心，乃能虛己從人。**……今言懷疑，先抱一不信心。其實對外不信，即是對己自信。故其讀書，如踞堂皇而判階下之囚，其心先不虛，先已高自位置，傲視一切，則如何肯耐心細心從事於學問？然有此病之學者，乃曰：「我知實事求是，我知考據而已。」一若考據即盡學問之能事。凡遇運思持論，講求義理，皆目為空洞主觀，謂非學問中事。凡如此，則其先亦不能虛心學問。書籍只當是一堆材料，已不成為一種學問之對象。一若手中握有科學方法，即是無上工具，憑此工具，對付此一堆材料，即可成為我之專門絕業。遂一意於材料中找罅縫，尋破綻，覓間隙，……最好是書有不可信，否則覓人間未見書，此所謂未經發現之新材料。因謂必有新材料，始有新學問。此乃以考據代學問，以鑽隙覓間，尋罅縫、找漏洞代求知識。……然此決非由於虛心內不足，而始有意從事於學問之正軌。**心術已非，而學術隨之。**[55]

現有文獻對錢穆這段話的解釋，都指出其反對胡適等人將「典籍史料

---

55 錢穆：《學籥·學術與心術》，第24冊，頁163-166。

化」，把《六經》當作三代史料，打破通經明道的傳統。[56]但並未深入一層分析，「典籍史料化」的背後，涉及「學術」觀念的轉型。換言之，必須就學術是身外的客觀知識，或者是個人內在心術的外顯，才能突顯錢穆深意所在。錢穆這段話恰好點出兩種學術的極端：一端是以「求取客觀知識」為學術的目的，乾嘉漢學及民國「新漢學」近乎此。其治學的態度，是將書籍視為外在的「材料」，考辨其真偽，待其真偽判然明白之後，才能以之重建客觀的歷史事實，所以治學進程是「疑而後信」。另一端，將學術與心術通貫為一，典籍的意義，不僅是客觀歷史的記載，是「聖人先得」而「我心同然者」。之所以要讀書，是充實個人「虛心內不足」之處，讀書時必須不斷以內心的良知與典籍中聖賢的垂訓，源源不絕地叩問、對話，從而獲得啟示、開悟。這樣的讀書活動中，文字訓詁的作用，是突破時空的「遺文垂絕」、「古今懸隔」，進一步上契三代聖人「先得我心」之義理。也就是說，治學的過程中，文字訓詁的功夫固不可少，但其並非用以質疑史書枝節處之正訛。若把學術的要義，建立在心術的發明啟迪，則成學的途徑，不在於掌握「科學方法」，以尋得新材料、舊破綻，而在「細心」、「虛心」、「虛己從人」。因此，治學的態度，是「信而後疑」。所以，錢穆對民初以來，猶承乾嘉漢學餘緒的批判，表象看來是漢宋之爭，是義理與考據的區辨，但更深層的目的，還是落在學術與心術的關聯，錢穆認為乾嘉考據乃至民國「新漢學」的最大流弊，在於「心術已非，而學術隨之」，著眼枝節縫隙處，好出新見，妄駁古人，遺忘「博學知服」的人格陶育。士人學術之壞與心術之非，兩敗俱傷。錢穆對乾嘉考據與民國「新漢學」之批評或有偏頗之處，此容後再述。

　　錢穆又進一步將民初以來，方興未艾的乾嘉遺風與政治興替，互

---

56 楊一鳴：〈從胡適與錢穆的學術論爭看現代學術思想的轉型〉，頁225。

為表裡，他說：

> 陳氏（陳澧）說當時學術界的種種病痛，也多還未能洗滌淨
> 盡。似乎現在一般的讀書風氣，也還脫不了極狹的門戶之見，
> 也還看重在小節目上的訓詁考據之類，而看輕從學問大體上來
> 求微言大義之融會與貫通。也還只像是多數走在博士之學的路
> 上，以「為學術而學術」之語調為護符，而實際則學術未必有
> 裨於身世。做學問的仍多只為尋題目作文而讀書，以作文為名
> 士招牌之餘習，依然存在。也未見大家肯細心來讀一部書，從
> 頭到尾心性靜細來讀，也還只是隨手翻閱，隨意駁難。距離
> 「博學知服」的風氣，似乎還尚遠。……今天學術界的風氣與
> 路徑，卻還是乾嘉舊轍。大體上，陳澧所謂「嬾與躁」的心
> 病，似乎仍是深深埋在我們的身裡。而世道衰亂，我們學術界
> 也還不得不負相當的責任。[57]

這段話很清晰地將陳澧所指摘的「博士之學」與「世道衰亂」因果相
連。他把乾嘉以後蔚為風尚的「博士之學」與民初以來，西化風潮
下，「為學術而學術」的宗旨，視為一體，兩者的治學路徑均「看重
在小節目上的訓詁考據之類，而看輕從學問大體上來求微言大義之融
會與貫通。」錢穆更大的憂心，還在於此種治學路徑，對士人心術的
負面影響。「為學術而學術」、「為知識而知識」，以發現新知（而非培
養人品）為學術之目的，如此易助長浮躁學風，學者不耐心性靜細地
讀一部書，隨手翻閱，隨意駁難，著眼「小節目上的訓詁考據」，務
求發現古人之誤，以博學自矜。學風之弊，肇致士人心術之非，出而
從政，難逃「世道衰亂」的厄運，所以錢穆說：「今天學術界的風氣

---

57 錢穆：《學籥・近百年來諸儒論讀書》，第24冊，頁91-92。

與路徑，卻還是乾嘉舊轍」、「而世道衰亂，我們學術界也還不得不負相當的責任。」

不論清中葉以後的國勢陵夷或民初以來的內憂外患，其原因相當複雜多重，錢穆一逕歸為學術之非、人心之壞，或有誇大。將民初「為學術而學術」的風潮，指為敗壞風俗人才之禍首，也稍顯偏激。不過，由此卻可以看出其衡定一門學術的標尺，不僅是知識自身的豐富多元，而是其對道德、政治產生的效用。《中國近三百年學術史》推崇陳澧之因，意在此。書中有兩段話可為明證，可惜卻未見現今研究者引用：

其一：錢穆說：

> 故東塾論學，常求一反其弊，歸本乎心術、人才以通乎世道。[58]

陳澧論學固然有若干調和漢宋的色調，但錢穆很清楚地指出其最高的宗旨，是「歸本乎心術、人才以通乎世道」。是欲以學術培育心術端正的人才，再以此轉移世道，使學術從「明體」進於「達用」。陳澧所以指陳漢學流弊，亦針對其浮躁習氣對人心士風的危害。所以錢穆說：「《東塾讀書記》所以擬《日知錄》，其意亦欲轉移人心，自比孟子、亭林。」《東塾讀書記》薈萃陳澧論學之雋語，著作目的，不在發現新知，駁正古人，而在以學術「轉移人心」，將學術與心術打成一片。

其二，錢穆又引陳澧之語說：

> 東塾又曰：「僕近年為《學思錄》，⋯⋯以擬《日知錄》。⋯⋯
> 《日知錄》上帙經學，中帙治法，下帙博聞，僕之書但論學術

---

58 錢穆：《中國近三百年學術史》，第17冊，頁806。

而已。僕之才萬不及亭林。且明人學術寡漏，故亭林振之以博聞。近儒則博聞者固已多矣。**至於治法，亦不敢妄談。非無意於天下事也，以為政治由於人才，人才由於學術，吾之書專明學術**，幸而傳於世，庶幾讀書明理之人多，其出而從政者，必有濟於天下。此其效在數十年之後者也。……其中發明經訓者，如《論語》之四科、〈學記〉之小成、大成；《孟子》之取狂狷、惡鄉愿，言之尤詳，則吾意之所在也。」[59]

錢穆撮舉這段話的要旨為：

政治、人才、學術三者之關係。[60]

這段話顯然可見，錢穆推崇陳澧，不僅是漢宋調和的表象，最深刻的原因，在於陳氏「**政治、人才、學術**」三者合一，契合錢穆知識、道德、政治通貫的「**明體達用之學**」。《學思錄》乃《東塾讀書記》之底稿，仿顧炎武《日知錄》而作，但詳略稍有差異。顧炎武《日知錄》上卷「經學」，就經書義理有深意者，抒發己見，例如：《易》「重卦不始文王」；《春秋》「殺或不稱大夫」；《論語》「君子疾沒世而名不稱焉」；《孟子》「必有事焉而勿正心」、「文王以百里」。中篇言兵農錢穀、職官制度等「治法層面」，如：「州縣賦稅」、「吏胥」、「關防」、「藩鎮」、「財用」、「水利」、「河渠」等諸條項。下篇「博聞」，收錄零碎考證之作，例如：考「桑梓」一詞之流變，考「宙」字之原始語義，考史書中「日食」、「月食」之記載。而陳澧《學思錄》、《東塾讀書記》「但論學術而已」僅言《四書》、《五經》之大義。至於細部的

---

59 錢穆：《中國近三百年學術史》，第17冊，頁796。
60 錢穆：《中國近三百年學術史》，第17冊，頁796。

「博文」考證，乾嘉已降的漢學家論之已詳，發展至極，甚至弊端叢生。「至於治法，亦不敢妄談」，農政水利、刑獄財用等「制度」層面，較罕論及。所以如此「非無意於天下事」，只不過陳澧認為，為政之道，在「有治人無治法」，人心的端正，更甚制度的建樹，而砥礪人心之方，在經書義理的陶冶。所以陳澧自云其《學思錄》首重大義的研求，其「意之所在」、「言之尤詳」者，乃〈學記〉中，敬業樂群、博習親師等「小成」之方，以及「強立不反」的「大成」之道；乃《孟子》所謂狂者、狷者之為人，以及鄉愿為賊的訓誡。至於「博聞」的細部考證，並非所重。陳氏欲以經書義理養心，提點學人心性，藉此矯正漢學學風之非，殃及心術之壞的弊端，俾學人出仕，方能徹底改進政治，制度等「治法」層面，僅是末務。所以陳澧說：「政治由於人才，人才由於學術，吾之書專明學術，幸而傳於世，庶幾讀書明理之人多，其出而從政者，必有濟於天下」。

人心與政治的關聯，在宋代以後更加緊密，[61]北宋張載說的：「道千乘之國，不及禮樂刑政，而云節用而愛人，使民以時，言能如此則法行，不能如是則法不徒行，禮樂刑政亦制數而已爾。」[62]政治的清明，在執政士人發顯其仁心，「節用而愛人」「使民以時」，成就「仁政」，至於「禮樂刑政亦制數而已爾」，僅是末端，徒法不能自行。而「仁心」的發揚，端賴經書義理的薰陶，也就是說，典籍知識，不能僅作為考據的材料，尚須發明人心之良知。因此，知識、道德與政治，在宋代進一步結合，這就是錢穆極度推崇的「明體達用之學」。他所以讚揚陳澧「政治、人才、學術三者」合一，背後的時代意識，是對明體達用之學裂解的憂心。

但必須指出的是：錢穆所論並非無所偏弊，他屢屢引陳氏之語，

---

61 參見第壹章。

62 張載：《正蒙》「有司」第十三，《張子全書》（上海：商務印書館，《國學基本叢書》，1935年），頁67。

指摘漢學家學術之壞，殃及心術之非，肇致政治之禍，這說法亦有再商榷之必要。方東樹《漢學商兌》以為漢學家「棄本貴末，違戾詆諆，於聖人躬行求仁，修、齊、治、平之教，一切抹殺，名為治經，實足亂經。」[63]他指摘漢學家營營鑿鑿於末流的名物訓詁之學，捨棄根本的修身之道，招來天下沈淪之大禍。章太炎作〈漢學論上下〉反駁方東樹，他說：

> 彼以明故訓、甄制度為碎，以疏棄宋儒為敗俗。按：清初顧炎武、張爾岐皆獨行之士，志節過人。次如臧琳、陳啟源輩，亦尚貧而樂道者也。其後制行漸庫，然猶循履名檢，愈於佗不學者，及孫星衍之徒作，不修小行，漸以點污，亦僅僅一、二人耳。素位故不聞有邪恕之傾險也；守經故不聞有胡寅之絕母也。**學之碎無害於人之躬行**。……後漢之士，大氏（抵）放道而行，其實烏睹所謂宋儒書耶？乃若清世從政之士，制行苟偷，於前代為甚，……湯斌之徒，乍一飛躍，及議關稅，終失氣噤口以死，吏道如此，斯時雖有程朱，烏能救之？[64]

章太炎承認清代漢學有瑣碎支離之病，陳澧所指的「捨大體」、「務小節」之說，當然切中要害。然而「學之碎無害於人之躬行」，如毛奇齡等人固然制節卑污，但漢學家如顧炎武、張爾岐、臧琳、陳啟源均安貧樂道者。且乾嘉漢學專宗東漢許、鄭之說，東漢風俗為歷代之盛，足見「學之碎無害於人之躬行」。

　　錢穆假陳澧之口，將清季政治之壞，歸責於考據學瑣碎無益修

63　〔清〕方東樹：《漢學商兌·序例》，《漢學師承記外兩種》（香港：三聯書店，1998年），頁235。

64　章太炎：《太炎文錄續編·漢學論上》，《章太炎全集》（上海：上海人民出版社，1986年），第5冊，頁21。

身，恐有誇大之虞。民初以來，在西方學科分立的體制下，知識、道
德、政治合一的明體達用之學，鑿破渾沌，錢穆過度強調三者的關聯
性，以致論清學有偏頗之處。

結論

從「漢宋之爭」到「天人之際」

　　漢宋門戶之見，是詮解錢穆清學史最常見的視角。但發明「天人之際」，卻是錢穆自述其研究清學的動機所在，然而這卻很少被學者納入觀察視域。錢穆在《中國近三百年學術史·自序》中說：「亦將以明天人之際，通古今之變，求以合之當世，備一家之言。」[1]「天人之際」、「天賦善性」的道德主體，方是錢穆以「一家之言」衡酌學術得失的判準。換言之，其所謂「宋學」並非延續清中葉以來入主出奴的門戶立場，而是就宋儒進一步發揚的「天人合一」傳統，反思西方「政教分離」下，道德主體與知識系統、政教實踐的關聯。意即由「天人合一」證立「道德主體」，推而樹立「明體達用之學」，乃是其衡定清學最切要的基準，並在清學的回顧當中，繼承且超越，企圖指引未來學術走向。

　　緒論首先對相關文獻作回顧及檢討，以此確立，在錢穆清學史研究已繁不勝數的情況下，本文之用力所在。在今日學科分域，各有專門的情況下，學科疆界劃分得越清晰，各學門邊陲交會地帶，往往為人忽略。本文期望回歸錢穆「政學合一」、「學為體，政為用」的角度，依循其不廢「專精求真」更重「會通求善」的脈絡，補充現有研究未及注意處。在研究方法上，以文獻的歸納薈萃與分析論證為主，對錢穆清學史的研究，現有成果多囿限在《中國近三百年學術史》一書，本文則儘量博覽聯經出版公司《錢賓四先生全集》，期能擴充研究視域，對相關主題有整體性的把握。

1　錢穆：《中國近三百年學術史·自序》，第16冊，頁18。

　　上編由晚清民初學術、政治裂變的背景，綜論錢穆評析清學的視角。錢穆對於宋學，一向有濃厚的溫情與敬意，也確實以「宋學」為判準，進退清儒。但其所謂的宋學，不全是「純學術」的「門戶之見」，也不盡是「人生哲學」上「窮理去欲」的主張，「宋學」最核心的理念，在從「天人合一」推導出「政學不二」的「明體達用之學」，是「文」（知識）、「體」（道德）、「用」（政治）三者兼備的學術系統。換言之，知識固然重視「真理」的追求，但更應作為美化道德之用，先成就「善人」，而後開啟「善政」，以「聖德」為「本」，推闡「大業」，將政治「效用」，植基於士人「道德本體」的樹立，這使得中國學術、政治，寓有相當的宗教教化色彩。但民初西潮東來，衝破「文」（知識）、「體」（道德）、「用」（政治）合一的「明體達用之學」。就「知識」而言，「真理」自身的主體意義被突顯出來，「君子之學」未必要作為「美其身」的附屬工具，「通經」可以離開「致用」，強化自身「考古求是」的意涵。就「道德」而言，西化下的「倫理／道德哲學」，強調知性的理解，較疏忽政教的實踐，與中國「內聖外王」的「義理學」差別極大，於是「修身」與「為政」斷裂。而政治也不再是執政者道德的擴大，三權分立的憲政主義（Constitutionalism），把政治化為權力制衡、分配、運作的特殊場域，「德性」與「政事」分離。而錢穆之所以反對以西學為普遍性、絕對性的典範，堅持中學的殊別性、個體性，也未必盡如論者所指，僅是保守主義者的立場。從韋伯（Weber）、弗里德里希・包爾生（Friedrich　Paulsen）、查爾斯・泰勒（Charles　Taylor）、洛克（Lock）、德沃金（Dworkin）、伯爾曼（Berman）等西方學者的相關論述，可知西方所以發展出「知識獨立」的觀念，所以說「凱撒之事歸凱撒管，上帝之事歸上帝管」，這乃是植基於「政教分離」的社會結構，這能否與中國肇基於「天人合一」而後形塑的「政學一體」的歷史發展嵌合？此正錢穆憂心所在。他對清學的回顧，往往與當身時代的處境相映，「明體達用之學」在

「學科分立」的西化思想下，鑿破渾沌，這正是其詮釋清學最主要的視角之一。

　　本文中編以宏觀角度，探究錢穆對清學流派的詮釋。指出錢穆之所以批判考據學，不盡如論者所說的，是因「反科學」，他真正反對的，是將「為知識而知識」的科學理念，施用於人文學界，致使以「求善」為訴求的人文「學科」（field of studyies），化為「求真求是」的人文「科學」（Humanities science）。學者的治學態度，從博學知服、「乃所願則學孔子」，轉為「吾愛吾師，更愛真理」，好出己見，推翻前賢，養成浮躁風氣。致使「知識」與「道德主體」分離，使傳統學術喪失近似宗教浸潤人心的功能。本文並客觀指出錢穆此一觀點的得失。而關於錢穆對於常州學術的批評，主要在「輕古經而重時政」，筆者廣覽錢穆著作，發現「古經」與「時政」在其著作中，重見迭出，代表「經義其體」與「時務其用」。也就是說，理想的學術型態，是以經書義理涵泳士人心性，而後開啟善人善政。因此，錢穆對常州學術的批評，除了欲對疑古辨偽思潮，作拔本塞源之舉外，更是基於「政學一體」的思想。但本文也如實指出錢穆過度簡化從「心性之學」到「治平之學」的距離，從「盡心」、「知性」到「治國」、「平天下」，這中間的複雜性，並非「發明道德本體」即可。且以晚清百年晦暗之世運，追究常州學派之責，忽略各階段歷史自有其「主體性」，或有違「歷史主義」的立場。本文並引用海耶克（Hayek）「立法」與「法律」的差異，對龔、魏的變法思想，試作評論。

　　下編共四章，相較於中編，較傾向「微觀」的察考，以錢穆對「個別」清儒的細部論述為討論核心。錢穆論清儒，經常採「反義對舉」方式為之，以不同儒者的範式類型，突顯自身「為學論政」的觀點。於清初以黃宗羲之「以經史證性命」，對比顧炎武之「經學即理學」，前者將客觀的經史知識，回向主觀的性命修為，融「讀書」與「修身」為一，並且以「淑身」為根基，開啟政治實踐的功業。後者

容易誤導後代之漢學家將「博學於文」與「行己有恥」斷為兩橛，近似於以經學家慣用的「考文」、「知音」等功夫，代替「理學」的身心體驗，這在錢穆看來，彷彿承認知識可與道德斷裂。於清中葉，錢穆以戴震與章學誠並峙，現有研究成果，對錢穆特論章學誠之因，多歸於其藉章氏抨擊戴氏學術無力經世。但本文認為，問題應深化到：清代「義理學」「知識化」的歷程，錢穆指摘戴震「訓詁明而後義理明」的進路，以科學方法，推求訓詁，近乎把「言天人性命」的「義理學」化為可由科學方法檢證的「客觀知識」，致使學術的探研與道德的發揚、政教的實踐分裂。錢穆並稱揚章學誠等浙東學者「言性命必究於史」，將談性命天道的義理學，落在實際的史事、真實的人事當中，不在人倫日用之外，架設思辨性的、知識性的「哲學」。本文從民初以來，「義理學」「知識化」的背景，探析錢穆詮釋戴、章的視角。至於晚清學術，錢穆以「清學中興名臣」曾國藩與「清學輓歌」康有為對舉，現有文獻多指錢穆尊曾抑康，乃因持守「宋學正宗」的偏見，從「純學術」立場做論斷，未關照政治思想。但本文認為此種說法，是從西方政治學（political）這一學科所指涉的範疇下做察考，若回歸傳統「經濟之學在義理之內」／「義理學」、「經濟學」體用不二的傳統學術結構，則可見錢穆抑揚曾、康的標尺，在於「法政實用」之前，應否先以「經義」發明道德本體？政治是否僅是制度的因革，或者還應有近似宗教的提升力道？而錢穆《中國近三百年學術史》為陳澧特闢專章討論，多數研究認為陳澧調和漢宋，故得錢穆青眼相看。但錢穆已明言點出，陳氏治經不脫漢學立場，實未調和漢宋。本文重尋錢穆推崇陳澧之因，在於其「經術、心術、政術」綰合為一的學術體系，契合知識、道德、政治合一的「明體達用之學」，使最高的天理，可通過經書義理，體現於世道人心，重現「天下有道」的政治境界。

　　本文能力有限，故先以梁啟超、胡適之觀點為比較對象，此乃因

兩位學者在清學方面的論著較完整豐富，且時為錢穆預設之論敵，至
於其他學者對清學的回顧，則留待日後持續探討。尤其現有研究，甚
少由知識、道德、政治三者的互動，解讀民初以來，幾本清學史的差
異，筆者日後擬就此運鏡取景，例如：劉師培在〈論古今學風變遷與
政俗之關係〉指出《六經》乃「學術」而非「宗教」，學術不當混同
「知識之真」與「道德之善」。[2]在《周末學術史序》、《經學教科書》
均對中國學術不分科系之弊，提出針砭，因而其較肯定以分科方式實
事求是的乾嘉漢學，此與錢穆大相逕庭。又馮友蘭《中國哲學史》論
清代部分，僅選擇具有「哲學意義」的兩個主題：清初道學的繼續，
清末今文學家的「歷史哲學」，而錢穆反對以西方哲學析解中國學
術，以為「哲學」乃外向式、符合「科學」定義的「知識」，外於吾
人內省親證的道德主體，馮、錢兩者在主題揀擇上的差異，值得探
究。再如侯外廬於1945年完成《中國近世啟蒙思想史》，1956年增修
而成《中國早期啟蒙思想史：17世紀至19世紀40年代》，1963年以
《中國思想通史（第五卷）》為書名再版。侯氏執馬克思主義的觀
點，以歷史演進的動力，在於社會經濟條件的變遷，並視宋明時期為
落後的宗教思維。而錢穆以士人道德心性（而非社會經濟條件）解釋
政治成敗，[3]以及由宗教在西方社會所扮演的角色，反過來肯定宋明
儒學在中國的價值，並據宋學評價清學，這都與侯外廬形成極大反
差。其他如：鄧實在《國粹學報》上所發表的清學相關研究、曾為錢
穆《清儒學案》作摘鈔的柳詒徵、亦曾開設「中國近三百年學術史」
課程的張舜徽，日後均可作對照研究。

　　西方史學家卡爾說：「在解釋工作上，歷史家也需要一個標
準——也就是客觀性的標準——來衡量什麼是重要的，什麼是不重要

2　錢玄同等編：《劉申叔遺書‧左盦外集‧論古今學風變遷與政俗之關係》（南京：江
　　蘇古籍出版社，1997年），頁1526。

3　胡昌智：《歷史知識與社會變遷》（臺北：聯經出版事業公司，1988年），頁244。

的，這標準也必須和眼前的目的有關。」[4]錢穆的清學史詮釋正是交融客觀史料的梳理與當代學術發展方向的探尋，其研究清學的動機，在探問宋代以來「天人合一」傳統下，具相當宗教意涵的「明體達用之學」，如何回應近代西方「政教分離」之後，知識獨立、政治「合法性」與宗教「神聖性」脫鉤的格局。如果說，錢穆以「宋學」為正宗分判清學，那麼其用意也不在門戶之見的古老窠臼，而在對清學的批判當中繼承與超越。

誠如陳平原所指：「不管是章太炎、梁啟超，還是羅振玉、王國維，都喜歡談論清學，……對於清學的敘述成為時尚，並非意味著復古，反而可能是意識到變革的歷史契機。……之所以談論清儒家法，很大程度是為了在繼承中超越、在回顧中走出。……面對此『三千年未有之大變局』，學界雖有『激進』與『保守』之分，但上下求索、為中國社會與學術闖出一條新路的心態，卻是大同小異。」[5]錢穆的清學史詮釋，意在歷史變革的契機中，探尋政學發展之新方向。他所面臨的一大課題，正如懷特海（Whitehead, 1861-1947）所說的：「在有機哲學中，這種終極的東西叫做『創造性』……。就一般的立場來看，有機哲學似乎更接近於印度或中國的某些思想特徵，而不是像西亞或歐洲的思想特徵。一方面使過程成為終極的東西；另一方面則使事實成為終極的東西。」[6]西方經歷科學革命、宗教改革之後，人與上帝的連結不再那麼緊密，有機式宇宙觀相對沒落，近似東方那種終極性、創造性的絕對精神實體（近似於「天理」、「天道」）被機械式宇宙觀取代，人間事物不再是超越神意的體現，作為認識活動主體的

4　〔英〕卡爾（Carr）著，王任光譯：《歷史論集》（臺北：幼獅書店，1968年），頁111。

5　陳平原：《中國現代學術之建立・導言》（臺北：麥田出版社，2000年），頁13。

6　〔美〕懷特海（Whitehemd）著，李步樓譯：《過程與實在：宇宙論研究》（北京：商務印書館，2011年），頁15。

人，與外在認識客體並無聯繫，於是知識「對象化」（objectify），是外於我心的科學定律。在政教分離原則下，人間的政治僅在調和利益、節制權力，「如何過著良善生活」乃屬宗教領域，天人斷裂後，政治講求「合法」，宗教重視「神聖」，兩不相雜。而傳統學術（尤其宋代以後）以「天理」、「天道」為最高奧義，通過典籍知識的研求，發為道德覺悟、政教實踐，貫通知識、道德、政治，統合經術、心術、政術的「明體達用之學」，應否以當時西方天人分裂、政教分離的型態為範式？這正是錢穆持宋學評價清學的用意所在。秉持這樣「後設式」的標尺抑揚清學，當然有失之主觀之處，[7]但本文之用意，在極力抉發其清學詮釋背後的價值預設、標尺判準，期能從表象的「漢宋之爭」，深抉至時代危機意識的層次，盼收拋磚引玉之效。

7　蔡長林：〈論常州學派的學術淵源——以錢穆《中國近三百年學術史》的評論為起點〉，收入氏著《從文士到經生——考據學風潮下的常州學派》，頁90-91。

參考書目

壹　古籍（依時代先後排序）

《尚書》，周何主編：《十三經注疏》，第2冊，臺北：新文豐出版公司，2001年。

《禮記》，周何主編：《十三經注疏》，第11、12冊。

《左傳》，周何主編：《十三經注疏》，第13冊。

《論語》，周何主編：《十三經注疏》，第19冊。

《孟子》，周何主編：《十三經注疏》，第20冊。

郭慶藩編：《莊子集釋》，臺北：河洛出版社，1974年。

〔漢〕班固：《漢書》，臺北：鼎文書局，1977年。

〔宋〕王安石：《周官新義》，臺北：臺灣商務印書館，1968年。

〔宋〕朱熹：《五朝名臣言行錄》，《宋代傳記資料叢刊》，北京：北京圖書出版社，2006年。

〔宋〕黎靖德編：《朱子語類》，臺北：正中書局，1962年。

〔宋〕陸九淵：《陸象山先生全集》，北京：中國書店，1992年。

〔清〕黃宗羲：《南雷文案》，上海：商務印書館縮印「無錫孫氏藏初刻印本」。

〔清〕顧炎武：《亭林詩文集》，《顧炎武全集》，第21冊，上海：上海古籍出版社，2011年。

〔清〕顧炎武：《日知錄》，《顧炎武全集》，第18冊。

〔清〕王夫之：《讀通鑑論》，北京：中華書局，1975年。

〔清〕全祖望：《鮚埼亭集》，臺北：華世出版社，1977年。

〔清〕萬斯同:《石園文集》,合肥:黃山出版社據「民國二十五年張
　　氏約園刻《四明叢書本》」影印。

〔清〕王鳴盛著、黃曙輝點校:《十七史商榷》,上海:上海書店出版
　　社,2005年。

〔清〕戴震:《戴震全書》,合肥:黃山書社,1994年。

〔清〕章學誠著,葉瑛校注:《文史通義校注》,臺北:頂淵文化事業
　　公司,2002年。

〔清〕凌廷堪:《校禮堂文集》,北京:中華書局,1998年。

〔清〕焦循:《論語通釋》,嚴靈峰編:《無求備齋論語集成》,臺北:
　　藝文印書館,1966年。

〔清〕阮元:《揅經室集》,北京:中華書局,2006年。

〔清〕姚鼐:《惜抱軒詩文集》,《四部叢刊初編‧集部》,上海:商務
　　印書館,1936年。

〔清〕方東樹:《漢學商兌》,《漢學師承記外兩種》,香港:三聯書
　　店,1998年。

〔清〕龔自珍:《龔自珍全集》,臺北:河洛圖書出版社,1975年。

〔清〕陳澧:《東塾讀書記》,上海:上海古籍出版社,2012年。

〔清〕曾國藩,《曾國藩全集》,長沙:岳麓書社,1985。

〔清〕朱一新:《無邪堂答問》,北京:中華書局,2002年。

〔清〕王先慎:《韓非子集解》,臺北:華正書局,1975年。

貳　錢穆原著

錢穆:《國學概論》,《錢賓四先生全集》,第1冊,臺北:聯經出版事
　　業公司,1998年。

錢穆:《四書釋義、論語文解》,《全集》,第2冊。

錢穆:《論語新解》,《全集》,第3冊。

錢穆：《孔子與《論語》》，《全集》，第4冊。

錢穆：《兩漢經學今古文平議》，《全集》，第8冊。

錢穆：《宋明理學概述》，《全集》，第9冊。

錢穆：《宋代理學三書隨劄、陽明學述要》，《全集》，第10冊

錢穆：《朱子新學案》（一）-（五），《全集》，第11-15冊。

錢穆：《中國近三百年學術史（一）》，《全集》，第16冊。

錢穆：《中國近三百年學術史（二）》，《全集》，第17冊。

錢穆：《中國學術思想史論叢（一）》，《全集》，第18冊。

錢穆：《中國學術思想史論叢（四）》，《全集》，第19冊

錢穆：《中國學術思想史論叢（五）》，《全集》，第20冊。

錢穆：《中國學術思想史論叢（七）》，《全集》，第21冊

錢穆：《中國學術思想史論叢（八）》，《全集》，第22冊。

錢穆：《中國學術思想史論叢（九）》，《全集》，第23冊。

錢穆：《中國思想史、中國思想通俗講話、學籥》，《全集》，第24冊。

錢穆：《中國學術通義、現代中國學術論衡》，《全集》，第25冊。

錢穆：《國史大綱》，《全集》，第27、28冊。

錢穆：《中國文化史導、中國歷史精神》，《全集》，第29冊。

錢穆：《國史新論》，《全集》，第30冊。

錢穆：《中國歷代政治得失、中國歷史研究法》，《全集》，第31冊。

錢穆：《中國史學發微、讀史隨劄》，《全集》，第32冊。

錢穆：《中國史學名著》，《全集》，第33冊。

錢穆：《文化學大義、民族與文化》，《全集》，第37冊。

錢穆：《中國文化十二講、中國文化精神》，《全集》，第38冊。

錢穆：《湖上閒思錄、人生十論》，《全集》，第39冊。

錢穆：《政學私言、從中國歷史來看中國民族性與中國文化》，《全集》，第40冊。

錢穆：《文化與教育》，《全集》，第41冊。

錢穆：《歷史與文化論叢》,《全集》,第42冊。

錢穆：《世界局勢與中國文化》,《全集》,第43冊。

錢穆：《中國文化叢談》,《全集》,第44冊。

錢穆：《中國文學論叢》,《全集》,第45冊,

錢穆：《雙溪獨語》,《全集》,第47冊。

錢穆：《晚學盲言》,《全集》,第48、49冊。

錢穆：《新亞遺鐸》,《全集》,第50冊。

錢穆：《八十憶雙親師友雜憶合刊》,《全集》,第51冊。

參　清代學術史經典著作

章太炎著、徐復注：《訄書詳注》,上海：上海古籍出版社,2002年。

錢玄同等編：《劉申叔先生遺書》,南京：江蘇古籍出版社,1997年據民國25年「寧武南氏排印本」重印。

梁啟超：《清代學術概論》,臺北：臺灣商務印書館,1994年。

梁啟超：《中國近三百年學術史》,臺北：華正書局,1994年。

梁啟超：《論中國學術思想變遷之大勢》,上海：上海古籍出版社,2001年。

胡適：《戴東原的哲學》,臺北：遠流出版事業公司,1986年。

侯外廬：《中國思想通史》（第五卷）,北京：人民出版社,1958年。

肆　現代學者之研究成果

一　專書（依姓氏筆畫排序）

王汎森：《中國近代思想與學術的系譜》,臺北：聯經出版事業公司,2003年。

王汎森：《近代中國的史家與史學》,香港：三聯書店,2008年。

王汎森：《權力的毛細管作用──清代的思想、學術與心態》，臺北：聯經出版事業公司，2013年。

方朝暉：《『中學』與『西學』──重新解讀現代中國學術史》，保定：河北大學出版社，2002年。

古清美：《黃梨洲之生平及其學術思想》，臺北：臺灣大學《文史叢刊》，1978年。

皮錫瑞：《經學通論》，北京：中華書局，1954年。

皮錫瑞：《經學歷史》，臺北：藝文印書館，2004年。

左玉河：《從四部之學到七科之學──學術分科與近代中國知識系統之創建》，上海：上海書店出版社，2004年。

成中英：《科學真理與人類價值》，臺北：三民書局，1974年。

朱維錚：《求索真文明──晚清學術史論》，上海：上海古籍出版社，1997年。

朱維錚：《走出中世紀二集》，上海：復旦大學出版社，2008年。

牟宗三：《圓善論》，臺北：臺灣學生書局，1985年。

沈清松：《現代哲學論衡》，臺北：黎明文化事業公司，1986年。

何冠彪：《明末清初學術思想研究》，臺北：臺灣學生書局，1991年。

余英時：《歷史與思想》，臺北：聯經出版事業公司，1976年。

余英時：《猶記風吹水上鱗──錢穆與現代中國學術》臺北：三民書局，1991年。

余英時：《歷史人物與文化危機》，臺北：東大圖書公司，1995。

余英時：《現代儒學論》，新加坡：八方文化企業公司，1996年。

余英時：《中國知識人之史的考察》，桂林：廣西師範大學出版社，2004年。

余英時：《論戴震與章學誠──清代中期學術思想史研究》北京：生活・讀書・新知三聯書店，2005年。

余英時：《朱熹的歷史世界──宋代士大夫政治文化的研究》，北京：生活・讀書・新知三聯書店，2011年。

余英時：《論天人之際：中國古代思想起源試探》，臺北：聯經出版事業公司，2014年。

吳懷祺：《宋代史學思想史》，合肥：黃山書社，1992年。

李木妙：《國史大師錢穆教授生平及著述》，香港：新亞研究所，1994年。

李帆：《章太炎、劉師培、梁啟超清學史著述之研究》，北京：商務印書館，2006年。

李紀祥：《明末清初儒學之發展》，臺北：文津出版社，1992年。

李惠宗：《憲法要義》，臺北：元照出版公司，2006年。

汪暉：《現代中國思想的興起》，北京：生活・讀書・新知三聯書店，2004年。

汪學群：《錢穆學術思想評傳》，北京：北京圖書館出版社，1998年。

汪學群、武才娃：《大家精要──錢穆》，昆明：雲南教育出版社，2008年。

林安梧：《中國人文詮釋學》，臺北：臺灣學生書局，2009年。

林毓生：《政治秩序與多元社會》，臺北：聯經出版事業公司，1989年。

林毓生：《中國傳統的創造性轉化》，北京：生活・讀書・新知三聯書店，2011年。

林慶彰：《清初的群經辨偽學》，臺北：文津出版社，1990年。

林聰舜：《明清之際儒家思想的變遷與發展》，臺北：臺灣學生書局，1990年。

周質平：《胡適叢論》，臺北：三民書局，1992年。

周輔成：《西方著名倫理學家評傳》，北京：中國社會科學出版社，1992年。

胡昌智：《歷史知識與社會變遷》，臺北：聯經出版事業公司，1988年。

侯外廬：《近代中國思想學說史》（上冊），上海：生活書店，1947年。

侯宏堂：《「新宋學」之建構──從陳寅恪、錢穆到余英時》，合肥：安徽教育出版社，2009年。

唐君毅：《中華人文與當今世界》，臺北：臺灣學生書局，1975年。

徐國利：《錢穆史學思想研究》，臺北：臺灣商務印書館，2004年。

夏承燾：《天風格學詞日記》，杭州：浙江古籍出版社，1992年。

夏長樸主編《何佑森先生學術論文集（下）清代學術思潮》，臺北：臺灣大學出版中心，2009年。

夏長樸：《王安石新學探微》，臺北：大安出版社，2015年。

夏長樸：《北宋儒學與思想》，臺北：大安出版社，2015年。

許紀霖：《智者的尊嚴──知識份子與近代文化》，上海：學林出版社，1992年。

許紀霖：《中國知識分子十論》，上海：復旦大學出版社，2003年。

郭齊勇：《錢穆評傳》，南昌：百花洲文藝出版社，1995年。

葉國良、夏長樸、李隆獻編著：《經學通論》，臺北：空中大學，1996年。

陳平原：《中國現代學術之建立──以章太炎、胡適之為中心》，北京：北京大學出版社，2010年。

陳柱：《公羊家哲學》，臺北：中華書局，1971年。

陳祖武：《清儒學術拾零》，長沙：湖南人民出版社，1999年。

陳清秀：《法理學》，臺北：元照出版公司，2018年。

梁淑芳：《錢穆文化學研究》，臺北：文津出版社，2008年。

馮友蘭：《中國哲學史》（附補編），臺北：藍燈文化事業公司，1989年。

黃見德等：《西方哲學東漸史》，武漢：武漢出版社，1991年。

黃俊傑：《儒學傳統與文化創新》，臺北：東大圖書公司，1983年。

黃進興：《歷史主義與歷史理論》，臺北：允晨文化實業公司，1992年。

黃源盛：《法律繼受與近代中國法》，臺北：黃若喬出版，2007年。

黃源盛：《中國法史導論》，臺北：元照出版公司，2012年。

湯一介、杜維明主編：《百年中國哲學經典──新文化運動時期卷（1915-1928）》，深圳：海天出版社，1998年。

湯德宗：《違憲審查與動態平衡》，臺北：天宏出版社，2014年。

張舜徽：《史學三書平議》，北京：中華書局，1983年。

張壽安：《以禮代理──凌廷堪與清中葉儒學思想之轉變》，石家莊：
　　　河北教育出版社，2001年。

張麗珠：《清代義理學轉型》，臺北：里仁書局，2006年。

張灝：《幽暗意識與民主傳統》，臺北：聯經出版事業公司，1992年。

景海峰編：《拾薪集──「中國哲學」建構的當代反思與未來前瞻》，
　　　北京：北京大學出版社，2007年。

漆永祥：《乾嘉考據學研究》，北京：中國社會科學出版社，1998年。

雷頤：《時空游走：歷史與現實的對話》，濟南：山東教育出版社，
　　　1999年。

馮天瑜、黃長義：《晚清經世實學》，上海：上海社會科學出版社，
　　　2002年。

蔡元培：《中國倫理學史》，南京：江蘇文藝出版社，2007年。

蔡長林：《從文士到經生：考據學風潮下的常州學派》，臺北：中央研
　　　究院院中國文哲研究所，2000年。

蔡長林：《文章自可觀風色：文人說經與清代學術》，臺北：臺灣大學
　　　出版中心，2019年。

蔣慶：《政治儒學：當代儒學的轉向、特質與發展》，臺北：養正堂文
　　　化事業公司，2003年。

劉昶：《人心中的歷史──當代西方歷史理論述評》，成都：四川人民
　　　出版社，1987年。

劉夢溪：《傳統的誤讀·學術獨立與中國現代學術傳統》，石家莊：河
　　　北教育出版社，1996年。

劉龍心：《學術與制度──學科體制與現代中國史學的建立》，臺北：
　　　遠流出版社，2002年。

蕭公權：《中國政治思想史》，臺北：聯經出版事業公司，1986年。

蕭公權著、汪榮祖譯：《康有為思想研究》，臺北：聯經出版事業公司，1988年。

薩孟武：《中華民國憲法新論》，臺北：三民書局，1990年。

薩孟武：《政治學》，臺北：三民書局，2006年。

盧鍾鋒：《中國傳統學術史》，鄭州：河南人民出版社，1998年。

戴景賢：《錢賓四先生與現代中國學術》，香港：中文大學出版社，2014年。

羅志田：《權勢轉移：近代中國的思想、社會與學術》，武漢：湖北人民出版社，1999年。

羅志田主編：《20世紀的中國：學術與社會（史學卷）》，濟南：山東人民出版社，2001年。

羅志田：《國家與學術：清季民初關於『國學』的思想論爭》，北京：生活・讀書・新知三聯書店，2003年。

羅志田：《裂變中的傳承：20世紀前期的中國文化與學術》，北京：中華書局，2009年。

龔鵬程：《時代邊緣之聲》，臺北：三民書局，1991年。

二　學位論文（依年代先後排序）

（一）臺灣地區

張冠茹：《梁啟超、錢穆對清代學術史的研究比較——以《中國近三百年學術史》為核心》，高雄：中山大學中國文學研究所碩士論文，2012年。

鄭素芬：《錢穆『教學』研究》，臺北：臺北市立大學中國語文學系碩士論文，2012年。

蔡長林：《常州莊氏學術新論》，臺北：臺灣大學博士論文，2000年。

（二）大陸地區

郭盛：《梁啟超、錢穆兩部同名著《中國近三百年學術史》的比較研究》，甘肅：西北民族大學歷史文化學院碩士論文，2007年。

張笑龍：《錢穆、余英時的清代學術思想史研究》，合肥：安徽大學歷史系碩士論文，2010年。

姜虹：《錢穆的清代學術史著作研究》，大連：遼寧師範大學歷史系碩士論文，2010年。

劉嬿嬿：《文化衛道的困境與理想：錢穆「傳統政治非專制論」考評》，上海：上海師範大學碩士論文，2010年。

劉俊：《論錢穆對「士」精神的認知、堅守與傳承》，武漢：華中師範大學語文教學碩士論文，2011年。

劉海靜：《二十世紀前半期的清學史研究——以章太炎、劉師培、梁啟超、錢穆為中心》上海：上海大學歷史系博士論文，2011年。

張笑龍：《錢穆對明清學術思想史的研究》，天津：南開大學歷史學院博士論文，2013年。

三　專書／會議／期刊論文（依年代先後排序）

（一）專書論文

羅思鼎：〈評乾嘉考據學派及其影響〉，《中國經學史論文選集》（下），臺北：文史哲出版社，1993年，頁444-467。

劉巍：〈從新亞書院看錢穆先生教育思想〉，朱漢民、李弘祺主編：《中國書院》第1集，長沙：湖南教育出版社，1997年，頁178-195。

夏長樸：〈試論與戴震學術淵源有關的一個問題〉，《文化的餽贈——漢學國際會議論文集（哲學卷）》，北京：北京大學傳統文化研究中心，2000年，頁231-236。

強世功：〈法律移植、公共領域與合法性——國家轉型中的法律（1840-1980年）〉，蘇力、賀衛方主編：《20世紀的中國：學術與社會（法學卷）》，濟南：山東人民出版社，2001年，頁47-171。

李貴連：〈中國現代法學的百年歷程（1840-1949）〉，蘇力、賀衛方主編，《20世紀的中國：學術與社會（法學卷）》，濟南：山東人民出版社，2001年，頁214-319。

林啟屏：〈乾嘉義理學的一個思考側面——論「具體實踐」的重要性〉，林慶彰、張壽安主編《乾嘉學者的義理學》，臺北：中研院文哲所，2003年，頁41-102。

任劍濤：〈倫理學的誕生〉，陳少明主編：《現代性與傳統學術》，廣州：廣東人民出版社，2003年，頁366-388。

黃俊傑、古偉瀛：〈中國傳統史學與後現代主義的挑戰：以「事實」與「價值」的關係為中心〉，《傳統中華文化與現代價值的激盪》，北京：社會科學文獻出版社，2003年，頁400-429。

陳弱水：〈「內聖外王」觀念的原始糾結與儒家政治思想的根本疑難〉，《公共意識與中國文化》，臺北：聯經出版事業公司，2005年，頁311-351。

張壽安：〈龔自珍論乾嘉學術：「說經」、「專門」與「通儒之學」——鉤沈一條傳統學術分化的線索〉，《中國學術思想論叢》，臺北：大安出版社，2009年，頁275-308。

張壽安：〈六經皆史？且聽經學家怎麼說——龔自珍、章學誠「論學術流變」之異同〉，《文化與歷史的追索——余英時教授八秩壽慶論文集》，臺北，聯經出版事業公司，2009年，頁273-310。

王應憲：〈錢穆「常州之學原本惠氏」說檢討〉，陳勇、謝維揚主編：《中國傳統學術的近代轉型》，上海：上海人民出版社，2011年，頁435-440。

江宜樺：〈西方「政治」概念之分析〉，《公民社會基本觀念》，臺北：中央研究院人社中心，2014年，頁285-334。

許惠琪:〈「為知識而知識」或「為人生而學問」──錢穆對清代考據
學之評價〉,李帆、黃兆強、區志堅主編:《重訪錢穆》,秀威資
訊,預計2021年出版。

(二)會議論文

張灝:〈宋明以來儒家經世思想試釋〉,《近世中國經世思想研討會》,
臺北:中央研究院近代史研究所,1984年,頁3-19。

張壽安:〈禮、理爭議──清嘉道間漢宋之爭的一個焦點〉,《清代經
學國際研討會論文集》,臺北:中央研究院中國文哲所籌備處,
1994年,頁293-322。

夏長樸先生:〈王官學與百家言對峙──試論錢穆先生對漢代學術發
展的一個看法〉,《紀念錢穆先生逝世十週年國際學術研討會論文
集》,臺北:臺灣大學中文系,2001年,頁45-80。

盧鍾鋒:〈錢穆與清代學術研究〉,《紀念錢穆先生逝世十週年國際學術
研討會論文集》,臺北:臺灣大學中文系,2001年,頁231-243。

胡楚生:〈錢穆先生《中國近三百年學術史》讀後〉,《紀念錢穆先生
逝世十週年國際學術研討會論文集》,臺北:臺灣大學中文系,
2001年,頁245-262。

陳祖武:〈錢賓四先生論乾嘉學術──讀《中國近三百年學術史》札
記〉,《紀念錢穆先生逝世十週年國際學術研討會論文集》,臺
北:臺灣大學中文系,2001年,頁263-286。

陳啟雲:〈錢穆師之「思想文化史學」〉,《錢賓四先生百齡紀念會學術
論文集》,香港:香港中文大學新亞書院,2003年,頁25-38。

陳祖武:〈錢賓四先生對清代學術的貢獻──讀《中國近三百年學術
史》札記〉,《錢賓四先生百齡紀念會學術論文集》,香港:香港
中文大學新亞書院,2003年,頁277-290。

黃文斌:〈「民族本位」與「學術經世」──論析錢穆學術思想的歷史

成因（1904-1950）〉，《錢穆思想學術研討會論文集》，臺北：錢
　　穆故居主辦，2005年10月。

吳展良：〈錢穆先生學術的現代意義〉，「香港中文大學的當代儒
　　者──錢穆、唐君毅、牟宗三、徐復觀」國際學術會議，香港：
　　香港中文大學，2004年12月20日-23日。

吳龍燦：〈秦政成敗決在人道──錢穆政治哲學管窺〉，《錢穆研究暨
　　當代人文思想國際學術研討會》，臺北：錢穆故居管理處，2010
　　年，頁69-92。

陳清秀：〈社會動盪不安，應從淨化人心救起〉，《國政評論‧憲政》，
　　臺北：財團法人國家政策研究基金會，2014年7月4日。

許惠琪：〈「為學」與「修身」分為兩橛──錢穆清代學術史對顧炎武
　　之評騭〉，《臺北市立大學史地學術研討會論文集》，臺北：臺北
　　市立大學歷史與地理學系，2016年12月，頁37-60。

許惠琪：〈從陽明到朱熹：錢穆評價顧炎武、黃宗羲學術地位之前後
　　異見〉，「臺北市立大學史地學術研討會」，臺北：臺北市立大學
　　歷史與地理學系，2018年11月23日。

（三）期刊論文

黃克武：〈錢穆的學術思想與政治見解〉，《國立臺灣師範大學歷史學
　　報》第15期（1987年6月），頁393-412。

曾昭旭：〈論王船山在學術史上之地位問題──兼論清代學術之性格
　　與梁著、錢著《中國近三百年學術史》之觀點〉，《鵝湖》第15卷
　　第6期（1989年12月），頁1-6。

鄭吉雄：〈論章學誠的「道」與經世思想〉，《臺大中文學報》第5期
　　（1992年6月），頁303-328。

何澤恆：〈素書樓的回憶──流落人間者，泰山一毫芒〉，《錢穆先生
　　紀念館館刊》創刊號（1993年6月），頁78-84。

戴景賢：〈錢賓四先生事略〉，《錢穆先生紀念館館刊》創刊號（1993年6月），頁109-111。

季羨林：〈「天人合一」新解〉，《傳統文化與現代化》第1期（1993年），頁9-16。

翁有為：〈錢穆政治思想研究〉，《史學月刊》1994年第4期，頁62-67。

王汎森：〈「心即理」說的動搖與明末清初學風之轉變〉，《中央研究院歷史語言研究所集刊》，第65本／第2分（1994年6月），頁333-373。

丘為君：〈清代思想史「研究典範」的形成、特質與義涵〉，《清華學報》第24卷第4期（1994年12月），頁452-474。

王晴佳：〈中國二十世紀史學與西方──論現代歷史意識的產生〉，《新史學》第9卷第1期（1998年3月），頁55-83。

劉巍：〈二三十年代清學史整理中錢穆與梁啟超胡適的學術思想交涉──以戴震研究為例〉，《清華大學學報（哲學社會科學版）》第14卷第4期（1999年8月），頁63-72。

許倬雲：〈傅先生的史學觀念及其淵源〉，《大陸雜誌》第97卷第5期（1998年11月），頁1-8。

余啟定：〈錢穆人文主義教育思想述要〉，《河北師範大學學報（教育科學版）》第2卷第1期（1999年1月），頁30-42。

許育典：〈學校的宗教規範問題與學生的自我實現權：從德國現行宗教法治與學校法制加以探討〉，《月旦法學雜誌》第57期（2000年2月），頁70-71。

周國棟：〈兩種不同的學術史範式──梁啟超、錢穆《中國近三百年學術史》之比較〉，《史學月刊》2000年第4期，頁110-117。

陳勇：〈不知宋學，則無以平漢宋之是非──讀錢穆先生《中國近三百年學術史》〉，《錢賓四先生逝世十週年紀念專刊》（2000年12月），頁194-205。

黃俊傑：〈錢賓四史學中的「國史」觀：內涵、方法與意義〉，《臺大
　　歷史學報》第26期（2000年12月），頁1-37。

吳展良：〈學問之入與出：錢賓四先生與理學〉，《臺大歷史學報》第
　　26期（2000年12月），頁63-98。

王晴佳：〈錢穆與科學史學之離合關係〉，《臺大歷史學報》第26期
　　（2000年12月），頁121-149。

汪榮祖：〈錢穆論清學史述評〉，《臺大歷史學報》第26期（2000年12
　　月），頁99-119。

路新生：〈錢穆《中國近三百年學術史》中幾個值得商榷的問題〉，
　　《歷史教學問題》2001年第3期，頁13-16。

李廷勇：〈錢穆與中國古史考辨〉，《西南師範大學學報（人文社會科
　　學版）》第28卷第4期（2002年7月），頁96-101。

路新生：〈理解戴震——錢穆余英時「戴震研究」辨正〉，〈理解戴
　　震——錢穆余英時「戴震研究」辨正（續）〉《華東師範大學學報
　　（哲學社會科學版）》第35卷第1期（2003年1月），第35卷第2期
　　（2003年3月），頁48-53。

路新生：〈錢穆戴震學研究平議——兼與余英時先生商榷〉，《孔孟學
　　報》第81期（2003年9月），頁193-215。

吳展良：〈聖人之書與天理的普遍性：朱子的經典詮釋之前提假設〉，
　　《臺大歷史學報》第33期（2004年6月），頁71-95。

呂翊欣：〈論錢穆《中國近三百年學術史》——兼與梁啟超《中國近
　　三百年學術史》的比較〉，《西安聯合大學學報》第7卷第4期
　　（2004年8月），頁50-53。

胡文生：〈梁啟超、錢穆同名作《中國近三百年學術史》之比較〉，
　　《中州學刊》第1期（2005年1月），頁157-162。

翁有為：〈求真乎？經世乎？——傅斯年與錢穆學術思想之比較〉，
　　《文史哲》2005年第3期，頁121-122。

陳麗平：〈梁啟超、錢穆《中國近三百年學術史》的著述思想之辨異〉，
　　《廊坊師範學院學報》第21卷第3期（2005年9月），頁80-84。

楊一鳴：〈從胡適與錢穆的學術論爭，看現代學術思想的轉型〉，《東吳
　　大學歷史學系研究生學報》第1期（2005年10月），頁209-229。

王花英：〈梁啟超、錢穆同名作《中國近三百年學術史》之比較〉，
　　《湖南科技學院學報》第27卷第3期（2006年3月），頁100-102。

陳東輝、錢谷：〈經世致用與宏博會通──錢穆治學精神之精髓〉，
　　《南京師範大學文學院學報》2006年第1期，頁176-179。

羅志田：〈道咸「新學」與清代學術史研究──《論中國近三百年學
　　術史》導讀〉，《四川大學學報（哲學社會科學版）》2006年第5
　　期，頁5-15。

許松源：〈專家與通識──章學誠的學術思路與錢穆的詮釋〉，《臺大
　　歷史學報》第37期（2006年6月），頁267-300。

武少民，閻玉環：〈論錢穆《中國近三百年學術史》成書原因〉，《長
　　春師範學院學報》第25卷第5期（2006年9月），頁54-56。

閻鴻中：〈職分與制度──錢賓四與中國政治史研究〉《臺大歷史學
　　報》第38期（2006年12月），頁105-158。

夏聯委：〈梁啟超與錢穆對清代學術不同認識之初探〉，《天府新論》
　　2007年第51期，頁221-222。

陳勇：〈錢穆與新考據派關係略論──以錢穆與傅斯年的交往為考察
　　中心〉，《上海大學學報（社會科學版）》第14卷第5期（2007年9
　　月），50-58。

楊一鳴：〈走入民國的書院──書院復興與近代學術變革〉，《中國歷
　　史學會史學集刊》第39期（2007年9月），頁75-124。

陸玉芹：〈錢穆的大學教育觀〉，《歷史教學問題》2008年第5期，頁
　　71-74。

王曉黎：〈君子不器──錢穆「士」思想研究〉，《魯東大學學報》（哲
　　學社會科學版）第26卷2期（2009年3月），頁36-40。

王慧茹：〈梁啟超、錢穆《中國近三百年學術史》寫作範式探析〉，《鵝湖》第34卷第12期（2009年6月），頁56-62。

許炎初：〈試比較錢穆與胡適兩家治學方法與成果與對通識教育之啟發〉，《止善》第6期（2009年6月），頁31-59。

侯宏堂：〈錢穆對「宋學」的現代詮釋〉，《近代史研究》2009年第6期，頁48-67。

陳啟雲：〈中國人文學術的近代轉型——胡適、傅斯年和錢穆個案〉，《河北學刊》第30卷第1期（2010年1月），頁1-7。

歐陽仕文：〈錢穆教育思想新論——以《新亞遺鐸》為中心的考察〉，《教育評論》2010年第2期，頁156-159。

許剛：〈宋學精神與漢學工夫——錢穆與張舜徽清代學術史之比較〉，《齊魯學刊》2011年第4期，頁55-59。

李寶紅：〈「虛心」與「懷疑」：錢穆、胡適對朱子讀書法的不同體認〉，《廣東社會科學》2011年第6期，頁27-34。

李寶紅：〈半個亭林，「半之中又失其半焉」——胡適、錢穆對顧炎武學術思想的闡發〉，《社會科學》，2011年第8期，頁157-163。

姜淑紅：〈錢穆《中國近三百年學術史》特論陳澧之原因析論〉，《江南大學學報（人文社會科學版）》第10卷第4期（2011年8月），頁46-69。

崔蘭海：〈梁啟超、錢穆同名作品《中國近三百年學術史》主旨對比〉，《武漢科技大學學報（社會科學版）》第14卷第2期（2012年2月），頁109-112。

李長銀：〈梁啟超、錢穆《中國近三百年學術史》平議〉，《江南大學學報（人文社會科學版）》第13卷第1期（2014年1月），頁61-65。

梅樂：〈錢穆《中國近三百年學術史》專論曾國藩之原因探析》〉，《江蘇第二師範學院學報（社會科學版）》第30卷3期（2014年3月），頁76-79。

李長銀：〈錢穆清代學術史的寫作歷程與轉變──從《中國近三百年學術史》到《清儒學案》〉，《鵝湖》第39卷第10期（2014年4月），頁32-40。

簡承禾：〈錢穆《中國近三百年學術史》對龔自珍的評論及其意義〉，《書目季刊》第48卷第4期（2015年3月），頁37-51。

孫綺虹：〈梁啟超、錢穆同名作《中國近三百年學術史》──論顧炎武學術地位之異同分析〉，《藝術科技》2015年第2期，頁15-18。

陳勇、孟田：〈錢穆與中國政治制度史研究──以「傳統政治非專制論」為考察核心〉，《上海大學學報（社會科學版）》2016年第3期。

許惠琪：〈「知識當為人生求，非為知求知」──錢穆「學術」理念新探〉，嘉義大學《人文研究期刊》第13期（2016年12月），頁151-178。

許惠琪：〈「於人倫中產出學術，由學術領導政治」──錢穆論康有為新探〉，《正學》，中國社會科學出版社，南昌大學國學院，第五輯（2017年9月），頁139-157。

許惠琪：〈「不通德行，不足以從政」：試論錢穆《中國近三百年學術史》表彰曾國藩之原因〉，《臺大文史哲學報》第88期（2017年11月），頁73-117。

許惠琪：〈錢穆對「宋學」之詮釋──以其對西方憲政思想之反省為核心〉，《臺大文史哲學報》第94期（2020年11月），頁33-76。

伍　外文原著（依據英文姓名字首排序）

〔美〕F. A. Hayek, *New Studies in Philosophy, Politics and Economics, and the History of Ideas* (University of Chicago Press, 1978).

〔德〕Hans-Georg Gadamer: *Truth And Method*, Translation revised by Joel Weinsheimer and Donald G. Marshall (New York: The Crossroad Publishing Corporation, 1989).

〔美〕Petre Novick, *That Noble Dream: The "Objectivity Question" and the American Historical profession* (Cambridge: Cambridge University Press, 1988).

〔德〕Richard Bendix, *Max Weber: An Intellectual Portrait* (Berkeley: University of California Press, 1977).

〔美〕Ronald Dworkin (1978). *Liberalism. Stuart Hampshire (ed.), Public and Private Morality* (UK: Cambridge University Press).

〔日〕伊藤正己編：《外國法と日本法》，東京：岩波書社，1973年。

〔日〕大西直樹編：《歷史のなかの政教分離：英米におけるその起源と展開》，東京都，彩流社，2006年。

〔日〕平也仁彥、龜本楊、服部高宏著：《法哲學》，有斐閣：2013年。

陸　外文譯著（依據英文姓名字首排序）

〔加〕查爾斯・泰勒（Charles Taylor）著，韓震等譯：《自我的根源：現代認同的形成》，南京：譯林出版社，2001年。

〔英〕卡爾（Carr）著，王任光譯：《歷史論集》，臺北：幼獅書店，1968年。

〔德〕弗里德里希・包爾生（Friedrich Paulsen）著，何懷宏、廖申白譯：《倫理學體系》，北京：中國社會科學出版社，1992年。

〔英〕威廉・葛德文（Godwin William）著，何慕李譯：《政治正義論》，北京：商務印書館，1980年。

〔美〕伯爾曼（Harold J. Berman）著，梁治平譯，《法律與宗教》，北京：生活・讀書・新知三聯書店，1991年。

〔德〕夏瑞春編，陳愛政等譯：《德國思想家論中國》，南京：江蘇人民出版社，1995年。

〔英〕洛克（Lock）著，瞿菊農等譯：《政府論》，北京：商務印書館，1964。

〔英〕洛克（Lock）著，吳雲貴譯：《論宗教寬容：致友人的一封信》，北京：商務印書館，2009年。

〔法〕福柯（Michel Foucault）著：《哲學的生命》，嚴鋒譯：《權力的眼睛》，上海：上海人民出版社，1997年。

〔德〕韋伯（Max, Weber）著，錢永祥編譯：《學術與政治》，臺北：遠流出版社，1991年。

〔英〕保羅・約翰遜（Paul Johnson）著，楊正潤等譯：《所謂的知識分子》，臺北：究竟出版社，2002年。

〔德〕魏德士（Rüthers）著，丁曉春、吳越譯：《法理學》，北京：法律出版社，2003年。

〔美〕邁克爾・桑德爾（Sandel, 1953-）著，萬俊人等譯：《自由主義與正義的局限》，南京：譯林出版社，2001年。

〔美〕懷特海（Whitehemd）著，李步樓譯：《過程與實在：宇宙論研究》，北京：商務印書館，2011年。

〔德〕文德爾班（Wilhelm Windelband）著，羅達仁譯：《哲學史教程》，北京：商務印書館，1987年。

〔加〕威爾・金里卡（Will Kymlicka）著，應奇、葛水林譯：《自由主義、社群與文化》，上海：上海譯文出版社，2005年。

〔日〕永井潛著、黃其詮譯：《科學總論》，臺北：臺灣商務印書館，1967年。

哲學研究叢書·學術思想叢刊 0701Z03

「明體達用」之學——宋學裂變與錢穆清學史新詮

作　　　者	許惠琪
責任編輯	呂玉姍
特約校對	林秋芬

發 行 人　林慶彰

總 經 理　梁錦興

總 編 輯　張晏瑞

編 輯 所　萬卷樓圖書股份有限公司

臺北市羅斯福路二段 41 號 6 樓之 3

電話　(02)23216565

傳真　(02)23218698

發　　行　萬卷樓圖書股份有限公司

臺北市羅斯福路二段 41 號 6 樓之 3

電話　(02)23216565

傳真　(02)23218698

電郵　SERVICE@WANJUAN.COM.TW

香港經銷　香港聯合書刊物流有限公司

電話　(852)21502100

傳真　(852)23560735

ISBN 978-986-478-424-0

2020 年 11 月初版

定價：新臺幣 760 元

如何購買本書：

1. 劃撥購書，請透過以下郵政劃撥帳號：

帳號：15624015

戶名：萬卷樓圖書股份有限公司

2. 轉帳購書，請透過以下帳戶

合作金庫銀行 古亭分行

戶名：萬卷樓圖書股份有限公司

帳號：0877717092596

3. 網路購書，請透過萬卷樓網站

網址 WWW.WANJUAN.COM.TW

大量購書，請直接聯繫我們，將有專人為

您服務。客服：(02)23216565 分機 610

如有缺頁、破損或裝訂錯誤，請寄回更換

國家圖書館出版品預行編目資料

「明體達用」之學：宋學裂變與錢穆清學史

新詮/許惠琪著. -- 初版. -- 臺北市：萬卷樓圖

書股份有限公司, 2020.11

　面；　公分. -- (哲學研究叢書. 學術思想研

究叢刊；701Z03)

ISBN 978-986-478-424-0(平裝)

1.錢穆 2.學術思想

112.8　　　　　　　　　　　　109018722